Fran Osrecki
Die Diagnosegesellschaft

Sozialtheorie

Fran Osrecki (Dr.phil) ist Absolvent des Graduiertenkollegs »Auf dem Weg in die Wissensgesellschaft« an der Universität Bielefeld. Seine Forschungsschwerpunkte sind Gesellschaftstheorien sowie Wissenschafts- und Mediensoziologie.

Fran Osrecki
Die Diagnosegesellschaft
Zeitdiagnostik zwischen Soziologie und medialer Popularität

[transcript]

Dissertation, Universität Bielefeld 2010

Gefördert durch ein Stipendium der Deutschen Forschungsgemeinschaft

Bibliografische Information der Deutschen Nationalbibliothek
Die Deutsche Nationalbibliothek verzeichnet diese Publikation in der Deutschen Nationalbibliografie; detaillierte bibliografische Daten sind im Internet über http://dnb.d-nb.de abrufbar.

© 2011 transcript Verlag, Bielefeld

Die Verwertung der Texte und Bilder ist ohne Zustimmung des Verlages urheberrechtswidrig und strafbar. Das gilt auch für Vervielfältigungen, Übersetzungen, Mikroverfilmungen und für die Verarbeitung mit elektronischen Systemen.

Umschlaggestaltung: Kordula Röckenhaus, Bielefeld
Lektorat: Volker Hafner, David Kaldewey, Robert Neiser
Satz: Fran Osrecki
Druck: Majuskel Medienproduktion GmbH, Wetzlar
ISBN 978-3-8376-1656-9

Gedruckt auf alterungsbeständigem Papier mit chlorfrei gebleichtem Zellstoff.
Besuchen Sie uns im Internet: *http://www.transcript-verlag.de*
Bitte fordern Sie unser Gesamtverzeichnis und andere Broschüren an unter: *info@transcript-verlag.de*

Inhalt

Vorwort 9

I Die Genealogie der Zeitdiagnostik

1 Einleitung: Wissenssoziologie der modernen Gesellschaft 13

2 Soziologen als öffentliche Intellektuelle 19
2.1 Soziologie in den Massenmedien 19
2.2 Die Rolle der öffentlichen Intellektuellen 23

3 Intellektuellenrolle und Gegenwartsbeschreibung 43
3.1 Temporalisierung der Zeit und Verkürzung der Gegenwart 43
3.2 Die Öffentlichkeit der Intellektuellen 53

4 Ein neues Genre 67
4.1 Die Ausdifferenzierung der Soziologie 67
4.2 Die Konturen der zeitdiagnostischen Gattung 74

II Die Struktur soziologischer Zeitdiagnosen

5 Die Analyse von Argumenten 89
5.1 Genre und Bezugsproblem 89
5.2 Topoi der Argumentation 98
5.3 Eine moderne Topik 104
5.4 Wissenschaftliche Rhetorik 109

6 Zeitdiagnostisches Argumentieren 117
6.1 Topoi nach Sinndimensionen: Ein Ordnungsschema 117

6.2	DIE SACHDIMENSION SOZIALEN WANDELS	121
6.2.1	Die neue Gesellschaft als Negation der alten	121
6.2.2	Der Neue Mensch und seine Gesellschaft	136
6.2.3	Die Dominanz eines Teils	153
6.2.4	Neue Technologien – Neue Kulturen	167
6.2.5	Das neue Regime	176
6.2.6	Topoi der Sachdimension im Vergleich	189
6.3	DIE ZEITDIMENSION SOZIALEN WANDELS	192
6.3.1	Epochenschwelle und Idealtyp	194
6.3.2	Retrospektiver Realismus	200
6.3.3	Social forecasting	249
6.3.4	Mit den Folgen leben lernen	255
6.3.5	Topoi der Zeitdimension im Vergleich	261
6.4	DIE SOZIALDIMENSION SOZIALEN WANDELS	267
6.4.1	Latenz als Folge falscher Begriffe	270
6.4.2	Latenz als Folge der Alltäglichkeit des Neuen	276
6.4.3	Topoi der Sozialdimension im Vergleich	283

III Wissenssoziologie der Zeitdiagnostik

7 Zeitdiagnosen und Gesellschaftstheorien — 289
7.1	ZWEI GENRES, ZWEI SPRACHEN	289
7.2	PARTIKULARISTISCHES UND GENERALISIERTES INTERESSE AM NEUEN	294
7.3	SACHLICHER PARTIKULARISMUS UND SACHLICHE GENERALISIERUNG	308

8 Zeitdiagnosen als medialisierte Intellektuellendiskurse — 317
8.1	ZEITDIAGNOSEN UND DIE SELEKTIONSKRITERIEN DER MASSENMEDIEN	317
8.2	ZUR LEISTUNG DER ZEITDIAGNOSEN	322
8.3	DIE MEDIENINTELLEKTUELLEN UND IHR PUBLIKUM	331

9 Die Diagnosegesellschaft — 341

Literaturverzeichnis — 349

L'avenir nous tourmente, le passé nous retient, c'est pour ça que le présent nous échappe.

– Gustave Flaubert

Vorwort

Die folgende Arbeit versteht sich als Beitrag zu einer Soziologie soziologischen Wissens. Die zentrale Frage dabei ist, wodurch sich populäre Zeit- oder Gegenwartsdiagnosen als Genre auszeichnen und wie sie mithilfe eines wissenssoziologischen Instrumentariums von anderen Formen der Selbstthematisierung von Gesellschaft unterschieden werden können. Die Ausarbeitung dieser Frage operiert an der Grenze zwischen Wissenschaftssoziologie, Gesellschaftstheorie und der Soziologie der Massenmedien.

Der vorliegende Text entstand als Dissertation im Rahmen des Graduiertenkollegs »Auf dem Weg in die Wissensgesellschaft« am Institut für Wissenschafts- und Technikforschung der Universität Bielefeld und wurde durch ein dreijähriges Dissertationsstipendium der Deutschen Forschungsgemeinschaft (DFG) finanziert. Sowohl der DFG als auch dem Graduiertenkolleg möchte ich für die finanzielle und administrative Unterstützung danken, die mir in dieser Zeit zuteil wurde.

Ausdrücklich bedanken will ich mich bei meinen Betreuern, Prof. Alfons Bora und Prof. André Kieserling, sowie bei allen Freundinnen und Freunden, Kolleginnen und Kollegen, die mich während meiner Arbeit fachlich und persönlich unterstützt haben. Ein nicht unwesentlicher Teil der folgenden Arbeit ist am Centre for Analysis of Risk and Regulation (CARR) der London School of Economics geschrieben worden. Für die Ermöglichung dieses Aufenthaltes bedanke ich mich bei Prof. Michael Power, Prof. Bridget Hutter sowie bei Prof. Michael Huber.

Mein besonderer Dank gilt schließlich meinen Eltern, die auch in den schwierigsten Phasen der Arbeit nicht müde wurden, mich in jeder erdenklichen Weise zu unterstützen.

Fran Osrecki
Wien, im September 2010

Teil I

Die Genealogie der Zeitdiagnostik

1 Einleitung: Wissenssoziologie der modernen Gesellschaft

Fragt man Soziologen, in welcher Gesellschaft wir gerade leben, kann damit gerechnet werden, dass sie in Form einer breit angelegten Gegenwartsdiagnose antworten: wir befänden uns auf dem Weg in eine Wissensgesellschaft, eine Risikogesellschaft, eine Leistungsgesellschaft, eine Netzwerkgesellschaft, eine Informationsgesellschaft oder durchlebten einen ähnlichen Bruch historischer Größenordnung. Als Soziologe kann man sich auf unterschiedlichen Weisen zu solchen Globalformeln verhalten. Der wohl am häufigsten gewählte Weg besteht darin, nach dem empirischen Gehalt solcher Diagnosen zu fragen. In diesem Fall kann sich herausstellen, dass bei näherem Hinsehen die Radikalität der unterstellten gesellschaftlichen Transformation doch etwas überzeichnet war oder dass die Diagnose gerade wegen ihrer pointierten Thesen Einsichten in beobachtbare gesellschaftliche Zusammenhänge bietet, die davor unterbelichtet geblieben waren. Der zweite Weg wiederum führt in die Rezeptionsgeschichte. Fachhistoriker können sich fragen, wieso z. B. die Formel »Risikogesellschaft« gerade Ende der 1980er Jahre überzeugte, was zum Untergang der Postindustrialismusthese führte oder wie solche Debatten außerhalb der Soziologie aufgenommen wurden. Das Ziel der vorliegenden Arbeit ist es aber, einen dritten Weg zu gehen und eine *wissenssoziologische* Analyse soziologischer Gegenwartsbeschreibungen vorzuschlagen. Hierfür muss zunächst geklärt werden, was in diesem Kontext mit Wissenssoziologie gemeint sein soll[1].

Die Wissenssoziologie ist, so kann heute nach über 80 Jahren des Experimentierens mit dem Begriff gesagt werden, eine Teildisziplin ohne klar umrissenen Gegenstand. Zu einer speziellen Soziologie im engeren Sinn ist sie nie geworden, ebensowenig konnte sie sich als Grundlagentheorie für das gesamte Fach durchsetzen (Kieserling, 2004, p. 7).

---

1 | Die folgenden Überlegungen entstanden in Kooperation mit David Kaldewey im Zuge der Tagung »Semantik als Grundbegriff der Soziologie?«, die am 12. und 13. Juni 2008 an der Universität Bielefeld stattfand und welcher ein Tagungsband folgen sollte. Teile des folgenden Kapitels sind der unpublizierten Einleitung dieses Bandes entnommen.

So bleibt oft nur der Ausweg, das »Loblied der Heterogenität« zu singen, die Wissenssoziologie zwischen Bindestrich-Soziologie, Allgemeinsoziologie, Spezialwissenschaft und interdisziplinärem Unternehmen oszillieren zu lassen und dennoch den Blick für Konvergenzen nicht aufzugeben (siehe Maasen, 1999, p. 7). In Überblicksdarstellungen, Lehrbüchern und Seminaren führt dies zwangsläufig zu einer auf Autoren hin orientierten Zusammenstellung verschiedenster Wissenssoziologien, zu einem Pendeln zwischen Marx und Mannheim, Berger und Luckmann, Luhmann und Foucault. Diese Vielfalt verdeckt dann gerne die oft diametral entgegengesetzten Fassungen des Begriffes. Es ist deshalb sinnvoll, eine gewisse Simplifizierung zu riskieren und zunächst zwei große Linien in der Tradition der Wissenssoziologie zu unterscheiden.

Die eine Linie geht auf den Klassiker *Die gesellschaftliche Konstruktion der Wirklichkeit* von Berger/Luckmann (1966) zurück und prägt bis heute die Vorstellung von Wissenssoziologie als einer Analyse von Alltagswissen. Aufgrund des enormen Einflusses, den dieses Werk vor allem für die phänomenologisch orientierte qualitative Forschung hatte, wird oft übersehen, dass es ursprünglich als Antwort auf eine ältere Fassung der Wissenssoziologie formuliert worden war, als Antwort, und damit auch als Abgrenzung von der mit den Namen Marx, Scheler und Mannheim assoziierten Denktradition der sozialwissenschaftlichen Analyse von Weltanschauungen und elaboriertem Wissen. Diese zweite Linie der wissenssoziologischen Tradition geht also auf den Versuch zurück, hochabstrahiertes, theoretisches Wissen zu soziologisieren. Dafür steht die marxsche Auseinandersetzung mit dem ideologischen »Überbau« der bürgerlichen Gesellschaft (Marx/Engels, 1958) gleichermaßen wie die mannheimsche Formulierung der »Seinsgebundenheit des Wissens« (Mannheim, 1985). Wissen bezeichnet hier nicht das vortheoretische Wissen des »gesellschaftlichen Normalverbrauchers«, sondern im weitesten Sinne theoretische Vorstellungen über die Gesellschaft – letztlich also Sozialphilosophie und Wissenschaft. Die Analyse dieses Wissens als Ideologie, so die Vermutung, könne Schlüsse auf Klassen, Personengruppen und deren Interessen ermöglichen.

Aus Gründen, auf die hier nicht näher eingegangen werden kann, wurde diese Denktradition im deutschen Sprachraum erst durch Niklas Luhmann wieder fruchtbar gemacht. Vor allem in den Studien zu *Gesellschaftsstruktur und Semantik* (Luhmann, 1980a; Luhmann, 1981b; Luhmann, 1993; Luhmann, 1999a) wird eine »Wissensoziologie der modernen Gesellschaft« – so der programmatische Untertitel dieser Bände – ausgearbeitet. Bei aller Abgrenzung schließt diese Wissenssoziologie in ihren Grundzügen an die frühere Tradition an. Der gemeinsame Nenner besteht in der Idee, theoretisches Wissen über die Gesellschaft zu soziologisieren und mit tieferliegenden Strukturen zu korrelieren; der Unterschied liegt dabei zunächst lediglich in einem anderen konzeptionellen Instrumentarium. Anstelle von gesellschaftlichem Wissen spricht Luhmann bekanntlich von »Sinnverarbeitungsregeln« und von einem »höherstufig generalisierten, relativ situationsunabhängig verfügbaren Sinn« (Luhmann, 1980a, p. 19). Als abstrahierende Bezeichnung dafür hat er, in Anlehnung an Koselleck, den Begriff der Semantik gewählt, zugleich jedoch eine Semantik des Alltagsgebrauchs von einer besonderen und anspruchsvollen Form der Vertextung unterschieden: der gepflegten Semantik. Der letzteren gilt dann die Aufmerksamkeit der systemtheoretischen Wissenssoziologie. Analog zum ideologiekritischen Basis/Überbau-Schema fungiert die Semantik als abhängige Variable; Urs Stäheli spricht deshalb von einem Modell »linearer Nachträglichkeit« (Stäheli, 2000, p. 196 ff.). Neben der abhängigen Variablen definiert Luhmanns korrelationistische Wissenssoziologie aber auch die unabhängige Variable anders als die Klassiker: nicht mehr gesellschaftliche Trägergruppen und deren Interessen, sondern die Differenzierungsstruktur der Gesellschaft selbst gilt hier als das gesellschaftliches Wissen prägende Moment.

Nun waren aber Luhmanns Vorstellungen von einer Neuformulierung der Wissenssoziologie stets recht eng gefasst. An europäischen Semantiken der frühen Neuzeit galt es, den Übergang von einer geschichteten zu einer funktional differenzierten Gesellschaft nachzuzeichnen. In der Rezeption deutete sich dann relativ schnell ein mit dieser spezifischen Rahmung der Wissenssoziologie einhergehendes Problem an: es fällt offensichtlich schwer, auf diese Weise die moderne Gesellschaft als solche zu untersuchen, denn, so etwa Andreas Göbel (2003, p. 232), das luhmannsche Programm einer historischen Semantik »bleibt de facto konzentriert auf eine Art historisch-semantischer Transformationsbegleitforschung für den Übergang von stratifikatorischer zu funktionaler Differenzierung«. Die Wissenssoziologie wird von Luhmann also kaum auf moderne Verhältnisse übertragen, stattdessen wird gerade das Fehlen eines vereinheitlichten theoretischen Wissenskomplexes bzw. einer gepflegten Semantik zum Signum der Moderne erklärt: »Die moderne Gesellschaft muß ohne Repräsentation der Gesellschaft in der Gesellschaft zurechtkommen, und sie hat dafür noch keine semantischen Formen gefunden, die der eigentümlichen Geschlossenheit und Überzeugungsarbeit der alteuropäischen Semantik die Waage halten könnten« (Luhmann, 1997, p. 963). Die Einheit der funktional differenzierten Gesellschaften bleibt deshalb »imaginär« (Fuchs, 1992) oder, anders formuliert: die Gesellschaft ist für jedes Funktionssystem eine andere.

Ausgehend von dieser Polykontextualitätsthese wird es problematisch, im Duktus der phänomenologischen Wissenssoziologie von einem »Wirklichkeitshaushalt«, einem »gesellschaftlichen Wissensvorrat« oder auch, systemtheoretisch, von einem »semantischen Haushalt der Gesellschaft« zu sprechen. Denn die Verwaltung der gesellschaftlichen Semantik – und möglicherweise heißt das auch: der Lebenswelt – obliegt heute den Funktionssystemen. Deren »Sondersemantiken« können zwar keine Repräsentativität beanspruchen, fungieren aber als zentrale soziale Fakten der modernen Gesellschaft. In diesem Sinne spricht Luhmann von der »Verlagerung der ernst gemeinten, wichtigen Semantik in die Funktionssysteme und deren Systemorientierungen« (Luhmann, 1980a, p. 55). Zusammenfassend und im Rückblick auf die luhmannsche Wissenssoziologie lässt sich festhalten, dass diese nur mit erheblichem theoretischen Aufwand als Forschungsprogramm zur Analyse spezifisch moderner Semantiken gelesen werden kann.

Sollte der wissenssoziologische Semantikbegriff überhaupt auf die moderne, funktional differenzierte Gesellschaft übertragbar sein, so läge es also nahe, diesen »höherstufig generalisierten Sinn« funktionssystemspezifisch zu soziologisieren. Man käme damit zum einen zu einer Soziologie dessen, was Luhmann die »Reflexionstheorien« einzelner Funktionssysteme nennt (Luhmann, 1997, p. 958 ff.) – Theorien, die Funktionssysteme über sich selbst anstellen. Die Wissenssoziologie wäre dann die Soziologie der Rechtstheorie, der Theologie, der Pädagogik, der Wissenschaftsphilosophie, der Selbstthematisierungen von Kunst, Politik, Wirtschaft, Massenmedien etc. Zum anderen bietet es sich an, die *Selbstthematisierungen der Gesellschaft* (Luhmann, 2005e) wissenssoziologisch zu analysieren. Neben Reflexionstheorien einzelner Funktionssysteme verfügt nämlich auch die moderne Gesellschaft über begrifflich elaboriertes Wissen, in welchem *sie selbst in ihrer Gesamtheit* Thema ist. Es handelt sich dabei selbstredend nicht um gepflegte Semantik im engen Sinne, denn für Selbstthematisierungen der *modernen* Gesellschaft gilt ja, dass sie anhand funktionssystemspezifischer Sinnverarbeitungsmechanismen unterschieden werden müssen. Luhmanns Vorschlag war es, hierbei an zumindest zwei Kandidaten zu denken: einerseits an die Soziologie als Subsystem der Wissenschaft, andererseits an die Massenmedien (Luhmann, 1997, p. 1128). In beiden kommt die Gesellschaft als Thema vor, aber in unterschiedlicher Form. Zum einen als soziologische Gesellschaftstheorie, zum anderen als massenmedial anschlussfähige Gegenwartsdeutung.

Die Aufgabe der folgenden Arbeit ist es, diese beiden Selbstthematisierungen der Gesellschaft wissenssoziologisch informiert zu unterscheiden. Denn obwohl es aus der Perspektive der Differenzierungstheorie plausibel ist, hier anhand von Funktionssystembezügen Unterscheidungen zu treffen, fällt es der Soziologie noch immer schwer, ihr eigenes Wissen als von öffentlichen Diskursen entkoppelt zu sehen. Noch immer sehen weite Teile des Faches die Beziehung von Soziologie und massenmedialer Öffentlichkeit als fließendes Kontinuum, in welchem es sich als öffentlicher Intellektueller zu engagieren gilt. Gegenwartsdeutungen scheinen sich hierfür als willkommenes Vehikel zu eignen. Die nun folgenden Untersuchungen legen demgegenüber den Schluss nahe, dass im Zuge des 20. Jahrhunderts das Kontinuum von öffentlichen und wissenschaftlichen Selbstthematisierungen der Gesellschaft zerbrochen ist, mit der Folge, dass man recht deutlich zwischen ausschließlich in der Wissenschaft diskutierbaren Theorien der Gesellschaft auf der einen und *Zeitdiagnosen* auf der anderen Seite klar unterscheiden kann – über den Erfolg letzterer lässt sich dann nur noch in den Massenmedien entscheiden. Die einheitliche Rolle des öffentlichen Intellektuellen zerfällt dementsprechend in die des akademischen Soziologen und die des »Medienintellektuellen«. Wenn man von dieser Position aus fragt, in welcher Gesellschaft wir leben, dann könnte die Antwort sein: in einer *Diagnosegesellschaft*, die sich zwar permanent selbst zum Thema macht, außerhalb der Wissenschaft aber mit sich selbst nur als Nachricht und Schlagzeile umgehen kann.

2 Soziologen als öffentliche Intellektuelle

2.1 SOZIOLOGIE IN DEN MASSENMEDIEN

Interessiert man sich für das Verhältnis von Soziologie und Massenmedien, wird man mit einiger Verwunderung feststellen müssen, dass die Soziologie selbst zu diesem Themenkomplex relativ wenig zu sagen hat. Dies liegt zum einen daran, dass sich die moderne Wissenschaftssoziologie, die eigentlich für dieses Thema zuständig wäre, vorrangig für Technik und Naturwissenschaften interessiert. Die im englischsprachigen Raum übliche Selbstbeschreibung als *Science and Technology Studies* ist also durchaus programmatisch zu verstehen. Diese Konzentration auf vermeintlich »harte« Wissenschaften erscheint aber lediglich ex post als Einengung des Interessenshorizonts. Verglichen mit der mertonianischen Wissenschaftssoziologie handelte es sich aber um eine enorme Steigerung der Erkenntnisansprüche. So war es spätestens mit dem *strong programme* im Sinne von Bloor (1976) möglich, auch dann zu wissenschaftssoziologisch interessanten Aussagen zu kommen, wenn auf den ersten Blick »gute«, »objektive« und ideologisch unverdächtige Wissenschaft gemacht wurde. Man musste sich nicht mehr auf die institutionellen Rahmenbedingungen wissenschaftlicher Erkenntnisproduktion beschränken. Die von diesem Paradigmenwechsel inspirierten Laborstudien (Knorr-Cetina, 1984; Knorr-Cetina, 1988) bereicherten das Fach um die Erkenntnis, dass auch hinter solider naturwissenschaftlicher Praxis im weitesten Sinne soziale Beziehungen stehen. Die Akteur-Netzwerk Konzepte radikalisierten diese Erkenntnis so weit, dass zwischen im Labor konstruierter Wirklichkeit und Naturphänomenen gar nicht mehr unterschieden wird (Latour/Woolgar, 1979; Latour, 1995).

Wenn also von der Nichtbeachtung der Soziologie in diesem Kontext die Rede ist, dann immer vor dem Hintergrund der überaus bereichernden Erkenntnisse, die die moderne Wissenschaftsforschung in den letzten 25 Jahren der Soziologie zur Verfügung gestellt hat. Überdies wird die Engführung von Wissenschaftsforschung auf Naturwissenschaften und Technik mittlerweile kritisch reflektiert (Guggenheim/Nowotny, 2003). Von wenigen Ausnahmen abgesehen (Schwartz, 1998; Felt, 2000; Evans, 2009), beschäftigt sich das Fach aber weiterhin noch immer ungern mit Sozialwissenschaften. Geübt in der kritischen Analyse »harter« Wissenschaften, scheint man Soziologie als fast schon zu einfachen Fall zu betrachten. Selbstverständlich sei diese sozial konstruiert, das bestreiten nicht einmal die Soziologen selbst. Die Nuss ist offensichtlich nicht hart genug, um sie knacken zu müssen.

Ein davon abgeleitetes Problem ergibt sich zum anderen daraus, dass auch derjenige Teil der Wissenschaftsforschung, der sich für das Verhältnis von Wissenschaft und Massenmedien interessiert, keine der Soziologie angemessene Variante des Konzepts vorschlägt. Auch hier muss zunächst festgehalten werden, dass der Ansatz, der als *Wissenschaft-Medien-Kopplung* oder *Medialisierung von Wissenschaft* seit einigen Jahren diskutiert wird, in äußerst fruchtbarer Weise den Wissenskanon der Wissenschaftsforschung erweitern konnte (Weingart, 1998; Weingart, 2001; Weingart, 2002; Rödder, 2009a; Rödder, 2009b). Das Grundkonzept besagt hierbei, dass die gewachsene Bedeutung massenmedialer Kommunikation zu einer wechselseitigen Instrumentalisierung von Massenmedien und Wissenschaft führt. Auf der Suche nach öffentlicher Unterstützung und Ressourcen starten Universitäten und Forschungsinstitute PR-Aktionen, einzelne Wissenschafter melden sich in unterschiedlichen massenmedialen Formaten zu brisanten Themen wie Klimawandel, Gentechnologie oder Atomkraft zu Wort. Dabei handelt es sich aber nicht um eine Einbahnstraße. Vielmehr muss sich die Wissenschaft in dieser Konstellation den Selektionskriterien der Massenmedien anpassen. Ergebnisse werden in sensationalistischer Weise aufbereitet, drohende Katastrophen prophezeit, leicht zugängliche Lösungskonzepte bereitwillig angeboten. Die Medialisierung betrifft dabei nicht nur die Schauseite einer ansonsten unveränderten Wissenschaftspraxis. Vielmehr lässt sich beobachten, dass auch innerhalb akademischer Diskurse vermehrt massentaugliche Metaphern verwendet werden (Maasen/Weingart, 1995; Weingart/Maasen, 1997). Wenn es um die Vergabe von Forschungsgeldern durch die öffentliche Hand geht, verliert das klassische *peer review*- Verfahren stetig an Bedeutung und wird mit neuen Bewertungskriterien, wie z. B. der massenmedialen Breitenwirksamkeit, konfrontiert (Nelkin, 1995). Sogar hochreputierte und für die akademische Karriere von Naturwissenschaftern enorm wichtige Journale wie *Science* und *Nature* setzen verstärkt auf Themen, die massenmedial kolportierbar sind (Franzen, 2009). Das Immunsystem der Wissenschaft, um eine

Metapher zu verwenden, scheint durch Medialisierung immer stärker herausgefordert zu werden – diversen Formen von Wissenschaftsbetrug werden Tür und Tor geöffnet.

So frappierend die Ergebnisse dieses Forschungsstranges auch sein mögen, das Verhältnis von Soziologie und Massenmedien kann damit aus konzeptionellen Gründen nicht hinreichend erfasst werden. Es ist wichtig, sich vor Augen zu halten, dass die Wissenschaft-Medien-Kopplung zunächst eine besondere Form von *Popularisierung wissenschaftlicher Kommunikation* meint. Man geht also davon aus, dass es eine, wenn auch nur minimale Trennung von Wissenskonstitution auf der einen und Verbreitungsmechanismen auf der anderen Seite gibt (Whitley, 1985). Popularisierung bezeichnet dann *jede* Überschreitung der Grenze zwischen hochspezialisierter Herstellung von Wissen und dessen Verbreitung.

Man arbeitet also mit einem graduellen Diffusionskonzept: Im Kern befindet sich esoterisches Expertenwissen und in den äußeren Schalen unterschiedliche Publika, die an der konkreten Herstellung dieses Wissens nicht unmittelbar beteiligt sind. Ob es sich nun um Lehrbücher, interdisziplinäre Kommunikation oder Antragsstellung handelt, muss das Expertenwissen stets in irgendeiner Weise vereinfacht und apodiktisch dargestellt werden, um fachexterne Publika zu erreichen (Stichweh, 2003; Stichweh, 2005). Medialisierung erscheint dann als eine Form der Popularisierung, die besonders weit weg vom eigentlichen Kern der Wissensproduktion anzusiedeln ist – sie impliziert, wie Weingart (2002, p. 101 ff.) es ausdrückt, einen neuartigen und besonders intensiven *Verlust der Distanz*. Ob dieser Distanzverlust bloß eine Frage der Darstellung von Wissen ist oder im äußersten Fall sogar zur Entdifferenzierung von wissenschaftlichem Kern und massenmedialer Peripherie führt, ist dann eine Frage der Empirie.

Dies ist eine angemessene Beschreibung all jener Settings, in denen prinzipiell zwischen popularisierten und nichtpopularisierten Wissensformen unterschieden werden kann. Naturwissenschaften und Technik sind hier sicherlich Paradebeispiele: Man präsentiert sich in den Massenmedien, formuliert überspitzt und vereinfacht und irgendwann gelangt man zu wissenschaftlich untragbaren Schlüssen, die nur noch gut (oder katastrophal) klingen. Der unpopularisierte, esoterische Kern der Wissensproduktion bildet dabei die Messlatte. Die modernen Sozialwissenschaften, und hier insbesondere die Soziologie, unterscheiden sich davon nicht prinzipiell. Auch hier gibt es esoterisches Wissen, seien es hochkomplexe statistische und qualitative Verfahren, seien es verklausulierte und abstrakte Gesellschaftstheorien. Und auch hier gibt es massenmediale Popularisierung dieses esoterischen Wissens, meist in Form von öffentlichen Stellungnahmen zu sozialen Problemen (Revers, 2009). Hier gilt wie im Falle von Naturwissenschaften und Technik, dass von Medialisierung nur deshalb die Rede sein kann, weil es mit Blick auf den Kern der Wissensproduktion einen Vergleichsgesichtspunkt gibt, der im äußersten Falle des Betrugs als »Notbremse« verwendet werden kann. Es gibt sicherlich Fälle, in denen breitenwirksame aber unhaltbare Aussagen die Langsamkeit des *peer review* ausnützen oder darauf setzen, dass die Validierung von Ergebnissen technisch zu aufwendig oder bisweilen gar unmöglich ist. Doch wie der Fall betrügerischer Wissenschaftspraxis in der Stammzellforschung (der Fall Hwang Woo-suk)[1] zeigt, handelt es sich auch hier vorrangig um ein Zeitproblem. Die Mühlen des *peer review* mahlen langsam, in der Regel aber effizient.

In der Soziologie gibt es jedoch ein Phänomen, zu dem es in Naturwissenschaften und Technik kein Äquivalent gibt: die Rolle des *öffentlichen Intellektuellen*. Es handelt sich hier deshalb um einen besonders problematischen und interessanten Fall, weil er mit den Mitteln des Medialisierungsansatzes nicht behandelbar ist. Ich will an dieser Stelle das Argument in aller Kürze vorstellen und es danach in mehreren Schritten detailliert explizieren. Die Grundüberlegung ist, dass die Rolle des medialisierten Experten klar von der des öffentlichen Intellektuellen zu unterscheiden ist. Während der Experte im Kontakt zu Massenmedien aktuelle Forschung popularisiert, vereinfacht und mitunter verfälscht, äußert sich der Soziologe als Intellektueller zu öffentlich als interessant markierten Themen, für deren Behandlung das stark differenzierte Wissenschaftssystem keinen Platz mehr hat. Es gibt im Fall von Intellektuellendiskursen also keine wissenschaftlichen Qualitätskriterien, die es erlauben würden, von einem Verlust der Distanz zu Massenmedien oder gar von Betrug zu sprechen. Es ist der Soziologie jedenfalls bislang nicht gelungen, die Analysen öffentlicher Intellektueller der Peripherie des Faches zuzurechnen. Im Gegenteil: die prominentesten Vertreter des Faches betätigen sich als öffentliche Intellektuelle und ihre Aussagen gelten als fach*interne* Kommunikation. Das ist deshalb ein Problem, weil unter modernen Bedingungen der einzige Ort, an dem Themen breiten Interesses zu ihrem Recht kommen, die Massenmedien sind. Indem die Soziologie

---

1 | Siehe dazu z. B. Chong/Normile (2006).

Intellektuellendiskurse von fachinterner Kommunikation nicht klar unterscheiden kann, unterwirft sie sich den Selektionskriterien massenmedialer Berichterstattung. Es geht hier also nicht um massenmediale Popularisierung, sondern um die Unmöglichkeit, in der Rolle des öffentlichen Intellektuellen zwischen massenmedialer und fachinterner Kommunikation überhaupt zu unterscheiden. Wenn man die Rolle des öffentlichen Intellektuellen als eine Option für die Selbstbeschreibung von Soziologen zulässt, entledigt man sich also der Notbremse, die vor einer Kollision mit den Massenmedien schützt. Ich werde mich in diesem Kapitel auf den ersten Teil dieses Arguments beziehen und zunächst die Rolle des öffentlichen Intellektuellen von allen anderen Rollen unterscheiden, in denen der Öffentlichkeitsbezug von Soziologie sonst noch zum Tragen kommt.

2.2 DIE ROLLE DER ÖFFENTLICHEN INTELLEKTUELLEN

Es ist auffällig, dass öffentliche Intellektualität in der Soziologie vorwiegend unter dem Gesichtspunkt des politischen Engagements behandelt wird. Der Soziologe in der Rolle des öffentlichen Intellektuellen sei vor allem politischer Kommentator, der sein fachliches Wissen benützt, um in der Öffentlichkeit ideologisch Stellung zu beziehen. Er entledige sich dabei zwar der Esoterik rein fachinterner Diskurse, laufe dadurch aber Gefahr, die auf politischer Neutralität gebaute Legitimität des Faches aufs Spiel zu setzen. Dieses Problem wird seit kurzem unter dem Streitbegriff *public sociology* diskutiert. Die Debatte wurde 2004 von Michael Burawoy ausgelöst, als dieser sich in seinem Grundsatzpapier als neu gewählter Präsident der *American Sociological Association* für eine Wiederbelebung öffentlich wirksamer Soziologie aussprach. Sein Plädoyer *For Public Sociology* (Burawoy, 2005; Burawoy, 2007) bildet die Grundlage für zwei Sammelbände (Clawson et al., 2007; Nichols, 2007) und zahlreiche Artikel, die in teils sehr scharfem Ton die Potentiale und Gefahren einer öffentlichkeitswirksamen Soziologie ausloteten.

Im Prinzip folgt Burawoy als Initiator der Debatte dem Ruf einer ausdifferenzierten Disziplin nach Rückbesinnung auf das eigentlichen Ziel wissenschaftlicher Erkenntnis: der breiten Vermittlung angehäuften Wissens[2]. Man habe die Professionalität des eigenen Faches zu weit getrieben, mit der Folge, dass man der ursprünglichen Aufgabe der Soziologie, nämlich dem Engagement um Meinungsführerschaft bei öffentlich diskutierten sozialen Problemen, nicht mehr gerecht werden könne. Zu Beginn des 21. Jahrhunderts stehe die Soziologie zwar fest verankert an Universitäten, ihre öffentliche Sichtbarkeit sei im Vergleich zu früheren Epochen und gegenüber anderen sozialwissenschaftlichen Disziplinen aber vergleichsweise gering geworden. Mit der Stärkung einer *public sociology* soll das wieder rückgängig gemacht werden.

Die Geschichte der Soziologie ist für Burawoy eine Geschichte der Entfernung von Themen des außerakademischen Diskurses. War bis zur Mitte des 20. Jahrhunderts das Selbstverständnis des Faches eng gekoppelt an die Behandlung öffentlich wahrgenommener Probleme, so führten die Professionalisierungsschübe der 1950er und 1960er Jahre dazu, dass breit verständliche Soziologie zu einem Teilbereich des Faches neben anderen schrumpfte. Es waren vor allem Strukturfunktionalismus und elaborierte statistische Methoden, die die öffentliche Soziologie auf die hinteren Ränge des Faches verwiesen haben (Burawoy, 2007, p. 24, p. 47 f.). Damit wurde ein Prozess in Gang gesetzt, der die Disziplin entlang zweier Dimensionen zu differenzieren begann: einerseits entlang ihres Publikumsbezugs (akademisch vs. nicht-akademisch) und andererseits entlang der Wissensformen, die sie anstrebt (instrumentell vs. reflexiv). Am Ende dieses Prozesses scheint die moderne Soziologie immer mehr einer Vierfeldertafel zu gleichen, in der jedem Feld eine idealtypisierte Spielart des Faches zugeordnet werden kann. Dabei wiederholt sich in parsonianischer Manier in jedem dieser Felder die Differenzierung entlang derselben Dimensionen (Burawoy, 2007, p. 35 ff., p. 43 ff.).

Man kommt damit zu 16 verschiedenen Formen von Soziologie, wobei es an dieser Stelle ausreicht, allein die erste Differenzierungsebene vorzustellen. Instrumentelles Wissen, das sich an ein akademisches Publikum richtet, nennt Burawoy *professional sociology*. Hier geht es um die Entwicklung von theoretisch und methodologisch abgesicherten Forschungsprogrammen, deren Adäquatheit sich an empirischen Beobachtungen bemisst und die zu eruieren Sache der Forschungsgemeinschaft ist. Die Legitimität dieser Art von Soziologie baut auf der

---

2 | Ich beziehe mich im folgenden auf den in Clawson et al. (2007) erschienenen, unveränderten Nachdruck des Originalartikels.

Einhaltung wissenschaftlicher Normen. Dies sei die heute dominante Form soziologischer Analyse. Davon zu unterscheiden ist die Art von Soziologie, die zwar auch instrumentelles Wissen generiert, dieses jedoch an den Interessen eines außerakademischen Publikums ausrichtet. Burawoys Begriff dafür ist *policy sociology*. Hier geht es um die soziologische Lösung von Problemen, die von Klienten (meist aus der öffentlichen Verwaltung und Wirtschaftsunternehmen) vorab definiert werden. Das hier generierte Wissen muss vor allem anwendungsnah und praktisch sein – die darauf basierende Legitimität bemisst sich anhand der Effektivität der vorgeschlagenen Maßnahmen. Soziologen agieren hier nicht als Wissenschafter, sondern als Experten.

Die andere Seite der Soziologie bringt kein instrumentelles Wissen hervor, sondern reflexives. Die akademische Variante davon bezeichnet Burawoy als *critical sociology*. Die Aufgabe dieser Art von Soziologie ist es, die Grundlagen professioneller Soziologie infrage zu stellen und alternative erkenntnistheoretische Fundamente, wie beispielsweise den Feminismus, auszuarbeiten. Das Wissen, das hier produziert wird, beansprucht weder Praktikabilität noch Übereinstimmung mit empirischen Beobachtungen der sozialen Welt. Vielmehr sollen auf der Grundlage normativer Sätze moralische Visionen etabliert werden. Über die Geltung solcher Fundamentalkritiken entscheiden weder die wissenschaftliche community noch Klienten, sondern »kritische Intellektuelle«, die in interdisziplinären Feldern, oft abseits universitärer Forschungsinstitute, tätig sind. Besonders am Herzen liegt Burawoy aber die *public sociology*, die sich in kritischer Absicht an ein außerakademisches Publikum richtet. Die Form der Kritik wird hier, anders als in der *critical sociology*, nicht theoretischen Debatten entnommen, sondern entsteht aus einem Dialog zwischen Soziologen und zivilgesellschaftlichen Akteuren. Burawoy denkt hier an Situationen, in denen mit sozialen Problemen befasste Bürgerinitiativen zusammen mit Soziologen konsensual Werte und Ziele definieren, die zur Behandlung des jeweiligen Problems beitragen sollen. Dies soll unter Bedingungen von Reziprozität und der habermasschen Vorstellung kommunikativen Handelns passieren. Über die Legitimität dadurch generierter Kritik entscheiden weder Effektivität, noch wissenschaftliche Normen, noch eine theoretisch abgesicherte, moralische Vision einer besseren Gesellschaft; was hier zählt ist die öffentliche Relevanz der Themen. Die vorrangige Aufgabe einer solchen Soziologie ist *community based research*: Kooperation mit NGOs, Gewerkschaften und lokalen Selbsthilfegruppen.

Burawoys zentrale These geht freilich über eine bloße Taxonomie hinaus. Seiner Vorstellung nach sei der instrumentelle Strang der Soziologie, zumindest in den USA, über die Maße mächtig geworden (Burawoy, 2007, p. 44 ff.). Zwar befürchtet und kritisiert die professionelle Soziologie seit den 1970er Jahren den verstärkten Einfluss normativer Ansätze, verkörpert durch die fachinterne Institutionalisierung diverser *identity studies*, doch sei die Realität eine vollkommen andere: Bürokratie und kapitalistische Wirtschaft kolonialisieren die Zivilgesellschaft und marginalisieren die reflexive Soziologie. Das Fach sei ein *field of power* geworden, eine strenge Hierarchie, in der *policy sociology* und *professional sociology* über Gelder und Stellen disponieren und reflexive Soziologie in der Hintergrund drängen. Der Effekt ist ein fachinterner Konflikt um Dominanz, in welchem sich die einzelnen Bereiche ihre jeweiligen Pathologien vorwerfen: Die professionelle Soziologie sei ein selbstreferentieller, von kleinteiligen Methoden- und Theoriefragen besessener Elfenbeinturm, die Policyforschung ein Handlanger von Staat und Wirtschaft, die kritische Soziologie dogmatische Ideologie und die öffentliche Soziologie eine Fahne im Wind der Partikularinteressen.

Da es sich aber um kein Gleichgewicht des Schreckens, sondern um ein asymmetrisches Dominanzverhältnis handelt, plädiert Burawoy dafür, den reflexiven Strang, und hier vor allem die *public sociology*, zu stärken. Öffentliche Soziologie findet zwar bereits statt, doch ist vor allem das jüngere Fachpersonal meist vor die Wahl gestellt, sich entweder einem Teil der Soziologie ganz zu verschreiben, oder die Disziplin ganz zu verlassen (Burawoy, 2007, p. 40). Demgegenüber sollte es in der modernen Soziologie möglich sein, sich in allen vier Bereichen gleichzeitig zu betätigen – nur dadurch könnten die einzelnen Teilbereiche der Soziologie in fruchtbarer Weise von einander profitieren. Vor allem der dominante instrumentelle Strang könne vom reflexiven lernen, wie man engem, disziplinärem Denken entkommt und bestehende Forschung für neue Sichtweisen öffnet. Man käme damit zwar nicht zurück zur Gleichsetzung von Soziologie und öffentlichem Engagement wie im 19. Jahrhundert, dafür aber zu einer relativen Dominanzverschiebung und damit zu einer größeren Sichtbarkeit des Faches für außerakademische Publika.

Wohlgemerkt stellt sich Burawoy vor, dass es vor allem die Auflösungsstärke der professionellen Soziologie ist, die als Grundlage für eine Stärkung des reflexiven Stranges dienen soll (Burawoy, 2007, p. 41, p. 48 f.). Diese Sicht baut auf dem oben kurz vorgestellten Modell auf:

2.2. Die Rolle der öffentlichen Intellektuellen

die an Universitäten verankerte Soziologie sei mittlerweile stark und selbstbewusst genug geworden, um sich einem breiteren Publikum öffnen zu können, ohne damit ihre Identität als Fach aufs Spiel zu setzen. Die Soziologie des 21. Jahrhunderts kann ihre kleinteilige Forschungspraxis transzendieren, um dorthin zurückzukehren, von wo sie einst gestartet war: zur Analyse beunruhigender, globaler Trends in der Gegenwart (Burawoy, 2007, p. 49). Diese Form von öffentlicher Soziologie habe es, so Burawoy, stets gegeben und die dafür vorgesehen Rolle war die der *Soziologen als öffentliche Intellektuelle*. In diese Rolle begaben sich all diejenigen Soziologen, deren Werke aufgrund der Aktualität der behandelten Themen im Feuilleton breit diskutiert wurden. Doch, so gibt Burawoy zu denken, sei das Publikum dieser Form von öffentlicher Soziologie massenmedial vermittelt. Zwischen ihm und dem jeweiligen öffentlichen Intellektuellen gibt es wenig direkte Interaktion – der Soziologe kann in dieser Rolle breite Diskussionen nur anregen, aber nicht selbst partizipieren. Das Publikum bleibt passiver Rezipient und bildet auf der Grundlage des massenmedialen Auftritts keine soziale Bewegung oder Organisation heraus, die sich den diagnostizierten Übeln entgegensetzen könnte (Burawoy, 2007, p. 28). Dieser Form der *traditionellen öffentlichen Soziologie*, verkörpert durch beispielsweise C. Wright Mills, Robert Bellah oder David Riesman, stellt Burawoy die Idee einer neuen *organic public sociology* entgegen:

> »There is, however, another type of public sociology – *organic public sociology* – in which the sociologist works in close connection with a visible, thick, active, local, and often counterpublic. The bulk of public sociology is indeed of an organic kind – sociologists working with a labor movement, neighborhood associations, communities of faith, immigrant right groups, human rights organizations. Between the organic public sociologist and a public is a dialogue, a process of mutual education. The recognition of public sociology must extend to the organic kind, which often remains invisible and private and is often considered to be apart from our professional lives. The project of such public sociologies is to make visible the invisible, to make the private public, to validate these organic connections as part of our sociological life.« (Burawoy, 2007, p. 28 f., kursiv im Original)

Nur mit dieser Form von öffentlicher Soziologie sei das Fach imstande, über die Selbstreferentialität ihres professionellen Stranges hinauszugehen und ihr eigentliches Ziel zu verfolgen: die Verteidigung der Zivilgesellschaft gegen staatlichen Despotismus und Markttyrannei (Burawoy, 2007, p. 56). Neben der neoklassischen Ökonomie, die den Marktmechanismus verteidigt, und der Politikwissenschaft, die um eine Expansion des Staates bemüht ist, könnte sich die Soziologie als Anwältin der dadurch bedrohten Menschheit öffentlich besser positionieren und zu alter Relevanz zurückkehren (Burawoy, 2007, p. 57 f.). Aus institutioneller Sicht gelte es daher, der asymmetrischen Differenzierung des Faches entgegenzuwirken und zwar durch die Sichtbarmachung bereits bestehender öffentlicher Soziologie, der institutionellen Verankerung der öffentlichen Soziologie an Universitäten und schließlich der Entwicklung eines Bewertungsmaßstabes, mit welchem gute von schlechter öffentlicher Soziologie unterschieden werden kann (Burawoy, 2007, p. 57 f.).

Der im Anschluss geführte Streit um *public sociology* war vorwiegend eine Kopie des Streits um Werturteilsfreiheit. Hier gab es zum einen diejenigen, denen Burawoys Sicht nicht weit genug ging. Öffentliche Soziologie sollte nicht beliebigen Zwecken dienen, sondern offen emanzipatorisch sein (Katz-Fishman/Scott, 2005; Piven, 2007). In dieselbe Kerbe schlug die Kritik, der Burawoys Vorschlag einer Dominanzverschiebung bei gleichzeitiger Aufrechterhaltung der internen Differenzierung des Faches nicht radikal genug war. Solange es möglich sei, zwischen professioneller und reflexiver Soziologie zu unterscheiden, werde öffentliche Soziologie zweitklassige Soziologie bleiben; man bräuchte dementsprechend eine radikalere Einebnung der internen Differenzierung des Faches. Die Grenze zwischen den idealtypisierten Strängen sei im besten Falle fließend (Patterson, 2007) und zementiere bestehende Asymmetrien innerhalb des Faches (Acker, 2005; Ghamari-Tabrizi, 2005; Glenn, 2007; Hayes, 2007). Um dem entgegenzuwirken brauche man neben der curricularen Verankerung von öffentlicher Soziologie auch stärkere internationale Kooperation mit Regionen, in denen die professionelle Soziologie noch kein eigenbrötlerisches Dasein führt bzw. institutionalisierte Publikationspausen, in denen Soziologen mehr Zeit für öffentliches Engagement hätten (Stacey, 2007). Alles in allem bleibe Burawoy *zu sehr* professioneller Soziologe; die Vorstellung, man könne die Errungenschaften professioneller Soziologie einem breiten Publikum vorstellen, zeichne ein zu passives Bild dieses Publikums auf der einen, ein zu autonomes Bild der professionellen Praxis auf der anderen Seite (Brewer, 2005). Soziologie sei per Definition öffentliches Engagement; der einzige Unterschied bestünde zwischen solchen, die offen dazu stehen und denjenigen, die ihre Werthaltung zu vertuschen versuchen (Wallerstein, 2007).

Ging der einen Seite das Konzept nicht weit genug, so kritisierte die andere die Vorstellung, dass das öffentliches Engagement, wie Burawoy es darstellt, überhaupt Teil der Soziologie sein könnte. Zwar liefere außerakademisches Engagement immer wieder Anstöße für thematische Neuausrichtungen, gefährde aber, wenn man es zur Grundlage der disziplinären Belohnungspraxis macht, die Autonomie des Faches. Dies vor allem dann, wenn die Gültigkeit von Aussagen nicht den Bewertungskriterien des Faches selbst, sondern dem Konsens mit außerakademischen Gruppen überlassen wird (Smith-Lovin, 2007). Hinzu kommt, dass bei Burawoys Konzept nicht klar wird, ob er damit die Soziologie auf ein politisches Programm festlegen will oder nicht. Aus der Sicht von Abbott (2007) setzt Burawoy den reflexiven Strang der Disziplin, und somit auch die öffentliche Soziologie, unter der Hand mit linker Gesinnung gleich. In fast allen Beispielen, die Burawoy als gute *public sociology* im Sinne hat, fungieren Soziologen als Unterstützer von politischen Programmen, die im öffentlichen Diskurs üblicherweise als links der Mitte stehend klassifiziert werden: Globalisierungskritik, Homosexuellen-, Frauen- oder Immigrantenrechte, Umweltschutz oder Gewerkschaften. Dabei sei gute Soziologie immer kritisch und reflexiv, was sich aber nicht an konkreten politischen Präferenzen der Autoren oder der von ihnen unterstützten Interessensgruppen ablesen ließe. Im Gegenteil: Kritische Soziologie muss imstande sein, auch das Selbstverständnis von vermeintlich wichtigen und unterstützenswerten zivilgesellschaftlichen Akteuren zu kritisieren. Übt man sich hingegen im Suchen nach Konsens mit solchen Akteuren, beraubt man sich freiwillig dieses kritischen Potentials. Diese Form von öffentlicher Soziologie habe nicht zuletzt deshalb wenig Chancen auf fachinterne Anerkennung, weil sie den Konsens über bestimmte Werturteile in der Soziologie maßlos überschätze. Nicht alle Soziologen sehen sich als Beschützer der Zivilgesellschaft/Lebenswelt. Die Konsequenz der Eingliederung politisierter Urteile wäre ein Mehr an fachinternen Disputen und Abgrenzungsbemühungen bei einem gleichzeitigen Weniger an außerakademischer Unterstützung (Boyns/Fletcher, 2005; Turner, 2005; Massey, 2007).

Public sociology scheint nicht mehr zu sein als eine Strategie, mit der man den Außenkontakt des gesamten Faches auf *eine* theoretische Linie zu verpflichten versucht: einer Mischung aus neo-marxistischem Aktivismus und der habermasschen Utopie kommunikativen Handelns (Nielsen (2004), Boyns/Fletcher (2005, p. 21 ff.)). Die ohnehin am seidenen Faden hängende Glaubwürdigkeit der Soziologie als Wissenschaft werde durch derartige Parteinahme vollends zerstört (Tittle, 2004, p. 1641 f). Öffentliche Soziologie sei wichtig und im Grunde institutionell auch nicht zu verhindern – sie funktioniere aber, gesetzt den Fall, man will die Autonomie des Faches nicht aufs Spiel setzen, nur unter Bedingungen von Rollentrennung und rein disziplinären Bewertungskriterien. Und, so könnte man mit Stinchcombe (2007) argumentieren, sie funktioniere nur als zweiter Schritt – der erste ist die unstillbare Neugier des Elfenbeinturms, welche sich weder durch die ökonomischen Anreize, noch durch staatliche Kontrolle, noch durch die Partikularinteressen von NGOs eindämmen lassen darf.

Die Engführung der Diskussion auf Fragen der Zulässigkeit politischen Engagements ließ zwei Punkte offen: erstens welches Öffentlichkeitskonzept mit der Rolle des öffentlichen Intellektuellen verbunden ist und zweitens wie sich die Rolle des öffentlichen Intellektuellen von anderen Rollensettings unterscheidet, die für Soziologen sonst noch infrage kommen. Hier waren es vor allem Boyns/Fletcher (2005) und Turner (2005), die darauf hingewiesen haben, dass ein schwerwiegender Mangel des Konzepts von *public sociology* unter anderem darin besteht, dass es von einer *idealisierten Intellektuellenrolle* und einem *idealisierten Publikumskonzept* ausgeht. Lokale Aushandlungen zwischen institutionell ungebundenen Soziologen und zivilgesellschaftlichen Akteuren mag es zwar geben, doch bilde diese Form des Öffentlichkeitsbezugs im besten Fall eine zahlenmäßig marginale Ausnahmeerscheinung. Weitaus bedeutsamer sei hingegen der Öffentlichkeitsbezug über den Kanal der Massenmedien. Hier müsste man sich aber dem Problem stellen, dass eine um öffentliche Sichtbarkeit bemühte Soziologie die Regeln massenmedialer Berichterstattung nicht wird umgehen können. Es sei anzunehmen, dass die Massenmedien nur denjenigen Konzepten Beachtung schenken werden, die zugunsten schnell formulierbarer, unterhaltsamer Diagnosen auf nuancierte Analysen verzichten (Turner, 2005, p. 32). Unter modernen Bedingungen sei öffentliche Meinung massenmedial hergestellte Meinung – auf der Suche nach öffentlicher Resonanz verließe die Soziologie zwar den Elfenbeinturm, betrete aber keine idyllischen zivilgesellschaftlichen Dörfer. Der Weg führe in die Fernsehtürme, mit bislang unabsehbaren Folgen für die Produktion sozialwissenschaftlichen Wissens.

> »In short, given that sociology must compete with the skilled architects of mass mediated discourse questions must be raised, not only about who public sociology will serve, but also about how a publicly oriented sociology will interface with the general public. When the contemporary cultural climate of public discourse is fully considered, it will become obvious that public sociologists will likely have to take a serious lesson from educational, political and religious practitioners, who have grappled with the issues of successful public engagement for decades.« (Boyns/Fletcher, 2005, p. 14)

Wenn man in diesem Sinne von einem Strukturwandel der Öffentlichkeit ausgeht und annimmt, dass öffentliche Meinung nur noch selten abseits massenmedialer Kanäle gebildet und verbreitet werden kann (Habermas, 1990; Luhmann, 1996), so habe das vice versa auch Auswirkungen auf die damit verbundene Leistungsrolle, hier also auf die Rolle der öffentlichen Intellektuellen. Soziologen, die sich in dieser Rolle an ein außerakademisches Publikum wenden, werden zu *media celebrities* (Boyns/Fletcher, 2005, p. 14) oder, wie Turner (2005, p. 32) es ausdrückt, sie gehen Gefahr, zu einer linken Version von *Fox News*[3] zu werden. Das Übertreten von Systemgrenzen heißt dann nicht ein Mehr an Freiheiten gegenüber der Hermetik akademischer Diskurse, sondern das Austauschen eines Systemzwangs gegen einen anderen. Aus dieser Perspektive erscheint die Vorstellung »organischer« Intellektualität genauso stilisiert wie die Gleichsetzung von Öffentlichkeit mit zivilgesellschaftlichen Gruppierungen.

Vor diesem Hintergrund verliert die Frage nach politischem Engagement ihre Brisanz, denn ob politisch motiviert oder nicht: Breitenwirksamkeit muss mit der Anbiederung an massenmediale Selektionskriterien bezahlt werden. Nun könnte man mit Blick auf den oben erörterten Popularisierungsbegriff einwenden, dass es letztlich eine empirische Frage ist, wie sehr sich Soziologen im Kontakt zu Massenmedien von wissenschaftsinternen Kriterien entfernen. Solange das öffentliche Engagement seine Basis in einem Wissenskorpus hat, der nach fachinternen Kriterien bewertet werden kann, ist die Frage nach der Nähe zu den Massenmedien eine Frage graduellen Distanzverlustes. Dieser Einwand verkennt allerdings die Besonderheiten der Rolle

---

3 | *Fox News* ist ein US-amerikanischer Nachrichtensender, der für seine offen konservative, boulevardhafte und tendenziöse Berichterstattung berüchtigt ist.

des öffentlichen Intellektuellen, dessen Rollenhandeln klar von Popularisierungsbemühungen wissenschaftlicher Expertise unterschieden werden kann. Es handelt sich um eine Rolle *sui generis*. Um das zu verdeutlichen, muss man sich vergegenwärtigen, wie üblicherweise die Rolle des öffentlichen Intellektuellen definiert wird[4]:

> »In short (...) the intellectual writes for the general public, or at least for a broader than merely academic or specialist audience, on ›public affairs‹ – on political matters in the broadest sense of that word, a sense that includes cultural matters when they are viewed under the aspect of ideology, ethics, or politics (which may all be the same thing). The intellectual is more ›applied‹, contemporary, and ›result-oriented‹ than the scholar, but broader than the technician. Approximate synonyms for ›intellectual‹ in this sense are ›social critic‹ and ›political intellectual‹. The intellectual, so defined, *is* the public intellectual (...).«
> (Posner, 2001, p. 23, kursiv im Original)

Was unterscheidet diese noch sehr weit gefasste Rolle von der des medialisierten soziologischen Experten? Auf den ersten Blick ist das Verwechslungspotential zwischen diesen beiden Rollen tatsächlich sehr hoch, denn im vertrautesten Beispiel medienwirksamer Soziologie tritt der Soziologe gar nicht in der Rolle des öffentlichen Intellektuellen in Erscheinung. Den prominentesten Fall bilden sicherlich massenmedial kolportierte Analysen sozialer Probleme. Dies geschieht in der Regel durch die Übersetzung aktueller akademischer Arbeit in eine breit verständliche Sprache. Der soziologische Experte agiert hier also zunächst als *self-popularizer* (Posner, 2001, p. 36 f.), dessen Aussagen nach akademischen Kriterien bewertet werden können: sind die Daten korrekt, sind die Methoden akkurat, sind die Schlüsse valide?

Hier, wie im Falle von Naturwissenschaften und Technik, kann zwischen der sensationalistischen Lancierung von Ergebnissen in Massenmedien und ihrer wissenschaftlich oft sehr aufwendigen Überprüfung viel Zeit vergehen. Dass neue Ergebnisse nur Ergebnisse auf Zeit sind, kann in den Massenmedien nicht reflektiert werden, was, wie oben kurz erwähnt, zu einer apodiktischen Überformung der eigenen Arbeit verführt. Umstrittenes kann auch hier als *state of the*

---

[4] | Für einen umfassenden Überblick über inhaltlich ähnliche Definitionen siehe Etzioni (2006).

art dargestellt werden, denn die Gegenexpertisen werden gar nicht, oder nur mit großem Zeitabstand, das heißt ohne Aktualitätsbezug gesendet, gedruckt oder online zur Verfügung gestellt. Nur wenige hören dann noch hin. Für das Fach selbst bilden aber massenmediale Schnellschüsse keine prinzipiellen Kritikschranken. Die Aussagen des Experten können auch dann noch nach fachinternen Kriterien bewertet werden, wenn der massenmediale Anlassfall längst vergessen ist.

Anders als der spezialisierte Experte ist der öffentliche Intellektuelle aber zunächst *Generalist*. In dieser Rolle äußert er sich gerade nicht zu seinem eigenen Spezialgebiet, popularisiert gerade nicht seine exotische Forschung durch Vereinfachen, Moralisieren oder »Frisieren« der Ergebnisse, sondern spricht über öffentlich als wichtig markierte Belange, über die ihm sein eigenes Spezialgebiet in der Regel wenig Auskunft gibt. In dieser Rolle gibt es nicht viel zu vereinfachen oder zu frisieren, denn das entlang unüberschaubar vieler Subdisziplinen differenzierte Wissenschaftssystem hat für generelle kulturelle Belange kein Äquivalent und für deren Analyse somit auch keine klar definierten Qualitätskriterien (Posner, 2001, p. 54 ff.). Dies lässt sich auch daran verdeutlichen, dass wenn Soziologen sich in Massenmedien zu aktueller Forschung äußern, sie als Experten einer bestimmten Subdisziplin gehandelt werden: sie bezeichnen sich selbst gerne als Pensionsexperten, Migrationsexperten, Demographen, Jugendforscher, Neo-Nazi-Experten usw. und vermeiden die inhaltlich wenig greifbare Selbstbeschreibung als Soziologen (Revers, 2009). In der Rolle des öffentlichen Experten wird also die Binnendifferenzierung des Faches gewissermaßen kopiert, um die Seriosität der eigenen Arbeit herauszustreichen. Wenn sich Soziologen aber in der Rolle des öffentlichen Intellektuellen betätigen, überschreiten sie fast zwangsweise die Grenzen ihres eigenen Fachbereichs und entledigen sich dadurch der Rolle des Experten und der damit verbundenen spezifizierten Rollenerwartungen, die durch das Wissenschaftssystem institutionalisiert sind. Der Soziologe in der Rolle des öffentlichen Intellektuellen kann streng genommen nicht betrügen. Ob er seine Distanz zu den Massenmedien verlieren kann, ist eine Frage, die ich vorerst offen lassen will.

Es reicht an dieser Stelle zunächst, das Rollenhandeln öffentlicher Intellektueller von anderen Formen der Popularisierung wissenschaftlicher Expertise zu unterscheiden. Ein naheliegendes Beispiel ist sicherlich auch der Lehrbetrieb an Universitäten. Hier ist das Verwechslungspotential zwar nicht so hoch wie im Falle des Experten, doch für

Burawoy (2007, p. 31) sind lehrende Soziologen qua sozial inklusivem Publikumsbezug potentielle öffentliche Intellektuelle. Dies ist offensichtlich ein Kategorienfehler, denn als Lehrende agieren Soziologen nicht in der Rolle des öffentlichen Intellektuellen, sondern in der des *popularisierenden Pädagogen* (Stichweh, 2003; Stichweh, 2005). Der Unterschied zwischen den beiden Rollen lässt sich klar an den jeweiligen Komplementärrollen ausarbeiten. So müssen sich Studierende in der Publikumsrolle etwaiges Unverständnis für die vorgebrachten Inhalte selbst zuschreiben; das darauf folgende Nachfragen, Nachlesen und Recherchieren ist dabei generell erwartbar und das eigentliche Ziel der Ausbildung. Der Soziologe in der Leistungsrolle des Pädagogen kann eine Lernbereitschaft voraussetzen, die zwar oft unrealistisch ist, jedoch nicht offen verweigert werden kann – mit all den bekannten Nebenfolgen, die eine solch entfremdete Interaktionssituation mit sich bringt (Goffman, 1957). In der Rolle des öffentlichen Intellektuellen muss der Soziologe weitaus behutsamer vorgehen. Facheinschlägige Bildung oder gar die Bereitschaft, sich den soziologischen Jargon anzueignen, können hier auf der Seite des Publikums nicht generell vorausgesetzt werden. Sich an ein breites Publikum zu wenden heißt, sich an ein *unbekanntes* Publikum zu wenden. Selbstredend liegt es nahe, sich die Leserschaft von Aussagen über *public issues* als Publikum vorzustellen, das über akademische Abschlüsse verfügt, aber eben über *irgendwelche* akademischen Abschlüsse. Das etwaige Unverständnis, das auf Seiten eines solchen Publikums vorgebrachten Inhalten gegenüber geäußert wird, müssen sich öffentliche Intellektuelle selbst zuschreiben: sie haben den falschen Ton getroffen, sind in ein fachliches Kauderwelsch abgedriftet und müssen eine allgemein verständliche oder zumindest nacherzählbare Version ihrer Thesen liefern. So beschreibt Lewis Coser die Beziehung zwischen öffentlichem Intellektuellen und Publikum folgendermaßen:

> »In case of a conflict between him and his public, it is he who is felt to deserve the blame. Having failed to satisfy the public's taste, he deserves the penalty of oblivion.« (Coser, 2006, p. 233)

Zudem ist außerhalb der Seminarräume Aufmerksamkeit für soziologische Thesen ein äußerst knappes Gut oder wie es Posner (2001, p. 32) ausdrückt: »because the audience's attention span is short, the public intellectual has to be quick on the trigger«. Die formalisierten Curricula zwingen die Studierenden, zumindest an der gegenwärtig stark verschulten Universität, demgegenüber zu zeitweiliger Anwesenheit und somit zu (simuliertem) Interesse an den Darbietungen der Pädagogen. Das Publikum öffentlicher Intellektueller hingegen ist, gesetzt den Fall, es handelt sich nicht um interaktionsnahe Situationen wie Lesungen, zu einer solchen Art von Höflichkeit nicht gezwungen. Sind die soziologischen Feuilletonartikel oder Bücher nicht unmittelbar verständlich oder nicht unterhaltsam, können sie durch künftige Nichtbeachtung takt- und gnadenlos dafür bestraft werden. Man legt das Buch weg, blättert die Seite um, klickt auf eine andere Homepage.

Dies schließt freilich nicht aus, dass Soziologen die Thesen, die sie als öffentliche Intellektuelle vertreten, auch zur Grundlage von universitären Vorlesungen und Seminaren machen können. Allerdings werden sie dann zu Pädagogen, die von Unterhaltsamkeit und allgemeiner Verständlichkeit absehen können und spätestens bei der Klausur davon absehen werden. Gleichzeitig öffentlicher Intellektueller und Pädagoge sein zu wollen, würde hier zum Rollenkonflikt führen: Die Lehrenden müssten davon absehen, dass die Studierenden das Fach *er*lernen sollen. Jede auch noch so unqualifizierte Meldung müsste dann kriterien- und konsequenzlos als willkommene Reaktion der Zivilgesellschaft gewertet werden. Die auf formale Ausbildung bezogene funktionale Spezifikation des Öffentlichkeitsbezugs gibt dem soziologischen Pädagogen auf der einen Seite also Freiheiten, die er in der Rolle des öffentlichen Intellektuellen nicht hat. Auf der anderen Seite ist er in der Rolle des Pädagogen selten Generalist, sondern vermittelt eng umgrenztes Expertenwissen. Aussagen öffentlicher Intellektueller über breit diskutierbare Belange sind zwar Teil der meisten soziologischen Curricula, werden aber vornehmlich unter einem speziellen Erkenntnisinteresse behandelt, z. B. unter dem Aspekt des Theorievergleichs.

Die Fälle des Experten und des Pädagogen zeigen, dass die Rolle des öffentlichen Intellektuellen klar von den Rollen unterschieden werden kann, die durch die Spezialinteressen des jeweiligen Publikums und/oder durch die Engführung der vorgebrachten Themen funktional spezifiziert sind. Dies gilt prominenterweise auch für den Fall, in dem Soziologen ihr Wissen anderen *akademischen* Publika zur Verfügung stellen. Der Terminus, den Stichweh (2005, p. 100) für diese Form des Öffentlichkeitsbezugs verwendet, ist *interdisziplinäre Popularisierung*. Auch in diesem Fall agieren Soziologen nicht als öffentliche Intellektuelle, denn das vorgebrachte Wissen muss nicht an ein weitestgehend unbekanntes, gebildetes Publikum angepasst werden, sondern an die je speziellen Interessen der Forschungspartner. Dies hat den Effekt, dass auf der Ebene lokaler Kollaborationen eine Art von *pidgin-Sprache* entstehen kann, mit der die Kommunikation über Disziplinengrenzen vereinfacht wird (Galison, 1997; Galison, 1999). Man geht nicht in fachspezifische Details, sondern konzentriert sich auf diejenigen Aspekte, die für den jeweils Anderen von Bedeutung sind. Der springende Punkt ist dabei, dass solche lokalen Kommunikationshilfen auf das konkrete Projekt bezogen und daher für außenstehende Beobachter meist unverständlich und hochspezialisiert sind. Interdisziplinäre Projekte sind das Reich der bildhaften Metaphern, der *insider*-Sprüche, der Spitznamen und der pragmatischen Eselsbrücken (Osrecki, 2006). Es reicht, und das allein ist oft eine unüberbrückbare Hürde, dass man einander versteht – die Kommunikation muss aber thematisch spezifiziert sein. Der Soziologe handelt in diesem Setting in der Rolle des *Kollegen*. Wer in dieser Rolle seine Kollegen als quasi-unbekanntes Publikum behandelt, muss sich den Vorwurf gefallen lassen, am Thema vorbeigeredet, oder schlimmer noch, das Gegenüber nicht ernst genug genommen zu haben. Aussagen über Belange des allgemeinen Interesses beschränken sich auf Pausengespräche oder werden zum Anlassfall, sich hinter dem Rücken des Kollegen über dessen aufgesetzte Gelehrsamkeit zu amüsieren.

Von diesen Fällen abgesehen, können sich Soziologen in *eigenen anderen Rollen* an die Öffentlichkeit wenden. Hier sind sie weder als Popularisierer akademischen Schaffens, noch als Anwälte öffentlicher Belange tätig. Sie treten im Grunde gar nicht als Soziologen auf und sind es lediglich in Bezug auf ihren formalen Abschluss. Eine dieser Rollen ist die der *Grenzstelle*[5]. In dieser Rolle sind Soziologen vor allem Sprecher von Organisationen, die massenmediale Beachtung finden. Posner (2001, p. 35) denkt dabei, die politische Landschaft der USA im Blick, vor allem an Experten, die für *think tanks* arbeiten. Für Kontinentaleuropa wäre dabei wahrscheinlich eher an Pressesprecher von Gewerkschaften, politischen Parteien, NGOs oder von sozialstaatlichen Einrichtungen zu denken. Auch hier ist die Rollenerwartung spezifiziert, in diesem Fall sogar deutlicher als in den bereits besprochenen Fällen. Die Grenzstelle muss, entsprechend ihrer Position als Außenkontaktstelle, die Organisation nach außen vertreten, d. h. diplomatisch und konziliant gegen Angriffe verteidigen und gleichzeitig für die Organisation unerfreuliche Informationen nach innen tragen.

---

5 | Zum Begriff der Grenzstelle ausführlich Luhmann (1964, pp. 220-239).

2.2. Die Rolle der öffentlichen Intellektuellen

Ohne auf das Problem der dadurch entstehenden Rollenverflechtung hier näher eingehen zu können, ist evident, dass hier nicht generelle *public affairs* zur Debatte stehen, sondern Probleme der Umweltanpassung *einer konkreten* Organisation. Was auch immer die Soziologen als Experten über die konkreten Ziele und Strategien ihrer Organisation denken – als Grenzstellen werden sie davon absehen, diese Ziele öffentlich zu kritisieren. Nirgendwo ist man mehr an formale Organisationszwecke gebunden, als bei Veranstaltungen, bei denen die Öffentlichkeit Zaungast ist[6]. Es sei darauf hingewiesen, dass, wenn Stichweh (2005, p. 100) von *politischer Popularisierung* spricht, ein ähnlicher Sachverhalt gemeint ist. In dieser Rolle wendet sich der Wissenschafter an politische Entscheidungsträger, um an Ressourcen zu gelangen. Auch hier wäre die Rolle des öffentlichen Intellektuellen fehl am Platz – es geht hier weder um öffentlich als interessant markierte Belange noch richtet man seine Aussagen an ein im Detail unbekanntes Publikum. Im Gegenteil: man weiß genau was die Fördervergabegremien hören wollen und stellt seine Forschung dementsprechend als sozial relevant, anwendungsbezogen, dem sozialen Frieden dienend etc. dar. Der Soziologe handelt hier in der Rolle des *Antragstellers*, dessen Handlungsspielraum durch eng umgrenzte Erwartungserwartungen definiert ist.

Ein anderer Fall von Öffentlichkeitsbezug in eigenen anderen Rollen betrifft politisches Engagement in der Rolle des »organischen« Intellektuellen, wie ihn Burawoy im Sinne hat[7]. Definiert man nach Posner nun die Intellektuellenrolle durch breites Themenspektrum und soziale Inklusivität des Publikums, wird deutlich, dass man für lokales politisches Engagement den Begriff des öffentlichen Intellektuellen gar nicht braucht. Die Soziologen betätigen sich hier nämlich

---

6 | So liest man bei Luhmann (1964, p. 112): »Die formale Organisation bildet also die Schauseite der Organisation. Für Nichtmitglieder wird keineswegs das ganze System faktischen Verhaltens sichtbar gemacht, vielmehr nur eine begrenzte, idealisierte, zusammenstimmende Auswahl von Themen, Symbolen und Erwartungen, die den Leitfaden für die Situationsdefinition geben, wenn Nichtmitglieder anwesend sind oder sonst Einblick nehmen können.«

7 | Der Begriff »organischer Intellektueller« kommt ursprünglich aus der marxistischen Intellektuellensoziologie von Antonio Gramsci. Dort wird er allerdings anders verwendet, nämlich im pädagogischen Sinne. Intellektuelle seien zwar an ihre Herkunftsklasse gebunden und gehen mit dieser dementsprechend ein »organisches« Verhältnis ein, affirmieren deswegen aber nicht per se das Selbstverständnis der Klassen, die sie vertreten. Der linke Intellektuelle sollte beispielsweise Arbeiter *entgegen* ihrer Sozialisation vom Wert der Bildung überzeugen. Siehe dazu z. B. Michael (2000, p. 8 f.).

als *Aktivisten* und dieser Begriff reicht auch für die Beschreibung ihres Rollenhandelns aus. In dieser Rolle äußern sie sich gerade nicht zu generellen Themen, sondern zu Spezialinteressen derjenigen Gruppen, mit denen sie sich solidarisieren. Obwohl aus einer bestimmten theoretischen Perspektive all diese Gruppen unter den Kollektivsingular »Zivilgesellschaft« fallen, ist zudem evident, dass sie meist unterschiedliche und mit einander oft unverträgliche Interessen vertreten. Außerdem basieren, wie Eyerman (1994) und Michael (2000) an unterschiedlichen Beispielen zeigen, solche Solidarisierungsbemühungen oft auf Vorstellungen von Authentizität und Gemeinschaft, die die interne Kohäsion der unterstützten Gruppen stark überschätzen.

Soziologen die als »organische Intellektuelle« agieren, sprechen somit nicht zu *der* Zivilgesellschaft, sondern im besten Fall zu partikularistisch handelnden Gruppen, deren einheitliche Gruppeninteressen zudem oft intellektuelle Konstruktionen sind – der Begriff dafür ist »Perspektivenübernahme«. Wenn es in diesem Sinne sowohl den Themen als auch den dadurch unterstützten Interessen an Breite mangelt, ist der Begriff des öffentlichen Intellektuellen offensichtlich fehl am Platz. Soziologen sind hier vielmehr prestigeträchtige *Sympathisanten* – sei es eines konkreten politischen Programms oder der Zwecke einer Organisation.

Obgleich nun im Sinne von Posner der öffentliche Intellektuelle zunächst ein politischer Kommentator ist, so ist er im Unterschied zum Aktivisten damit nicht gleichzeitig der Verfechter einer konkreten politischen Strömung oder eines konkreten Organisationsziels. Posner (2001, p. 32) arbeitet hier mit der Unterscheidung von Opposition und Oppositionalität. Als Oppositioneller verstrickt sich der öffentliche Intellektuelle in bestehende Machtverhältnisse und kritisiert ein (herrschendes) Dogma mit den Mitteln eines anderen, oppositionellen. Oppositionalität meint hingegen eine davon abstrahierende Kritik, für die es weder im politischen Spektrum noch im Zweckrepertoire von Organisationen eine Entsprechung gibt. Der öffentliche Intellektuelle als Oppositioneller ist vom freien Aktivisten nur durch seinen höheren Status zu unterscheiden und in dieser Rolle ist er zu einer einheitlichen und positiven Darstellung der jeweiligen Ziele verpflichtet. Der an Oppositionalität interessierte öffentliche Intellektuelle ist hingegen ein notorischer Nörgler, der aus einer gesellschaftlichen Randlage alle bestehenden Positionen auf Distanz hält.

Nur in diesem zweiten Falle ist also von öffentlicher Intellektualität zu sprechen – im Falle des Aktivisten oder Oppositionellen ist die Rolle mit Blick auf politische Programme oder Organisationsziele funktional spezifiziert und bildet eine fast unüberbrückbare Kritikschranke. Überschreitet der Aktivist diese Kritikschranke und versucht, wie Burawoy sich das vorstellt, als »organischer« Intellektueller mit Hilfe des Wissensvorrats der professionellen Soziologie zu agitieren, führt das auch hier notgedrungen zu einem Rollenkonflikt. Es gäbe dann gute Gründe die Partei X zu wählen oder der NGO Y beizutreten, denn die Arbeitslosenstatistik zeige ja, dass es so nicht weitergehen könne.

Der Rollenkonflikt entsteht hier dadurch, dass der professionelle Soziologe zu kognitiver Erwartung, in der Rolle des Aktivisten aber zu normativer Erwartung verpflichtet ist[8]. Wenn die von ihm erstellte Statistik grober Fehler überführt wird, muss er das als professioneller Soziologe akzeptieren und seine Aussagen der neuen Datenlage anpassen, oder anders ausgedrückt, er ist zu Lernbereitschaft verpflichtet. Als Aktivist ist er demgegenüber auf kontrafaktisch stabilisiertes Verhalten eingestellt: Wenn die Partei die Wahlen verliert oder die NGO eine Kampagne gegen die Wand fährt, beweist er seine Sympathie gerade dadurch, dass er nicht alleine deswegen austritt, aus der Enttäuschung also gerade *nicht* lernt. Wenn er nun seine Sympathie darauf aufbaut, dass das jeweilige politische Programm die richtige Antwort auf die gegenwärtige Datenlage ist, müsste er bei veränderter Datenlage strenggenommen das Lager wechseln: er wäre ein schlechter Aktivist. Oder aber er lernt aus seinen falschen Messungen nicht und interpretiert auch die neuen Zahlen als Anlassfall für weiteres Engagement. Dann ist er ein schlechter Soziologe, denn er zeigt damit, dass ihm die konkrete Datenlage nur als Vorwand und Rechtfertigung der eigenen politischen Positionierung dienlich war; er würde zeigen, dass ihm die konkreten Daten eigentlich egal sind. Was diese Form des Rollenkonflikts zudem sehr wahrscheinlich macht ist das Faktum, dass auch nur der leiseste Verdacht politisch gefärbter Expertise die Fachwelt zu noch genauerem Hinsehen anspornen würde – man kann hier eigentlich nur verlieren.

Zu dieser Taxonomie müssen nun einige Erläuterungen nachgetragen werden. Zunächst muss mit Nachdruck darauf hingewiesen werden, dass hier Rollen beschrieben werden und nicht Personen. Dieselbe Person kann je nach Situation mal in die eine, mal in die andere Rolle schlüpfen. Doch auch in derselben Situation können

---

8 | Zum Unterschied von normativem und kognitivem Erwarten siehe Luhmann (1987, pp. 40-53).

die Rollenträger mehrere Rollen auf einmal übernehmen, jedoch nur, wenn dies nicht zu den eben besprochenen Rollenkonflikten führt. Es gibt also auch Rollen, die einander nicht nur nicht im Wege stehen, sondern einander voraussetzen. Dies ist der Fall bei der Rolle des Antragstellers, der gleichzeitig »seriöser« Experte sein muss – in Stichwehs Terminologie also im Falle politischer Popularisierung. Es ist letztlich eine empirische Frage, ob man diese beiden Rollen überhaupt trennen kann. Es liegt aber zumindest die Vermutung nahe, dass das bürokratisch extrem zeitaufwendige Einwerben von Drittmitteln und staatlichen Fördergeldern zur Herausbildung eigenständiger akademischer Grenzstellen führen könnte, die dann keine fachlichen Experten wären, sondern Experten in der *Darstellung* der jeweiligen Forschungseinrichtung. Außerdem wird der Antragsteller Ergebnisse versprechen müssen, die er in dieser Eindeutigkeit der Fachwelt gegenüber nie äußern würde.

Andere Beispiele für einander voraussetzende Rollen findet man im Falle des Pädagogen und des Kollegen, die beide popularisierte Varianten von Expertise liefern müssen. Die gegenseitige Verträglichkeit und Unverträglichkeit der besprochenen Rollen könnte man an der Stelle weitaus detaillierter fassen. Hier muss aber der Hinweis genügen, dass es sich nicht immer um wechselseitig exklusive Rollenarrangements handelt. Darüber hinaus ist das Rollensetting des öffentlichen Intellektuellen nicht an eine spezielle disziplinäre Identität gebunden. Öffentliche Intellektuelle können Soziologen, Philosophen, Literaturkritiker, Schriftsteller, Künstler, ehemalige Politiker oder auch Naturwissenschafter sein. Wie in der Gegenüberstellung zur Rolle des Experten gezeigt wurde, ist die Intellektuellenrolle eine Generalistenrolle, die die jeweilige Heimatdisziplin der konkret handelnden Personen stark in den Hintergrund rückt. Wenn bislang vom Soziologen in der Rolle des öffentlichen Intellektuellen die Rede war, so ist das dem speziellen Erkenntnisinteresse der vorliegenden Arbeit geschuldet. Gleichwohl ist das keine beliebige Einschränkung, denn gerade in der Soziologie ist die Trennung von Fachsprache und öffentlichen Intellektuellendiskursen weiterhin äußerst umstritten.

Zusammenfassend ist die Intellektuellenrolle weder unter dem Gesichtspunkt der Politisierung, noch unter dem Gesichtspunkt der Popularisierung problematisch. Gegen beides hat die Soziologie mehr oder weniger wirksame Mittel zur Hand. Dafür muss im Übrigen keine fachübergreifende Einigkeit über die Wahl der richtigen Theorien und Methoden herrschen; im Falle der popularisierten Expertise reicht es, dass man zwischen Grundlagen und massenmedialer Aufbereitung, oder anders ausgedrückt, zwischen Herstellung und Darstellung von Expertise prinzipiell unterscheiden kann. Auch im Falle der Politisierung gibt es fachinterne Qualitätskontrollen. Hier mag es in der Soziologie immer wieder lautstarke Forderungen nach politischem Engagement des Faches geben – ob im Zuge der Wiederbelebung des Marxismus nach 1968 oder wie im gegenwärtigen Falle der akademischen Institutionalisierung von *identity studies*. Solche Entwicklungen betreffen aber nie die Disziplin in ihrer Gesamtheit. Im Gegenteil: je mehr *tenured radicals* (Kimball, 1990) es gibt, desto eher führt das zu einer verstärkten politischen Indifferenz desjenigen Teils der Soziologie, der die politischen Ziele nicht teilt – also des Faches im Übrigen.

Das eigentliche Problem ist aus dieser Perspektive die Unfähigkeit einer stark differenzierten Soziologie mit der thematischen Breite sowie der sozialen Inklusivität von Intellektuellendiskursen umzugehen. Dies ist eine Entwicklung, die sich seit der Mitte des 20. Jahrhunderts immer deutlicher abzeichnet, im Fach selbst jedoch noch wenig reflektiert wird. Konnte zwischen Sozialwissenschaften und Intellektuellendiskursen lange Zeit kaum unterschieden werden, so befinden wir uns spätestens seit dem Zweiten Weltkrieg in einer vollkommen andersartigen Situation. Es entwickelte sich eine spezialisierte soziologische Fachsprache, der Bildungsbürger selbst mit einem humanistischen Bildungskanon nicht mehr folgen konnten – es entsteht also die Möglichkeit, die Rolle des Sozial*wissenschafters* von der des an sozialer und thematischer Inklusivität interessieren Intellektuellen zu unterscheiden (s. u.).

Dennoch zeigen Diskussionen wie die um *public sociology*, dass es Teile der Soziologie noch immer für möglich und erstrebenswert halten, diese Wissensformen und Rollen nicht zu trennen. Den Verfechtern dieses Programms muss man nun insofern recht geben, als tatsächlich die reputiertesten Vertreter der akademischen Soziologie oft auch öffentliche Intellektuelle sind und breit rezipierbare intellektuelle Diskurse in der Soziologie noch immer zum Teil als fachliche Beiträge verhandelt werden. Die Aufgabe der hier vorgeschlagenen Wissenssoziologie ist es nun, Intellektuellendiskurse und Fachsprache sowie die dazugehörigen Rollen der Differenzierung des Faches entsprechend deutlicher zu trennen. Im Fokus der Untersuchung müssen der These entsprechend diejenigen Kommunikationsformen stehen, bei denen das Verwechslungspotential zwischen soziologischer Fachsprache und Aussagen öffentlicher Intellektueller am größten ist. Solche Aussagen müssen also drei Kriterien genügen: sie müssen erstens für ein *möglichst breites*, also auch nichtakademisches Publikum zugänglich sein, zweitens *Themen breitest möglichen Interesses* behandeln und drittens als *fachinterne Kommunikation* gelten. Es gibt in der Soziologie tatsächlich eine Kommunikationsform, die diese widersprüchlichen Anforderungen erfüllt: generelle Aussagen über den gegenwärtigen Zustand der Gesellschaft im Ganzen zu treffen. Der Fachterminus ist *Zeitdiagnostik*.

Ich werde mich in den folgenden zwei Kapiteln mit der Genese dieser Kommunikationsform beschäftigen und mich dabei von zwei Fragen leiten lassen. Zunächst von der Frage, aus welchen sozialstrukturellen Gründen sich Gesellschaften überhaupt für ihre eigene Gegenwart interessieren. Dabei wird sich herausstellen, dass es einem genuin modernen Zeitverständnis entspricht, die Gegenwart als interpretationsbedürftiges Phänomen zu markieren und dass genau für diese Aufgabe seit dem 18. Jahrhundert die Rolle des Intellektuellen ausdifferenziert wurde. Diese Rolle durchlebt nun seit dem Aufkommen moderner Massenmedien und akademisierter Sozialwissenschaft einen Strukturwandel – sie wird zwischen soziologischer Fachsprache und massenmedialer Kommunikation buchstäblich aufgerieben. Die zweite Frage ist dementsprechend, wie die Soziologie als sich ausdifferenzierende Wissenschaft mit Zeitdiagnostik umgegangen ist. Hierbei lässt sich zeigen, dass intellektuelle Zeitdiagnostik zunächst noch als wissenschaftsinterne Theoriealternative gehandelt werden konnte, im Laufe der zweiten Hälfte des 20. Jahrhunderts aber zusehends als eigenständiges Genre behandelt wird, dessen Status als wissenschaftsinterne Kommunikation seit kurzem aber generell zur Debatte steht – je mehr man sich dem Ende des 20. Jahrhunderts nähert, um so unklarer wird es, ob es sich hier überhaupt um ein wissenschaftliches Genre handeln kann.

3 Intellektuellenrolle und Gegenwartsbeschreibung

3.1 Temporalisierung der Zeit und Verkürzung der Gegenwart

Ich habe bislang die Rolle des öffentlichen Intellektuellen vor allem negativ definiert und zunächst herausgestellt, worum es sich dabei *nicht* handelt. In diesem Sinne war die oben eingeführte und begrifflich noch wenig elaborierte Definition von Posner lediglich als vorläufige Abgrenzung sinnvoll. Eine solche einführende Grenzziehung war notwendig um deutlich klarzumachen, dass diese Rolle nicht mit der des medialisierten Experten verwechselt werden sollte. Das Problem liegt in der Soziologie viel tiefer. Für Intellektuellendiskurse gibt es einerseits keine wie auch immer umstrittenen wissenschaftlichen Qualitätskriterien, anhand derer man »Distanzverluste« zu den Massenmedien messen könnte. Andererseits kann man sie trotz sozialer Inklusivität und thematischer Breite auf den ersten Blick nicht einfach massenmedialer Unterhaltung zuordnen – die Akademisierung der Rolle birgt Verwechslungspotentiale und Hoffnungen in Bezug auf wissenschaftlich gehaltvolle Kommunikation. Der öffentliche Intellektuelle scheint wissenschaftlich solide Aussagen einem breiten Publikum darbieten zu können, ohne sich den Restriktionen eines der beiden Bereiche unterordnen zu müssen. Wie aber definiert man die Rolle positiv? Was machen Soziologen, wenn sie als öffentliche Intellektuelle agieren? Welches Betätigungsfeld bleibt übrig, wenn es hierbei weder um massenmedial popularisierte Expertise, noch um politische Agitation, noch um Pädagogik, noch um Interdisziplinarität gehen kann? Wie kann man sich eine solche Tätigkeit vorstellen, wenn sie sowohl thematisch breit als auch sozial sehr inklusiv sein soll? Und vor allem, wie kann man die für die Intellektuellenrolle zentralen Begriffe wie *generelles Publikum* und *public affairs* theoretisch auflösungsstärker fassen?

Der Zusammenhang mag auf den ersten Blick kontraintuitiv erscheinen, doch der Schlüssel zu einer positiven Fassung der soziologischen

Intellektuellenrolle ist zum einen in der *Transformation der Zeitwahrnehmung* der europäischen Gesellschaft in der zweiten Hälfte des 18. Jahrhunderts zu suchen. Im Gegensatz zu früheren Epochen beginnt man, sich den Lauf der Zeit als *Fortschritt* vorzustellen, was vor allem bedeutete, dass man die prognostizierte Zukunft nicht mehr an Erfahrungen vergangener Ereignisse zu binden bereit war (Koselleck, 1972). Es ergibt sich eine paradoxe Einstellung zur Zeit: einerseits wird die Gegenwart extrem kurz und eigentlich unbedeutend, denn jeder Moment scheint demnächst andere, bislang unbekannte Möglichkeiten zu eröffnen – auf die unbekannte Zukunft kommt es an, das Jetzt ist nur noch eine Vorbereitung auf das unbekannte Morgen. Zum anderen wird die Gegenwart genau aufgrund ihrer neuen Flüchtigkeit, ihres permanenten »Ausfließens« in die Zukunft interpretationsbedürftig. Die Kürze der Gegenwart macht sie zu einem unmittelbar nicht erfahrbaren Phänomen, über das sich gerade deshalb philosophieren lässt, weil es nicht mehr mit Blick auf die Unveränderlichkeit der Gegenstandswelt stabil erscheint. Es ist die bis zur Unerfahrbarkeit verkürzte Gegenwart, die es der Geschichtsphilosophie des 18. Jahrhunderts erlaubte, nach den Eigenheiten des jetzigen Zustandes der Gesellschaft zu fragen.

In dieser Zeit gewinnt der Begriff *Zeitgeist* seine Prominenz: Wo stehen wir heute im Unterschied zur alten Ordnung, wo treibt es die Geschichte demnächst hin? All das sind Fragen, die sich nur einer Gesellschaft stellen, die sich ihrer eigenen Gegenwart nicht mehr sicher ist. Die moderne Gesellschaft differenziert nun auf der Grundlage dieses neuen Zeitverständnisses eine eigene Rolle für die Deutung der Geschichte aus – den öffentlichen Intellektuellen. Fasst man die Rolle in diesem Sinne als Antwort auf ein Problem der Zeitwahrnehmung, ist es nicht mehr notwendig, das Rollenhandeln auf im weitesten Sinne politisch brisante Kommentare oder moralische Werturteile einzuschränken. Gleichwohl vertragen sich beide Definitionen, denn Aussagen über den gegenwärtigen Zustand der Gesellschaft sind zum einen die thematisch breiteste Variante von *public affairs*. Zum anderen verfügte das Räsonnement über den nun problematisch gewordenen Zustand der Gegenwartsgesellschaft über ein im historischen Vergleich ungemein breites Publikum. Es ging also nicht mehr um theologische oder philosophische Spezialdiskurse. Die Adressaten waren zunächst die bürgerliche Gesellschaft der Salons und später, als Antwort auf das Aufkommen von Massenmedien, die Leserschaft der feuilletonistischen Meinungspresse. Die Ausdifferenzierung der Rolle

3.1. Temporalisierung der Zeit und Verkürzung der Gegenwart

des öffentlichen Intellektuellen war somit nicht nur die Antwort auf eine veränderte Zeitwahrnehmung, sondern war auch eine Antwort auf die Transformation der Öffentlichkeit. Dieser zweite Punkt wird uns später noch ausführlicher beschäftigen.

Ich will das Argument vorerst unter dem Aspekt der Zeit fassen und es etwas detaillierter nachzeichnen. Die Konturen des veränderten Zeitbewusstseins im Sinne einer verkürzten und interpretationsbedürftigen Gegenwart werden dann in ihrer Besonderheit deutlich, wenn man sich im Vergleich dazu die Zeitwahrnehmung des europäischen Mittelalters vor Augen hält. Bis weit ins 16. Jahrhundert war das okzidentale Geschichtsbild der christlichen Tradition verpflichtet und somit eines der permanenten Endzeiterwartung. Was demnächst passieren würde, war durch die christliche Eschatologie festgelegt und man musste nur die »Zeichen der Zeit« erkennen, die die Apokalypse einläuten würden. Die Deutung dieser Zeichen lernte man aus bereits bekannten Ereignissen, die sich, je näher das Weltende heranrückte, in analoger Weise wiederholen würden. Von der Zukunft ist nichts Neues zu erwarten, die Geschichte ist die eigentliche *magistra vitae* (Koselleck, 1979, p. 33, p. 38 ff.). Aus dieser Geschichte konnte man vor allem die Einsicht gewinnen, dass das Weltende bis auf Weiteres abwendbar war, solange nur die Einheit der Kirche und der Bestand des Heiligen römischen Reiches gewährleistet wären.

Die Reformation und die daran anschließenden konfessionellen Bürgerkriege des 16. und 17. Jahrhunderts zeigten jedoch, dass das jüngste Gericht trotz eindeutiger Zeichen nicht eintreten wollte. Endzeitliche Erwartungen werden in Folge in eine immer fernere Zukunft projiziert und die Wahrung weltlichen Friedens wird zunehmend als Aufgabe des europäischen Staatensystems (im Unterschied zur Kirche) verstanden (Koselleck, 1979, p. 24 ff.). Der Bereich menschlichen Handelns und hier vor allem politisch-strategischen Kalküls kann sich ab jetzt von der Bibelexegese emanzipieren. Spätestens seit der Mitte des 17. Jahrhunderts basieren Zukunftsentwürfe nicht mehr auf offenbarter Prophetie, sondern auf *rationaler Prognose* der Handlungen politischer Opponenten, d. h. anderer Herrscherhäuser. Statt der erwarteten Endzeit schien sich eine *neue Zeit* eröffnet zu haben – eine Zeit, in der die Gewissheit des jüngsten Gerichts zwar nicht offen bestritten werden konnte, aber für konkretes menschliches Handeln bedeutungslos geworden war. Will man in die Zukunft sehen, muss man von nun an das Handeln anderer Menschen beobachten. Hier gibt es keine Gewissheit, sondern nur noch Wahrscheinlichkeiten, die sich auf handlungsnahe innerweltliche (d. h. politische) Entscheidungen beziehen.

Es handelte sich bei dieser Entwicklung wohlgemerkt nur um eine graduelle Veränderung der mittelalterlichen Zeiterfahrung. Denn obwohl die kalkulierende Prognostik mit einer immer neuen Zukunft rechnet, wird diese Zukunft nicht als vollkommen handlungsoffen gedacht. Im Gegenteil: die rationale Prognostik des absolutistischen Staates des 17. Jahrhunderts funktioniert im Großen und Ganzen kameralistisch. Man rechnet mit einer begrenzten Zahl von Fürsten, einer begrenzten Zahl von Truppen und einer stabilen Bevölkerungsgröße (Koselleck, 1979, p. 31 ff.). Diese Form von Kalkulation hantiert also mit einer sehr geringen Anzahl an Variablen, die ihrerseits nicht variabel verstanden werden. Somit gilt auch für dieses neue Zeitverständnis, dass sich in der Geschichte nichts prinzipiell Unbekanntes ereignen kann. Die Grundlagen der Prognose bilden z. B. die immerwährende Bestechlichkeit der Minister, die Kontaktnetze des Hofes oder der unvermeidliche Tod des Fürsten, auf den dann Erbfolgekriege auszubrechen pflegen. Die Geschichte wiederholt sich ständig von neuem, wird aber auf rein weltliche Ereignisse beschränkt: sie wird zu einer säkularisierten *magistra vitae*.

Die eigentliche Zäsur bildete erst das Aufkommen der Geschichtsphilosophie im Laufe des 18. Jahrhunderts. Es handelte sich dabei zunächst um eine Kombination rationaler politischer Prognostik und über die konkrete Situation hinausgehender Prophetie. Die Zukunftserwartung rechnet dabei weder mit dem sicheren Weltende, noch beschränkt sie sich auf das rationale Kalkulieren demnächst erwartbarer politischer Handlungen. Vielmehr denkt die frühe Geschichtsphilosophie in Fortschrittskategorien, was vor allem bedeutet, dass sich die Zukunft *für menschliches Handeln öffnet* und dass man aus der Geschichte nichts als deren Überholtheit lernen kann. Der Lauf der Zeit scheint sich zu beschleunigen und man muss spätestens seit der Französischen Revolution mit Ereignissen rechnen, für die es in der Geschichte kein Äquivalent zu geben scheint. Über den Lauf der Geschichte beginnt man *Theorien* zu entwickeln, die bisherige Zeitvorstellungen transzendieren.

Das Aufkommen von Geschichtsphilosophie, also der theologiefreien Interpretationsbedürftigkeit der Geschichte, hat ihre Wurzeln in weitaus basaleren semantischen Transformationsprozessen, die in der Soziologie üblicherweise unter dem Begriff der *punktualisierten* oder *verkürzten Gegenwart* behandelt werden (Luhmann (1976), Luhmann

3.1. TEMPORALISIERUNG DER ZEIT UND VERKÜRZUNG DER GEGENWART

(1980b), Luhmann (2004, p. 195 ff.), Luhmann (2005a, p. 326 ff.)). Diesem Begriff liegt die wissenssoziologische Vorstellung zugrunde, dass das Zeitempfinden von Gesellschaften von ihrer jeweiligen Differenzierungsform abhängt. Für das vormoderne Europa gilt aus dieser Perspektive, dass Zeit in *Begriffen der Bewegung* verstanden wird. Das Vergehen der Zeit, so die damalige Vorstellung, lässt sich nur beobachten, wenn es etwas Unbewegtes, etwas Immerwährendes und Ewiges gibt, von dem die Vergänglichkeit der Zeit unterschieden werden kann. Man arbeitet mit Metaphern wie dem bewegten Fluss und dem unbewegten Ufer oder mit der Unterscheidung von *tempus* und *aeternitas*[1]. Wertgeschätzt wird in dieser Konstellation stets das stabile Unbewegte, z. B. die immerwährenden Wesenseigenschaften bestimmter Strata, die Allwissenheit Gottes, der Lauf der Gestirne, der Wechsel der Jahreszeiten oder Einsichten in wesentliche menschliche Zusammenhänge, die die Poesie eher zum Ausdruck bringen könnte als beispielsweise die Geschichte, die ja nur vom Einmaligen und Zufälligen handelt (Löwith, 2004, p. 14).

Von hier aus deutet die antike und mittelalterliche Philosophie die Zeit als Verfall oder Vergänglichkeit, die man mit der eigentlich wünschenswerten Dauer kontrastiert. Der Zeitfluss wird sachbezogen gedacht: Gegenstände, Personen oder Reiche verfallen mit der Zeit, nehmen also im Laufe der Zeit unterschiedliche Formen an und genau daran erkennt man ihr wiederkehrendes Wesen[2]. Man fragt sich also, was trotz Veränderung und Vergänglichkeit immer gleich bleibt. Die aufkommende funktional differenzierte Gesellschaft bricht mit diesen Vorstellungen. Einzelne Funktionssysteme beginnen sich gegeneinander zu differenzieren und entfalten dabei eine für stratifikatorisch geordnete Gesellschaften bislang unbekannte Veränderungsdynamik. Auf einmal entstehen funktionsspezifische Handlungssequenzen, für die es im Alltag keine Entsprechung mehr gibt. So kann beispielsweise das zeitlich extrem straff organisierte Klosterleben von Mönchsorden Laien nicht mehr zugemutet werden (Luhmann, 1980b, p. 257 ff.). Kreditwesen und Fernhandel verlangen nach Koordinationsleistun-

---

1 | Charakteristisch für die christliche Tradition ist im Unterschied zu der Antiken, aus der die Vorstellung eigentlich kommt, dass man nach der Einheit der Unterscheidung bewegt/unbewegt fragen kann. Diese findet man in Gott, der als unbewegter Beweger sowohl Flüchtigkeit als auch Ewigkeit aus sich selbst heraus entstehen lässt. Siehe dazu z. B. Luhmann (2004, p. 204).

2 | So wird auch in der Malerei Zeit in der Regel durch Alter und ab der Renaissance verstärkt auch durch Tod symbolisiert. Siehe dazu z. B. Cohen (2000).

gen, die in ihrer Geschwindigkeit vorher unbekannt waren und dem nach Jahreszeiten geordneten Zeitablauf des bäuerlichen Lebens buchstäblich davonlaufen. Die entstehenden funktionssystemspezifischen Zeithorizonte laufen aber nicht nur dem Alltag davon, sie können auch untereinander nicht mehr synchronisiert werden: die Zeiträume, mit denen die Politik rechnet sind nicht mehr die der Religion, wie das koselecksche Beispiel der absolutistischen Kameralistik zeigt. Viele andere Beispiele ließen sich hier anführen (siehe Luhmann, 1980b, p. 259 f.). Wichtig ist in diesem Zusammenhang lediglich, dass funktionssystemspezifische Zeithorizonte die Zeitwahrnehmung insofern ändern, als sich der Lauf der Zeit nicht mehr in einem starren Bett zu bewegen scheint. Alles scheint sich schnell, nämlich schon im Laufe eines menschlichen Lebens zu ändern, alles könnte morgen ganz anders sein und zwar sogar das ehedem Unveränderliche, wie der Lauf der Gestirne (kopernikanische Wende) oder die Ausdehnung der Landmassen (Entdeckung Amerikas).

Die Konsequenz ist, dass man sich die Gegenwart nicht mehr als Zeitstrecke vorstellen kann, in der die Verhältnisse bis auf weiteres stabil sind. Generell galt ja für das Zeitschema bewegt/unbewegt, dass die Gegenwart in Begriffen der Nähe behandelt wurde. Als gegenwärtig wurde das angesehen, was *präsent* war – die »unbestreitbare Dauer der anwesenden Dinge« (Luhmann, 1980b, p. 262). Wenn nun morgen schon alles anders sein könnte, fällt diese sachlich stabilisierte Gegenwart in sich zusammen. Ob sich demnächst tatsächlich alles ändert, kann man zwar nie genau wissen, aber von Unveränderlichkeit, von Stabilität, vom festen »Ufer« des Zeitflusses kann man nicht mehr ausgehen. Die Gegenwart wird zum *bloßen Punkt, der Entscheidung erzwingt*: Man geht verstärkt davon aus, dass die Zukunft nicht in der Vergangenheit festgeschrieben ist, weshalb jetzt schon Maßnahmen ergriffen werden können, ja ergriffen werden müssen. Eine so verstandene Gegenwart ist dann nur noch die Differenz von Vergangenheit und Zukunft. Sie hat keine Dauer und keinen Bestand in sachlichem Sinne; sie *trennt nur noch* eine irreversible, unwiederbringliche und unverbindliche Vergangenheit von einer ungewissen Zukunft.

Daran anschließend ergeben sich vielerlei semantische Neuerungen. Zu denken wäre zunächst an *Risiko*. Riskante Handlungen können nicht mehr von sicheren unterschieden werden, denn auch Vorsichtsstrategien bergen das Risiko, sich etwaige Chancen entgehen zu lassen (Luhmann (1980b, p. 285), Luhmann (1992a, p. 141 ff.), Luhmann (2003, p. 41 ff.), Reith (2004)). Ein anderes Beispiel ist die aufkom-

3.1. Temporalisierung der Zeit und Verkürzung der Gegenwart

mende Bedeutung des Begriffs *Karriere*. Das menschliche Leben wird nicht mehr beschrieben unter dem Gesichtspunkt von Geburt und Herkunft, die sich immer wieder in unterschiedlichen Situationen als Konstanten erweisen, sondern als Aneinanderreihung von kontingenten Entscheidungen und Optionen (Luhmann, 2004, p. 210). Vor allem aber ist es möglich, Zeit reflexiv zu *modalisieren*. Gemeint ist damit, dass jede Gegenwart mit unterschiedlichen Vergangenheiten und Zukünften operiert (Luhmann, 2005f). So kann eine gegenwärtige Zukunft, also das, was man sich gerade eben als Zukunft ausmalt von zukünftiger Gegenwart, also dem was in der Zukunft tatsächlich Gegenwart sein wird, unterschieden werden.

Für die Vergangenheit gilt dasselbe. Hier kann man eine gegenwärtige Vergangenheit, also das, was man sich gerade eben als Vergangenheit vorstellt, von vergangener Gegenwart, also der damaligen Gegenwart, unterscheiden. Mit jedem Schritt verändert sich der Zeithorizont. Was eben noch Zukunft war, ist eingetroffen und *in dem Moment* schon wieder vorbei, also Vergangenheit. Zukunft wird Vergangenheit, sobald sie eintrifft, der Trenn*punkt* ist die Gegenwart. Das Resultat eines solchen Denkens ist zunächst Zeitknappheit, der man mit Planung begegnet: in der Gegenwart kann man sich nicht mehr ausruhen. Man muss seine gegenwärtigen Handlungen so planen, als seien sie schon jetzt die Vergangenheit einer zukünftigen Gegenwart. Der ständige Blick auf die ungewisse Zukunft erzwingt gewissermaßen einen derart komplexen Umgang mit Zeit (Luhmann, 2004, p. 213). Das betrifft vor allem Organisationen, die sich nun dauernd fragen müssen, welche gegenwärtigen Entscheidungen morgen Vergangenheit sein werden, d. h. dann nicht mehr veränderbar sind und also weitreichende Konsequenzen haben werden. Man muss jetzt für morgen vorsorgen und zwar nicht ab und an, sondern immer. Man kommt mit der Planung nie nach und ist permanent gestresst, denn die Gegenwart als stabilisierender Zeitpuffer verpufft. Wie organisiertes Handeln muss man auch seine Karriere planen – das Leben wird zum Lebenslauf.

Was in diesem Kontext aber vorrangig interessiert, sind Auswirkungen der punktualisierten Gegenwart auf Selbstthematisierungen von Gesellschaft. Auch hier entsteht so etwas wie Zeitknappheit, die sich aber nicht auf die planende Koordination von organisiertem Handeln bezieht, sondern auf Utopien. Das Grundkonzept ist auch hier, dass man den gegenwärtigen Zustand der Gesellschaft als von seinen Ursprüngen unabhängig beschreibt. Das Wort, das man nun für die Gegenwart verwendet ist *Neuzeit*, während man die Vergangenheit als

Geschichte aufzufassen beginnt. Die neue Zeit scheint mit der Vergangenheit zu brechen. Ob die Geschichte für jetziges Handeln überhaupt von Relevanz ist, muss erst geprüft werden, es versteht sich nicht mehr von selbst. Anders ausgedrückt, wird die Geschichte *temporalisiert* oder *verzeitlicht*. Bis weit in das 16. Jahrhundert konnte man sich noch vorstellen, dass es zwischen Gegenwart und Vergangenheit keine zeitliche Differenz gibt. Lang vergangene und als wichtig markierte Ereignisse hatten für die Gegenwart eine unmittelbare Präsenz und eine außerchronologische Pointe – sie waren nicht im modernen Sinne unwiederbringlich vergangen, sondern zeitgenössisch (Koselleck, 1979, p. 17 ff.)[3]. Die verzeitlichte Geschichte hingegen ist im chronologischen Sinne vorbei. Man kann zwar bisweilen aus ihr lernen, sie verklären, über sie forschen, aber all das zeigt, dass sie keine unmittelbare Präsenz mehr hat.

Vor allem aber erscheint die Gegenwart als eine andere, eine moderne Zeit. Die Gegenwart meint dann nicht mehr die Gegenwärtigkeit von Dingen, sondern eine *Revolutionierung* der alten Verhältnisse, wobei damit seit der Französischen Revolution nicht mehr die Rückkehr zur alten Ordnung gemeint ist[4], sondern eine Zäsur, die altes und neues trennt (Luhmann, 1997, p. 1071). Wenn man jetzt von der Vergangenheit spricht, dann als Referenzpunkt für all das, was man heute *nicht mehr* ist. Ist die Geschichte in die Vergangenheit abgeschoben, öffnet sich die Zukunft – wohlgemerkt nicht im Sinne einer Unbestimmtheit der Welt, die man stoisch zu ertragen hätte, sondern im Gegenteil als Offenheit für menschliches Handeln. Auch hier kann man sich nicht auf der Gegenwart ausruhen, denn die Zukunft ver-

---

3 | Es ist nicht ganz einfach, sich dieses Denken heute zu vergegenwärtigen. Koselleck veranschaulicht an eben zitierter Stelle dieses Verhältnis zur Zeit an einem Beispiel aus der Malerei. In Albrecht Altdorfers um 1528 gefertigter Darstellung der Alexanderschlacht, die sich fast 1900 Jahre zuvor ereignete, sind die Truppen der Makedonier in zeitgenössischen Rüstungen, die Perser in zeitgenössischem türkischen Gewand abgebildet. Das Schlachtfeld sieht nicht nur zufällig aus wie eines aus dem 16. Jahrhundert, sondern soll gerade dadurch den damals aktuellen Konflikt zwischen Christentum und Osmanischem Reich symbolisieren. Das Bild enthält zudem kein Jahresdatum – die lang vergangene Schlacht und der momentane Konflikt sind von einem gemeinsamen historischen Horizont umschlossen. Beide Schlachten stehen für den Kampf zwischen Christ und Antichrist, zwischen Licht und Finsternis; dass zwischen ihnen viel Zeit vergangen ist, spielt vor dem Hintergrund dieser eschatologischen Bedeutung für den damaligen Betrachter keine Rolle.

4 | Für die Renaissance bedeutete Neuzeit genau das: zurück zum besseren Ursprung.

3.1. Temporalisierung der Zeit und Verkürzung der Gegenwart

sorgt die Gegenwart ständig mit der Ungewissheit, wie es weitergehen wird. Da es aber auf keinen Fall so weitergehen wird wie bislang, überzieht die moderne Gesellschaft ihre extrem kurze, stets in die Zukunft verweisende Gegenwart mit ständig neuen *Selbstdeutungen* (Folkers, 1987).

Die für das Mittelalter unverständliche Frage, wo sich die Gesellschaft gerade eben befindet, mündet bei einem solchen Zeitverständnis automatisch in die Frage, wie es in der Zukunft weitergeht. Die nun möglichen Mehrfachmodalisierungen der Zeit im Gedächtnis, müsste man es so ausdrücken, dass im Laufe des 18. Jahrhunderts die Deutungen der gegenwärtigen Gegenwart in zwei Horizonte zerfallen: der Deutung der gegenwärtigen Vergangenheit (»wir sind heute nicht mehr so wie...«) und Deutungen der gegenwärtigen Zukunft, was ein anderer Begriff für Utopie ist (Luhmann, 1976, p. 142 f.). Damit ist nicht zwangsweise eine positive oder wünschenswerte Entwicklung gemeint, obwohl die damalige Prominenz des Fortschrittsbegriffs ein solches Missverständnis nahelegt. Utopisch denken heißt lediglich, dass rationales Verhalten in Bezug auf diese gegenwärtige Zukunft möglich ist. Die Geschichte erscheint dem utopischen Denken als eine Geschichte der Strukturänderungen, die gegenwärtige Gegenwart bildet als zeitlich letzte Änderung einen Umschlagpunkt (also gerade keine Strecke!) und in der Zukunft kommt dann, gesetzt den Fall man handelt *jetzt* richtig oder falsch, die kommunistische Gesellschaft, Emanzipation von naturwüchsigen Zwängen durch technologischen Fortschritt oder liberale Verfassungen, der Untergang des Abendlandes etc.

Wie für Organisationen und Individuen, so heißt die auf einen Punkt verkürzte Gegenwart auch für die Selbstthematisierung von Gesellschaft vor allem viel Stress. Die Gegenwart wird auch hier zur Vergangenheit einer zukünftigen Gegenwart. Man muss jetzt schon die verfügbaren Ressourcen auf einander abstimmen um für die bevorstehenden gesellschaftlichen Veränderungen – ob im Sinne einer Revolution oder im Sinne ihrer Verhinderung – gewappnet zu sein. Der Selbstdeutungsbedarf der modernen Gesellschaft entsteht also dadurch, dass die Gegenwart permanent in die Zukunft ausfließt und dadurch unerfahrbar wird. Das Aufkommen der Geschichtsphilosophie ist in diesem Sinne Ausdruck eines Zeitverständnisses, das die Gegenwart derart flüchtig und unerfahrbar macht, dass man für deren Deutung offenbar eigene Theorien braucht. Viel Sicherheit bieten diese theoretischen Gegenwartsdeutungen aber nicht, denn sie funktionieren, anders als die mittelalterlichen Deutungen des Zeitflusses, nicht als religiös abgesicherte Kosmologien, sondern werden unter ideologischen Gesichtspunkten bearbeitet. Karl Löwith (2004) behandelt Geschichtsphilosophien in diesem Sinne treffend als säkularisierte Eschatologien. Man denkt zwar in Kategorien der Erlösung bzw. Apokalypse, bezieht diese aber auf innerweltliches, politisches Handeln (Koselleck, 1979, p. 34). Um es kommunistisch auszudrücken: Arbeiter aller Länder, erkennt die Geschichte als Geschichte der Klassenkämpfe und vereinigt euch jetzt, um morgen den letzten Klassenkampf zu Ende zu bringen! Das kann man wollen oder eben nicht. Über Selbstdeutungen, die auf konkretes politisches Handeln rekurrieren, kann man sich nicht mehr einigen – sie werden zu politischen Kontroversen.

Die Kürze der Gegenwart, das reflexartige Blicken in die Zukunft und der daraus abgeleitete innerweltliche Handlungsdruck – all das sind die Zutaten, aus denen die Rolle des öffentlichen Intellektuellen gemacht ist. Die Zeitgenossen der eben beschriebenen semantischen Transformationen hatten freilich noch keinen ausgearbeiteten Begriff für diese Rolle, wohl aber eine erste Vorstellung, was sie ausmacht. Die aufkommende Geschichtsphilosophie veranlasste Kritiker zu ersten Beschreibungen des damit verbundenen Menschentypus. Eine der ersten Fassungen findet sich bei Lessing, dessen Beschreibung des *prophète philosophe* Koselleck als Ausdruck des neuen Zeitverständnisses behandelt:

> »Er tue *oft sehr richtige Blicke in die Zukunft*, aber er gleiche ebenso dem Schwärmer, denn *er kann die Zukunft nur nicht erwarten. Er wünscht diese Zukunft beschleunigt und wünscht, dass sie durch ihn beschleunigt werde... Denn was hat er davon, wenn das, was er für das Bessere erkennt, nicht noch bei seinen Lebzeiten das Bessere wird.*« (Koselleck, 1979, p. 34, kursiv im Original)

Und, so müsste man hinzufügen, er wünscht sich die Vergangenheit als vorbei und deponiert dort all das, was heute vermeintlich inaktuell geworden ist, um es morgen anders machen zu können. Die frühen Geschichtsphilosophen fertigen gerade deswegen Gegenwartsdeutungen an, weil die Gegenwart nicht mehr als Strecke gedacht werden kann, sondern nur als dramatisches Schlachtfeld, auf dem das »nicht mehr« mit dem »noch nicht« kämpft. Die Gegenwart wird für gelehrsame Diskussionen interessant, weil sie extrem kurz geworden ist –

wofür man sich eigentlich interessiert ist, wie das Morgen anders wird als das Gestern.

3.2 Die Öffentlichkeit der Intellektuellen

Die Transformation der Zeitsemantik brachte als solche freilich nicht die Rolle des öffentlichen Intellektuellen hervor, sondern lieferte ihm lediglich sein wichtigstes Thema. Um die Ausdifferenzierung der Rolle nachzuzeichnen, muss zumindest noch eine Variable behandelt werden: die Struktur der Öffentlichkeit, also des Publikums der Gegenwartsdeutungen. Hier lässt sich ab dem beginnenden 18. Jahrhundert ein idealtypischer *Strukturwandel der Öffentlichkeit* beobachten, den Habermas (1990) im Detail nachgezeichnet hat und den ich hier nur äußerst selektiv und eng auf das vorliegende Problem bezogen darstellen will. Das hier relevante Schlagwort ist *bürgerliche Öffentlichkeit*. Gemeint ist damit der Aufstieg einer neuen Schicht, die in den Zentren Westeuropas mächtig und zahlreich genug geworden war, um sich aus der Rolle des Zaungastes höfischer Selbstdarstellung zu emanzipieren. Der Merkantilismus, obwohl eigentlich als staatliche Kontrolle über das private Gewerbe gedacht, lässt neue Produktionsstätten und eine ansatzweise marktförmige Wirtschaft entstehen, von deren neuen kapitalistischen Trägern er sich zunehmend abhängig macht. Diese neue, selbstbewusste Schicht »bürgerlicher Kapitalisten« versteht sich zunehmend nicht nur als Publikum absolutistischer Machtdarstellung und obrigkeitsstaatlicher Befehlsgewalt, sondern *wird für sich selbst Publikum*. Der Adel zieht sich endgültig aus der Stadt zurück (beispielsweise nach Versailles) und überlässt das kulturelle Leben städtischen Salons und Kaffeehäusern. Hier begegnen sich Bürgertum und der politisch einflusslose Teil des Adels unter Bedingungen der Statusgleichheit.

Das sich so konstituierende Publikum ist in historisch einmaliger Weise offen. Mitmachen können alle, die genug Geld haben, um sich diejenigen kulturellen Güter anzueignen, über die in den Salons vornehmlich debattiert wird, also zunächst Literatur, darstellende Kunst und Musik. Dies betrifft zu Beginn nur einen Bruchteil der Gesamtbevölkerung, aber immerhin geht es um so weit gezogene Kreise, dass man die lokal besprochenen Themen einander nur noch über Journale zugänglich machen kann. Das Ideal dieser bürgerlichen Öffentlichkeit ist das Bild der *zum Publikum versammelten Privatleute*. Ob in der face-to-face Situation im Salon oder in der Presse, die als erweiterter familiärer Salon gedacht wird: es geht der Idee nach stets darum, dass man sich mit anderen trifft, um öffentlich private Belange zu diskutieren. Die Menschen sollen im Sinne des Humanismus in »rein menschliche« (im Unterschied zu wirtschaftlichen) Beziehungen zu einander treten und ihre subjektiven Empfindungen publik machen.

Diese »publizitätsbezogene Subjektivität« (Habermas, 1990, p. 88, p. 114) bezieht sich zunächst noch auf intimen Briefwechsel und darauf aufbauender schöngeistiger Literatur – den psychologischen Roman. Mit der Zeit beginnt man aber die Ansprüche auszuweiten. Es wird zunehmend vorstellbar, dass sich Publizität nicht nur auf den Austausch subjektiver Empfindsamkeit bezieht, sondern auf die Durchsetzung politischer Interessen, womit vor allem eine der wirtschaftlichen Prosperität und politischen Emanzipation des Bürgertums dienende Gesetzgebung gemeint ist. Die literarische Öffentlichkeit wird zur politischen. Öffentliche Meinung wird zunehmend als einzig legitime Quelle von Gesetzgebung verstanden; nur so käme man zu einer rationalen und vernünftigen öffentlichen Ordnung (Habermas, 1990, p. 116 ff.). Der um Gegenwartsdeutung bemühte *prophète philosophe* findet genau in den Salons und den als erweiterte Salons gedachten periodischen Essays sein Betätigungsfeld und sein kritisches Publikum[5].

Der springende Punkt bei dieser Vorstellung von Öffentlichkeit ist, dass hier die zum Publikum versammelten *Privatleute* zu literarischem und politischem Räsonnement kommen sollten: sie sollten zurückreden, sich kritisch beteiligen und die Briefe, Artikel und Romane nicht bloß als Freizeitvergnügen konsumieren. Gerade im auf privaten Erfahrungen gestützten Zurückreden bestand die Idee einer Öffentlichkeit, die sich aus dem Kern der Privatsphäre entfalten sollte, um zwischen Staat und Gesellschaft zu vermitteln (Habermas, 1990, p. 225, p. 248, p. 268). Für politisches Räsonnement gibt es in dieser Konstella-

---

5 | So liest sich bei Habermas (1990, p. 95): »Waren die Salons (...) zunächst noch Stätten eher der galanten Vergnügungen als der gescheiten Diskurse, so verbinden sich doch bald mit den Diners die Diskussionen. Diderots Unterscheidung zwischen Schriften und Reden macht die Funktionen der neuen Sammelpunkte deutlich. Kaum einer der großen Schriftsteller des 18. Jahrhunderts hätte seine wesentlichen Gedanken nicht zuerst in solchen discours, eben in Vorträgen vor den Akademien und vor allem in den Salons zur Diskussion gestellt. Der Salon hielt gleichsam das Monopol der Erstveröffentlichung: ein neues Opus (...) hatte sich zunächst in diesem Forum zu legitimieren.«

tion genau deshalb noch keine Sonderrollen. Die Trennlinie zwischen eminenten Produzenten und privaten Konsumenten von öffentlichen Debatten ist, wenn überhaupt vorhanden, extrem durchlässig. Alle gebildeten Bürger kommen als Diskussionsteilnehmer potentiell infrage, was sich allein schon daran zeigt, dass Lessing mit dem *prophète philosophe* einen Menschentypus meinte und keine philosophische Schule. Selbstverständlich waren nicht alle zum Publikum versammelten Privatleute gleichzeitig Schriftsteller, Philosophen oder Romanciers. Gleichwohl fungierte die Presse noch als bloße Diskussionsverlängerung, Vermittlung oder Verstärkung politischen Räsonnements von Privatpersonen, die von der Publikation gerade *nicht* leben müssen und auch nicht leben sollen (Habermas, 1990, p. 277).

All dies ändert sich mit der Umwandlung der bürgerlichen Öffentlichkeit gegen Mitte des 19. Jahrhunderts. Zum einen wird es immer schwieriger, überhaupt zwischen Staat und Gesellschaft zu unterscheiden und sich die bürgerliche Öffentlichkeit als Vermittlungsinstanz vorzustellen. Vor dem Hintergrund massiver Kapitalakkumulation in riesigen Aktiengesellschaften und dem Ausbau politischer Interventionsmechanismen in die Wirtschaft (Kartellrecht, Tarifverträge, sozialstaatliche Mechanismen) wird die Idee schlichtweg unplausibel, dass politisches Räsonnement durch zum Publikum versammelte Privatleute zustandekommen soll. Die bürgerliche Öffentlichkeit verliert ihre Vermittlungsfunktion, die nun direkt von Institutionen übernommen wird, die weder »dem Staat« noch »der Gesellschaft« exklusiv zugeordnet werden können: Parteien, Verbände, öffentliche Verwaltungen (Habermas, 1990, p. 267 ff.). Politik passiert nun abseits der bürgerlichen Öffentlichkeit und besteht nun aus dem strategischen Ausbalancieren von Kollektivinteressen – Räson im Sinne von Rationalitätsansprüchen wäre hier als Begriff fehl am Platz. Salons lösen sich im Zuge ihres Funktionsverlustes auf und »mit der privaten Form der Aneignung entfällt auch die öffentliche Kommunikation über das Angeeignete« (Habermas, 1990, p. 252).

Zum anderen entdeckt man die für direkte, politische Willensbildungsprozesse funktionslos gewordene Presse als Einnahmequelle durch Werbung. Jetzt geht es darum, Auflagen zu steigern. Um das zu bewerkstelligen, senkt man die inhaltlichen Ansprüche der Zeitungen: Politik und Wirtschaft, Philosophie und Kultur nehmen im Vergleich zu Chronik, Sport und *human interest* immer weniger Platz in den Zeitungen ein und werden seltener gelesen. Mit der *yellow press* entsteht in England und den USA zum ersten Mal ein Massenmedium, das seinen Namen verdient: die Teilnahme steht nun auch denjenigen offen, die über keine Bildung im bürgerlichen Sinne verfügen, also einem Millionenpublikum. Die Teilnahme beschränkt sich wohlgemerkt auf reinen *Konsum* der Inhalte. Die Öffnung für die Massen bezahlen Massenmedien mit dem Relevanzverlust für und den Anspruch auf politischen Machtausgleich durch privaten Meinungsaustausch. Die auf ein konsumierendes Massenpublikum zugeschnittenen Medien, seien es Zeitungen oder später deutlicher noch Radio und Fernsehen, sehen es nicht vor, dass zurückgeredet wird. Allein schon der relativ niedrige Bildungsgrad der breiten Bevölkerung reicht dafür nicht mehr aus – hier herrscht die Regel des *don't talk back* (Habermas, 1990, p. 261).

Spätestens ab dem letzten Drittel des 19. Jahrhunderts ist die bürgerliche Öffentlichkeit in ihrer ursprünglichen Bedeutung nicht mehr vorhanden. Die neuen Massenmedien sind nicht mehr Quelle (oder Verstärker) öffentlicher Meinungsbildung, sondern werden als *top-down* Mittel zum Zweck der Fabrikation und Manipulation öffentlicher Meinung benützt. Sie werden zum Einfallstor für individuelle und kollektive Privatinteressen: Werbung, politische Propaganda der Parteien und ab dem 20. Jahrhundert die totale staatliche Kontrolle von Informationsflüssen. Der Strukturwandel der Öffentlichkeit ist nun perfekt: beinahe die gesamte Bevölkerung hat Zugang zu öffentlichen Debatten, bildet aber keine kritisch räsonnierende Öffentlichkeit, sondern partizipiert nur noch passiv konsumierend an Massenmedien, die zur Geisel einflussreicher Privatinteressen geworden sind.

Man muss Habermas' kulturpessimistische Sicht genausowenig teilen wie seine idealisierende Darstellung der unwiederbringlich untergegangenen bürgerlichen Öffentlichkeit[6]. Worauf es hier lediglich ankommt, ist, dass sich erst im Zuge der Ausdifferenzierung der Massenmedien im modernen, also nicht-bildungsbürgerlichen Sinne, auch die Rolle des Intellektuellen auszudifferenzieren beginnt. Habermas widmet hierbei der neuen Rolle zwar nur wenige, jedoch sehr anregende Absätze (Habermas, 1990, p. 265 f.). Die These ist, dass sich die Intellektuellenrolle eigentlich als *Abspaltung* von den bildungsbürgerlichen Schichten fassen lässt. Ab der zweiten Hälfte des 19. Jahrhunderts sitzt das Bürgertum fest im ökonomischen und politischen Sattel und bedarf nicht mehr der Willensbildung und Willensäußerung über den Umweg einer privat gebildeten Öffentlichkeit. Die Bildungsschicht

---

6 | Es sei darauf hingewiesen, dass Habermas selbst im Vorwort zur Auflage von 1990 genau diese beiden Punkte zum Anlass einer etwas versöhnlicheren Revision genommen hat (Habermas, 1990, p. 11 ff.).

verliert ihre historische Mission, dem Adel die Publizität streitig zu machen: Einfluss kann man jetzt auch direkt haben – als Industrieller, Großaktionär, Ministerialbeamter, bürgerlicher Abgeordneter, ranghoher Militär usw. Gleichzeitig ist eine Massenpresse entstanden, die nicht einmal mehr den Anschein erweckt, als könnte in ihr etwas anderes zum Ausdruck kommen als Sensationalismus und strategische Manipulation.

Der Intellektuelle entsteht somit in einem Zwischenbereich, isoliert von einem Bürgertum, das seine Kommentare nicht mehr braucht, und einem Massenpublikum, das seine Kommentare nicht mehr versteht. Sein Betätigungsfeld ist die nun entstehende Meinungspresse, deren Selbstbeschreibung sich vor allem aus der Opposition zu den Massenblättern speist. Man beginnt, intellektuell anspruchsvolle *views* gegen populäre *news* auszuspielen (Bourdieu, 1998, p. 60 f.). Es wird möglich Hochkultur, deren Pflege man mühsam dem Adel und der Kirche entzogen hatte, von Massenkultur zu unterscheiden – mit der Befürchtung, dass erstere in den Händen eines Massenpublikums zu rein ornamentalen Zwecken verwendet werden könnte (Löwenthal, 1964, p. 32). Als Antwort darauf beginnen sich im Laufe des 19. Jahrhunderts unterschiedliche Formate zu entwickeln: der politische Feuilleton der britischen Reviews, die politische Sekte in Frankreich oder das *little magazine* der New Yorker *avante garde* (Coser, 1965, p. 71 ff.). Es entspricht dem Selbstverständnis der dort tätigen Intellektuellen, dass sich unter ihrer Anleitung die bürgerliche Öffentlichkeit, die durch Vermassung und Kommerzialisierung ihre humanistischen, rationalen und egalitären Bildungsideale verloren hat, im Kleinen noch einmal und unter Oppositionsgesichtspunkten neu bilden soll. In diesem Sinne übernimmt der Intellektuelle nun die Rolle des *Produzenten einer Gegenmeinung*. Oder wie Lewis Coser es für den Fall der britischen Meinungspresse des 19. Jahrhunderts beschreibt:

> »Intellectuals gathered around reviews (...) were thenceforward to use them as potent means of *molding* public opinion and taste. It is impossible to write about nineteenth- or early twentieth-century intellectual and political life without giving such reviews sustained consideration. They had become one of the central institutions of intellectual life.« (Coser, 1965, p. 80, kursiv F.O.)

Die neu entstandene Rolle der Intellektuellen unterscheidet sich vom *prophète philosophe* und dem Romancier des 18. Jahrhunderts genau darin, dass sie ihre Aufgabe in der *Transformation* öffentlicher Meinung findet. Die bis ins späte 18. Jahrhundert durchlässige Grenze zwischen produktiven und konsumierenden Privatleuten schließt sich unter dem Einfluss der Massenpresse zusehends. Die bürgerliche Öffentlichkeit zerfällt in Produzenten, die von der Publikation leben und Konsumenten, die in ihrer Freizeit lesen – auf deren Meinung gilt es Einfluss auszuüben. Dies gilt sowohl für den Fall der *yellow press* als auch, wohlgemerkt etwas zeitversetzt, für die als Antwort darauf gedachte Meinungspresse. Dieser Entwicklung entspricht es, dass sich die Intellektuellen nicht als besonders produktiver Teil der bürgerlichen Öffentlichkeit verstehen, sondern als ihre Kritiker. Sie sollen, anders als die literarisch produktiven Bildungsbürger, nicht die Öffentlichkeit konstituieren, sondern von ihr unabhängig sein; sie sollen aus ihr heraustreten, um eine alternative Sichtweise zu liefern. In dieser Rolle wollen sie, zumindest dem Anspruch nach, Meinungen *für* ein oppositionelles Publikum herstellen (Habermas, 1990, p. 265).

Der Intellektuelle und das gebildete Publikum können die Reziprozität bürgerlicher Öffentlichkeit im kleinen Kreis zwar noch eine zeitlang simulieren, doch ein intensiver Austausch zwischen Produzenten und Konsumenten findet in den oppositionellen Zeitschriften genauso wenig statt wie allgemeine politische Willensbildung. Es geht jetzt der Idee nach vielmehr darum, dass durch die Publikation differenzierterer Analysen ein interessiertes Publikum gegen die herrschende, massenmedial kolportierte Meinung mobilisiert oder zumindest sensibilisiert werden soll. Es handelt sich demnach beim Intellektuellen um eine Sonderrolle *innerhalb* der sich ausdifferenzierenden, also der Publikumskontrolle entzogenen Massenmedien. Das Ziel ist nicht ein reziprokes Naheverhältnis zu allen lesenden Privatleuten, sondern, dass man der »bürgerlichen Gesellschaft« den Spiegel vorhält. Für den politischen Bereich stehen dafür unterschiedliche Radikalismen zu Verfügung, für die Kunst die *avante garde*, für den Bereich praktischer Lebensführung die Selbstbeschreibung als Bohèmien. Isoliert zwischen den banalen Brutalitäten der Massenpresse und der Selbstgerechtigkeit des Großbürgertums beginnt man, die Unabhängigkeit der neuen Rolle zu stilisieren und diese Stilisierung sogleich zu kritisieren.

Es verwundert aus dieser Perspektive nicht, dass der Begriff »Intellektueller« erst in den 1860er Jahren zu weiter Verbreitung gelangt. Zuerst im zaristischen Russland als *Inteligentsija*, verstanden als politische Oppositionshaltung der gebildeten Schichten. Als Nomen und als Beschreibung eines eigenen Rollentyps verwendet, gewinnt der Begriff

3.2. Die Öffentlichkeit der Intellektuellen

erst im Zuge der Affaire Dreyfus und 1898 durch Emile Zolas *j'accuse* seine öffentliche Prominenz (Lipset, 2000; Oevermann, 2003; Tykwer, 2003). Es ist einer der wenigen noch heute gebräuchlichen Begriffe, dessen Entstehung so genau datiert werden kann. Und der Begriff gewann rasch an Prominenz – sowohl als politischer Kampfbegriff als auch als analytische Kategorie der damals entstehenden Sozialwissenschaften. Für eben diese fruchtbar gemacht wurde der Begriff von Julien Benda (1928). Für Benda bildeten die Intellektuellen eine eigene, unabhängige (sic!) Klasse, die sich dadurch auszeichnet, dass ihre wichtigsten Aktivitäten nicht der Verfolgung praktischer Ziele und materieller Interessen, sondern der Einsicht in abstrakte Zusammenhänge (gemeint waren Kunst, Wissenschaft und Philosophie) dienten.

Kaum ausgesprochen, erntete diese Fassung in den späten 1920ern und den frühen 1930ern massive Kritik und dies gleich von zwei Seiten. Einerseits von der marxistischen Intellektuellensoziologie, die den Intellektuellen jegliche Unabhängigkeit von ihrer Klassenherkunft absprach und sie als bloß besser gebildete, »organische« Vertreter der jeweiligen Klasseninteressen analysierte – von Unabhängigkeit könne also keine Rede sein (Gramsci, 2002, Band 1, p. 101 f.). Andererseits durch die Fassung des Intellektuellen als »freischwebende Intelligenz« im Sinne von Mannheim (1985, p. 134 ff.), dem zufolge die Intellektuellen vom bestehenden Klassengefüge unabhängig seien, aber gerade nicht indem sie eine eigene Klasse bilden. Die sozial relativ inklusive Universitätsbildung, so die These, bringt Personen aus unterschiedlichen sozialen Klassen, ausgestattet mit klassenspezifischen Weltanschauungen mit einander in Kontakt. Die Folge ist, dass die Intellektuellen, die eine solche Universitätsausbildung absolvieren, über größere Möglichkeiten des Perspektivenwechsels und des Austausches von schichtspezifisch unterschiedlichen Wissenstypen verfügen. Sie bilden die Gesellschaft als »verkleinertes Abbild der im sozialen Raum sich bekämpfenden Wollungen und Tendenzen« (Mannheim, 1985, p. 136) ab. Genau deswegen seien sie eher imstande, die Gesellschaft als Ganzes zu repräsentieren, als bestehende Klassen, denen entweder aufgrund fehlender Selbstreflexionsbereitschaft oder schlicht aufgrund fehlender Bildung nur die eigene, klassenspezifische Weltanschauung zugänglich ist.

Im Prinzip folgte die Intellektuellensoziologie bis heute mit unterschiedlichen Akzentsetzungen, diversen konzeptionellen Kombinationen und je nach theoretischer Mode einer dieser drei Deutungen. Somit wurde die Frage nach der Besonderheit des intellektuellen Rollenhandelns auf die Frage nach der *Repräsentationsfähigkeit* der Intellektuellen reduziert. Das Fach schien sich über weite Strecken auf das Problem zu beschränken, ob die Intellektuellen als Vertreter ihrer eigenen Klasseninteressen, der einer anderen Klasse oder der Gesellschaft im Ganzen, d. h. ihrer universellsten Werte verstanden werden sollten (Kurzman/Owens, 2002). Die Debatte lässt einen gewissen Richtungssinn erkennen und dies insofern, als jüngere soziologische Repräsentationskonzepte den repräsentierenden Teil einer Gesellschaft, und somit auch die Intellektuellen, immer seltener als Klasse oder Schicht denken[7]. Gleichwohl versperrte dieses soziologisch durchaus berechtigte Interesse eine rollentheoretische Behandlung des Intellektuellen abseits von Repräsentationsasymmetrien. Eine der vielleicht schwerwiegendsten Folgen war, dass es der Soziologie bis zum heutigen Zeitpunkt nicht gelungen ist, die Rolle des Intellektuellen klar von anderen Rollen zu unterscheiden.

Hiermit kommen wir zum Ausgangspunkt dieses Kapitels zurück, nämlich zu der Frage, wie man die Rolle positiv und trennscharf fassen kann. Mein Vorschlag war es, hierbei die Veränderung der gesellschaftlichen Zeitsemantik im Sinne des Interesses für eine kurz gewordene Gegenwart genauso im Blick zu behalten, wie den Strukturwandel der Öffentlichkeit von bildungsbürgerlicher Reziprozität zu massenmedialem Kulturkonsum. Es ist vor allem den theoretischen Grundüberlegungen von Ulrich Oevermann (2003) und den daran anschließenden empirischen Untersuchungen von Andreas Franzmann (2004) zu verdanken, dass man in der Soziologie mittlerweile über ein Konzept verfügt, das beide Aspekte als Grundlage einer Strukturanalyse intellektuellen Rollenhandelns heranzieht. Im Prinzip handelt es sich dabei um einen Idealtyp, in dem zwei Momente zum Ausdruck kommen: dass es erstens so etwas wie genuin intellektuelle *Themen* gibt und dass zweitens die Intellektuellenrolle klar von anderen *Leistungsrollen* unterschieden werden kann. Geht es um die Themen intellektueller Diskurse, so hatten wir schon mit Posner feststellen können, dass es hier um *public affairs* gehen muss, also um allgemeine Belange, die nicht die Kopie von fachlichen Auseinandersetzungen sind. Für Oevermann handelt es sich dabei aber nicht um beliebige tagespolitisch

---

7 | Dies war die Grundaussage des Vortrags »Repräsentation. Zum Zerfall einer Semantik«, den André Kieserling im Rahmen der Konferenz »Semantik als Grundbegriff der Soziologie« am 12. Juni 2008 an der Universität Bielefeld gehalten hat.

brisante Kommentare, sondern um gesamtgesellschaftliche Krisendiagnosen (Oevermann, 2003, p. 47).

Der Intellektuelle erreicht aus dieser Perspektive seine Zuhörerschaft durch das Artikulieren oder Herbeireden von Krisenkonstellationen, die sich nicht auf Individuen und ihre je idiosynkratischen Probleme beziehen, sondern auf Probleme, die einer Öffentlichkeit als überindividuell bedeutsam erscheinen. Dem Intellektuellen bietet sich die Möglichkeit der Krisendiagnose aber nur unter der Voraussetzung, dass der Öffentlichkeit *ihre eigene Zukunft offen erscheint* und dementsprechend jetzt schon Lösungen ausgelotet, Werturteile getroffen und Gegenwartsdiagnosen bereitgestellt werden müssen (Oevermann, 2003, p. 20). Sobald die Gesellschaft im oben erläuterten Sinne von einer offenen Zukunft ausgeht, versteht sie ihre eigene Gegenwart als *Aufbrechen eingespielter Routinen* und genau das bezeichnet der Begriff Krise.

Intellektuelle sind somit die Produzenten gesamtgesellschaftlicher Selbstdeutungen, die durch eine punktualisierte Gegenwart buchstäblich erzwungen werden – dass die Gegenwart als krisenhafter Umschlag von einer unwiederbringlichen Vergangenheit in eine offene Zukunft verstanden wird, ist somit die Bedingung der Möglichkeit einer ausdifferenzierten Intellektuellenrolle. Wo die Gesellschaft jetzt steht und wohin sie steuert, wird im Zuge der Transformation der Zeitsemantik zum allgemeinsten öffentlichen Belang. In diesem Sinne besteht die Aufgabe des Intellektuellen in antezipatorischer und prophylaktischer Krisendiagnostik bzw. der »systematischen Erzeugung des Neuen« (Oevermann, 2003, p. 48). Genau darin sieht auch Edward Shils (1958, p. 18) die thematische Eigenheit von Intellektuellendiskursen: ihr Kennzeichen ist die grundsätzliche Auflehnung gegen Traditionen und das Hochhalten spontaner Genialität.

Die Interpretationsbedürftigkeit der Gegenwart und ihre Ausdeutung als neuartige, durch bisherige Routinen nicht bewältigbare Krise betrifft aber lediglich das Thema, durch das sich das intellektuelle Rollenhandeln manifestiert. Der zweite Aspekt betrifft die Struktur der genuin intellektuellen Argumentationsweise und die damit verbundene Rollenstruktur, die dem Intellektuellen seine eigene Rolle neben anderen ausdifferenzierten Leistungsrollen zuweist. Der springende Punkt ist dabei, dass der Intellektuelle sein Publikum allein durch die *Logik des besseren Arguments* erreichen muss (Oevermann, 2003, p. 30 ff.). Intellektueller und Öffentlichkeit treten im Sinne einer »Kultur des kritischen Diskurses« mit einander in Kontakt. Auf alle anderen Mittel der machtvollen Beeinflussung und Interessensdurchsetzung, seien sie wirtschaftlicher oder politischer Art, muss hier verzichtet werden – in diesem Punkt folgt Oevermann der Intellektuellensoziologie von Alvin Gouldner (1979). Grob gesagt muss es sich also um ein Publikum handeln, das sich den Geltungskriterien rationaler Argumentationsführung verpflichtet sieht und grundsätzlich zu Gegenargumentation fähig ist. Aus diesem Grunde ist wie für Posner so auch für Oevermann der idealtypische Intellektuelle per Definition eine öffentliche Figur. Gleichzeitig richtet er seine Diagnosen aber nicht an ein im Detail unbekanntes, »generelles« Publikum, sondern an die bürgerliche Öffentlichkeit in einem engeren Sinne: die von den Intellektuellen vorgebrachten Krisendiagnosen zu vernachlässigen, käme für dieses bildungsbürgerliche Publikum einer Vernachlässigung ihrer »sittlichen Verpflichtungen« gleich (Oevermann, 2003, p. 19 f.). Es geht also um ein Publikum, das den Aussagen von Intellektuellen eine relativ große Bedeutung beimisst und sich zu einer Reaktion verpflichtet sieht.

Wohlgemerkt handelt es sich beim Intellektuellen aber nur dann um eine ausdifferenzierte Rolle, wenn diese bürgerliche Öffentlichkeit nicht mehr imstande ist, Krisendiagnostik im privaten *face-to-face* Kontakt eigenständig hervorzubringen. Wir haben oben bereits festhalten können, dass dies dann der Fall ist, wenn sich die Reziprozität der zum Publikum versammelten Privatleute in massenmediale Produzenten und Konsumenten zu differenzieren beginnt. Folgerichtig ist für Oevermann das Rollenhandeln des Intellektuellen lediglich als sekundäre, oder *stellvertretende* Krisendiagnostik *für* ein bildungsbürgerliches Publikum zu verstehen, das sich bereits in einer inhaltlich kompetenten Konsumentenrolle befindet. Zusätzlich handelt es sich bei der intellektuellen Krisendiagnose, wie bereits angedeutet, nicht um die Behandlung eines akut vorliegenden Problems, sondern um eine vorausgreifende oder *simulierte* Thematisierung von Krisen. Auf intellektuellen Gesellschaftsdiagnosen folgen weder Behandlungen noch Rezepte zur Krisenbewältigung. Sie erlauben vielmehr eine entscheidungsentlastete Anamnese und eine beinahe verantwortungslose Narrenfreiheit, die ein hohes Maß an rhetorischer Radikalität und Polarisierung beinhaltet (Oevermann, 2003, p. 45 ff.).

Zusammenfassend zeichnet sich die Intellektuellenrolle dadurch aus, dass in ihr eine simulierte Krisendiagnose und Krisenbewältigung zum Tragen kommt, die in Stellvertretung für eine gebildete Öffentlichkeit kreiert wird (Oevermann, 2003, p. 51). Genau dadurch kann man sie von anderen Leistungsrollen unterscheiden, die mit der Intellektuellenrolle verwechselt werden können. Ich habe im vorigen Kapitel bereits erläutert, inwiefern diese sich von der des medialisierten Wissenschafters unterscheiden lässt. Dem ließen sich nun zwei weitere Unterscheidungen hinzufügen (Oevermann, 2003, p. 40 ff.). Erstens, dass sich der Intellektuelle *vom Politiker* insofern unterscheiden lässt, als er entscheidungsentlastet und ohne institutionalisierte Machtbasis ausschließlich aufgrund der Überzeugungskraft seiner Argumente sein Publikum erreichen muss – eine Eigenschaft, die er mit der wissenschaftlichen Praxis teilt. Mit der politischen Praxis verbindet ihn andererseits die Freiheit, Krisendiagnosen wertgebunden, polemisch und ohne Rücksicht auf ein abwägendes Pro und Contra vorzutragen – Freiheiten, die er als Wissenschafter nicht besitzt.

Zweitens ist intellektuelles Rollenhandeln keine professionalisierte Expertise. Denn einerseits handelt es sich hierbei nicht um eine akute Krisenbewältigung und andererseits lässt sich intellektuelles Rollenhandeln nicht auf Dauer verberuflichen. Im Gegenteil handelt es sich hier um eine, wie Oevermann (2003, p. 47) es nennt, »transitorische Praxis«, die ihre Glaubwürdigkeit gerade durch situative und außeralltägliche Einsichten gewinnt. Hier reichen sich der Kult des Neuen und der Kult des Genies die Hand. Das Charisma des Intellektuellen speist sich daraus, dass die jeweilige Krisendiagnose einzigartig ist – ein auf Dauer gestelltes Charisma im Sinne von Prominenz würde zwangsweise den Verdacht aufkommen lassen, dass die Krisendiagnose gar nicht auf einer einzigartigen Einsicht beruht, sondern gleichsam »von der Stange« kommt. Mit diesem Problem sind professionalisierte, d. h. verberuflichte Expertisen nicht konfrontiert, denn sie beziehen ihre Glaubwürdigkeit gerade aus dem »Paradox einer routinisierten, d. h. auf bewährten Problemlösungsroutinen beruhenden Krisenbewältigung im Normalfall« (Oevermann, 2003, p. 50 f.).

So verstanden ist die Intellektuellenrolle sowohl was die durch sie behandelten Themen, als auch in Bezug auf ihr Rollenhandeln sehr klar von anderen Rollen zu unterscheiden. Der Nachteil des vorgestellten Idealtyps liegt freilich darin, dass er ausgesprochen eng ist. Eine ausdifferenzierte Intellektuellenrolle gibt es nämlich einerseits *noch nicht*, wenn die Grenze zwischen Produzenten und Konsumenten im Sinne einer durch Privatleute konstituierten Öffentlichkeit sehr durchlässig ist. Andererseits gibt es eine ausdifferenzierte Intellektuellenrolle *nicht mehr*, wenn die Grenze zwischen kulturkonsumierenden Empfängern und dem Publikumskontakt entzogenen Massenmedien hermetisch wird, wenn Gegenargumentation also nicht mehr vorgesehen ist. Zwischen diesen beiden Polen ist die Rolle nicht nur eng definiert, sondern manifestiert sich in einem zeitlich sehr kurzen Fenster. Es wäre nicht ganz abwegig zu behaupten, dass die Affaire Dreyfus nicht nur den Beginn, sondern gleichzeitig auch das Ende einer eigenständigen Intellektuellenrolle markierte. Wenn man aber an dieser, zeitlich und sozial zugegebener Maßen recht exklusiven Rollendefinition festhält, so erlaubt sie uns eine klarere Fassung dessen, was in diesem Kontext mit einem generellen Publikum und öffentlichen Belangen gemeint sein kann.

Beim »breiten« Publikum einer ausdifferenzierten Intellektuellenrolle handelt es sich nicht um eine bürgerliche Öffentlichkeit im reziproken, habermasschen Sinne, denn Produzenten und Konsumenten sind sich hier noch zu nahe, um die Rollen trennscharf unterscheiden zu können. Das Publikum genuin intellektueller Krisendiagnosen besteht vielmehr aus einem gebildeten, massenmedialen Konsumentenpublikum, das zwar *prinzipiell* zu Gegenargumentation fähig wäre, diese Möglichkeit aber im gleichen Maße verliert, in dem der jeweilige Intellektuellendiskurs den Rahmen des kleinen radikalen Kreises oder des kleinen Journals verlässt und qua massenmedialer Diffusion breit diskutiert wird. Die hier diskutierten »öffentlichen« Belange wiederum sind gesamtgesellschaftliche Krisen, die in ihrem Themenspektrum zu breit sind, um von spezialisierten Leistungsrollen in der Wissenschaft, der Politik oder in den Professionen behandelt werden zu können.

Kehren wir nun zum ursprünglichen Problem zurück. Dieses bestand darin, dass die Breitenwirksamkeit der Soziologie nicht auf das Phänomen der massenmedial transformierten Expertise reduziert werden kann, da die Selbstbeschreibung des Faches *als wissenschaftliche Disziplin* öffentliche Intellektuellendiskurse mit einschließt. Mit anderen Worten: man kann sich als Soziologe offenbar an eine breite, außerakademische Öffentlichkeit wenden, ohne dass das fachintern als Entfernung von einem esoterischen Wissenskern auffallen muss. Wie die Diskussion um *public sociology* gezeigt hat, ist das Fach zumindest geteilter Meinung, wenn es um die Frage geht, ob das Dasein als ausdifferenzierte Disziplin überhaupt wünschenswert sei. Ich werde im folgenden Kapitel aufzeigen, dass die Gleichsetzung von Intellektuellendiskurs und Soziologie nur vor dem Hintergrund einer fehlenden Ausdifferenzierung des Faches ihre Berechtigung hatte – sie mag heute noch als Selbstbeschreibung von Teilen des Faches favorisiert werden, erscheint jedoch zusehends als Anachronismus. Die einem außerakademischen Publikum zugänglichen gesamtgesellschaftlichen Krisendiagnosen werden im Laufe des 20. Jahrhunderts immer seltener als Theoriealternative und vermehrt als *Genre* beschrieben, das fachliche Debatten nicht mehr ersetzen kann, sondern eigenen Regeln folgt. Spätestens seit den 1950er Jahren zerfällt somit das Fach in theoretische und methodologische Fachdiskussionen auf der einen und breit verständliche Zeitdiagnosen auf der anderen Seite.

4 Ein neues Genre

4.1 Die Ausdifferenzierung der Soziologie

Wenn Soziologen über Intellektuelle sprechen, sprechen sie unter anderem über sich selbst. Eine Soziologie, die nach den Eigenheiten dieser Rolle fragt, wird somit zwangsweise zu einer Debatte um die Selbstreflexion des ganzen Faches (Franzmann, 2004, p. 13). Sobald es jedoch möglich ist, die Rolle des Intellektuellen von der des (Sozial-) Wissenschafters klar zu trennen, erscheint die Gleichsetzung entweder als Kategorienfehler oder als Ruf nach Entdifferenzierung mit entsprechendem Motivverdacht. Dass nun Intellektuellendiskurse, verstanden als gesamtgesellschaftliche Krisendiagnosen, gleichzeitig Soziologie sein könnten, lässt sich fachhistorisch erklären: es ist die angemessene Beschreibung einer noch nicht ausdifferenzierten Wissenschaft, also der Soziologie der ersten Hälfte des 20. Jahrhunderts. Zumindest bis zur Zwischenkriegszeit sind nicht nur soziologische Fachzeitschriften und Professuren eine Rarität, es fehlt zudem eine klar abgrenzbare Fachsprache – von genuin soziologischen Fragestellungen ganz zu schweigen.

Die frühe Form der Soziologie ähnelt tatsächlich den von Oevermann beschriebenen Intellektuellendiskursen: Krisendiagnostiker wenden sich entscheidungsentlastet und abseits verberuflichter Rollen an ein gebildetes Publikum. Die »Kultur des kritischen Diskurses« vollzieht sich bereits in Spezialrollen, aber die intellektuellen Produzenten müssen damit rechnen, dass ihre thematisch breit angelegten Diagnosen von einem Publikum konsumiert werden, das über denselben Bildungsstand verfügt wie sie selbst. Somit muss es der Intellektuelle prinzipiell in Erwägung ziehen, dass Gegenargumentation seitens des gebildeten Publikums erfolgen wird. Dieses Publikum sitzt zwar nicht mehr mit den Intellektuellen am selben Salontisch und schreibt nicht selbst den Feuilletonteil des Meinungsblattes, aber die Themen, das Anspruchsniveau und der sprachliche Stil der Diagnosen müssen einem bürgerlichen Bildungskanon entlehnt sein, um Beachtung und Gefolgschaft zu finden.

Idealtypisch für diese Form der Intellektuellendiskurse stehen *Kulturverfallstheorien,* die um 1900 an Prominenz gewinnen. Selbst sehr voluminöse Werke dieses Typs, wie beispielsweise *Der Untergang des Abendlandes* von Oswald Spengler (1918) oder *A Study of History* von Arnold Toynbee (1935), richten sich noch nicht exklusiv an ein akademisches Publikum. Thesen wie die vom Ende des »faustischen Zeitalters« zeigen an, dass es hier noch nicht um esoterische Forschung geht, sondern um Debatten, zu denen sich all jene äußern können, die eine Bibliothek besitzen. Die Grenzen zwischen Geschichtsphilosophie, rudimentär sozialwissenschaftlichem Vokabular, tagespolitischem Kommentar, Roman und Autobiographie sind noch extrem fließend, wofür *The Education of Henry Adams* (Adams, 1999) ein eindrucksvolles Beispiel liefert. Sich, wie auch immer unqualifiziert, zu intellektuellen Krisendiagnosen zu positionieren, kann in literarisch interessierten bürgerlichen Kreisen generell erwartet werden[1]. In diesem Stadium ist es nicht nur schwer, zwischen Soziologie und intellektuellen Krisendiagnosen zu unterscheiden, sondern überhaupt einzelne Sozial- und Geisteswissenschaften von einander zu trennen. Die Gegenwart als Krise zu diagnostizieren gelingt hier noch unter dem gemeinsamen Dach humanistischer Bildungsinhalte.

All dies ändert sich gegen Ende des 19. Jahrhunderts mit der einsetzenden Ausdifferenzierung der Sozialwissenschaften. Ich werde mich in der Darstellung dieses Prozesses auf die Soziologie beschränken und belasse es bei dem Hinweis, dass die Trennung von Fach- und Intellektuellendiskursen für andere sozialwissenschaftliche Disziplinen gesondert behandelt werden müsste[2]. Mit Ausdifferenzierung sind für den Fall der Soziologie zwei Prozesse gemeint: erstens die Distanzierung von den Reflexionstheorien anderer Teilsysteme und dies mit dem Effekt, dass z. B. die soziologische Beschreibung von Religion nicht mit der theologischen in Einklang gebracht werden kann, die soziologische Beschreibung des Rechts nicht mit der juristischen, die soziologische Beschreibung der Moral nicht mit der moralistischen usw. (Kieserling, 2004, p. 26 f.). Diese Distanzierung hat den Vorteil,

---

1 | Dass das großbürgerliche Bildungsniveau dafür mit der Zeit immer weniger ausreicht, beschreibt Robert Musil (1956) im »Mann ohne Eigenschaften« recht eindringlich. Im Salon der Hermine Tuzzi wird Paul Arnheim gerade deswegen zum intellektuellen Liebling der guten Gesellschaft Wiens, weil diese auf seine opaken welthistorischen Einsichten nur noch mit Stehsätzen antworten kann. Die Prätention des Publikums rettet den Scharlatan.

2 | Ebenso die Frage, ob in den Humanwissenschaften diese Trennung überhaupt vollzogen wurde.

zur jeweiligen Selbstbeschreibung *inkongruente* Perspektiven einnehmen zu können. Mit ihr wird es möglich, nach latenten Strukturen zu fragen, nach *hidden curricula*, nach Ideologien – kurz, die Soziologie kann sich als kritisches Unterfangen beschreiben. Der zweite, damit verbundene Prozess meint die Bezeichnung der Position, von der aus man kritische Perspektiven einnimmt. Hier ist es die einsetzende *Selbstbeschreibung als Wissenschaft*, die die Reflexionstheorien anderer Teilsysteme nicht bloß als alternative Perspektiven, sondern als unwissenschaftlichen Dogmatismus, Selbsthypostasierung oder als nicht nachprüfbare Generalisierung erscheinen lässt (Kieserling, 2004, p. 26).

In dieser frühen Phase der Konsolidierung als Wissenschaft kann die Soziologie zu allen Teilsystemen der Gesellschaft auf Distanz gehen, außer eben zur Wissenschaft selbst. Sie kopiert dementsprechend die Vorgaben der Wissenschaftsphilosophie, ohne ein eigenes Wissenschaftskonzept hervorbringen zu können (Kieserling, 2004, p. 28). Die Selbstbeschreibung als rein akademische Disziplin ist zu diesem Zeitpunkt aber noch eine Option unter anderen. Bis zum Zweiten Weltkrieg können sich Teile des Faches noch durchaus vorstellen, wissenschaftlich fundierte Analyse und Beteiligung an öffentlichen intellektuellen Debatten gleichzeitig leisten zu können.

Paradigmatisch für die Vorstellung einer hybriden wissenschaftlich-intellektuellen Soziologie steht die *deutsche historische Soziologie*, deren Geschichte Volker Kruse im Detail nachgezeichnet hat (Kruse, 1994; Kruse, 1999). Dieses vorwiegend in der Zwischenkriegszeit fachintern intensiv diskutierte Paradigma machte es sich zum Anspruch, der einsetzenden Ausdifferenzierung des Faches entgegenzuwirken. Autoren wie Troeltsch, Sombart, Alfred Weber, Max Weber, Freyer, von Martin, Müller-Armack oder Mannheim stehen dabei idealtypisch für eine Form der Soziologie, die sich als Gegenprogramm zur abstrahierenden, an überzeitlichen sozialen Formen oder »Gesetzen« interessierten Soziologie positionieren wollte. Der Gegner ist das, was man damals »formale Soziologie« nannte (Kruse, 1994, p. 24).

Das Erkenntnisinteresse der historischen Soziologie soll demgegenüber die *Einmaligkeit* historischer Konstellationen betreffen, die es mithilfe einer hermeneutischen Methode und einer breiten historischen Datenbasis herauszuarbeiten gilt. Der Überbegriff ist das »historische Individuum« – das *So-und-nicht-anders*-Gewordensein bestimmter historischer Phänomene. Interessant ist in diesem Kontext, dass als Alternative zur Abstraktion und Öffentlichkeitsferne der formalen Soziologie von Seiten der historischen Soziologie die *wissenschaftliche Zeitdiagnose* vorgeschlagen wurde. Das programmatische Ziel waren wissenschaftlich fundierte Gegenwartsdiagnosen, die das Fach abseits philosophischer Kulturkritik und rein disziplinärer begrifflicher Synthesen einer interessierten Öffentlichkeit zur Verfügung stellen sollte. Die Vertreter der deutschen historischen Soziologie waren dementsprechend in ihrem Selbstverständnis weniger Fachsoziologen, als vielmehr historisch informierte, am Mitvollzug öffentlicher Debatten interessierte Kulturkritiker und Intellektuelle (Kruse, 1999, p. 77). Mithilfe einer wissenschaftlich informierten Krisendiagnose sollte dementsprechend »Bildungswissen« vermittelt werden und nicht akademisches »Fachwissen« (Kruse, 1994, p. 200). Dieses Selbstverständnis kulminierte in Karl Mannheims Sicht, welcher zufolge *wissenschaftliche Zeitdiagnose* der eigentlich charakteristische Gesichtspunkt europäischer Soziologie im Unterschied zur amerikanischen sei (Kruse, 1999, p. 82). Es verwundert daher nicht, dass es im Anschluss an Mannheim (1947) der Begriff Zeitdiagnose sein sollte, der die spätere Diskussion um besagtes Genre bestimmen würde[3].

Diese frühe Form soziologischer Zeitdiagnostik scheint damit eine Reaktion auf die Ausdifferenzierung einer sich ausschließlich als Wissenschaft beschreibenden Soziologie gewesen zu sein. Es war einer der letzten Versuche, in Form eines Hybridprogramms soziologische Fachsprache und Intellektuellendiskurs in einem theoretischen Programm zu vereinen. Die abstrahierende Fachsoziologie erschien als zur Beteiligung an öffentlichen Krisendebatten bereits unfähig und gleichzeitig wollte man sich nicht den Vorwurf gefallen lassen, bloß geschichtsphilosophische Ideologie zu betreiben. Spätestens seit den 1950er Jahren war die deutsche historische Soziologie aber am Ende ihrer Schaffenskraft – ein mehr oder minder totes Paradigma.

Kruse interpretiert diese Entwicklung vor allem als Auswirkung einer zunehmenden Amerikanisierung der deutschen Soziologie der Nachkriegszeit. Durch die Nazidiktatur ihrer Wurzeln beraubt, orientierte sie sich zunehmend am Vorbild, welches die amerikanische Soziologie vorgab: Strukturfunktionalismus und/oder empirische Sozialforschung (Kruse, 1994, p. 42 ff., p. 192 ff.). Die Zeitdiagnostik der Zwischenkriegszeit erschien zunehmend als altmodisch, spekulativ und esoterisch – was inhaltlich jedoch unbegründete Vorbehalte ge-

---

3 | Bei Troeltsch findet sich als Alternative der Begriff der »gegenwärtigen Kultursynthese«. Siehe dazu Kruse (1999, p. 74 f.).

wesen seien. Die Theorieangebote aus Übersee seien in diesem Sinne nicht zwangsweise als Fortschritt zu interpretieren, was Kruse (1994, p. 209) dann auch zum Anlass einer Rehabilitierung des historischen Paradigmas für die gegenwärtige Soziologie nimmt.

Nun lässt sich durchaus bezweifeln, ob der Niedergang der frühen soziologisch-intellektuellen Zeitdiagnostik rein forschungspolitische Gründe hatte. Zur These vom inhaltlich unbegründeten Kontinuitätsbruch gibt es folglich zumindest eine alternative Lesart. Dieser Perspektive zufolge ist Zeitdiagnostik als Form der Gesellschaftsbeschreibung nie von der Bildfläche verschwunden, sondern konnte lediglich ab einem gewissen Zeitpunkt nicht mehr als alternatives *wissenschaftliches* Paradigma präsentiert werden. Historisch betrachtet, führte die Institutionalisierung der Soziologie an den Universitäten nämlich nicht zu wissenschaftlich belastbarerer öffentlicher Krisendiagnostik, sondern zunächst zu einer *Differenzierung der Publika* sozialwissenschaftlicher Erkenntnis.

Am Beispiel der USA, wo es bereits sehr früh soziologische Departments, universitäre Curricula und Fachjournale gab, lässt sich diese Entwicklung recht gut nachvollziehen. Hier gab es bereits um 1890 sehr erfolgreiche Bestrebungen, nichtakademische Publika von der Teilnahme an soziologischen Debatten auszuschließen. Dies betraf vor allem sozialreformerische Bewegungen und die sogenannte »christliche Soziologie« (Evans, 2009). Obwohl nun Evans bemüht ist, diese Entwicklung als rein strategische Abgrenzung einer bestimmen Gruppe und also für prinzipiell umkehrbar darzustellen, so zeigen die Entwicklungen des 20. Jahrhunderts, dass es der Soziologie trotz intensiver Bemühungen nicht mehr gelungen ist, feste Beziehungen zu einem außerakademischen Publikum aufzubauen. Außerhalb der Universität hat sich keine anwendungsbezogene Version des Faches längerfristig etablieren können – die einzige erfolgreiche Professionalisierung gelang als *staff-oriented profession*, also als akademische Fusion von Forschung und Lehre (Janowitz, 1972). Der Publikumskontakt musste sich also darauf beschränken, die eigene *Forschung* breiter zugänglich zu machen. In den USA wurde relativ früh klar, dass dieses Publikum nur noch aus interessierten Studierenden und Kollegen bestehen müsste und nicht aus einem gebildeten Laienpublikum. Oder wie es Janowitz für die frühen Jahre der amerikanischen Soziologie beschreibt:

> »In short, from its very beginning, sociology had a departmental basis; it was more than the effort of a single professor. Moreover, *it could not be thought of as a collection of men who were only part of a learned society.* They were academic professionals, since professionalization for them meant control over their research and academic freedom.« (Janowitz, 1972, p. 110, kursiv F.O.)

Ich will an dieser Stelle nicht näher darauf eingehen, wieso sich eine akademisch professionalisierte Soziologie in den USA früher entwickeln konnte als in Europa, und verweise lediglich auf eine detaillierte Vergleichsstudie von Shils (1970). Wichtig ist in diesem Kontext lediglich, dass auch in Europa spätestens dann von einer ausdifferenzierten, akademischen Profession gesprochen werden musste, als klar wurde, dass ein gebildetes Laienpublikum den Entwicklungen im Fach nicht mehr folgen *konnte*. Das betraf nicht nur die Zeitdiagnostik der deutschen historischen Soziologie, sondern generell Konzepte, die gleichzeitig Intellektuellendiskurs und Fachsprache sein wollten. Neben den genannten Beispielen könnte man auch an den sicherlich prominenteren Fall der Psychoanalyse denken. Auch hier handelt es sich um ein Theorieangebot, das spätestens seit den 1960er Jahren nicht mehr als wissenschaftlicher Ansatz ernstgenommen wurde[4], gleichzeitig aber zu kompliziert und letztlich zu abwägend und voraussetzungsreich formuliert war, um als breit verständliche Selbsthilfe oder als theoretischer Überbau radikaler politischer Aktivismen praktiziert zu werden. Erich Fromm ist das tragische Beispiel dieser Entwicklung, die bildungsbürgerliche Intellektuellendebatten zwischen Fachsprache und von humanistischer Bildung entkoppelter Massenkultur aufreibt (McLaughlin, 1998).

Ob nun von den Protagonisten als Fortschritt zur reifen Disziplin gefeiert (Lipset/Smelser, 1961) oder von Kritikern wie Burawoy (2007, p. 24) als elitäre Hybris gebrandmarkt: der Strukturfunktionalismus von Talcott Parsons machte deutlich, dass es für die Beteiligung an soziologischen Debatten nicht mehr ausreiche, eine Bibliothek zu besitzen – man musste dafür schon Soziologie studiert haben. Die deutsche historische Soziologie scheiterte also nicht daran, dass ihr der Strukturfunktionalismus aufoktroyiert wurde, sondern daran, dass man nun eine begrifflich sehr auflösungsstarke Theorie als Konkur-

---

4 | Eine gewichtige Ausnahme bildet die Rezeption der Psychoanalyse im Umfeld der Frankfurter Schule.

rentin hatte, die nicht mehr als außerakademisch anschlussfähiger Intellektuellendiskurs funktionieren konnte und musste.

Um mögliche Missverständnisse gleich vorweg zu vermeiden: erstens konnte sich der Strukturfunktionalismus nie als hegemoniales Paradigma in der Soziologie durchsetzen und ist heute sogar weiten Teilen des soziologischen Fachpersonals nur noch in rudimentärer Form bekannt. Er gab lediglich das Komplexitäts- und Spezialisierungsniveau an, von dem ab nun in der Soziologie ausgegangen werden musste. In Folge konnten also auch Gegenentwürfe nur noch als Fachdiskurse funktionieren. Zweitens haben zur Ausdifferenzierung der Soziologie nicht nur theoretische Entwürfe beigetragen, sondern wie Turner/Turner (1990) aufzeigen, eine Kombination aus theoretischem Fachvokabular und sehr voraussetzungsreichen statistischen und später auch qualitativen Methoden. Dass ich auf die Ausdifferenzierung soziologischer Methoden hier nicht näher eingehe, liegt daran, dass Zeitdiagnosen ohnehin nicht als Methodendebatten im modernen Sinne geführt wurden. Die Konkurrenz bildeten vornehmlich andere Theorien, was seit der Nachkriegszeit zusehends als eine Konkurrenz zwischen Ungleichen erscheinen musste.

Diese seit den 1950er Jahren immer klarer hervortretende Konstellation lässt sich nun auch aus einer anderen Perspektive verdeutlichen. Klar ist, dass der Strukturfunktionalismus außerakademisch rezipierbare Zeitdiagnostik genausowenig eliminiert hatte, wie die Option, sich gleichzeitig als Soziologe und Intellektueller beschreiben zu können. Sogar in der Blütezeit des Strukturfunktionalismus gab es in den USA reputierte Soziologen, die in der Rolle des öffentlichen Intellektuellen Zeitdiagnostik betrieben haben – C. Wright Mills und David Riesman sind dafür sicherlich die schillerndsten Beispiele. Allerdings deutet sich an, dass die Diskussion um die fachinterne Stellung der Zeitdiagnostik in der Soziologie im Laufe der zweiten Hälfte des 20. Jahrhunderts einen Richtungswandel durchlebt.

Wenn Zeitdiagnosen neueren Datums diskutiert werden[5], dreht sich die Frage immer stärker darum, ob es sich dabei um ein eigenständiges *Genre* oder eine eigenständige *Textsorte* der Soziologie handelt. Es geht also erstens nicht mehr um die Frage, ob mit Zeitdiagnostik

---

5 | Damit sind, grob gesagt, Zeitdiagnosen gemeint, die nach 1950 verfasst wurden. Dies ist freilich nur ein Richtwert. Schimank (2000, p. 9) legt als Stichdatum für seine Analyse moderner Zeitdiagnostik das Jahr 1980 fest, während beispielsweise Lichtblau (1991) ein Kontinuum zeitdiagnostischen Argumentierens vom frühen 19. Jahrhundert bis zur Postmoderne behandelt.

die bessere Sozialwissenschaft gemacht werden kann. Neuere Zeitdiagnosen werden zweitens nicht mehr so behandelt, als seien sie eine Alternative zu anderen Theorien oder Paradigmen. Vielmehr bilden deren Gegenpart soziologische Theorien insgesamt. Vergleicht man nun Zeitdiagnosen als Genre, so verschiebt man damit die Frage von der *Brauchbarkeit und Anschlussfähigkeit* eines Paradigmas hin zu Fragen von Strukturen und Entstehungsbedingungen einer *Kommunikationsform*, die wiederum nicht als bessere Theorie oder Methodik überzeugen muss. Die Verschiebung hin zu Fragen nach generischen Strukturen deutet also an, dass die neuere Zeitdiagnostik nicht mehr mit theoretischen oder paradigmatischen Strömungen in direkter Konkurrenz steht. Ob man Zeitdiagnostik als Paradigma oder als Genre behandelt, ist also keine kategorische Frage, sondern hängt davon ab, bei welcher Stufe der Ausdifferenzierung des Faches man ansetzt. Aus diesem Grund kann von Zeitdiagnosen als abgrenzbarem Genre nur dann gesprochen werden, wenn im Unterschied dazu rein akademische Theorien und Methoden ohne Laienbeteiligung zur Verfügung stehen. Dies trifft nicht für alle Disziplinen, die sich prinzipiell für intellektuelle Krisendiagnostik eignen, gleichermaßen zu. Dass beispielsweise die Geschichtswissenschaft über keinen mit dem Strukturfunktionalismus vergleichbaren Theorieentwurf verfügt, erklärt unter anderem den Umstand, dass die Vertreter dieses Faches mittlerweile die vergleichsweise erfolgreicheren intellektuellen Krisendiagnostiker sind (Oevermann, 2003, p. 13).

4.2 Die Konturen der zeitdiagnostischen Gattung

Sowohl die Deutung als Kontinuitätsbruch als auch die Beschreibung als Folge von Ausdifferenzierung und Professionalisierung scheinen den Schluss nahezulegen, dass es ab der Mitte des 20. Jahrhunderts in der Soziologie nicht mehr ohne weiteres möglich war, Wissenschaft und intellektuelle Zeitdiagnose in einem Satz zu sagen (hierzu auch Habermas (1979, p. 10), Nassehi (2001, p. 553)). Spätestens seit der Herausbildung rein akademischer soziologischer Analyseschemata wie des Strukturfunktionalismus kann zwischen Zeitdiagnosen und soziologischen Theorien grundsätzlich unterschieden werden. Wo die Grenze verläuft und ob Zeitdiagnosen als Genre überhaupt als wissenschaftliche Beiträge einzustufen sind, sind Fragen, die sich in Folge aufdrängen. An dieser Stelle müsste man eigentlich zwei Argumentationsstränge auf einander beziehen. Der eine betrifft die Kommunikationsstrukturen, die herausgeschält werden müssen, um Zeitdiagnosen klar von anderen soziologischen Genres zu unterscheiden, sobald die Binnendifferenzierung des Faches eine solche Unterscheidung nahelegt. Der andere betrifft die sich nun aufdrängende Frage, wie man die Kommunikationsstrukturen dieser Textgattung *im Unterschied zu anderen* auf außertextuelle Strukturen bezieht.

Kommen wir zunächst zu der Frage, wo der neueren Diskussion zufolge die Grenzen dieses neuen Genres verlaufen. In der Debatte um die generischen Strukturen von neueren Zeitdiagnosen sind die angebotenen Beschreibungen zunächst einmal überraschend konvergent, was unter anderem auch daran liegt, dass es zu diesem Thema recht wenig Material gibt. Vergleicht man die wenigen verfügbaren Quellen (Lichtblau (1991), Lohmann (1994), Reese-Schäfer (1996), Noro (2000), Schimank (2000), Kieserling (2004, p. 37 ff.), Peters (2007, p. 166 ff.))[6], so lassen sich drei Ebenen herausschälen, auf der nach Eigenheiten soziologischer Zeitdignostik gesucht wird: a) der *Erkenntnisanspruch*, b) der *Unterschied zu anderen sozialwissenschaftlichen Genres* und c) das *Publikum*.

Geht es um den Erkenntnisanspruch, so sind sich die angeführten Autoren einig, dass sich Zeitdiagnosen zuallererst dadurch auszeichnen, dass sie die Gegenwart als eine neue, krisenhafte Epoche beschreiben. Ihr Interesse gelte dem *Hier-und-Jetzt* – wenn weit zurückliegende Zeiträume untersucht werden, dann nur in Hinblick auf ihre Bedeutung für die Gegenwart. Das Erkenntnisobjekt ist die Gesellschaft in ihrer Gesamtheit und nicht nur gesellschaftliche Subfelder wie Teilsysteme, Nationalstaaten oder Organisationen. Mit der Diagnose der gegenwärtigen Situation zielten sie auf eine Unterscheidung normaler und abnormaler gesellschaftlicher Zustände ab und somit, zumindest der Selbstbeschreibung nach, auf Prognose und mögliche Therapie. Die Grundaussage ist, dass es so nicht mehr weitergehen kann – Zeitdiagnostik sei unter dem Aspekt auch das Aufbauen von Handlungsdruck.

Was den Unterschied zu anderen Genres betrifft, so spielen zwei Unterscheidungsmerkmale eine Rolle. Erstens ließen sich Zeitdiagnosen nach unterschiedlichen Disziplinen differenzieren – *soziologische*

---

6 | Eine etwas umfangreichere Quellensammlung findet sich bei Kieserling (2004, p. 37 f.).

Zeitdiagnosen hätten demnach Konkurrentinnen in angrenzenden Fächern wie Philosophie, Geschichtswissenschaft, Politikwissenschaft, Kunstgeschichte etc. Für den Fall soziologischer Zeitdiagnosen wird in einem zweiten Schritt behauptet, dass diese sich weder Gesellschaftstheorie noch empirischer Sozialforschung exklusiv zuordnen lassen. Zeitdiagnosen seien eher Zuspitzungen, die sich in der Formulierung von Bindestrich-Gesellschaften äußerten und empirisches Material, wenn überhaupt, lediglich zu Anschauungszwecken benutzten.

Was das Publikum anbelangt, seien Zeitdiagnosen weniger Fachdiskurse als vielmehr Bemühungen um öffentliche Meinungsführerschaft. In diesem Sinne ähnelten sie journalistischen Reflexionen, ohne aber Tagesaktualität beanspruchen zu müssen – eher Feuilleton als Schlagzeile. Ihr Stil sei darum nicht selten essayistisch und ihre Diagnosen, ähnlich wie Moden, sehr schnell inaktuell. Im Anspruch den Zeitgeist einzufangen, seien sie oftmals Kinder desselben.

Mit der Frage nach dem Publikum bekommt die Diskussion um das Genre die *wissenssoziologische Wendung*, die hier eigentlich von Interesse ist. Es sind vor allem die Analysen von André Kieserling (2004) und Bernhard Peters (2007), die über eine reine Taxonomie der Genres hinausgehend nach den außertextuellen Faktoren zur Bestimmung des Genres suchen. Für Peters (2007, p. 166 ff.) sind Zeitdiagnosen zunächst ein Genre der *öffentlichen Deliberation* und treten dabei in zwei Formen auf. Einerseits in Form von »Krisendebatten«:

> »Sie bündeln üblicherweise eine Reihe problematischer oder bedrohlicher sozialer oder kultureller Entwicklungen, suggerieren eine Verbindung zwischen ihnen, benennen womöglich irgendwelche gemeinsamen strukturellen Ursachen und sagen oft voraus, dass die Dinge sich verschlechtern werden, ehe sich eine Chance der Verbesserung auftun mag (die indes nur durch eine grundlegende strukturelle Transformation zu erreichen wäre).« (Peters, 2007, p. 167 f.)

Von dieser Form zeitdiagnostischer öffentlicher Deliberation unterscheidet Peters die, wie er sie nennt, »Schwellendebatten«:

> »›Schwellendebatten‹ befassen sich mit der Frage, ob wir uns gerade mitten in oder kurz nach oder vor irgendeiner fundamentalen, epochalen gesellschaftlichen Transformation befinden, ob eine neue historische Phase oder ein

neuer Gesellschaftstyp im Entstehen begriffen ist (zum Beispiel ein Post-Irgendwas-Zeitalter, eine Informations- oder eine Risikogesellschaft, um einige vertraute Beispiele zu erwähnen).« (Peters, 2007, p. 168)

Der springende Punkt in Peters' Darstellung ist nun, dass sich Zeitdiagnosen, diese beiden Varianten kombinierend, auf Übertreibungen, Dramatisierungen, neuartige Trends, und drohende Gefahren konzentrieren, die in ihrer Ausgestaltung eine gewisse Ähnlichkeit gegenüber Nachrichtenselektion und -präsentation aufweisen. Von massenmedialen Redaktionen werden solche Diagnosen gerne ausgewählt, weil hier sozialer Wandel so dargestellt wird, als besäße er *Nachrichtenwert* (Peters, 2007, p. 168 f.). Auf denselben Punkt macht auch Kieserling (2004, p. 38) aufmerksam, wenn er meint, dass sich zeitdiagnostisches Argumentieren nicht nur durch eine Distanz zur Terminologie einer ausdifferenzierten Soziologie auszeichnet, sondern auch durch eine Nähe zu den Massenmedien. Was den Erfolg solcher Krisendiagnosen ausmacht, ist dann nicht ihre wissenschaftlich leicht zu bezweifelnde Anschlussfähigkeit, sondern ihr Vorkommen in den Massenmedien. Hier muss sich die Beschreibung von Gesellschaft aber denselben Selektionskriterien beugen, die auch sonst für massenmediale Berichterstattung charakteristisch sind: Negativitäten, Diskontinuitäten, Konflikte und eine »Inflationierung der Semantik des Neuen« (Kieserling, 2004, p. 39 f.).

Sowohl mit Kieserling als auch mit Peters ließe sich also argumentieren, dass die soziologische Produktion von Reflexionsbegriffen für die Gesamtgesellschaft zumindest in *zwei Teile mit unterschiedlichem Funktionssystembezug* zerfällt: massenmedial anschlussfähige Zeitdiagnosen und wissenschaftlich, und eben nur dort anschlussfähige Gesellschaftstheorien. Von dieser Position aus kann man dann nach Beziehungen zwischen den Genres fragen. Solange die Soziologie noch beides hervorbringt, muss man sich einerseits fachintern zu Zeitdiagnostik äußern und andererseits muss Zeitdiagnostik, zumindest dem Anspruch nach, über pure Berichterstattung hinausgehen. Die Wissenssoziologie der Zeitdiagnosen wird aus dieser Perspektive also zu einer Soziologie ausdifferenzierter Publika und den damit verbundenen Selektionskriterien ausdifferenzierter Funktionssysteme.

Es handelt sich bei dieser wissenssoziologischen Fassung wohlgemerkt lediglich um kurze Vorüberlegungen, deren empirischen und theoretischen Gehalt es zu testen gilt. Um das zu tun, müssen die vorgeschlagenen Taxonomien viel klarer als bislang gefasst werden. Ich ziehe es der Übersicht halber vor, mich in den folgenden Kapiteln dieser Frage getrennt zu widmen. Es muss also zuallererst geklärt werden, was moderne Zeitdiagnosen als Genre ausmacht. Erst wenn diese Frage beantwortet ist, kann man dazu übergehen, das Genre wissenssoziologisch zu fassen – die Beantwortung dieses zweiten Themenkomplexes wird den Kern des dritten Teils der vorliegenden Untersuchung ausmachen.

Das interessanteste Merkmal des gegenwärtigen Diskurses ist, dass die Umstellung auf die Frage nach generischen Strukturen zu Unklarheiten über die Grenzen des Genres führt. Offenbar überzeugt die Trennung von Zeitdiagnostik und anderen soziologischen Genres eher intuitiv als konzeptionell. Das zeigt alleine schon die Frage, ob Zeitdiagnostik überhaupt ein Genre der Soziologie ist. So kommen für Reese-Schäfer (1996, p. 380 ff.) Geschichtsphilosophie, Geistesgeschichte, Sozialpsychologie und Ökologie als alternative disziplinäre Grundlagen für Zeitdiagnosen in Frage. Mit Schimank (2000, p. 14) oder Lichtblau (1991, p. 15) könnte man noch weitere Standpunkte zeitdiagnostischer Beobachtung hinzufügen wie Kunst, Literatur, Theologie, Politik und Journalismus. Was in dieser Konstellation aber die genuin *soziologische* Zeitdiagnose auszeichnet, wird nicht deutlich.

Unklar ist bei näherem Hinsehen auch, was das Erkenntnisobjekt von Zeitdiagnostik ist. Auf der einen Seite ist es »Gesamtgesellschaft« oder »die gegenwärtige Epoche in ihrer Gesamtheit«, auf der anderen findet sich keine Zeitdiagnose, die imstande wäre, eine flächendeckende Beschreibung der Gesellschaft zu entwerfen. Es sind meist einige wenige Teilsysteme, deren Transformationsdynamik als Ausgangspunkt für eine Globaldiagnose herangezogen wird (Schimank, 2000, p. 14). Liegt das Unterscheidungsmerkmal zwischen Gesellschaftstheorie und Zeitdiagnose also in der Quantität der thematisierten gesellschaftlichen Phänomene?

Ähnlich verhält es sich mit dem unterstellten Interesse an der Gegenwart. Kann man sich aber eine soziologische Theorie vorstellen, die sich nicht zur gegenwärtigen Situation der Gesellschaft äußert? Nicht minder undeutlich sind Kriterien wie »Theoriezurückhaltung« und »essayistischer Stil« (Reese-Schäfer, 1996, p. 379 f.) oder das im Vergleich zu Gesellschaftstheorien »niedrigere« Abstraktionsniveau und das »höhere Maß« an Spekulationsbereitschaft (Schimank, 2000, p. 15 ff.). Bisweilen erweckt die Diskussion um neuere Zeitdiagnosen den Eindruck, als ob ihr das Objekt bei näherer Betrachtung vollkommen zwischen den Fingern zerrinnen würde. So umreißt Reese-Schäfer (1996, p. 383) als »Eigenrationalität der Zeitdiagnostik« folgende Faktoren: Interessantheit, Plausibilität, solide Recherche und innere Stringenz. Es ist evident, dass solche Faktoren genauso gut als Gütekriterien für Gesellschaftstheorien oder induktiv gewonnen Schlüsse gelten – sie zeichnen Zeitdiagnosen nicht im Besonderen aus.

Die fehlende Klarheit in der Abgrenzung rächt sich spätestens dann, wenn es gilt, konkrete Beispiele für neuere soziologische Zeitdiagnostik zu finden. Hier finden sich, durchaus im Sinne der Beispiele von Peters, einerseits gegenwartszentrierte Diagnosen in Bindestrichform wie *Risikogesellschaft, Multioptionsgesellschaft, Erlebnisgesellschaft, Verantwortungsgesellschaft* etc. aber auch theoretische Großentwürfe wie *Die Gesellschaft der Gesellschaft* (Schimank, 2000, p. 12 f.). Es fällt offenbar schwer, soziologische Gesellschaftsbegriffe und soziologische Zeitdiagnosen an Beispielen klar zu trennen. Individualisierungstheorien, Theorien der Weltgesellschaft, Theorien der funktionalen Differenzierung und feministische Ansätze können gleichermaßen als Zeitdiagnosen gelesen werden (Kneer/Nassehi/Schroer, 1997). Hinzu kommt, dass sich neben vorrangig in der Soziologie diskutierten Zeitdiagnosen als Beispiele für das Genre auch solche finden, die weitaus stärker in anderen Sozialwissenschaften Gehör fanden. So werden bisweilen auch Huntingtons eher politikwissenschaftliches Werk *Kampf der Kulturen* (Schimank, 2000, p. 13) oder der stark geschichtswissenschaftlich orientierte Disziplinierungsansatz von Foucault als soziologische Zeitdiagnosen klassifiziert (Hillebrandt, 1997).

Probleme dieser Art entstehen vor allem deshalb, weil neuere soziologische Zeitdiagnosen als Genre behandelt werden, ohne einen klaren Genrebegriff einzuführen. Dies ist insofern erstaunlich, als es gerade in der qualitativen Sozialforschung mit der *Analyse kommunikativer Gattungen* ein Verfahren gibt, mit dessen Hilfe die Strukturen (und Grenzen) von Genres bestimmt werden können. Dass diese Methode in der Diskussion um Zeitdiagnosen keine Rolle spielt, liegt vermutlich daran, dass man sie für allzu kleinteilig, detailverliebt und zu sehr an alltäglicher, mündlicher Kommunikation interessiert hält. Tatsächlich legt es die soziologische Genreforschung nicht unbedingt nahe, sich mit soziologischen Gegenwartsbeschreibungen auseinanderzusetzen. Wenn hier von Genre oder Gattung gesprochen wird, meint man üblicherweise Witze, Begrüßungen, Sprichwörter, Tratsch o.ä. (Luckmann, 1986; Günthner/Knoblauch, 1994; Bergmann/Luckmann, 1995; Günthner, 1995). Ohne hier allzu sehr in die Tiefe gehen zu wollen, legt der Genrebegriff eine solche Konkretisierung aber nicht zwangsweise nahe. Auch aus Sicht der Analyse kommunikativer Gattungen kann nicht bestritten werden, dass Genres spezialisierter, außeralltäglicher Schriftsprache einer soziologischen Untersuchung unterzogen werden können, wie zahlreiche Studien zu diesem Thema andeuten (Bazerman, 1988; Swales, 1990; Bhatia, 1993; Orlikowski/Yates, 1994; Bhatia, 2002; Muntigl/Gruber, 2005). Wie die Analyse kommunikativer Gattungen konkret auf Zeitdiagnosen angewandt werden kann, wird im nächsten Abschnitt ausführlich zu klären sein.

Da Zeitdiagnosen mithilfe qualitativer Verfahren bislang nicht untersucht wurden, werden hierzu einige konzeptionelle Adaptionen vonnöten sein. Die Stoßrichtung der folgenden Überlegungen ist dennoch klar vorgegeben und lässt sich durch die Frage umreißen, ob soziologische Zeitdiagnosen ein Genre sind und welcher Genrebegriff eingeführt werden muss, um sie eindeutig von anderen Genres der Soziologie zu unterscheiden. Auch wenn es nun prinzipiell möglich ist, Genres der Soziologie kontrolliert zu unterscheiden, so löst das noch nicht das Problem der Fallauswahl. Wie die obige Diskussion gezeigt hat, sind Zeitdiagnosen ein schlecht definiertes und nur vage umrissenes Phänomen – genau das macht sie für qualitative Forschung interessant. Könnte man Zeitdiagnosen leicht von anderen Genres unterscheiden, wäre die zentrale Forschungsfrage dieser Arbeit obsolet. Trotzdem muss man irgendwo anfangen und die einschlägige Literatur bietet, wenn schon keine Definition, so doch einige Hinweise darauf, wohin man sich wenden kann, wenn man etwas über generische Strukturen von Zeitdiagnostik erfahren will. Es bleiben für die Fallauswahl letzten Endes nur pragmatische Kriterien, von denen sich die folgenden am ehesten zur Klärung der Frage eignen, welches Material prinzipiell für eine detaillierte Untersuchung infrage kommt:

1. Im Sinne des kurzen Abrisses zur Geschichte der Zeitdiagnostik, kann erst ab der Nachkriegszeit von Zeitdiagnosen im engeren Sinne gesprochen werden; als Untersuchungsmaterial werden also nur solche Werke herangezogen, die *nach 1945* publiziert wurden.

2. Es muss sich den Überlegungen zur Struktur von Intellektuellendiskursen entsprechend um Werke handeln, die Aussagen über ein weites Feld gesellschaftlicher Entwicklungen treffen. Sie müssen also Themen behandeln, die im weitesten Sinne als

public affairs verstanden werden können. Das schließt also alle spezialisierten Themenfelder aus, für deren Behandlung eigene Leistungsrollen zur Verfügung stehen.

3. Die thematische Inklusivität kann über den Umweg der Bezeichnung besonders wichtiger Teile der Gesellschaft hergestellt werden oder durch die Angabe eines, alle Teile der Gesellschaft umfassenden, Transformationsprinzips.

4. Die ausgewählten Werke müssen überdies für die Gegenwart *epochale gesamtgesellschaftliche Transformationen* beschreiben, also Krisendiagnosen anstellen.

5. Es muss sich schließlich um Ansätze handeln, die in der Soziologie als *soziologische* Ansätze diskutiert wurden. Dafür kommen alle Werke infrage, bei denen es zumindest umstritten ist, ob sie als Beitrag zum Fach gelten können oder nicht.

Diese Kriterien definieren wohlgemerkt nicht die Grenzen des Genres. Sie legen nur fest, welche Werke *plausiblerweise* als moderne Zeitdiagnosen gehandelt werden können. Es geht lediglich darum, die Offenheit für die Bestimmung des Phänomens zu strukturieren. Zeitdiagnosen mögen nur vage bestimmt sein, aber sie sind nicht *irgendetwas*. Außerdem lassen alle Punkte außer dem ersten einen relativ großen Ermessensspielraum in der Auswahl der Werke. Das darf freilich nicht mit Beliebigkeit verwechselt werden. So lassen sich durchaus soziologische Zeitdiagnosen finden, die nicht die gesamte Gesellschaft als Erkenntnisobjekt haben, sondern die Transformation von Teilbereichen[7].

Als Beispiele für Zeitdiagnostik können ferner all diejenigen Ansätze ausgeschlossen werden, die sich zwar um Gegenwartsbeschreibung bemühen, aber in der Gegenwart weder eine Krise noch einen Bruch mit Bisherigem sehen, sondern eine Weiterführung historischer Tendenzen oder, um es mit Oevermann auszudrücken, Routinen. Beispiele wären die Gegenwartsbeschreibungen der Frankfurter Schule wie *Verwaltete Welt* (Horkheimer/Hersche, 1970), die systemtheoretische Beschreibung *funktionaler Differenzierung* (z.B. Luhmann, 1997,

---

7 | Für Wissenschaft z. B. der »Mode 2- Ansatz« von Nowotny/Scott/Gibbons (2001), für Wirtschaft z. B. Analysen der »neo-liberalen Ordnung« wie die von Chomsky (1998), für Politik diverse Globalisierungsansätze wie prominent der von Hardt/Negri (2000).

p. 743 ff.) die habermassche Diagnose der *Kolonialisierung der Lebenswelt* (Habermas, 1981b, p. 292 f., p. 470 ff.) oder die vielen kleinteiligeren Diagnosen die Anthony Giddens (1990) in *Consequences of Modernity* entwirft[8].

Darüber hinaus sollen nur solche Zeitdiagnosen analysiert werden, die in der Soziologie als soziologische Ansätze gehandelt wurden. Wie oben bereits besprochen, ist dies das vielleicht voraussetzungsreichste Kriterium, denn es operiert an den bekanntermaßen unscharfen Grenzen des Faches. Dennoch lassen sich soziologische Zeitdiagnosen von solchen unterscheiden, die zwar im Fach diskutiert wurden, aber aus anderen Disziplinen stammen. Mit Foucault und Huntington wurden zwei Beispiele für letzteres genannt. Andere Beispiele wären Diagnosen, die eher dem Kunstdiskurs entstammen wie diverse Spielarten des *Postmodernismus* aber auch ökonomisch/ökologische Zeitdiagnosen wie *The Limits to Growth* (Meadows et al., 1972) oder psychologisch-psychoanalytische wie *Die Unfähigkeit zu trauern* (Mitscherlich/Mitscherlich, 1967). Trotzdem bleibt dieser Punkt arbiträr, was sich daran zeigt, dass es gewissermaßen »soziologisierte« Fassungen sowohl des Postmodernismus (Lyotard, Latour, Bauman) als auch der ökologischen Zeitdiagnostik (Beck) gibt.

Neben Zeitdiagnosen, die eher anderen Disziplinen zugeordnet werden können, gibt es auch solche, die so gut wie gar kein Naheverhältnis zu irgend einer wissenschaftlichen Disziplin haben. Es handelt sich um Gegenwartsdeutungen, deren Darlegung und Diskussion sich fast ausschließlich im Feuilleton abspielt und die dementsprechend kein hohes Verwechslungspotential mit wissenschaftlichen Beiträgen aufweisen. Solche Diagnosen sind deswegen nicht Teil des vorgeschlagenen Samples, weil die Grenze zwischen öffentlicher Deliberation und Sozialwissenschaft hier recht klar gezogen ist. Die oben beschriebenen Abgrenzungsprobleme treten hier üblicherweise nicht auf. Beispiele wären zum einen solche Gegenwartsdiagnosen, die milieu- oder generationenspezifische Porträts anstellen. Die *Generation Golf* von Illies (2000) steht idealtypisch für diese Form rein massenmedialer Zeitdiagnostik, die sich vor allem in Wochenzeitschriften und TV- Kulturjournalen großer Beliebtheit erfreut. In diese Gruppe fallen zum anderen all diejenigen Diagnosen, die die Gegenwart in der Sprache sozialer Bewegungen analysieren und deren Analyseschemata dementspre-

---

[8] | Dass dieses Kriterium nicht ganz eindeutig zur Trennung von Zeitdiagnosen und anderen soziologischen Genres herangezogen werden kann, wird Thema des dritten Teils der vorliegenden Arbeit sein.

chend nicht der Soziologie, sondern dem politischen Spektrum entlehnt sind – z. B. diverse Formen der Neoliberalismuskritik (z.B. Klein, 1999) oder konservative Äquivalente (z.B. Sarrazin, 2010). In solchen Fällen gilt, dass die Diagnosen nicht nur ohne sozialwissenschaftliches Hintergrundwissen konsumiert werden können, sondern auch, dass die Verfasser, die meist investigative Journalisten oder ehemalige politische bzw. wirtschaftliche Führungskräfte sind, in der Regel durch die Publikation keine wissenschaftliche Reputation zu verlieren haben. Anders als bei soziologischen Zeitdiagnosen handelt es sich hier also nicht um »schwierige Fälle«. Ich werde im dritten Teil der vorliegenden Arbeit etwas detaillierter auf das Verhältnis soziologischer und rein massenmedialer Zeitdiagnostik eingehen.

Wie gestaltet sich nun vor dem Hintergrund dieser Einschränkungen das »Sample« zeitdiagnostischen Materials, welches der vorliegenden Arbeit zugrunde liegt? Als klare Fälle neuerer soziologischer Zeitdiagnostik scheinen sich am ehesten folgende Werke anzubieten:

- *The Lonely Crowd* von David Riesman (1953)[9]
- *The Coming of Post-industrial Society* von Daniel Bell (1973)
- *Amusing Ourselves to Death* von Neil Postman (1985)
- *Die Risikogesellschaft* von Ulrich Beck (1986)
- *The Corrosion of Character* von Richard Sennett (1998)

Zu dieser Auswahl sind einige Erläuterungen nachzutragen. Erstens setzt sie, wie auch die einschlägige Literatur, auf der Ebene der Monographien an. Dies ist aber lediglich als *vorläufige* Komplexitätsreduktion zu verstehen, denn mit Blick auf die in der Soziologie sonst übliche Verwendung des Genrebegriffs[10], ist nicht davon auszugehen, dass eine ganze textuelle Einheit einem und nur einem Genre zuzuordnen ist. Normalerweise sind es eher kleinteiligere Merkmale von Texten, die als Unterscheidungsmerkmale von Genres herangezogen werden. Da es für den Fall soziologischer Zeitdiagnosen aber keine Vergleichsuntersuchungen generischer Strukturen gibt, bleibt keine andere Strategie, als bei der letztendlich künstlichen Analyseeinheit Monographie anzusetzen und in einem zweiten Schritt zu eruieren,

---

9 | Im Folgenden zitiert nach dem unwesentlich gekürzten Nachdruck von 1953. Die erste Auflage erschien 1950, ist aber in Europa teils schwer erhältlich.
10 | Siehe Teil II. der vorliegenden Arbeit.

ob dies tatsächlich die dem Genre angemessene Analyseeinheit ist. Ziel ist es also, im Zuge des Forschungsprozesses vom bestehenden Vorverständnis auszugehen, um es zu überwinden (Kleining, 1982, p. 231).

Zweitens handelt es sich bei diesem Sample nicht um eine Zufallsauswahl. Wie es für qualitative Sozialforschung generell gilt, dass in der Betrachtung eines unbekannten Phänomens die *maximale strukturelle Variation der Perspektiven* zu sichern ist (Kleining, 1982, p. 234), so gilt auch für den vorliegenden Fall, dass in der Auswahl der Werke *möglichst Unterschiedliches* verglichen werden sollte. Dementsprechend mussten die verglichenen Werke konzeptionell, thematisch und zeitlich möglichst weit von einander entfernt sein. Zwischen den Ersterscheinungsdaten der hier analysierten Werke liegt eine Zeitspanne von bis zu 50 Jahren (Riesman – Sennett). Damit sollte sichergestellt werden, dass man mit der Definition von Genregrenzen nicht bloß die Grenzen eines historischen Relikts beschreibt. Die in den Werken behandelten Themen umfassen zudem, grob gesagt, Sozialpsychologie (Riesman), Sozialstrukturanalyse (Bell), Mediensoziologie (Postman), Risikoforschung (Beck) und Lebenslaufforschung (Sennett). Die Genregrenzen sollten also nicht mit den Grenzen einer Subdisziplin der Soziologie zusammenfallen. Konzeptionell reicht die Bandbreite von im weitesten Sinne funktionalistischen Ansätzen (Riesman, Bell), bishin zu gesellschaftskritischen Diagnosen (Postman, Beck, Sennet), denn Aussagen über das Genre sollten nicht zu Kurzschlüssen über eine theoretische Richtung der Soziologie werden. Selbiges gilt für die in den Werken vorkommenden Methoden – es kommen streng quantitativ argumentierende Zeitdiagnosen ebenso zum Zuge (Bell), wie anekdotenhaft essayistische Darstellungen (Postman, Beck, Sennett) und qualitative Sozialforschung (Riesman). Die Auswahl des Samples basiert also darauf, das *Überraschungspotential* der Analyse zu steigern und die Anfälligkeit für die Reproduktion von Vorurteilen zu mindern.

Abschließend sei darauf hingewiesen, dass die genannten Kriterien zwar die Offenheit der Auswahl strukturieren, diese aber nicht zum Verschwinden bringen können oder sollen. Es hätten durchaus andere Werke ausgewählt oder hinzugefügt werden können. Zu denken wäre an Ansätze wie *Die Gutenberg-Galaxis* (McLuhan, 1962), *Industriegesellschaft* (Aron, 1964), *Nivellierte Mittelstandsgesellschaft* (Schelsky, 1965), *Die stille Revolution* (Inglehart, 1977), *Erlebnisgesellschaft* (Schulze, 1992), *McDonaldisierung der Gesellschaft* (Ritzer, 1993), *Die*

Netzwerkgesellschaft (Castells, 1997), *Der neue Geist des Kapitalismus* (Boltanski/Chiapello, 2003) und viele andere mehr. Die Auswahl, die letzten Endes getroffen wurde, war somit keine zwingende »Grundgesamtheit«, die sich aus den genannten Kriterien logisch ableiten ließ – vielmehr entstand sie, dem qualitativen Paradigma entsprechend, im Laufe des Forschungsprozesses (Kleining, 1982, p. 236). Dieser Prozess war nun seinerseits nicht nur durch die oben genannten Kriterien vorstrukturiert, sondern ebenso durch persönliches Interesse an den Themen und Thesen der jeweiligen Werke. Von unschätzbarem Wert war dabei die Expertise von Kolleginnen und Kollegen, die nicht müde wurden, mich mit neuen Vorschlägen zu versorgen und meine eigene Auswahl kritisch zu hinterfragen[11].

Zusammenfassend lässt sich die Geschichte der Gegenwartsdiagnosen beschreiben als Entwicklung von bildungsbürgerlichen Intellektuellendiskursen, über die frühe historisch-zeitdiagnostische Soziologie bishin zur modernen Zeitdiagnostik, die sich seit der Mitte des 20. Jahrhunderts als eigenständiges Genre auszudifferenzieren beginnt. Zu klären bleiben im Folgenden drei Fragen. Erstens wie die generischen Strukturen von Zeitdiagnostik kontrolliert herausgearbeitet werden können. Dies wird das Thema des nun folgenden zweiten Teils der vorliegenden Arbeit sein. Hier wird sich die Untersuchung um die Frage drehen, wie im Sinne eines qualitativen Ansatzes *Gemeinsamkeiten in der Vielfalt der Erscheinungsformen* (Kleining, 1982, p. 238) zu finden sind, ohne nach Wesenseigenheiten von Genres, in dem Fall der Zeitdiagnostik, zu suchen. Der Vorschlag ist, die in der Soziologie übliche Analyse kommunikativer Gattungen funktionalistisch zu reformulieren. Die zweite Frage ist, ob man mit der vorgeschlagenen Methode Zeitdiagnostik klarer als bislang von anderen Genres unterscheiden kann. Die dritte und abschließende Frage ist, wie die generischen Strukturen von Zeitdiagnostik auf außertextuelle soziale Strukturen bezogen werden können – wie also eine Wissenssoziologie der Zeitdiagnosen aussehen kann.

---

11 | Ich danke in diesem Zusammenhang vor allem Sascha Dickel, Martina Franzen, David Kaldewey, Volker Kruse, Simon Krutter, Simone Rödder, Janina Schirmer, Peter Urbanek und Tobias Werron.

Teil II

Die Struktur soziologischer Zeitdiagnosen

5 Die Analyse von Argumenten

5.1 Genre und Bezugsproblem

Zeitdiagnostik ist ein Genre mit unklaren Grenzen und solange das so ist, bleibt unklar, ob es sich tatsächlich um ein Genre handelt. Ich habe im vorigen Abschnitt darauf hingewiesen, dass eine kontrollierte qualitative Analyse hier etwas Licht ins Dunkel der gegenwärtigen Diskussion bringen kann. Der Vorschlag war, dazu die in der Soziologie etablierte Methode der Analyse kommunikativer Gattungen zurate zu ziehen. In diesem Kontext muss also vorab geklärt werden, was von einer solchen Betrachtung überhaupt zu erwarten ist. Obwohl nämlich die soziologische Genreanalyse ein hilfreiches Mittel zur Untersuchung von Zeitdiagnosen sein könnte, ergeben sich zumindest zwei schwerwiegende konzeptionelle Probleme bei ihrer Anwendung. Erstens, dass man es hier mit einem qualitativen Verfahren zu tun hat, welches mit Häufigkeiten argumentiert, und zweitens, dass dabei ein sehr verkürztes Konzept von Rhetorik zur Analyse von Genres angewandt wird. In diesen beiden Punkten muss das Verfahren adaptiert werden, um es für die vorliegende Untersuchung fruchtbar zu machen. Die dadurch eingeführten Veränderungen sind nun so grundsätzlicher Natur, dass der Anspruch nicht mehr sein kann, eine vorgefertigte Methode einfach auf ein Sample anzuwenden. Wie weiter oben bereits angemerkt, verlangen die hier untersuchten Texte einen unkonventionellen Umgang mit qualitativen Verfahren. Ob die folgenden Vorschläge nun als Abwandlung einer bestehenden oder als Grundriss einer neuen Methode zu verstehen sind, soll dahingestellt bleiben. Die konventionelle soziologische Genreanalyse war auf jeden Fall Ideengeberin für die folgenden Überlegungen.

Zunächst evoziert der Begriff Gattung sowohl in seiner sprachwissenschaftlichen als auch in seiner soziologischen Variante die Idee von Ähnlichkeit. In der Analyse kommunikativer Gattungen wird dann von generischen Strukturen gesprochen, wenn Kommunikationen sowohl auf der textuellen Ebene, oder *Binnenstruktur*, als auch auf der Ebene ihrer sozialen Handhabung, oder *Außenstruktur*[1], bestimmte Ähnlichkeiten aufweisen. Mit Recht kann man daher fragen, wie sehr sich die Strukturen ähneln müssen, um von einer kommunikativen Gattung zu sprechen. Läge es hier nicht nahe, mit Häufigkeiten zu argumentieren? Tatsächlich bleibt in Analysen kommunikativer Gattungen die Frage oft ungeklärt, ab welcher Schwelle sprachlicher Gemeinsamkeiten von einer kommunikativen Gattung zu sprechen ist und wann von bloß »spontaner Kommunikation« (Bergmann/Luckmann, 1995)[2]. Oft wird suggeriert, dass der Schlüssel zur Analyse kommunikativer Gattungen im Herausarbeiten der Verfestigung sprachlicher Merkmale liege (Günthner/Knoblauch, 1994, p. 702). Verfestigung wird dabei mithilfe von *Rekurrenz*, also Häufigkeit des Vorkommens, operationalisiert. Auf einer anderen Generalisierungsebene, aber dasselbe im Sinn, spricht man von »Formalisierung« und meint damit die »Kombination verschiedener verfestigter (rekurrenter) Elemente« (Günthner/ Knoblauch, 1994, p. 703). Gleichzeitig werden aber klare quantitative Schwellen als Definitionskriterium abgelehnt.

Die Lösung für dieses Problem wird in Kontinua der Verfestigung gesucht, mit dem Problem freilich, dass ein Genre mehr oder weniger verfestigt, mehr oder weniger formalisiert sein kann. Die Fragen *wie* ähnlich, *wie* oft, *wie* stark verfestigt drängen sich dann wiederum auf. Man kann dann zwar immer noch das Problem dem untersuchten Phänomen überlassen, aber mit dem erheblichen Nachteil, Zusatzkriterien einzuführen. Ein solches ist beispielsweise, dass man sich auf das Untersuchen von Gattungen beschränkt, deren Musterhaftigkeit unmittelbar einleuchtet. Frei nach dem Motto: als Gattung fasse man das auf, wofür es »im Alltag« eine vorgefertigte Kategorie gibt, was also »typisch erkennbar« ist (Luckmann, 1986, p. 202). Der Nachteil liegt auf der Hand: alltagsferne oder neue Gattungen geraten aus dem Blickfeld. Oder simpler noch die Frage, ob ein disparater Korpus an Kommunikationen überhaupt als Gattung aufzufassen sei. In diesem Sinne interessiert sich die soziologische Gattungsforschung nicht für unklare Grenzen zwischen Genres, sondern für die Analyse *alltäglicher*, also

---

1 | Für Luckmann (1986, p. 204) ist die Außenstruktur die Ebene auf der die konkrete kommunikative Handlung mit der Sozialstruktur in Beziehung tritt. Ein Beispiel wäre die Verwendung sprachlicher Kodes in bestimmten Schichten, Milieus oder Institutionen. Man kann durchaus noch an andere außertextuelle Faktoren denken, die Kommunikation vorstrukturieren wie Geschlecht oder Ethnizität (Günthner/Knoblauch, 1995, p. 16).

2 | Beispielhaft für dieses Dilemma z. B. Krallmann/Scheerer/Strahl (1997, p. 210).

bereits bekannter Verfestigungen der Sprache, deren Regeln es sichtbar zu machen gilt. Zwar wird die Gleichsetzung von so genannten *Ethnokategorien* und kommunikativen Gattungen in der einschlägigen Literatur als Problem angesprochen (siehe Günthner, 1995), führt aber an der eigentlichen konzeptionellen Schwäche der Genreanalyse vorbei. Denn die unkritische Verwendung von vorgegebenen Kategorien ist lediglich das Symptom eines interpretierenden Verfahrens, welches ein messendes Verfahren zur Grundlage hat. Rekurrenz impliziert Zählung und da man nicht zählen will, verlässt man sich auf vorgefertigte Kategorien, um kommunikative Genres von einander abzugrenzen.

Eine andere mögliche Lösung des Häufigkeitsproblems bietet sich an, wenn man den wissenssoziologischen Kern der kommunikativen Gattungsanalyse ernst nimmt. Die soziologische Gattungsforschung sieht Genres nämlich nicht nur als Mengen von Texten mit ähnlichen Strukturen, sondern auch als sprachliches Korrelat zu Institutionen. In diesem Sinne versteht man kommunikative Gattungen als »mehr oder minder wirksame und verbindliche Lösungen von spezifisch *kommunikativen* Problemen« (Luckmann, 1986, p. 202, kursiv F.O.). Genres liefern den Kommunizierenden einen Fundus an allgemein akzeptierten sprachlichen Strukturen, auf die jederzeit zugegriffen werden kann, ohne allgemeine Verwunderung auszulösen, wie Bergmann/Luckmann (1995, p. 295 ff.) für Tratsch oder Günthner/Knoblauch (1994, p. 711 ff.) für Begrüßungszeremonien, Trinksprüche und generell ritualisierte Kommunikation aufzeigen.

Ohne auf die Schwierigkeiten der in der soziologischen Genreanalyse üblichen Unterscheidung von spezifisch *kommunikativen* Problemen und Problemen *gesellschaftlichen Lebens* eingehen zu können, bietet gerade diese Fassung des Gattungsbegriffes die Möglichkeit, ohne Rückgriff auf Häufigkeiten sprachlicher Strukturmerkmale von Genre oder Gattung zu sprechen. Der Ausweg besteht darin, das »Problem« welches eine vermeintliche kommunikative Gattung zu lösen beansprucht, unter funktionalen Gesichtspunkten zu traktieren. In gewisser Weise wird das in der soziologischen Gattungsanalyse auch getan, allerdings unter theoretisch wenig Erfolg versprechenden Prämissen. Hier wird nämlich davon ausgegangen, dass kommunikative Probleme qua Zugriff auf Genres gelöst werden (z.B. Knoblauch/Luckmann, 2000, p. 539).

Dies soll hier nicht gemeint sein, zumal sich eine solche Sicht zurecht den Vorwurf gefallen lassen müsste, kommunikative Probleme so zu behandeln, als würden sie ihre Lösungen selbst herbeiführen.

Dieser Einwand ist nicht neu und wurde in vielen unterschiedlichen Versionen gegen funktionalistisches Denken allgemein formuliert. Die systemtheoretische Kritik am Strukturfunktionalismus rückte nun genau diese programmatische Schwäche ins Zentrum einer Neufassung des funktionalistischen Paradigmas (Luhmann, 1981a; Luhmann, 2005c). Der Vorschlag war hier, den Problembegriff anders, nämlich abstrakter zu fassen. Dies ist die konzeptionelle Basis der luhmannschen *funktionalen Methode*, auch *Äquivalenzfunktionalismus* genannt. Diese heuristische Methode wird nicht verstanden als Suche nach Kausalitäten, sondern als Suche nach Alternativen. In diesem Sinne muss dann auch der Problembegriff der üblichen Gattungsanalyse durch einen ersetzt werden, der Probleme nicht als Ursache einer Wirkung begreift, sondern als Vergleichsgesichtspunkt verschiedener, funktional gleichwertiger Lösungen.

Der Vorschlag hier lautet, den Äquivalenzfunktionalismus auf schriftsprachliche Kommunikationen anzuwenden. Anders als es die soziologische Gattungsanalyse vorsieht, geht es dann nicht mehr darum, verbindliche kommunikative Lösungen für vorgegebene Probleme ausfindig zu machen, sondern um das Festhalten eines abstrakten Gesichtspunkts, oder »Problems«, vor dessen Hintergrund *unterschiedliche* und auf den ersten Blick sogar widersprüchliche kommunikative Lösungen als funktional äquivalent erscheinen (siehe Luhmann, 2005c, p. 44). Dabei kann der Vergleichsgesichtspunkt logisch gesehen zwar frei gewählt werden, jedoch ist die Freiheit der Wahl durch die Struktur des Systems, welches untersucht wird, eingeschränkt (siehe Luhmann, 2005c, p. 47). Diese Einschränkungen werden dabei als theoretisch induziert gedacht. Es handelt sich in diesem Sinn also nicht um eine induktive Methode im üblichen Sinne; sie ist ohne starke theoretische Prämissen nicht durchführbar und führte ohne sie zu einem bloßen Vergleich von Ähnlichkeiten. Der Witz der Methode liegt nun darin, dass ein Gegenstand nicht dadurch zum Erkenntnisgegenstand wird, indem in ihm *immer gleiche* Strukturen ausfindig gemacht werden können, sondern dadurch, dass mithilfe von theoretischer Abstraktion sehr *Verschiedenartiges* als funktional gleichwertig beschrieben werden kann.

Eine soziologische Gattungsanalyse unter Zuhilfenahme der luhmannschen funktionalen Analyse wurde bislang nicht versucht. Das überrascht schon allein deshalb nicht, weil die funktionale Methode den erkenntnistheoretischen Gegenpol zu Gattungslogiken bildet. Es geht bei ersterem nicht um die Feststellung von sprachlichen Ähnlichkeiten, die ab einer (wie auch immer unklaren) Schwelle ein Genre bilden, sondern um die Formulierung eines Bezugsproblems, welches durch *unterschiedliche* Vorgehensweisen gelöst werden kann. Denkt man im Sinne des Äquivalenzfunktionalismus, versucht man nicht, sich in das Objekt – hier: schriftsprachliche soziologische Kommunikation – hineinzudenken und zu erfahren, was es im Inneren zusammenhält. Vielmehr entfernt man sich so weit vom Objekt, bis klar wird, durch was es substituierbar ist. Ob Kommunikationen, die dann funktional äquivalent erscheinen, tatsächlich ein Genre bilden, lässt sich erst durch den Vergleich von Bezugsproblemen entscheiden. Ein solches Konzept von Genre ist recht weit von dem in der Soziologie üblichen Gattungskonzept entfernt. Dass dennoch von Genre gesprochen werden kann, liegt nun daran, dass einerseits die Bezugsprobleme die Variabilität des Kommunizierten einschränken und andererseits die Bezugsprobleme des Kommunizierten nicht beliebig kombiniert werden können.

Ein solcher Genrebegriff erfordert demnach eine Ebenendifferenzierung. Auf der ersten Ebene wird ein Bezugsgesichtspunkt fixiert, der die Wahlfreiheit möglicher Kommunikation einschränkt. Bezogen auf den hier behandelten Fall heißt das, dass unterschiedliche zeitdiagnostische Argumente ein gemeinsames Bezugsproblem haben, das in den Texten selbst nicht manifest mitkommuniziert werden kann. Auf der zweiten Ebene gilt es dann die Bezugsprobleme, von denen es meist mehr als eines gibt, selbst zu vergleichen. Hier sucht man also nach Perspektiven, die die Variabilität der Bezugsprobleme einschränken. Der gemeinsame Bezugspunkt von Bezugsproblemen schränkt auch hier den Spielraum möglicher Kommunikation ein. Wiederum auf den vorliegenden Fall angewandt bedeutet das, dass nicht alle Bezugsprobleme von Argumenten, die sich in Zeitdiagnosen finden lassen, automatisch zeitdiagnostischer Art sind. Es gilt demnach darauf zu achten, inwiefern sich durch die Angabe *bestimmter* Bezugspunkte das Genre Zeitdiagnose von anderen Genres soziologischen Argumentierens trennen lässt. Das ist die Aufgabe des zweiten Schrittes der Interpretation. Ist man imstande hier eine Perspektive zu finden, unter der bestimmte Bezugsprobleme wiederum äquivalent erscheinen, definiert man dadurch die Grenzen des Genres. Die folgende Graphik soll das Vorgehen verdeutlichen:

Kapitel 5. Die Analyse von Argumenten

Abb. 1: Argumente und Bezugsprobleme

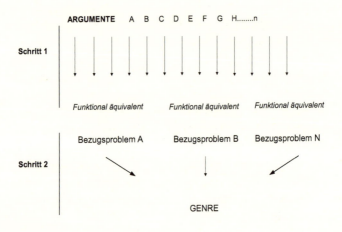

Verfasser: Fran Osrecki

Als Beispiel für diese zweite Analyseebene dienen hier die oben bereits dargestellten Überlegungen von Kieserling (2004) und Peters (2007), die das Problem zeitdiagnostischen Argumentierens recht klar formulieren als Beschreibung gesellschaftlichen Wandels unter Berücksichtigung der Selektionskriterien mindestens zweier Systeme: der Soziologie (als Subsystem der Wissenschaft) und der Massenmedien. Vor diesem Hintergrund sind funktionale Äquivalente nicht beliebig wählbar, sondern unterliegen sehr spezifischen Anforderungen der Substituierbarkeit und zwar unterschiedlichen, je nachdem welche Systemreferenz betrachtet wird.

Auch in dieser, funktionalistisch reformulierten Gattungsanalyse sucht man also nach Gattungslogiken, jedoch auf einer anderen Ebene als dies üblicherweise getan wird. Verglichen wird möglichst Unterschiedliches und dies im Latenzbereich der Argumentation. Der Begriff »Genre« ist hier also eine Konkretisierung der abstrakten methodischen Prämisse aller funktionalistischen Analysen sozialer Systeme. Die generelle *Schwierigkeit des Invarianthaltens von Systemstrukturen* ist der Hintergrund, vor welchem die funktionale Methode Probleme und die Substituierbarkeit der dafür infrage kommenden Lösungen zu finden sucht (Luhmann, 2005c, p. 52). Konzeptionell macht es hier also zunächst keinen Unterschied, ob das Bezugsproblem das Invarianthalten von Organisationsstrukturen oder das Invarianthalten einer generischen schriftsprachlichen Kommunikationsstruktur gegenüber einer turbulenten Umwelt ist.

Wenn den Untersuchungsgegenstand soziologische Zeitdiagnosen bilden, stellt sich zunächst die Frage, was die Analyseeinheit der darauf bezogenen funktionalen Methode sein soll. Der Begriff »Kommunikation« allein ist allzu unspezifisch. So wäre es durchaus möglich, die graphische Darstellung zeitdiagnostischer Werke zu untersuchen, ihre Syntax oder ihr Layout. Von diesen Möglichkeiten soll hier aber abgesehen und die Bandbreite von Kommunizierbarem auf Argumentationen beschränkt werden, in dem Fall also auf die Frage, mit welchen Mitteln zeitdiagnostische Thesen verteidigt werden. Es reicht also vorerst zu klären, welche möglichen *Alternativen der Argumentation* verwendet werden können, wenn das Bezugsproblem gleich bleibt.

Ziel der Darstellung zeitdiagnostischen Argumentierens ist es demnach nicht, aufzuzeigen, dass Zeitdiagnosen im Wesentlichen ähnlich argumentieren. Hierfür wäre eine quantitative Auswertung zeitdiagnostischen Argumentierens vonnöten gewesen, was trotz der interessanten Einblicke, die ein solches Forschungsdesign mit sich bringen könnte, allein schon aus Kapazitätsgründen nicht der Erkenntnisanspruch der vorliegenden Arbeit sein kann. Dies auch deshalb nicht, weil im Sinne des Äquivalenzfunktionalismus anzunehmen ist, dass mit jedem zusätzlichen Werk das analysiert würde, auch die Anzahl der darin gefundenen Strategien anstiege. *Vice versa* ist zu vermuten, dass die Verschiebung des Bezugspunktes unter Beibehaltung des Samples vollkommen andere argumentative Strategien zum Vorschein kommen lassen würde. Die in den folgenden Abschnitten vorgestellten Strategien sind somit nicht der Wahrheit letzter Schluss, sollen das auch nicht sein, denn es geht bei einer solchen Betrachtung nicht um das Ausschließen von (argumentativen) Strategien, sondern um eine »strukturierte Offenheit für andere Möglichkeiten« (Luhmann, 2005c, p. 55). Das Explanandum sind also strenggenommen gar nicht die Formen der Argumentation, sondern ihre gemeinsamen Bezugspunkte.

Gleichwohl ist anzunehmen, dass es nicht unendlich viele zeitdiagnostische Argumentationsmuster gibt – mit zunehmender Distanz vom ursprünglichen Bezugsgesichtspunkt verschwimmen auch die Grenzen, die das Genre von anderen unterscheidbar machen. Das gilt auf beiden Ebenen der Interpretation, also sowohl im Vergleich von Argumenten als auch im Vergleich von Bezugspunkten der Argumente.

Die Grenzen des Genres strukturieren und begrenzen seine Offenheit für Alternativen der Argumentation. Ohne eine solche Einschränkung gäbe es der Alternativen zu viele und eine sinnvolle funktionale Analyse wäre nicht möglich, denn »nur in bezug auf ein komplexes Netz strukturgebender Systemprobleme lässt sich beurteilen, welche Alternativen in einem konkreten System wirklich befriedigen« (Luhmann, 2005c, p. 60).

Bei der Anwendung der funktionalen Methode gilt es überdies im Blick zu behalten, dass funktional äquivalente Lösungen nicht nur mit Blick auf (Substituierbarkeit einschränkende) Bezugsprobleme behandelt werden müssen, sondern in der Regel auch unterschiedliche Nebenfolgen haben (Luhmann, 2005b, p. 21). Das heißt, dass funktional äquivalente »Lösungen« eines gemeinsamen Bezugsproblems das Problem selbst nicht vollends zum Verschwinden bringen, sondern zu jeweils spezielleren Folgeproblemen (Luhmann, 2005c, p. 47), oder um einen genaueren Begriff zu verwenden, zu *latenten Dysfunktionen* (Luhmann, 1981a, p. 287) führen.

Genau in dem Punkt ist die hier vorgestellte Fassung des Genrebegriffes imstande, mehr Komplexität zu verarbeiten als das übliche Konzept kommunikativer Gattungen. Dort sieht man Genres wie angemerkt als Lösungen kommunikativer Probleme, jedoch ohne zu bedenken, dass die Lösungen selbst zu neuartigen Problemen führen, die in der Regel nicht durch die Anwendung derselben Gattungsmuster behoben werden können[3].

Um das Problem der unterschiedlichen Folgeprobleme funktional äquivalenter Lösungen ein wenig anschaulicher darzustellen, sei ein Vorgriff auf das zeitdiagnostische Material erlaubt. Hier lässt sich relativ gut zeigen, dass es eine Reihe von funktional äquivalenten Strategien gibt, um gesamtgesellschaftliche Strukturbrüche zu beschreiben. So ist es unter funktionalen Gesichtspunkten gleichbedeutend, ob man für die Gegenwart eine Änderung der internen Differenzierungsstruktur der Gesellschaft behauptet oder die Änderungen im Umweltkontakt der Gesellschaft sieht; in beiden Varianten erstreckt sich die Veränderung über die gesamte Gesellschaft und ist somit ein epochaler Bruch. Auf der anderen Seite haben aber beide Wege, obwohl als Behauptungen von epochalen Brüchen substituierbar, voll-

---

3 | Ein Beispiel wäre der Witz, der zwar Gesprächspausen überbrücken kann, jedoch auf geteilte Vorstellungen von Humor angewiesen ist. Sollten diese fehlen, entstehen nach dem gescheiterten Versuch witzig zu sein, oft noch peinlichere Pausen als davor. Ein zweiter Witz hilft da meist wenig.

kommen verschiedenartige Nebenfolgen. Im einen Fall wird man sich mit Problemen wie der aufkommenden Dominanz einzelner Funktionssysteme herumschlagen müssen, im anderen Fall wird hingegen die Frage akut, weshalb und in welcher Form z. B. eine neue Beziehung zur Umwelt auch gesellschaftsintern strukturgebend ist.

Was den Äquivalenzfunktionalismus in diesem Kontext aber soziologisch besonders interessant macht, ist die Suche nach dem, was Luhmann die »notwendige Latenz« von Funktionen nennt (Luhmann, 1981a, p. 281). Wenn also zeitdiagnostische Argumentationsmuster unter funktionalen Gesichtspunkten behandelt werden, so kann nicht deutlich genug betont werden, dass damit nicht die manifesten Argumente selbst gemeint sein können. Diese zu dokumentieren, käme einer bloßen Nacherzählung gleich. Daher kann es hier nur darum gehen, Argumente in Hinblick auf solche Bezugsprobleme als äquivalent erscheinen zu lassen, die selbst nicht zur Grundlage der Zeitdiagnosen gemacht werden könnten. Dies deshalb nicht, weil das Handeln, hier die Diagnose des Zustandes der Gegenwartsgesellschaft, dadurch seine Motivierbarkeit verlöre (Luhmann, 1981a, p. 281).

Um beim obigen Beispiel zu bleiben, kann es in Zeitdiagnosen selbst nicht explizit gemacht werden, dass es funktional äquivalente Wege gibt, gesamtgesellschaftliche Brüche zu beschreiben. Eine solche Beschreibung nimmt nämlich dem beschriebenen Bruch absichtlich die Einzigartigkeit und der Zeitdiagnose die privilegierte Beobachtungsposition, also genau diejenige Eigenschaften, von der die Werke die Leserschaft überzeugen wollen (Schimank, 2000, p. 19). Für eine gegebene Zeitdiagnose ist beispielsweise die Behauptung einer gesamtgesellschaftlichen Entdifferenzierung ja zunächst eine *Strukturaussage über die Wirklichkeit* und nicht bloß eine unter vielen Varianten der Konstruktion epochaler Veränderungen. Aus diesem Grund kann eine funktionale Analyse selbst nicht zur Handlungsgrundlage zeitdiagnostischen Argumentierens herangezogen werden, denn sie würde gewissermaßen das »Programmbewusstsein der Handelnden« (Luhmann, 1981a, p. 281) aus den Angeln heben. Die Zeitdiagnostiker müssten sich als Zeitdiagnostiker reflektieren – und es ist bezeichnend, dass sie das in der Regel nicht tun. Ihre Beschreibungen präsentieren sich vielmehr als einzigartige Einsichten in einzigartige Veränderungen gesellschaftlicher Strukturen. Von solchen Selbstbeschreibungen muss sich die funktionale Methode klar distanzieren, um zu soziologisch interessanten Einsichten zu gelangen.

Von einer solchen Perspektive sind mehrere methodologische Innovationen zu erwarten: erstens die Analyse eines kommunikativen Genres ohne auf ein Konzept von Wesenseigenschaften rekurrieren zu müssen. Zweitens eine kritische Distanzierung von den eigentlichen Aussagen der Werke und dementsprechend eine Perspektive, die nicht eine wie auch immer definierte Lösungskapazität des Genres präjudiziert. Drittens ist man im Sinne einer kritischen Distanzierung mit einer solchen Perspektive nicht mehr auf Ethnokategorien, also Selbstbeschreibungen, angewiesen. Das ist in diesem Kontext vielleicht der entscheidende Vorteil: dass man Kommunikationen auch, ja gerade dann als Genre bezeichnen kann, wenn das den Handelnden entweder selbst nicht bewusst ist oder nicht Teil ihrer Selbstbeschreibung sein *kann*. Der Kurzschluss, dass ein Genre das ist, was im untersuchten Feld auch als Genre markiert wird, kann dadurch behoben werden. Viertens wird damit die Anwendung eines soziologischen Gattungskonzepts auf schriftliche, außeralltägliche Kommunikation möglich. Also eine Anwendung einer soziologischen Methode auf soziologische Texte: ein bisher selten unternommener Versuch. Das Erkenntnisinteresse einer solchen Methode orientiert sich dennoch am grundsätzlichen Konzept von Genre, nämlich der Möglichkeit, Kommunikationen durch die Einführung von Taxonomien zu unterscheiden.

Klar dürfte geworden sein, dass damit das ursprüngliche Gattungskonzept nicht vereinfacht wird – im Gegenteil. Die hier vorgeschlagene Perspektive verkompliziert das Konzept, jedoch, so bleibt zu hoffen, mit dem Vorteil qua Komplexitätssteigerung der Methode einen detaillierteren Blick auf das Phänomen zu bekommen. Hierfür muss aber noch ein äußerst wichtiger Punkt präziser gefasst werden: die Analyseeinheit eines so verstandenen Gattungskonzepts.

5.2 Topoi der Argumentation

Die soziologische Analyse von Argumenten ist eng verbunden mit Vorstellungen von rhetorischer Überredungskunst. Die Idee ist, dass die Überzeugungskraft von Argumenten nicht nur ihrer epistemischen Überlegenheit gegenüber alternativen Argumenten geschuldet ist, sondern zum Teil auch ihrer gekonnten sprachlichen Ausgestaltung. Erkenntnistheoretisch nicht ganz überzeugende Argumente können durch die Anwendung sprachlicher Stilmittel repariert werden. Unterschiedliche Textsorten verwenden dann unterschiedliche rhetorische Muster, um je nach Situation, Thema, Publikum usw. die Überzeugungskraft ihrer Aussagen zu steigern. Rhetorische Muster von Genres zu untersuchen ist dementsprechend auch eines der Ziele der herkömmlichen kommunikativen Gattungsanalyse. Es läge daher zunächst nahe, als Analyseeinheit einer funktionalistischen Genreanalyse rhetorische Stilmittel in den Blick zu nehmen. Allerdings zeigen sich hier bei näherer Betrachtung einige konzeptionelle Komplikationen, die behoben werden müssen, wenn eine funktionalistische Reformulierung des Genrekonzepts angestrebt wird. Dies betrifft vor allem die verengte Sicht auf Rhetorik in der gängigen soziologischen Gattungsanalyse.

Die grundsätzliche methodologische Prämisse der soziologischen Genreanalyse ist die Unterscheidung zwischen Binnen- und Außenstruktur einer Gattung (z.B. Luckmann, 1986, p. 203). Neuere Ansätze arbeiten vermehrt mit einer Dreiteilung und beziehen auch die so genannte *situative Struktur* (Günthner (1995), Günthner/Knoblauch (1995, p. 13)), also die konkrete face-to-face Handhabung von Genres, in die Analyse mit ein. Wenn es aber, wie im vorliegenden Fall, um ein rein schriftsprachliches Phänomen geht, kann von dieser Analyseebene abgesehen werden. An der Stelle interessiert vorerst nur die Binnenstruktur von Genres, wobei man darunter all diejenigen Strukturmerkmale versteht, die in den untersuchten Texten ohne Zugriff auf externe Strukturen (Rollen, Milieus, Institutionen) analysiert werden können. Es handelt sich dementsprechend vor allem um linguistische Merkmale wie Prosodie, Kodes, phonologische Eigenheiten, aber auch sogenannte Superstrukturen wie die erzählerische Rahmung und inhaltliche Verfestigungen (Günthner/Knoblauch, 1994, p. 705 ff.).

Als *einen* Teil der internen Struktur von Genres nennt die soziologische Genreforschung unter anderem auch *rhetorische Formen*. Darunter fallen für die soziologische Gattungsanalyse vor allem stilistische Kunstgriffe wie Wortspiele, Wortverbindungen, Worteinsparungen, Metaphern (Günthner/Knoblauch, 1994, p. 706) oder auch sprachliche Reparaturstrategien (Bergmann/Luckmann, 1995, p. 292) sowie Phrasen und Formeln (Luckmann, 1986, p. 204). Die Bandbreite an untersuchbaren sprachlichen Mustern ist also relativ groß. Auffällig dabei ist, dass ein zentraler Aspekt der Rhetorik in all diesen Aufzählungen gar nicht berücksichtigt wird: die Struktur von Argumentationsmustern abseits trickreicher Überredung. Dabei ist genau dieser Aspekt hier von besonderem Interesse. Dies vor allem, wenn nicht auf einer linguistischen Mikroebene gearbeitet und auch nicht unterstellt werden soll, dass nur rhetorisch überformte Argumente für eine interpretative Soziologie interessant sind. Die Vorstellung von Rhetorik, die der soziologischen Gattungsanalyse zugrunde liegt, ist mit anderen Worten für die vorliegende Untersuchung unbrauchbar.

Nun wäre es sicherlich unfair, die soziologische Genreanalyse der Verwendung eines *falschen* Rhetorikkonzepts zu bezichtigen. Die Beschränkung der Rhetorik auf reinen Formengebrauch, mit anderen Worten auf eine Kunst des schönen Scheins, geht im Großen und Ganzen auf das 16. Jahrhundert und die Kritik an der aristotelischen Logik zurück (siehe Ong, 2004). In diesem Sinne folgt die soziologische Genreanalyse dem heute gängigen, *reduzierten* Rhetorikkonzept[4]. Es bietet sich für die vorliegende Untersuchung daher an, zunächst an ältere Konzepte anzuschließen, wenn es denn darum gehen soll, den Aufbau von Argumenten zu studieren. Soweit es um solche meist antiken Konzepte geht, ist klar, dass sie adaptiert werden müssen, um für zeitgemäße soziologische Forschung brauchbar zu sein. Einige Grundkonzepte scheinen aber durchaus auch heute verwendbar und für die vorliegende Arbeit interessant zu sein. Das soll im Folgenden am Begriff des Topos erläutert werden.

Das antike Verständnis der Rhetorik umfasste sehr unterschiedliche und heute kaum noch in ein einheitliches Konzept zu pressende Aspekte der Argumentationsführung. Vom Finden von angemessenen Argumenten (*inventio*), über die richtige Verwendung von stilistischen Mitteln (*elocutio*) bishin zur Lehre vom richtigen Gestikulieren und Betonen (*pronuntiatio*) wurde antiken Rednern eine Fülle an hilfreichen Tipps zur gekonnten Überredung geboten. Die Rhetorik allein auf den *elocutio*-Aspekt und damit auf bloße sprachliche Formverwendung zu beschränken, ist daher eine frühneuzeitliche Vorstellung. Geht es also nicht um die bloße Verwendung sprachlicher Figuren, sondern um das *Finden von Argumenten* und deren Anordnung, stand dafür in der antiken Rhetorik im Rahmen der *inventio*-Lehre der Begriff der Topik zur Verfügung. Es würde den Rahmen dieser Arbeit sprengen, hier ins Detail zu gehen. Ich werde dementsprechend auf begriffshistorische und philologische Verweise verzichten, die allein schon aufgrund der sehr langen rhetorischen Tradition in Europa und den damit verbundenen Begriffsverschiebungen zu weit führen würden.

In diesem Rahmen sind vor allem zwei Aspekte der Topik wich-

---

4 | Genette (1972), zitiert nach Amossy (2002, p. 373), spricht in dieser Hinsicht von beschränkter Rhetorik (rhétorique restreinte).

tig. Einerseits das Konzept des *Topos* als Methode des Findens von Argumenten und andererseits die Topik als Hilfsmittel der rhetorischen Beweisführung. Ersteres betreffend ging es vor allem darum, die *inventio*, also den Arbeitsgang der Argumentauffindung, durch Rubkriken oder Klassifikationen zu erleichtern (siehe Perelman/Olbrechts-Tyteca, 2004, p. 115). Ziel der Topik als Methode ist es dabei »Reichhaltigkeit (copia) und Variabilität (varietas) der argumentativen Mittel« sicherzustellen (Wiedemann, 1981, p. 239). Wichtig in dieser Hinsicht ist, dass es sich hierbei um eine recht abstrakte Methode handelt, die den Rednern nicht die eigentlichen Argumente zur Verfügung stellen sollte, sondern lediglich den »Ort« an welchem sie sich qua Klassifikation befinden. Dementsprechend spricht Cicero in Anlehnung an Aristoteles von Topoi als *sedes, e quibus argumenta promuntur* (Cicero, 2003, II, § 7). In diesem Sinne handelt es sich also um ein heuristisches Verfahren, welches »ein Instrument zur Auffindung einer Sache (bezeichnet), niemals aber die Sache selbst« (Mertner, 1956, p. 191). Die Topik soll mitunter denjenigen, die andere überzeugen wollen, dabei helfen, in der richtigen Situation die richtige Art der Argumente und ihrer Kombination zu finden.

Dafür, dass nun die Topik nur den »Ort«, nicht aber den Inhalt der Argumente vorgibt, sprechen die klassischen Kataloge, die mögliche Topoi auflisten. So spricht Aristoteles (2004, Buch 3, Kap. 2) vom Gebrauch eines Topos, welcher auf Quantitäten zielt: eine größere Menge an Dingen ist einer kleineren vorzuziehen. Oder der Topos des Vorziehens des Schwierigeren vor dem Einfacheren (Aristoteles zitiert nach Perelman/Olbrechts-Tyteca, 2004, p. 126). Andere Beispiele umfassen den Topos der Person (*loci a persona*), welches eine Reihe an »Orten« von Argumenten vorschlägt, die aufzusuchen sind, wenn es in der Rede um Personen geht: ihr Alter, ihr Geschlecht, ihre Ethnizität, ihre Ausbildung und vieles andere mehr (Anderson, 1999, p. 119)[5]. Wie im konkreten Fall zu argumentieren sei, bleibt der Person überlassen, die sich auf die Topoi einlässt. Mit anderen Worten: Topik ist lediglich eine Art Wegweiser für Kreativität in der Argumentation. Die Abstraktheit der Topik lässt hier zwar viel Freiraum, führt aber zu Unklarheiten in der Frage, wie abstrakt ein Topos sein darf, um nicht als materialer, also inhaltlich verfestigter Topos zu gelten[6].

---

5 | Ausgearbeitete Topoikataloge finden sich prominent auch bei Quintilian (siehe z.B. Kohler, 2006, p. 158 ff.).

6 | Eine umfassende Bearbeitung der Diskussion über den zulässigen Formalisierungsgrad von Topoi findet sich z. B. bei Boscher (1999).

Als derart abstrahierte Methode beanspruchte die Topik niemals Vollständigkeit in der Erfassung aller Orte möglicher Argumentation (Wiedemann, 1981, p. 247). Jede Auflistung ist in diesem Sinne unvollständig und ändert sich mit dem Allgemeinheitsanspruch der durch die Erstellung eines Katalogs der Topoi verfolgt wird. So konnte sich Aristoteles über dreihundert Topoi vorstellen, die Redner aufsuchen könnten, wenn sie das Gegenüber überzeugen wollten (Slomkowski, 1997, p. 9). Demgegenüber reduzieren Perelman/Olbrechts-Tyteca (2004, pp. 115-137) die überbordende Fülle an antiken und frühneuzeitlichen Topoi auf einige wenige, hochabstrahierte, generelle Argumentationsgesichtspunkte. Von einer auch nur grob umrissenen Menge an stets vorhandenen Topoi kann daher nicht gesprochen werden. Es handelt sich, was zu betonen in kaum einer Diskussion um Topik ausgespart wird, um ein konzeptionell zwar fruchtbares, begrifflich aber oft schwammiges Konzept. Dabei bleibt nicht nur unklar, wie spezifisch/generell ein Topos sein darf oder sein muss. Auch der viel generellere Streit darüber, ob die Topik ein rein rhetorisches Verfahren sei, oder auch Wahrheitsansprüche damit verbunden werden sollten, verleiht dem gesamten Themenkomplex eine oft verwirrende Breite[7].

Festzuhalten bleibt nichtsdestotrotz, dass das antike Topikkonzept als heuristisches Prinzip gedacht war und nicht als Rezeptbuch mit fertig ausformulierten Argumenten. Schließlich war es ja auch der Anspruch der aristotelischen Topik mit Verweis auf allgemein akzeptierte Meinungen, *jedes* denkbare Problem zu bearbeiten (Aristoteles, 2004, Buch 1, Kap. 1). Dadurch wird es möglich, sehr unterschiedliche Argumente von ihrem konkreten Inhalt zu lösen. Die konkreten Themen der Argumentationsführung treten damit in der Hintergrund, was der hier vorgeschlagenen kritischen Distanzierung von den jeweiligen zeitdiagnostischen Inhalten durchaus entgegenkommt. Diesen formalen Aspekt der Topik gilt es für eine modernisierte Fassung des Konzepts im Gedächtnis zu behalten, denn er ist schon recht nahe an der Idee funktionaler Äquivalente: viele unterschiedliche Argumente befinden sich am gedanklich gleichen Ort – sie haben, modern gesprochen, denselben Bezugspunkt.

Das Auffinden von »Orten« der Argumentation ist aber lediglich ein Aspekt des Topikkonzepts. Der andere bezieht sich auf die Möglichkeit mithilfe von Topoi die Beweisführung zu erleichtern. Hier wird klassischerweise davon ausgegangen, dass in der rhetorischen Argu-

---

7 | Zu dieser Frage ausführlich Bornscheuer (1976).

mentation nicht mit allgemein gültigen Prämissen gearbeitet werden muss, wie das in streng logischen Verfahren der Fall ist. Vielmehr ist es das Ziel der rhetorischen Überredungskunst, die Hörerschaft auf seine Seite zu ziehen. Dafür genügt es, in der Argumentation mit Prämissen zu arbeiten, die von der Hörerschaft generell akzeptiert sind, den sogenannten *endoxa* (Amossy, 2002, p. 371). Man solle dementsprechend in der Argumentation solche Topoi aufsuchen, die einer wie auch immer definierten Hörerschaft unmittelbar einleuchten. Daher auch die enge Verwandtschaft der Begriffe Topos und *Gemeinplatz*, *locus communis* oder *commonplace*. Diese vor allem mit der lateinischen rhetorischen Tradition verbundenen Topoi sind weit konkreter als die oben genannten, bloß als abstrakte Orte verstandenen, Argumentationsgesichtspunkte[8]. Obwohl diese Seite der Topik neben dem Aspekt des Auffindens von Argumenten also lediglich *einen Teil* des Konzepts bildet, stellte E. R. Curtius genau diese in den Mittelpunkt seiner recht einflussreichen Definition von Topik.

Er definiert hierbei Topoi als »Klischees, die literarisch allgemein verwendbar sind« (Curtius, 1984, p. 79). Dementsprechend konnte er sich auch sehr konkrete Topoi vorstellen, beispielsweise die Trostrede, in der dann darauf hingewiesen werden solle, dass alle Menschen sterblich wären[9]. Indem er also Topoi mehr oder minder als Klischees oder Stereotype behandelt, folgt Curtius der Tradition, die das Topikkonzept eher pejorativ sieht und letzten Endes zum Untergang des Topikkonzepts geführt hat. So zeigt sich ab der frühen Neuzeit und dann deutlicher ab dem 18. Jahrhundert, dass die *inventio*-Lehre und mir ihr die Topik immer mehr unter dem Gesichtspunkt des Ornamentalen gesehen wird (siehe Amossy, 2002, p. 373 ff.). Spätestens ab dem 19. Jahrhundert wird dann klar, dass die Verwendung vorgefertigter Gemeinplätze nur noch als unkreativ, banal, vulgär oder unkritisch gebrandmarkt werden muss[10]. Der Moderne kann der Gemeinplatz als Methode der Überredung dann nur noch als atavistisch erscheinen oder eben als irriger Glaube daran, dass die Überzeugungen der relevanten Zuhörerschaft immer die richtigen und wertvollen sind.

---

8 | Hier wird auch von »Topoi materieller Art« oder »materiellen Topoi« gesprochen. Neben Boscher (1999) siehe z. B. auch Sprang (1987, p. 58).

9 | Ein anderes Beispiel für einen materiellen Topos dieser Art ist das Beenden eines Gedichts mit dem Verweis auf die hereinbrechende Nacht, die das Schreiben erschwere (siehe Sprang, 1987, p. 61).

10 | Die Ursachen sieht Amossy vor allem im Aufkommen der kartesianischen Philosophie und später in Ressentiments gegen die reduzierte und stereotypisierende Sprache der aufkommenden Massenmedien.

Doch auch unter dem Aspekt des Gemeinplatzes ist die Topik als Methode für eine Analyse soziologischer Zeitdiagnosen interessant. Dies deshalb, weil Topoi *gesamtgesellschaftlich plausible* Orte der Argumentation sein müssen, also anzeigen, was eine gegebene Gesellschaft für vertretbar hält. In diesem Sinne ist für Bornscheuer (1981, p. 454 f.) ein Topos ein »gesellschaftlich allgemein bedeutsamer Argumentationsgesichtspunkt«. So verstanden, ist das Aufsuchen von Topoi ein Verfahren, mit dessen Hilfe genau die argumentativen Muster angewandt werden können, die *nicht* explizit gemacht werden müssen. Das setzt voraus, dass bekannt ist, welche Teile einer Argumentationspraxis in einer Gesellschaft quasi für bare Münze genommen werden. Es ist in gewissem Sinne eine protosoziologische Methode: man verlässt sich auf institutionalisierte Meinungen und spielt mit ihnen, um zu überreden. Mit dem Toposbegriff kann man zwei Aspekte klarer fassen, die in modernen Vorstellungen von Rhetorik zu kurz kommen und für eine funktionalistische Genreanalyse wichtige Ausgangspunkte bilden. Erstens die Vorstellung, dass unterschiedliche Argumente unter demselben Bezugspunkt gleichwertig erscheinen, in diesem Sinne am gleichen »Ort« zu finden sind. Zweitens, dass Argumente nur bezogen auf ein konkretes Publikum und dessen Plausibilitätsstrukturen Sinn ergeben.

Die beiden Kennzeichen *Abstraktheit des Argumentationsgesichtspunktes* und *Plausibilität* sind es, die die Topik für eine moderne Fassung interessant machen. Jedoch war Topik selbstredend kein soziologisches Verfahren zur Untersuchung von Argumenten. Im Folgenden gilt es daher zu beleuchten, wie eine moderne Topik zur Grundlage einer Genreanalyse gestaltet werden kann.

5.3 Eine moderne Topik

Das antike Topikkonzept lässt sich nicht eins-zu-eins auf die moderne, funktional differenzierte Gesellschaft übertragen. Das hat mehrere Gründe. Zunächst einmal war die Topik als Mnemotechnik gedacht, also als Hilfestellung für Redner in einer Gesellschaft, in welcher die Macht des gesprochenen Wortes ausschlaggebend für politische und juristische Entscheidungen war (Kreuzbauer, 2008, p. 74). Die Topik war eine Art Wegweiser in der Ideenwelt. Die überbordende Anzahl möglicher Argumente wurde für den Redner durch Kataloge reduziert.

Daher auch die Behandlung von Topoi in Begriffen von Raum. Der Redner sollte sich eine ihm bekannte Welt vorstellen und die dort vorkommenden Orte mit für die Argumentation wichtigem Material füllen. Im Zuge der Rede, so das Konzept, würde der Redner durch diese gedankliche Welt spazieren und an den Orten, die er bei seinem rhetorischen Spaziergang besucht, die Argumente finden, die er davor dort »verstaut« hat[11].

In diesem Sinne war die antike Topik vor allem *Handlungsanleitung* und war nicht in kritischer Distanz zum Gesagten gedacht. Sinn war es nicht, in der Analyse von Texten oder Reden Topoi zu finden und den Redner der Verwendung derselben zu bezichtigen. Das wäre schon allein deshalb nicht möglich gewesen, weil die Verwendung von Topoi nicht den heutigen Beigeschmack von Unkreativität hatte[12]. Daher sollten Topoi auch nicht gefunden, sondern *aufgesucht* werden: Dieses Aufsuchen konnte dem Redner offen ans Herz gelegt werden. Die hier vorgeschlagene Suche nach funktional äquivalenten Argumentationsgesichtspunkten kann so nicht mehr verfahren. Der Anspruch hier ist es, Argumentationsweisen herauszuarbeiten, mit denen in den Werken selbst *nicht* offen umgegangen werden kann. Es geht also nicht um eine Handlungsanleitung zum sicheren zeitdiagnostischen Erfolg. Eine zeitgemäße Topik mit einem derartigen Erkenntnisanspruch muss, ganz anders als ihre antike Vorgängerin, aufklärerisch sein. Sie soll das zeigen können, was den Handelnden verborgen bleiben muss.

Darüber hinaus war das antike Topikkonzept selbstverständlich für eine Gesellschaft gedacht, die sich selbst in Begriffen der face-to-face Interaktion verstand (Luhmann, 1980c). Nur vor diesem Hintergrund hatte das Aufsuchen von Allgemeinplätzen Sinn. Die *endoxa*, also Meinungen die einer Allgemeinheit unmittelbar einleuchten, implizierten selbstverständlich ein sehr exklusives Publikum (Männer von Besitz, Stand und Bildung), welches durch Reden überzeugt werden sollte. Auf deren Bildungskanon war in gewissem Sinne Verlass, wenn bekannte Topoi aufgesucht und adaptiert wurden. Die Lockerung der Verzahnung von Schichtung und Erziehung sowie die Ausbildung sozial sehr inklusiver Massenmedien machten diese Vorstellung mehr

---

11 | Eine ausführliche Behandlung der Mnemotechnik in der antiken Rhetorik findet sich bei Yates (1966), zitiert nach Kunze (1983, p. 244).
12 | Bornscheuer (1976, p. 20) spricht in diesem Punkt von »modernistischer Ideologie«, die verkenne, dass das Topikkonzept vor allem als *kreative Kombination* von Argumenten gedacht war und nicht als bloße Aufzählung von Gemeinplätzen.

und mehr unhaltbar. Eine detaillierte Untersuchung dieses Phänomes würde hier zu weit führen.

Wichtig ist, dass zusammen mit dem Aufkommen funktionaler Differenzierung und der Breitenwirksamkeit von Schrift ein einheitlicher Bildungskanon nicht mehr vorausgesetzt werden konnte (Luhmann, 2002, p. 190 ff.) und dementsprechend auch kein (jedenfalls in sozialstruktureller Hinsicht) *bekanntes* Publikum, auf dessen Bildung in jedweder Argumentationsführung Verlass war. Will man diesem Umstand Rechnung tragen, ist es notwendig, das Topikkonzept mit einer Theorie funktionaler Differenzierung zu verbinden[13]. Zu einer kritischen, aufklärerischen Fassung muss demnach auch eine Sicht kommen, die sich Topoi als hochspezialisierte Argumentationsgesichtspunkte vorstellt. Es handelt sich dann um Argumente, die nur bezogen auf gesellschaftliche Teilsysteme Sinn ergeben, diesen Bezug aber nicht manifest mitkommunizieren können. Einer modernen Fassung der Topik geht es also nicht um die gekonnte Anwendung von Allgemeinplätzen, sondern um den Nachweis, dass a) mit Blick auf teilsystemspezifische Bezugsprobleme unterschiedliche Argumente austauschbar sind und dass b) die Austauschbarkeit latent ist, sich also nur einem Beobachter zweiter Ordnung erschließt.

Ein solches Interesse an Argumentationen ist in der Soziologie imgrunde nicht neu. Ein anschauliches Beispiel liefern Marx und Engels, wenn sie von den drei »Efforts« sprechen, durch die idealistisches Denken sich legitimiert (Marx/Engels, 1958, p. 49). Auch hier haben die Argumentationen einen gemeinsamen Gesichtspunkt: das Ausschließen aller materialistischen Grundlagen der Geschichte. Die Beobachter Marx und Engels sehen etwas, was die »Ideologen« nicht sehen können, nämlich die »reale« Basis dieser idealistischen Argumentationen. Diese ist bekannterweise die Stellung der Argumentierenden im Prozess der Arbeitsteilung. Der »reale« Bezug muss in der Argumentation selbst latent bleiben, denn seine Offenlegung würde die Überzeugungskraft der Argumentation zerstören, und genau das ist die Aufgabe des Kritikers, aber eben nicht die des Kritisierten. Ein anderes Beispiel für das, was bei Marx und Engels »Effort« heißt, findet sich in modernerer Form z. B. auch bei Enzensberger (2007, p. 170 ff.).

---

13 | In diese Richtung geht der Vorschlag von Viehweg (1953, p. 36 f.). Hier wird zwischen allgemeinen und fachlichen Topoi unterschieden. Diese Unterscheidung führt aber an dieser Stelle nicht weiter, da professionelle Topoi (hier: der juristischen Praxis) offen legitimiert werden können. Es bleiben ausdifferenzierte Handlungsanleitungen.

5.3. Eine moderne Topik

Hier geht es nicht mehr um idealistische Geschichtsphilosophie, sondern um die »*Sieben Hauptfiguren konservativer Rhetorik*«, konkret um Legitimationsstrategien für geschmacklosen Massenkonsum.

Ein anderer Begriff für die Analyse von Argumenten, wie sie Marx oder Enzensberger im Sinne haben, ist *Ideologiekritik*. Die bekannte Kritik an einem solchen Verfahren ist, dass ein privilegierter Beobachterstatus eingenommen wird, der Selbstreflexion strukturell ausschließt. Fruchtbarer scheinen daher Analysen zu sein, die eine funktionale Sicht auf Argumente liefern können, ohne den Handelnden automatisch falsches Bewusstsein zu unterstellen. Die Untersuchung theologischer Argumentation, die sich bei Berger (1969) findet, geht in diese Richtung. Hier ist die Grundannahme, dass die soziale Konstruiertheit von Weltentwürfen (welchen Generalisierungsgrades auch immer) stets instabil ist und daher eine Art soziale Basis braucht, die die Konstruiertheit verdeckt, also die Konstruktionen als plausibel erscheinen lässt. Diese soziale Basis nennt Berger »Plausibilitätsstruktur« (Berger, 1969, p. 45). Die Welt erscheint erst dadurch den handelnden Menschen als real. Das funktioniert aber nicht immer reibungslos. Wenn beispielsweise unterschiedliche religiöse Weltentwürfe auf einander treffen, steigen die Ansprüche an die jeweiligen Plausibilitätsstrukturen, die sich nicht mehr als alternativlos darstellen können. Sobald sich religiöse Plausibilitätsstrukturen in Konkurrenz zu anderen wissen, müssen sie in recht aufwendiger Weise *legitimiert* werden. Das Stabilhalten solcher Legitimationen ist in solchen Fällen höchst prekär: die dafür nötigen Anstrengungen nennt Berger dementsprechend »social engineering« oder »translation«.

Bergers Interesse gilt vor allem modernen Lösungen dieses Problems. Das Problem, welches sich religiösen Gemeinschaften in einer säkularisierten Welt stellt, ist religiöser Pluralismus. Religionen müssen akzeptieren, dass es neben ihnen andere Plausibilitätsstrukturen gibt. Das können sie auf zwei funktional äquivalente Weisen tun. Der eine Weg ist die säkularisierte Religion. Hier stellt sich die Religion auf die pluralisierte Umwelt dadurch ein, dass sie ihren Dogmatismus über Bord wirft. Der Glaube wird von jeglichem Mystizismus gereinigt, die religiösen Mythen werden nicht mehr als historische Ereignisse, sondern als Symbole oder Gleichnisse verstanden und schließlich wird der Glaube psychologisiert. Religiöse Inhalte beziehen sich dann nicht mehr auf eine dem Menschen äußere Umwelt, sondern auf seine eigene Psyche. Die Religion wird für die säkularisierte Welt interessant, indem sie sich als Psychotherapie gibt (Berger, 1969, p. 167) oder zu einer subjektivistischen Ethik abstrahiert wird (Berger, 1969, p. 159).

Die Alternative ist eine weltabgewandte Abkapselung in Form neoorthodoxen Sektierertums. Diese Lösung des Pluralismusproblems ist hier insofern funktional äquivalent, als die Einflüsse der turbulenten Umwelt einfach gekappt werden: die weltlichen Ideologien und Moden können einander abwechseln, der Glaube bleibt gleich. In einem wie im anderen Fall kann man trotz einer säkularisierten Welt gläubig bleiben. Allerdings unterscheiden sich die Folgeprobleme der beiden funktional äquivalenten Legitimationen stark von einander. Im Falle der säkularisierten Religion stellt sich das Problem der Überanpassung an die Umwelt und folglich der Unfähigkeit, bestehende Institutionen gegenüber den Ansprüchen der Umwelt stabil zu halten (Berger, 1969, p. 168). Die orthodoxe Abkapselung auf der anderen Seite muss mit eher technischen Problemen rechnen: sie muss mit geographischer Mobilität, Massenalphabetisierung und Massenmedien sehr restriktiv umgehen, was, wie das faschistische Spanien der 1960er Jahre zeigt, offenbar ein autoritäres politisches Regime als infrastrukturelle Grundlage erfordert (Berger, 1969, p. 169).

Was bei Berger beschrieben wird, ist nicht das falsche Bewusstsein der Theologie, sondern notwendige Umbaumaßnahmen einer Reflexionstheorie unter Bedingungen funktionaler Differenzierung. Eine moderne Topik muss sich in diesem Sinne vor allem als Methode zur *Analyse von Legitimationen* verstehen. Von Interesse ist das argumentative Plausibelhalten von Weltentwürfen, die nicht konkurrenzlos sind. In dieser Hinsicht stellt sich soziologischen Zeitdiagnosen ein ähnliches Problem wie der Theologie in einer säkularisierten Welt: wie verteidigt man argumentativ die Diagnose einer neuen gesellschaftlichen Epoche unter gesellschaftlichen Bedingungen, die kein einheitliches Gegenwartskonzept mehr kennen?

Damit ist die Reformulierung umrissen, mit der das antike Topikkonzept für eine zeitgemäße soziologische Fassung fruchtbar gemacht werden kann. Der antiken Vorstellung vom Ort, der inhaltlich unterschiedliche aber gleichwertige Argumente beherbergt, entspricht die moderne Suche nach funktionalen Äquivalenten der Argumentation. Die Idee einer generellen Plausibilität, in der antiken Konzeption umschrieben mit dem Begriff *endoxa*, findet in der modernen soziologischen Fassung ihre Entsprechung im Konzept des Plausibel*haltens* von Argumenten, also der Legitimation in einer turbulenten Umwelt. Schließlich wird das Verständnis von Topik als Handlungsanleitung ersetzt durch die kritische Suche nach funktional gleichwertigen Argumentationsmustern. Die hier vorgeschlagene Analyse soll Zeitdiagnostiker nicht beraten, sondern Gesichtspunkte der Argumentation finden, die in den Werken latent bleiben.

Trotz dieser weitreichenden Adaptionen werde ich im Folgenden von modernen Topoi sprechen. Dies vor allem aus Ermangelung anderer Begriffe. Das Konzept von »Legitimationen«, welches Berger vorschlägt, kommt dem Anspruch der vorliegenden Arbeit zwar am nächsten, bleibt begrifflich aber zu unscharf. Dies weil Legitimationen bekannterweise auch nichtsprachliche Mittel umfassen können und insofern Bergers Unterscheidung zwischen Legitimation (philosophischer Überbau) und Plausibilitätsstruktur (institutionelle Basis) nie voll aufgeht (Berger, 1969, p. 154). Dadurch setzt bei Berger der Begriff Legitimation eine ins Wanken geratene Struktur voraus (hier: die Einheit der Kirche), die dann durch philosophische Kunstgriffe argumentativ gerettet wird. Im hier behandelten Fall würde das heißen, dass Zeitdiagnosen das Fortbestehen einer in die Krise gekommenen Soziologie bewirken würden. Nun spricht meines Erachtens erstens wenig für eine allgemeine Legitimationskrise der Soziologie und zweitens ist zu bezweifeln, dass die Lösung dieses Problems gerade bei Zeitdiagnosen zu suchen wäre[14]. Wenn also von Plausibel*halten* die Rede ist, so ist damit nicht die argumentative Ehrenrettung einer ansonsten dem Untergang geweihten Ideologie oder Reflexionstheorie gemeint. Vielmehr soll damit gemeint sein, dass wenn mit einer differenzierten Umwelt zu rechnen ist, die jeweils verwendeten Argumente stets *Ausschnitten* dieser Umwelt angepasst sein müssen, um dort plausibel kommunizierbar zu sein. Die Frage hier ist weniger, wie sich die Soziologie gegen eine feindliche Umwelt argumentativ zurwehr setzt, sondern *für wen* sie argumentiert, wenn sie es auf eine bestimmte Art tut.

5.4 Wissenschaftliche Rhetorik

Die Verwendung eines altertümlichen Begriffes wie Topik mag zwar überraschen, ergibt aber Sinn, wenn man sich die möglichen Alter-

---

[14] Wenn es denn eine Legitimationskrise der Soziologie tatsächlich geben sollte, lege es meines Erachtens näher, ihre Selbstbeschreibung als Wissenschaft oder ihre institutionelle Verankerung an Universitäten als »Lösung« in Betracht zu ziehen.

nativen vor Augen hält. Einerseits hat die in der Soziologie übliche Gattungsforschung andere Phänomene im Blick, als die hier erörteten und andererseits setzen wissenssoziologische Analysen von Argumentationen ganz bestimmte theoretische Entscheidungen voraus, die hier nicht weiterführen. Als dritte Alternative böte sich die gegenwärtige Wissenschaftsforschung an, die als Feld gewissermaßen die erste Adresse in Sachen wissenschaftlicher Rhetorik ist. Hier wären Analysen soziologischer Argumentationsführung eigentlich am ehesten zu erwarten. Doch in den Rhetorikkonzepten der Wissenschaftsforschung (Science and Technology Studies, kurz STS) scheinen sozialwissenschaftliche Argumentationsstrategien auf vergleichsweise wenig Interesse zu stoßen. Dies hat zwei Gründe. Zum einen konzentriert man sich, wie in der soziologischen Genreanalyse, sehr stark auf die Verwendung sprachlicher Stilmittel in wissenschaftlichen Texten (Metaphern, Analogien, Floskeln usw.), zum anderen sind es vor allem die Naturwissenschaften, deren Überredungsstrategien es aufzudecken gilt. Beides sind Restriktionen, die überaus problematische Konsequenzen nach sich ziehen.

Zunächst zum Interesse der Wissenschaftsforschung an sprachlichen Stilmitteln. Hier fällt auf, dass es in den STS nie gelungen ist, klar zu bezeichnen, welche Aspekte wissenschaftlicher Kommunikation überhaupt unter die Rubrik Rhetorik fallen können und welche nicht. Auf der einen Seite gilt es, ganz im Einklang mit der modernen Fassung des Rhetorikbegriffs, nicht mehr Kataloge für die gekonnte Verwendung von Argumentationsgesichtspunkten zu entwerfen, sondern zu beweisen, *dass* im Zuge wissenschaftlicher Beweisführung überhaupt rhetorische Mittel verwendet werden[15]. Der Anspruch dabei ist radikal: es soll aufgezeigt werden, dass die vermeintlich getrennten Welten der Rhetorik und der Logik gar nicht so weit von einander entfernt sind, wie es die positivistische Wissenschaftsauffassung gerne hätte. Mit anderen Worten: Wissenschaft ist auch nur trickreiche Überredung zum Zwecke strategischer Vorteile! Das Auffinden rhetorischer Muster kann sich dann, übrigens eine für die Antike und das europäische Mittelalter völlig fremde Sicht, demystifizierend geben.

Auf der anderen Seite ist aber einem Großteil dieser Ansätze gemein, dass sie trotz aller Radikalität im Grunde nicht hinter die Trennung

---

15 | Einige Beispiele aus der überbrodenden Menge an Literatur die Rhetorik von Naturwissenschaften betreffend z.B: Latour/Woolgar (1979); Gilbert/Mulkay (1984); Bazerman (1988); Bazerman (1989); Brown (1990); Gross (1990); Rorty (1991); Bazerman (1994); Harris (1997); Locke (2002); Grobstein (2005).

von Logik und Rhetorik zurück wollen. Denn nur vor diesem Hintergrund hat es Sinn, die Rhetorik als Mittel zum Zweck der Aufklärung zu verstehen und nicht als Wegweiser für richtiges Argumentieren. Trotz des *linguistic turn* gilt dann auch hier: rhetorische Mittel in einem Text zeigen an, dass etwas nicht mit rechten Dingen zugeht. Der Ansatz steht an der Stelle offensichtlich vor einem Dilemma: einerseits soll der »modernistische« Unterschied zwischen Logik und Rhetorik eingeebnet werden, andererseits will man zeigen, wie rhetorische Mittel verwendet werden, um über Unsicherheiten im Forschungsprozess hinwegzutäuschen. Letzteres kann aber nur schwer gezeigt werden, wenn Rhetorik und wissenschaftliches Argumentieren gleichgesetzt werden. In diesem Fall wäre nämlich jedes wissenschaftliche Konzept per Definition rhetorisch, der Begriff verlöre jede analytische Schärfe[16]. Vor diesem Hintergrund wird auch deutlich, weshalb die meisten der oben genannten Ansätze Rhetorik vor allem unter dem Aspekt der Verwendung von Stilmitteln verstehen. Die Analyse von Alltagsmetaphern in wissenschaftlichen Klassifikationen (z.B. Schiebinger, 1993) macht es möglich, sprachliche Strategien aufzuzeigen und gleichzeitig mitzukommunizieren, dass es auch weniger rhetorisch ginge. Gerade solche Versuche lassen aber die Frage unbeantwortet, ob es außer Rhetorik in der Wissenschaft noch etwas gibt und wie diese unrhetorische Wissenschaft aussieht.

Neben solchen epistemischen Fallstricken bildet das Interesse für Naturwissenschaften, wie im ersten Teil der Arbeit bereits kurz erwähnt, das zweite große Problem der Analysen wissenschaftlicher Rhetorik. Soziologische Konzepte werden in den STS allzu oft als Werkzeuge der Entlarvung gesehen und weniger als Untersuchungsobjekte. Die wenigen Analysen der Struktur sozialwissenschaftlicher Rhetorik (Bruyn, 1964; Jasper/Young, 2007) haben außerdem ähnliche Nachteile wie die oben besprochenen Ansätze. Auch hier liegt der Schwerpunkt beim Aufspüren von sprachlichen Tricks zur Überdeckung eigentlich schwacher wissenschaftlicher Argumente. Die Analyse rhetorischer Mittel ist hier kaum zu unterscheiden von Methodenkritik.

Schließlich sei ein letzter Aspekt angesprochen, der in der Auseinandersetzung mit naturwissenschaftlicher als auch mit sozialwissenschaftlicher Rhetorik auffällt. Den wenigsten, hier besprochenen Konzepten gelingt eine soziologische Theorie der Rhetorik. Die Frage,

---

16 | Myers (1990) beschreibt die Konsequenzen eines solch überdehnten Rhetorikkonzepts anhand eines Ansatzes, der die physikalischen Konzepte von Welle und Teilchen als Rhetorik zu entlarven versucht.

die sich nämlich in all diesen Fällen aufdrängt ist, wieso die Wissenschaft überhaupt auf rhetorische Kunststücke angewiesen ist. Die Ansätze der an Rhetorik interessierten Wissenschaftsforschung kennen hierauf bekanntlich zwei Antworten: einerseits das strategische Selbstdarstellungs- und Dominanzinteresse der Wissenschafter und andererseits Mitvollzug genereller kultureller Trends. Beide Konzepte überzeugen aber aus recht naheliegenden Gründen nicht. Im ersten Fall bleibt unklar, wieso solche rhetorischen Tricks lediglich der STS community auffallen, nicht aber der *scientific community* selbst. Im zweiten Fall hingegen bleibt unklar, wie man sich das Verhältnis von »Kultur« und Wissenschaft vorstellen kann, ohne auf wenig aussagekräftige Metaphern (sic!) wie »gegenseitige Beeinflussung« zurückgreifen zu müssen.

Eine beachtenswerte Ausnahme bildet hier sicherlich Edmondson (1984), die zwar keine strikt soziologische Theorie der soziologischen Rhetorik liefert, dafür aber eine Interpretation vorschlägt, die auf den angenommenen Reaktionen der Umwelt, in diesem Falle der allgemein interessierten Leserschaft, beruht. Stark verkürzt lautet Edmondsons Argument, dass in der soziologischen Argumentation rhetorische Mittel nicht beliebig verwendet werden können, da die Leserschaft hier über einen ihr bekannten Alltag aufgeklärt werden soll (Edmondson, 1984, p. 8). Von diesem Standpunkt aus ist es dann nicht möglich, Rhetorik als strategische Irreführung aufzufassen. Zum einen, weil das Eingehen auf gesellschaftliche Selbstverständlichkeiten oft reflexhaft geschieht und zum anderen, weil es keinerlei Garantie dafür gibt, dass rhetorische Überredung auch tatsächlich funktioniert. Die soziologische Argumentation muss sich den Vorurteilen des Leserschaft anpassen, sensibel mit ihnen spielen. Edmondson spricht in diesem Sinne auch nicht von rhetorischen Strategien, sondern von *sensitation*.

> »The function of sensitation is to create conditions in which the hearer's personal faculties function to promote rather than to inhibit appreciation of what is being said – whether or not in the end he or she agrees with it.« (Edmondson, 1984, p. 19)

Das Publikum wird hier zur zentralen Figur. *Seine* Erfahrungen, *seine* Sichtweisen müssen in der soziologischen Argumentation so arrangiert werden, dass ein schlüssiges, oder eher nachvollziehbares Argument dadurch entsteht. Das heißt nun nicht, dass rhetorische Tricks nichts mit den Intentionen der Autoren zu tun hätten. Bloß braucht man dafür ein eigenes Konzept[17], welches nicht zu Rhetorik schlechthin erklärt werden darf. Dieses, das Publikum ins Zentrum rückende, Rhetorikverständnis ist nicht neu. Schließlich ist mit dem Konzept der *koinoi topoi* genau das gemeint gewesen und es hätte sich bei Edmondson meines Erachtens angeboten, genauer auf den Gemeinplatzaspekt der soziologischen Rhetorik einzugehen. Obwohl Edmondson keine wissenssoziologische Einbettung gelingt, ist ihr Ansatz vor allem deshalb interessant, weil es einer der wenigen Versuche ist, die Topik konsequent auf soziologisches Argumentieren anzuwenden.

Für Edmondson ist dabei eine der zentralen Figuren soziologischer Argumentation die so genannte rhetorische Deduktion oder *Enthymem*. Dieser Begriff, der aristotelischen Argumentationstheorie entlehnt, bezeichnet bei Edmondson eine Deduktion, deren Prämissen nicht den Anspruch haben, allgemein gültig zu sein *und* deren Überzeugungskraft wesentlich von den Präkonzeptionen des Publikums abhängig ist. Dabei müssen also im Falle der soziologischen Argumentation die verwendeten Prämissen landläufige Meinungen zu sozialen Prozessen widerspiegeln. Edmondson merkt hier jedoch an, dass es für die Soziologie typisch sei, sich nicht einfach auf allgemein unterstellbare Prämissen und Gemeinplätze zu berufen, sondern diese ändern zu wollen (siehe Edmondson, 1984, p. 120 ff.). Das wiederum funktioniert nicht ohne Bezug auf vorhandene Präkonzeptionen des Publikums. In den von Edmondson vorgebrachten Beispielen wird diese Form des Enthymems angewandt, um beispielsweise aufzuzeigen, dass auch unerwartetes Verhalten unter gewissen Gesichtspunkten vernünftig ist. Man beginne, wie Edmondson für den Fall Goldthorpe zeigt (Edmondson, 1984, p. 110 ff.), mit einer allgemein vertretbaren Auffassung, zeige dass sie empirisch nicht zutreffe und ersetze sie dann durch eine Interpretation, die einem Publikum zwar ebenfalls plausibel erscheint, jedoch der ursprünglichen Position zuwiderläuft. Das Argumentieren wird zu einem Spiel mit den Präkonzeptionen der Leserschaft.

Diese Sicht auf Rhetorik zeigt, dass die bloße *Verwendung* sprachlicher Stilmittel wenig mit Überredung zu tun hat. Was zählt ist vor allem die antezipierte Reaktion des Publikums. Hier wird auch deutlich, wie wenig sinnvoll es ist, Rhetorik gleichsam unilateral als intentionales Handeln eines Individuums oder, wie in den STS, einer

---

17 | Edmondson (1984, p. 19) spricht dabei von *self-presentation*.

Gruppe von Individuen zu verstehen. In diesem Sinne lernt man aus vorgefundenen Argumenten vor allem, *für wen* sie angeordnet werden. Diese Sichtweise hat vor allem den Vorteil, den Gebrauch rhetorischer Stilmittel nicht mit funktionierender Überredung gleichzusetzen. Für Rhetorik braucht es nämlich mindestens zwei Akteure, die sich wechselseitig binden. Auch wenn diese Sichtweise überzeugender ist, als Konzepte die Rhetorik mit Macht gleichsetzen, hat sie dennoch einen wesentlichen Nachteil. Edmondson folgt nämlich dem antiken Topikkonzept allzu akkurat, indem sie davor zurückzuschrecken scheint, Argumente ins Visier zu nehmen, die nicht durch Alltagserfahrungen einer allgemein gebildeten Leserschaft gestützt oder manipuliert werden können. Es sind aber genau solche Argumente, die schon allein aufgrund der Themenwahl in einer ausdifferenzierten Wissenschaft wie der Soziologie recht häufig anzutreffen sind.

Man fühlt sich bei Edmondson bisweilen auf eine moderne Agorá oder in den bildungsbürgerlichen Salon versetzt, wo Soziologen um die Gunst der gebildeten Bürger buhlen, indem sie sich auf den *sensus communis* berufen. Im Sinne der oben getroffenen Begriffswahl könnte man sagen, dass aus Edmondsons Sicht das Plausibelhalten soziologischer Topoi dadurch bewerkstelligt wird, dass man Alltagsbeispiele und Alltagsplausibilitäten bemüht. So konzentriert sich Edmondson auch im Falle sehr trockener empirischer Forschung darauf, wie das jeweils untersuchte Werk (z. B. Blaus und Duncans *The American Occupational Structure* von 1967) persönliche moralische oder politische Einstellungen des hypothetischen Publikums zu beeinflussen versucht.

Soziologische Rhetorik kann für Edmondson offenbar nur dann analysiert werden, wenn in der Argumentation von wissenschaftsinternen Standards abgesehen und auf persönliche Erfahrungen und Einstellungen der hypothetischen Allgemeinheit Rücksicht genommen wird. Doch so wichtig es ist, Rhetorik unter dem Gesichtspunkt der angenommenen Wirkung auf ein Publikum zu betrachten, so wenig Sinn ergibt es, sich dieses Publikum nur als Laienpublikum vorzustellen. Dadurch versperrt man die Sicht auf ganz gewöhnliche, wissenschaftsinterne Argumentationsverfahren, mit denen vor allem eine fachliche Öffentlichkeit angesprochen werden soll. Allzusehr sind Edmondsons Analysen von einem Rhetorikverständnis geprägt, welches auf das Verstehen durch eine vage Allgemeinheit abstellt. So spricht sie z. B. vom »common reader« (Edmondson, 1984, p. 73) oder von »public associations« (Edmondson, 1984, p. 90), während spezialisierte, bei-

5.4. Wissenschaftliche Rhetorik

spielsweise nach Funktionssystemen differenzierte Sinnverarbeitung gar nicht zur Sprache kommt. Ein Differenzierungsmodell der Publika soziologischer Argumente ist bei Edmondson nicht vorgesehen.

Würde man an der Stelle ein differenziertes Modell der Publika soziologischer Argumentation zurate ziehen, so käme man zu völlig anderen Ergebnissen. Vor allem wäre man imstande, diejenigen Topoi soziologischer Argumentation zu untersuchen, die mit einem Alltagsverständnis nicht viel zu tun haben und auch nicht zu tun haben müssen, um analysierbar zu sein. Wie bereits erwähnt, heißt Plausibelhalten von Argumentationen ja vor allem Plausibelhalten gegenüber einer differenzierten Umwelt, also gegenüber einem Publikum, welches in der Regel Spezialinteressen hat. Denn anstatt liberale Bildungsbürger vor Augen zu haben, können Texte ganz spezifische Publika ansprechen wollen: Wissenschaft, Massenmedien, Politik oder Erziehung, um nur eine grobe Differenzierungsstruktur vorzuschlagen. Dieser Aspekt betrifft gewissermaßen den Umweltkontakt soziologischer Argumentation. Bevor dieser zum Thema wird (siehe Teil 3 der vorliegenden Arbeit), soll zunächst das Kernproblem zeitdiagnostischen Argumentierens behandelt werden: funktional äquivalente Argumentationen und ihre gemeinsamen Bezugspunkte. Wie bereits angemerkt, ist der Bezugspunkt »allgemeine Verständlichkeit« ein interessanter, gleichwohl recht kurioser Fall. Demgegenüber soll hier ein anderer Weg gegangen werden. Ausgangspunkt ist die Überlegung, dass der gemeinsame Bezugsgesichtspunkt zeitdiagnostischer Argumentation an einem für die Soziologie sehr gewöhnlichen Ort zu finden ist: in den Beschreibungen gesellschaftlichen Wandels.

6 Zeitdiagnostisches Argumentieren

6.1 Topoi nach Sinndimensionen: Ein Ordnungsschema

Das bisher Gesagte lässt sich kurz zusammenfassen als der Versuch, das antike Topikkonzept zu modernisieren, um es mit der Analyse kommunikativer Genres zu verbinden. Dabei war es der Anspruch zu zeigen, dass die in der Gattungsanalyse und Wissenschaftsforschung übliche Fassung von Rhetorik als Baukasten sprachlicher Stilmittel nicht ausreicht, um den Aufbau von Argumenten zu analysieren. Die an Argumentationen interessierte Wissenssoziologie (Berger) erwies sich in dieser Hinsicht als brauchbares Gegenkonzept zur soziologischen Gattungsanalyse, jedoch mit dem Nachteil,»Legitimationen« als Überbau einer in Bedrängnis geratenen Struktur zu sehen – Zeitdiagnosen wären dafür kein überzeugender Anwendungsfall. Edmondsons Ansatz andererseits hat sich zwar als eine brauchbare Alternative zu den Rhetorikkonzepten der Wissenschaftsforschung behauptet, jedoch mit dem Nachteil, kein Konzept der Publikumsdifferenzierung vorzuschlagen. Für Edmondson bleibt der wichtige Teil der soziologischen Rhetorik die *sensitation*: die Sensibilisierung durch Anspielung auf Alltagsplausibilitäten.

Für die vorliegende Arbeit ist das in analytischer Hinsicht ein Hindernis, denn wenn es um soziologische Zeitdiagnostik geht, liegt es zunächst nahe, ihr Verhältnis zu den ansonsten in der Soziologie üblichen Argumentationsverfahren zu klären. Natürlich werden Zeitdiagnosen (vielleicht diese im Besonderen) auch von einem Laienpublikum gelesen und appellieren an dessen Einstellungen. Doch zunächst handelt es sich hier um ein Genre der Soziologie, also einer *wissenschaftlichen* Disziplin. Autoren wie Riesman, Beck, Bell und viele andere kann man in soziologischen Artikeln zitieren und ihre Ansätze gelten dem Fachpublikum als legitime Basis, beispielsweise für empirische Forschung. Genau das macht sie als Phänomen interessant: sie sind nicht unmittelbar als Populärkultur gekennzeichnet. Dass Zeitdiagnosen zunächst als wissenschaftsinterne Beiträge gelten, zeigt auch der Umstand, dass schon allein der Begriff im englischsprachigen Kontext so gut wie unbekannt ist. Üblicherweise unterscheidet man dort nicht zwischen Gesellschaftstheorie und Zeitdiagnostik[1].

Wenn es also zu zeigen gilt, dass Zeitdiagnosen sehr wohl ein besonderes Genre sind, ist es hilfreich sich klarzumachen, in welcher Weise sie von den ansonsten in der Soziologie üblichen Darstellungen sozialen Wandels Gebrauch machen und davon abweichen. Ich werde der Übersichtlichkeit halber diese in drei Kategorien ordnen: ihren Umgang mit der Sachdimension sozialen Wandels, der Zeitdimension sozialen Wandels und der Sozialdimension sozialen Wandels. Diese Dreiteilung ist zwar rein heuristisch, aber nicht zufällig. Sie ist *grosso modo* der luhmannschen Theorie der Sinndimensionen entlehnt. Grob gesagt verwendet Luhmann den Begriff Sinndimension, um, wie er sagt, die Selbstreferenz von Sinn zu enttautologisieren (Luhmann, 1984, p. 112). Einfacher ausgedrückt heißt das, dass der im Grunde differenzlose Sinnbegriff (in sinnverarbeitenden Systemen »ergibt alles Sinn«) nach Bereichen differenziert wird, die nicht direkt ineinander überführbar sind (Habermas/Luhmann, 1971, p. 48).

Die Sinndimensionen, die Luhmann vorschlägt, unterscheiden sich nach den Differenzen, die ihnen zugrundeliegen. Für die *Sachdimension* ist diese Differenz die Unterscheidung von etwas und etwas anderem. Man meint dies und eben nicht das. In sozialen Systemen heißt das zumeist die Bezeichnung von *Themen sinnhafter Kommunikation* (Luhmann, 1984, p. 114), also die Frage worum es geht, was zur Debatte steht und was andererseits gerade nicht Thema ist, gerade nicht besprochen werden soll. Ist ein Gegenstand als Thema fixiert, so ergibt sich in der Sachdimension die Möglichkeit, sich in den Gegenstand hineinzudenken und zu fragen, was ihn »im Inneren« ausmacht, oder man entfernt sich vom Gegenstand und vergleicht ihn mit anderen. In dieser Hinsicht spricht Luhmann auch vom Doppelhorizont »innen« versus »außen« als primärer Unterscheidung in der Sachdimension des Sinns (Luhmann, 2004, p. 240). Im hier vorliegenden Fall wird die Sachdimension relevant in der Frage, *was* die Zeitdiagnosen als Grundlage gesellschaftlichen Wandels beschreiben.

Die *Zeitdimension* konstituiert sich in diesem Schema entlang

---

1 | Die Verwendung des Begriffes kommt, abgesehen von Übersetzungen der deutschen Debatte, im englischsprachigen Kontext lediglich bei Friedmann (2000) vor. Dasselbe Phänomen meinend, allerdings unter Verwendung einer anderen Begrifflichkeit und mit anderem Erkenntnisinteresse, spricht Boudon (2001) von *expressive sociology*.

der Unterscheidung vorher/nachher, oder konkreter Vergangenheit/Zukunft. In der Zeitdimension interpretieren Sinnsysteme die gesamte Realität nach der Unterscheidung Vergangenheit und Zukunft und zwar nur danach (Luhmann, 1984, p. 116). Andere Aspekte (wie Anwesenheit), die in antiken Vorstellungen eng mit dem Konzept von Zeit verbunden waren, treten in den Hintergrund. Für Zeitdiagnosen stellen sich, bezogen auf die Zeitdimension, vor allem zwei Fragen: *Wann* geschieht sozialer Wandel und welche Bedeutung hat dieser für die Unterscheidung Vergangenheit/Zukunft. Mit anderen Worten: Wie unterscheidet sich eine *alte* Gesellschaft von einer *neuen*.

In der *Sozialdimension* schließlich ist die grundlegende Unterscheidung die von *alter* und *ego*. Anders ausgedrückt, reduzieren sinnverarbeitende Systeme in der Sozialdimension alle Realität darauf, ob sie von anderen genauso gesehen wird oder nicht (Luhmann, 1984, p. 119). Es handelt sich dabei also um Beobachtungen von Beobachtern. Anders als in der Sachdimension versteht man das Gegenüber nicht als ein Objekt, welches über gewisse Eigenschaften verfügt, sondern als jemanden, der die Welt zwar anders sieht als ich, aber eben auch sieht, dass ich sie anders sehe als er oder sie selbst (Luhmann, 2004, p. 241). Für Zeitdiagnosen spielt die Sozialdimension eine Rolle in der Frage, wie und warum *andere Beobachter* (seien dies andere Soziologen, Teile der Gesellschaft oder gar die Gesellschaft im Ganzen) sozialen Wandel anders sehen als die Zeitdiagnostiker selbst. Zugespitzt geht es um den Umgang mit Dissens, der zeitdiagnostischen Behandlungen sozialen Wandels entgegenkommt.

Diese knappe Darstellung muss an dieser Stelle ausreichen, um zu umreißen, wie im Folgenden die unterschiedlichen Varianten zeitdiagnostischer Argumentation geordnet werden sollen. Die Dreiteilung in Sach-, Zeit- und Sozialdimension ist in keiner Weise zwingend. Andere Taxonomien sind denkbar. Die vorliegende Unterteilung ist mehr als Komplexitätsreduktion gedacht. Gleichwohl hat es sich als praktisch erwiesen, quasi mit Fragen an das Material heranzugehen: Wie und wann spielt sich sozialer Wandel in zeitdiagnostischen Termini ab und wer beobachtet ihn aus welchen Gründen anders. Dieses Ordnungsschema darf jedoch nicht die Sicht auf funktional äquivalente Topoi verdecken, die ja im Zentrum der Aufmerksamkeit stehen sollen.

Die Darstellung soll daher folgende Form haben: Die Sinndimensionen ordnen die Topoi in Gruppen. Diese Gruppen fungieren wie Schreibtischladen, in welchen sich die verschiedenen zeitdiagnostischen Thesen finden. Sobald die Argumente derart auseinandergeklaubt wurden, sucht man nach dem gemeinsamen Bezugsproblem, in Hinblick auf welches die unterschiedlichen Thesen funktional äquivalent erscheinen. Am Ende stehen, den drei Sinndimensionen entsprechend, drei Bezugsprobleme, die wiederum untereinander vergleichbar sind. Und auch hier gilt: Andere Bezugsprobleme wären entweder denkbar, wenn man nicht nach Sinndimensionen, sondern entlang anderer Unterscheidungen ordnet oder wenn man das Sample der untersuchten Werke verändert. Im hier vorliegenden Fall wird in jeder der drei Sinndimensionen das Sample des zeitdiagnostischen Materials konstant gehalten, werden also die gleichen Werke analysiert. Es ergibt sich folgendes Schema:

Abb. 2: Topoi nach Sinndimensionen

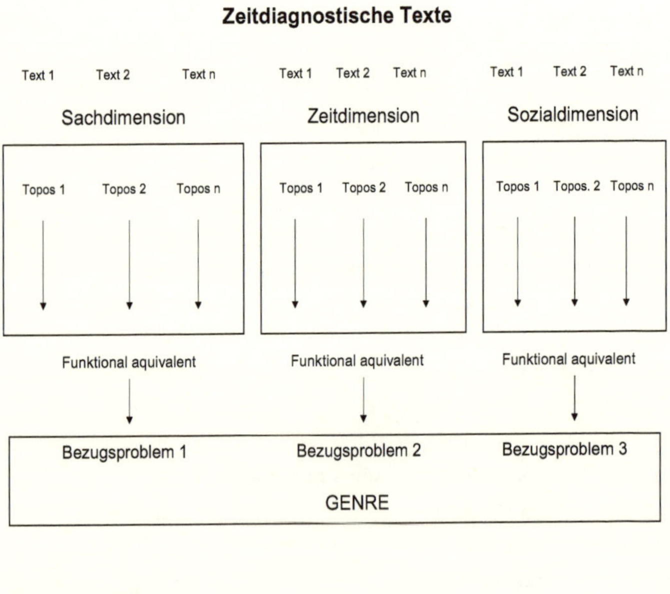

Zeitdiagnostische Texte

Sachdimension	Zeitdimension	Sozialdimension
Text 1 Text 2 Text n	Text 1 Text 2 Text n	Text 1 Text 2 Text n
Topos 1 Topos 2 Topos n	Topos 1 Topos 2 Topos n	Topos 1 Topos. 2 Topos n
↓ ↓ ↓	↓ ↓ ↓	↓ ↓ ↓
Funktional aquivalent	Funktional aquivalent	Funktional aquivalent
↓	↓	↓
Bezugsproblem 1	Bezugsproblem 2	Bezugsproblem 3
	GENRE	

Verfasser: Fran Osrecki

Diese Graphik ist insofern stark vereinfachend, als die *unterschiedlichen* Nebenfolgen der funktional äquivalenten Topoi selbst nicht dargestellt sind. In der Analyse spielt genau dieser Aspekt aber eine durchaus wichtige Rolle, wie noch zu zeigen sein wird. In der folgenden Ausarbeitung dieser Heuristik werde ich mit der Sachdimension beginnen. Dies ist insofern sinnvoll, als mit der Sachdimension zu beginnen, gleichzeitig einen thematischen Einstieg in die untersuchten Werke ermöglicht.

6.2 Die Sachdimension sozialen Wandels

Ich habe im ersten Teil der Arbeit die Genese der modernen soziologischen Zeitdiagnostik kurz nachzuzeichnen versucht. Dabei hat sich herausgestellt, dass es trotz der Allgegenwärtigkeit zeitdiagnostischen Denkens in der modernen Gesellschaft der Soziologie nicht gelungen ist, eine auch nur annähernd brauchbare Definition des Begriffes zu entwerfen. Nichtsdestotrotz scheinen die Debatten um Zeitdiagnosen darauf hinzudeuten, dass es plausibel ist, sie als Theorien sozialen Wandels zu definieren, die für die Gegenwart Epochenbrüche konstatieren. Wie schon angedeutet, ist mit Epochenbruch gemeint, dass sich der in den Zeitdiagnosen beschriebene soziale Wandel nicht auf soziale Teilaspekte beschränkt, sondern auf die Gesellschaft im Ganzen bezogen ist. Geht es um die Sachdimension sozialen Wandels, so stellt sich die Frage, von welchen Einheiten Zeitdiagnosen ausgehen, wenn sie globale Transformationsprozesse behaupten.

6.2.1 Die neue Gesellschaft als Negation der alten

Der vielleicht prominenteste lebende deutsche Zeitdiagnostiker ist Ulrich Beck. Kaum eine andere Zeitdiagnose hat in den letzten 20 Jahren für derart hitzige Debatten in der deutschsprachigen Soziologie gesorgt, wie seine Theorie der Risikogesellschaft (Beck, 1986). Das hängt unter anderem damit zusammen, dass hier für die Gegenwart ein radikaler Bruch mit bisherigen gesellschaftlichen Strukturen postuliert wird. Was zeichnet nun diesen Bruch aus und wodurch wird er verursacht?

Den Grund für die Transformation der bisherigen Gesellschaft in eine Risikogesellschaft sieht Beck zunächst in einem neuen Verhältnis zur Natur. Der ungeahnte technologische Fortschritt im 19. und 20. Jahrhundert brachte nämlich neben ungeahnter Wohlstandssteigerung auch ungeahnte Nebenfolgen für die naürliche Umwelt der Gesellschaft. Während die Industriegesellschaft die Natur mehr oder minder als Ressource und damit als von ihr getrennt betrachten konnte, so ist die heute ausgebeutete, verschmuzte Natur, die das Resultat dieses Denkens ist, derart gefährlich geworden, dass die Trennung zwischen ihr und der Gesellschaft keinen Sinn mehr macht (Beck, 1986, p. 9). Sie macht durch sauren Regen, Giftunfälle und radioaktive Verstrahlung der Gesellschaft deutlich, dass sie zu einem ihrer Bestandteile geworden ist. Einem Bestandteil, der sich vor allem als akute Bedrohung für die übrigen Bestandteile bemerkbar macht (Beck, 1986, p. 67). Becks Ansatz ist es also, die Unterscheidung von Natur und Gesellschaft als historische Semantik zu betrachten, die zwar früher ihre reale Basis hatte, heute aber keine angemessene Entsprechung mehr hat (Beck, 1986, p. 107 ff.). In diesem Sinne ist Naturzerstörung gleichbedeutend mit der Zerstörung bekannter gesellschaftlicher Strukturen. In den Hochöfen werden Umweltprobleme mit gesellschaftlichen verschmolzen. Eine solche Sichtweise erinnert in gewisser Weise an das Akteur-Netzwerk Konzept von Latour (1995), welches in einer ähnlichen Weise die Trennung von (in dem Fall: gegenständlicher) Natur und Gesellschaft nicht akzeptiert und das Einreißen dieser als Bedingung der Möglichkeit einer neuen Form der Aufklärung sieht.

Beck ist aber radikaler, denn er versucht keine symmetrische Sicht auf Natur und Gesellschaft, sondern entwirft mit der Risikogesellschaft eine Theorie, in der der Beziehung zwischen Gesellschaft und Natur, begrifflich gefasst durch den Terminus »industrialisierte Zweitnatur« (Beck, 1986, p. 108), neben rein innergesellschaftlichen Veränderungsprozessen eine *primäre Rolle* zugesprochen wird. Änderungen in dieser primären Beziehung setzen Änderungen in anderen Bereichen der Gesellschaft in Gang. Das vielleicht prominenteste Beispiel betrifft die Veränderung dessen, was Beck »Verteilungslogiken« nennt. Hier ist Becks These, dass im Umbruch zur Risikogesellschaft das größte gesellschaftliche Problem nicht mehr wie früher die ungleiche Reichtumsverteilung zwischen Ständen oder Klassen ist. Die industrialisierte Zweitnatur schafft Ungleichheiten ganz neuer Art und bricht mit alten Vorstellungen von Schichtung und sozialer Ungleichheit.

Die »Diktatur der Knappheit«, die die Welt bis vor kurzem regierte, machte Beck zufolge die Beachtung von Nebenfolgen technologischen Fortschritts praktisch unöglich – in einer zum größten Teil hungernden Welt wäre sie absurd gewesen. Man konzentrierte sich dementsprechend auf technologischen Fortschritt und die Beseitigung von Not. Gerade deshalb blieben aber die Schattenseiten des Modernisierungsprozesses lange Zeit unbeachtet, denn schließlich schien es sich dabei um ein erfolgreiches Konzept für Armutsbekämpfungen zu handeln. Es gelang, durch technologischen Fortschritt materiellen Wohlstand zu schaffen und die schlimmsten Ausformungen sozialer Ungleichheit einzuebnen. In der Gegenwart lassen sich aber genau diese Schattenseiten nicht mehr ignorieren. Sie sind so massiv geworden, dass sie die Schichtungsstruktur selbst aushebeln. Vor umfassender Gefährdung des menschlichen Lebens schützt nämlich die Position im Schichtunsgefüge nicht mehr. Oder, um mit Beck zu sprechen: »Not ist hierarchisch, Smog ist demokratisch« (Beck, 1986, p. 48). Die gefährdete Natur hat somit eine »egalisierende Wirkung« (Beck, 1986, p. 48) auf die Struktur der bisherigen, nach Klassen geordneten Gesellschaft.

Die Risikogesellschaft ist also keine Klassengesellschaft mehr. Die Oberschicht kann sich aus neuen Gefährdungslagen, wie z. B. drohenden Atomkatastrophen, nicht herauskaufen und die Unterschicht ist ihnen nicht stärker ausgesetzt als andere Segmente der Bevölkerung. Klassen- oder Schichtungsbegriffe sind also in der Risikogesellschaft nicht mehr aussagekräftig. Auch die Trennung zwischen »Verursachern« und »Opfern« von Verschmutzung greift nicht mehr. Die neuen Gefahren wirken auf die verursachende Industrie zurück, was Beck den »Boomerang-Effekt« nennt (Beck, 1986, p. 48). Es handelt sich demnach um zugewiesene Gefährdungsschicksale (Beck, 1986, p. 101), die durch traditionelle Strategien des sozialen Aufstiegs oder geographischen Segregation nicht mehr beseitigt werden können. Somit treten alte Klassenkonflikte in den Hintergrund, werden aber gleichzeitig durch neue ersetzt. Diese kreisen dann aber nicht mehr um Aufstieg und Abstieg sondern um Risiko*definitionen.*

In diesem Konflikt geht es nicht mehr wie früher um »Arm gegen Reich«, sondern um die Ängste der Bürger auf der einen, gegen die Interessen des wissenschaftlich-industriellen Komplexes auf der anderen Seite. Letzterer versucht, die Risiken industrieller Produktion beispielsweise durch die Setzung von Verschmutzungsgrenzwerten oder Beweislastumkehr wegzudefinieren (Beck, 1986, p. 76 ff.). Doch die dadurch weg*interpretierten* Umweltrisiken verschwinden nicht, sondern werden durch Nichtbeachtung oder Verharmlosung nur akuter. Es ist also nicht nur die alte Schichtungsstruktur, die durch das neue Verhältnis zur Natur aus den Angeln gehoben wird, sondern mit ihr auch die alten innergesellschaftlichen Konflikte; es sind *Konflikte um die Definition der Rolle der Umwelt* und nicht über den Status von Gruppen im kapitalistischen Produktionsprozess.

Beck ersetzt in seiner Theorie folglich den Begriff »Klassengesellschaft« durch »Individualisierung«. Dies ist keine zufällige Begriffswahl, denn Beck streitet vehement die Möglichkeit ab, dass der neue

Umweltbezug *neue* Klassen schaffe. Vielmehr hat er Entwicklungen vor Augen, die das Individuum aus Klassen herausemanzipieren und sie in neuartige Vergemeinschaftungsformen treiben, die selbst keine Klassen sind. Hintergrund dieser Entwicklung ist zunächst der so genannte »Fahrstuhl-Effekt« (Beck, 1986, p. 122), also die Reproduktion klassengesellschaftlicher Ungleichheiten auf höherem materiellen Niveau. Doch dabei blieb es nicht, so Beck, denn mit höherem Einkommen, höherer Bildung und Massenkonsum entwickle sich eine Sozialstruktur, in der die Abstände zwischen Einkommen zwar weiterhin bestehen, aber nicht mehr gleichzeitig gesellschaftliche Großgruppen konstituieren. Dies sehe man an unterschiedlichen Beispielen. Zum einen steige intergenerationale soziale Mobilität (Beck, 1986, p. 125 ff), die die eigene Biographie immer mehr als Kette persönlicher Entscheidungen erscheinen lässt, und nicht mehr als Vorgaben des Herkunftsmilieus (Beck, 1986, p. 128). Zum anderen gibt es auch das, was Beck den »Fahrstuhl-Effekt nach unten« oder »neue Armut« nennt (Beck, 1986, p. 143 ff.). Der sinkende Einfluss sozialer Klassen heißt hier nicht ein generelles Weniger an Ungleichheit. Vielmehr zeige sich, dass neue Formen von Ungleichheit (z. B. Arbeitslosigkeit durch Rationalisierungen) nicht mehr wie früher Gruppen treffen, sondern Individuen. Personen werden vom Arbeitsamt eben als Individuen betreut und nicht mehr als Mitglieder der Arbeiterklasse.

In diesem Sinne treffen soziale Notlagen nicht mehr bestimmte Klassen und dann ein Leben lang, sondern Personen je nach Lebensabschnitt. Die neue Armut trifft Menschen lebensphasenspezifisch und ist damit ein stückweit demokratisiert: es kann zumindest eine zeitlang jeden unabhängig von seiner Klassenzugehörigkeit treffen (Beck, 1986, p. 149). Der Nachteil ist aber, dass Individuen keine Hilfe von Solidaritätsgemeinschaften mehr erwarten können. Da es keine Kollektiverfahrung der Verelendung (Beck, 1986, p. 132) mehr gibt, ist der Einzelne im Arbeitskampf (der sich von der Straße in die Ämter verlegt hat) auf sich alleine gestellt. Es gibt, mit anderen Worten, weiterhin soziale Ungleichheit, aber sie betrifft erstens keine Gruppen und führt zweitens nicht zu Gruppensolidarität oder Klassenmilieus, wie dies früher der Fall war. Die neuen Risikolagen sind eben keine Klassenlagen (Beck, 1986, p. 52).

Die Entstandardisierung von Biographien macht aber nicht bei der Erosion sozialer Klassen halt. Auch Familien sind immer stärker von neuen Trends betroffen, die mit der Struktur der alten Industriegesellschaft brechen. Für Beck hatte die Industriegesellschaft nämlich *zwei* wesentliche Stützpfeiler: einerseits die Verteilungskonflikte zwischen Klassen und andererseits ein vormodernes Geschlechterverhältnis innerhalb der Familien. Dieses basierte auf zugeschriebenen Geschlechterrollen, wobei der Mann seine Arbeitskraft am Arbeitsmarkt anbot und die Frau für die emotionale Stabilisierung daheim sorgte. Unter risikogesellschaftlichen Bedingungen kommt die Moderne in gewissem Sinne zu sich selbst und entledigt sich dieser *vormodernen Halbierung* ihrer Potentiale (Beck, 1986, p. 176 ff). Bildungschancen, Empfängnisverhütung, lange kinderlose Lebensabschnitte, die Rationalisierung der Hausarbeit und hohe Scheidungsraten treiben Frauen auf den Arbeitsmarkt und zerstören die vormoderne Stabilität (Beck, 1986, p. 181 ff.), auf der der industrielle Kapitalismus gebaut war. Die Folge ist die Freisetzung aus angestammten Frauen- und Männerrollen und damit eine »Spirale der Individualisierung«.

Im Entstehen begriffen sind damit neue Formen des familiären Zusammenlebens (Patchworkfamilien) und des biographischen Umgangs mit phasenspezifischer Einsamkeit. Aus der lebenslangen Verbundenheit mit traditionellen Geschlechterrollen und Kernfamilie wird der *pluralistische Gesamtlebenslauf im Umbruch* (Beck, 1986, p. 189), der den Individuen viel an Entscheidungsfähigkeit abverlangt; schließlich kann man sich nicht mehr auf traditionelle Rollenvorgaben verlassen, die Komplexität reduzieren. Die Folge sind »Bastelbiographien« (Beck, 1986, p. 217), die auf neuartige Weise standardisiert sind. Es sind dies aber nicht Institutionalisierungen in Form von klassenspezifischen Biographien, sondern Lebenslaufmuster, die durch teils altmodisch denkende Institutionen dem Individuum aufgebürdet werden: gesetzlich fixiertes Rentenalter, Eintritt in das Bildungssystem, manipulierter Waren- und Nachrichtenkonsum etc. (Beck, 1986, p. 211 ff.).

Das Individuum ist also nach wie vor durch Zwänge außengesteuert, aber eben *als Individuum*. Das betrifft vor allem zwei Bereiche: den Beruf und die Ausbildung. Beide sind eigentlich entstandardisiert, doch Gewerkschaften und Staat regulieren sie so, als ob sich nicht viel verändert hätte. Die Folgen sind eine Entwertung der Bildung (im deutschen Beispiel: vor allem der Hauptschulen) und fehlendes Verständnis für zeitlich und örtlich flexibilisierte Arbeit und damit verbunden steigende Arbeitslosenzahlen (Beck, 1986, p. 220 ff.). Die Individualisierung meint bei Beck also nicht, dass sich Individuen von der Gesellschaft emanzipieren würden. Zu der Standardisierung ihrer Biographien gesellen sich nämlich neuartige Zusammenschlüsse in

Form von *Subkulturen* und *Protestbewegungen* (Beck, 1986, p. 119 f.). Das Individuum verlässt Kernfamilie und Klasse und wird zum Objekt einer neuen Vergesellschaftung jenseits alter Muster.

Beck geht hier aber noch einen entscheidenden Schritt weiter. Für ihn ist neben Klassenunterschieden die zweite Säule der alten Industriegesellschaft die Differenzierung von Wissenschaft, Politik und Wirtschaft. Das Bewusstwerden neuer Gefahren schafft hier wiederum eine vollkommen neue Situation und entdifferenziert die vormals getrennten Bereiche. Diesen Entdifferenzierungsprozess nennt Beck »reflexive Modernisierung« oder auch »zweite Moderne«. Für Beck ändert sich im Zuge dieses Prozesses zunächst der Selbstbezug desjenigen Systems, welches den Umweltbezug interpretiert, also der *Wissenschaft*. Hier führen Modernisierungsrisiken zu einer neuartigen Reflexivität. Gemeint ist damit, dass der aufkommende Protest gegen Technik und Umweltzerstörung selbst verwissenschaftlicht wird. Die Wissenschaft sieht die Natur dann nicht mehr als bloß »unerforschtes Niemandsland« (Beck, 1986, p. 260), welches es durch Erkenntnis zu kolonialisieren gilt, sondern beschäftigt sich vermehrt mit den Modernisierungsrisiken selbst (Beck, 1986, p. 261 f.).

Die Wissenschaft öffnet sich damit nicht nur gegenüber Protestbewegungen, sondern wächst mithilfe von Modernisierungskritik. Dies führt so weit, dass die Wissenschaft beginnt, Risiken selbst in Bereichen zu sehen, zu denen die protestierenden Laien keinen Zugang mehr haben (Beck, 1986, p. 265). Wissenschaftliche Erkenntnis hat sich damit von einer Legitimationsmaschinerie für Fortschritt zu einer Instanz der Fortschrittskritik entwickelt. Wie im bereits beschriebenen Falle der Kernfamilie, kommt auch hier die Moderne zu sich selbst, denn die Wissenschaft ist erst jetzt in der Lage ihr volles Kritikpotential auszuschöpfen. Bislang beschränkte sich der wissenschaftliche Skeptizismus nämlich vorwiegend auf wissenschafts*interne* Kommunikation: die Wissenschafter kritisierten sich gegenseitig scharf, hielten einander in der Öffentlichkeit aber den Rücken frei. Unter Bedingungen massiver Umweltrisiken ändert sich aber das Selbstverständnis von Wissenschaft und damit auch ihr Erkenntnisanspruch: es geht nicht länger um *Wahrheits*produktion, die im Außenkontakt bislang fast religiös überhöht wurde (Beck, 1986, p. 268 ff). Vielmehr ist es die *gesellschaftliche Akzeptanz* (Beck, 1986, p. 272), die die Gütekriterien wissenschaftlicher Erkenntnis vorzugeben beginnt.

Damit sind die Grenzen der Wissenschaft geöffnet: was als wahr gilt, bestimmt nicht mehr die Wissenschaft autonom, sondern Politik und Öffentlichkeit. Die neuartige Reflexivität führt also zu einer Transformation auf zwei Ebenen: intern wird Wissenschaft mit kritischer Absicht auf Wissenschaft angewandt, extern fallen die Grenzen zur innergesellschaftlichen Umwelt. Diese entdifferenzierte Wissenschaft verliert dadurch zwar ihr hochmütiges Erkenntnismonopol, doch droht ihr andererseits eine Feudalisierung durch diverse Interessensgruppen. Und auch hier gilt wie im Falle der Kernfamilie: das Abstreifen des industriegesellschaftlichen Kerns setzt selbstverstärkende Prozesse in Gang. Im Falle der Wissenschaft eine Spirale der Abwertung wissenschaftlicher Erkenntnisansprüche (Beck, 1986, p. 279).

Reflexive Modernisierung heißt neben entdifferenzierter Wissenschaft auch entdifferenzierte Politik. Hier, wie im Falle von Kernfamilie und Wissenschaft, konstatiert Beck eine demokratisch *halbierte* Politik im Kontext der Industriegesellschaft (Beck, 1986, p. 302). Damit ist gemeint, dass die Politik bislang ihr volles Potential nicht ausgeschöpfen konnte und den wichtigsten Aspekt der Modernisierung nicht zu regulieren bereit war: den technologischen Fortschritt selbst. Hier bestand über mehr als ein Jahrhundert der gesamtgesellschaftliche Konsens, dass technologischer Fortschritt, verstanden als Domestizierung der Natur, gleichbedeutend mit Wohlstand sei. In dieser Hinsicht hatte sich der Staat in dem Bereich nicht einzumischen. Dies ändert sich im Umbruch zur Risikogesellschaft insofern, als sich gerade in diesem nicht-regulierten, ehemals nicht-politischen Bereich die eigentlich wichtigen gesellschaftlichen Veränderunegn abzuspielen beginnen (Beck, 1986, p. 303).

Genausowenig wie die Aufhebung alter Klassengegegsätze zu neuen Klassen führt, führt diese Entwicklung jedoch zu einer bloßen Reform staatlicher Regulierungsinstanzen. Eher verliert der Staat auf Kosten einer neuen *Subpolitik* an Macht. Diese besteht aus Bürgerinitiativen, neuen sozialen Bewegungen, aber auch aus Massenmedien, die die neuen Umweltrisiken thematisieren und diesbezüglich Regulierungen und ein Ende der *laissez-faire*-Beziehung zwischen Politik und Technologie fordern (Beck, 1986, p. 315, p. 320). All das bedeutet also nicht, dass Politik weniger wichtig wird, im Gegenteil. Für Beck heißt der Funktionsverlust des Staates lediglich, dass das Nichtpolitische politisch wird: eine Generalisierung der Politik, aber eben außerhalb bislang bekannter Muster wie Staaten, Parlamenten oder Interessensverbänden. Was sich abzeichnet ist also eine *Durchsetzung der Demokratie*, die Aufhebung bisheriger Halbierungen. Das Subpolitische greift nämlich genau diejenigen Tabus auf, die bislang als

Kern gesellschaftlichen Wandels allgemein akzeptiert, daher undiskutierbar waren: einerseits den technologischen Fortschritt und seine Nebenfolgen und andererseits das Privatleben durch das Hinterfragen traditioneller biographischer Muster (Beck, 1986, p. 321 f.). Es entsteht eine *neue politische Kultur*, die die Nebenfolgen der Modernisierung nicht mehr hinzunehmen bereit ist.

Schießlich verändert der neue Umweltbezug der Gesellschaft, hier allerdings allein über den Umweg Technik, die interne Struktur der Betriebe und ihrer Beziehung zur Gesellschaft im Übrigen. Zum einen ermöglichen betriebsintern neue Technologien ein unbekanntes Maß an Flexibilität und neue nichthierarchische Strukturen, z. B. durch Telearbeit (Beck, 1986, p. 348 ff.). Der Betrieb in der Risikogesellschaft kann sich nicht mehr auf althergebrachte Muster des Vertriebs, der Massenproduktion oder der zentralisierten Verwaltung verlassen: man muss sich vermehrt im Betrieb für eine bestimmte Organisationsform *entscheiden*. Die Selbstverständlichkeit und vermeintliche Notwendigkeit der tayloristischen Arbeitsorganisation sind dahin. Damit ändert sich aber auch das Verhältnis zwischen Betrieb und gesellschaftlicher Umwelt. Wenn innerbetrieblich alles zur Diskussion steht, treten Akteure auf den Plan, die von Betrieben bestimmte Organisationsformen verlangen können. Hier ist es wiederum eine »sensibler werdende Öffentlichkeit«, die eine Moralisierung der Industrieproduktion vorantreibt (Beck, 1986, p. 356 f.). Der Betrieb wird zum Teil der Subpolitik, er muss sich gegen Ansprüche »diskursiv« rechtfertigen (Beck, 1986, p. 357).

Das generelle Problem vor dem Beck hier steht ist, dass er zwei Risikokonzepte zunächst parallel verwenden muss: einerseits eines, das sich auf den Umweltkontakt der Gesellschaft bezieht, also Risiko als unmittelbare Gefahr für Leib und Leben verstehen muss. Das sind die »Mammutgefahren« (Beck, 1986, p. 65), im Vergleich zu welchen sich alte Klassengegensätze nicht sonderlich imposant ausnehmen. Andererseits beschreibt Beck in derselben Terminologie auch innergesellschaftliche *Interpretationen* von Umweltgefahren als Auslöser weitreichender gesellschaftlicher Transformationen. Die neuen Risiken sind neben ihrer Eigenschaft als direkte Bedrohung auch unsichtbar, sind also von wissenschaftlichen Interpretationen abhängig (Beck, 1986, p. 35 ff.). Genau unter dieser (und nur unter dieser) Prämisse kann Beck die Entdifferenzierung von Politik und Wissenschaft behaupten. Unterschiedliche Akteure interpretieren dann wissenschaftliche Ergebnisse je nachdem, ob sie an genereller Risikovermeidung (Bürgerinitiativen, neue soziale Bewegungen) oder am Herunterspielen von Risiken (Industrie, Gewerkschaften, alte Arbeiterparteien) interessiert sind (Beck, 1986, p. 274 ff.). Die Wissenschaft wird zum Spielball von Interessensgruppen - mit anderen Worten *politisch*.

Streng genommen kann es sich hier aber nicht um dieselben Risiken handeln, die das industriegesellschaftliche Klassengefüge sprengen, denn diese zeichnen sich bei Beck ja gerade dadurch aus, dass sie als Umwelt und nicht als gesellschaftliche Interpretation von Umwelt Teil der Gesellschaft werden. Genau dieser Aspekt wurde aus unterschiedlichen Perspektiven kritisiert, und zwar stets mit der Begründung, dass hier zwei unterschiedliche Risikobegriffe verwendet würden, die eben *nicht* zur Deckung gebracht werden können: ein realistischer und ein konstruktivistischer Risikobegriff wechselten sich in unklarer Weise ab (Japp, 1990; Alexander/Smith, 1996; Nassehi, 2000). Der realistische, so die Kritik, sei soziologisch unterkomplex (Lash/Urry, 1994) und der konstruktivistische erlaube keine realistische Grundlage im Sinne der Interpenetration von Gesellschaft und Umwelt. Beck mache es sich mit anderen Worten durch die Interpenetrationsthese unnötig schwer und wäre besser damit beraten, die Wahrnehmung von Umweltrisiken rein innergesellschaftlich zu erklären, beispielsweise als Funktion von Wohlstandssteigerung oder der Ausdifferenzierung massenmedialer Kommunikationsmodi. Genau dieses Problem zeigt sich bei einem für Beck äußerst wichtigen Punkt, nämlich den neuen Formen der Vergesellschaftung.

Die alten Klassen werden in der Risikogesellschaft weder durch neue ersetzt, noch verändern sie im Sinne einer »Mittelstandsgesellschaft« (Schelsky, 1965) ihre Größenordnung. Vielmehr werden die aus alten Bindungen freigesetzten Individuen neuen Formen der Vergesellschaftung ausgesetzt und das heißt, neben neuartigen biographischen Standardisierungen, vor allem das Aufgehen in neuen Protestbewegungen. Obwohl in Becks Ausführung nicht ganz klar ist, wie Individuen voll und ganz in solchen Bewegungen aufgehen können, stellt sich vor allem die Frage, was denn die Themen dieser neuen Protestbewegungen sind. Hier gibt Beck zwei, letztlich unvereinbare, Antworten: zum einen gruppieren sich neue Bewegungen um neue Gefahren, die sie, anders als Naturwissenschaft und Technik, als Gefahr sehen und gegen Verschleierungstaktiken opponieren. Die wissenschaftliche Bearbeitung von Risiken hinkt also der Fortschrittskritik hinterher (Beck, 1986, p. 77). Zum anderen ist es aber das massenmedial gesteigerte *Bewusstsein für* neue Risiken, die die neuen Protestbewegungen auf die Barrikaden steigen lässt (Beck, 1986, p. 320). Im einen Falle sind die neuen Protestbewegungen Sprachrohre der gefährdeten Natur, im anderen ausführendes Organ massenmedialer Berichterstattung.

Beide Varianten sind nicht auf einen Nenner zu bringen und getrennt widersprechen sie den Grundzügen des beckschen Konzepts. Hätten die Protestbewegungen einen privilegierten Blick auf Umweltzerstörung, wäre die Beschreibung der neuen Modernisierungsrisiken als »unsichtbar« und politisierbar obsolet. Würden andererseits die Protestbewegungen lediglich auf massenmediale Reize reagieren, wären sie eine höchst instabile Form der Vergesellschaftung, denn die Massenmedien wechseln offenkundig die Themen ihrer Aufmerksamkeit zu schnell um darauf halbwegs stabile Kampagnen oder Gruppenidentitäten zu bauen. Letzteres ganz abgesehen von der Tatsache, dass es bei Beck eben die Realität der neuen Gefahren ist, die das Klassengefüge sprengt und nicht deren Interpretation.

Umweltrisiken werden bei Beck also mit zwei widersprüchlichen Vorzeichen verwendet. Einmal als direkte Gefahr, die alte Ungleichheiten ausradiert und zu einer Individualisierung jenseits von Großgruppen führt. Zum anderen versteht Beck Risiko als die Interpretation von Gefahr und *nur als solches* führt das Konzept zu Entdifferenzierung von Politik, Wissenschaft und Wirtschaft. Diese doppeldeutige Verwendung des Risikobegriffs wird zusätzlich verkompliziert durch die Individualisierungstendenzen, die sich nicht auf (tatsächliche oder interpretierte) Umweltgefahren zurückführen lassen, sondern auf sozialstaatliche Expansion und die damit verbundenen Veränderungen der Sozialstruktur. Patchworkfamilien, veränderte Frau-Mann Beziehungen, die Verwaltung von Massenarbeitslosigkeit, Bildungsexpansion, flexible Arbeitszeiten- und Orte, sowie die Entwertung von Abschlüssen führt Beck weder auf direkte noch auf interpretierte Umweltgefahren zurück, sondern auf den sozialstaatlich induzierten Fahrstuhleffekt. In Becks Worten werden Globalgefährdungen durch gesellschaftliche, biographische und kulturelle Risiken und Unsicherheiten »überlagert« (Beck, 1986, p. 115), stehen konzeptuell also *neben einander*.

Was Beck hier beschreibt sind neue Unsicherheiten, die aus der Erosion alter Biographiemuster entstehen. Das Individuum wird auch hier aus traditionellen Mustern freigesetzt, läuft aber nicht in die Arme neuer Protestbewegungen, sondern ist qua Gestaltungsfreiheit zum »Andersmachen im kleinen« gezwungen (Beck, 1986, p. 156, p. 189 ff.). Es zeichnen sich neuartige Geschlechterkonflikte ab, die nichts mit der Definition von Umweltgefahren zu tun haben, sondern auf Veränderungen von innerfamiliärer Arbeitsteilung und Lebenslauf zurückzuführen sind (Beck, 1986, p. 186 ff.). Flexible und entstandardisierte Arbeit ist selbst keine Funktion von Modernisierungsrisiken, sondern die Auswirkung technologischer Innovationen (Beck, 1986, p. 225)

Becks Risikogesellschaft ist strenggenommen also kein einheitliches Konzept, sondern besteht aus drei unabhängigen und in einander nicht übersetzbaren Konzepten von interpretiertem Risiko, direkter Gefahr und privater Unsicherheit. Gleichwohl, und das wird selten anerkannt, gelingt es Beck, all diese unterschiedlichen Konzepte zu symmetrisieren und zwar durch die Behauptung, dass sie allesamt letzten Endes *Auswirkungen* der Reflexivität der Moderne seien. Dann mögen zwar Umweltrisiken nicht immer direkt auf die Gesellschaft einwirken, müssen also nicht immer als direkte Auslöser fungieren, wohl aber haben die unterschiedlichen inner- und außergesellschaftlichen Risiken dieselbe Folge: die Selbsthinterfragung der gesamten industriegesellschaftlichen Moderne und eben nicht nur des technologischen Fortschritts. Was dann die drei Konzepte zusammenhält, ist, dass sie dieselbe Auswirkung haben, nämlich Reflexivität. Die direkte Einwirkung der gefährdeten Umwelt bleibt dann weiterhin der eigentliche Auslöser von sowohl Mammutgefahren als auch deren Interpretation, rückt aber konzeptionell recht weit in die Ferne. Dies vor allem im Bereich der durch Fahrstuhleffekt ausgelösten neuen Unsicherheit im privaten Bereich.

Formulierungen wie beispielsweise die von Risiken als »Motor der *Selbstpolitisierung* der industriegesellschaftlichen Moderne« (Beck, 1986, p. 300, kursiv im Original) umschreiben diese Rolle der Umweltrisiken recht anschaulich. Sie sind eine Art unsichtbarer und unbewegter Beweger. Somit sind auch Phänomene, die mit Umweltrisiken nicht viel gemeinsam haben (neue Familienstrukturen, neue Geschlechter- und Beschäftigungsverhältnisse), Teile des globalen Reflexivitätsschubs in Richtung zweiter Moderne. In diesem Sinne sind beispielsweise neue Familienstrukturen zwar nicht aus Umweltrisiken ableitbar, haben jedoch *riskante Folgen*, die den betroffenen Individuen genauso wie im Falle der technologischen Modernisierungsrisiken suggerieren, dass es zwar Alternativen gibt, es so wie bisher aber nicht weitergehen kann (Beck, 1986, p. 189 ff.).

Die Kritiker Becks waren sich dennoch überraschend einig, dass es sich bei seinem umfassenden Risikobegriff schlicht um einen Fehler der Theoriekonstruktion handelt (siehe z.B. Elliott, 2002, p. 299 ff.).

Nun liegt es mindestens ebenso nahe zu behaupten, dass sich ein derartig eklektizistisches Konzept aus dem Anspruch ergibt, ganz unterschiedliche Trends quasi unter eine Überschrift zu packen. Die Reflexivität, verstanden als die Beseitigung der industriegesellschaftlichen Halbierungen, schluckt nämlich gewissermaßen alle bei Beck aufgezählten Trends. Sei es die ehemals ausgeschlossene Umwelt, die Standardisierung von Biographien, die stabile Klassenstruktur, die Differenzierung der drei Funktionssysteme: überall, und das hält die unterschiedlichen Trends konzeptuell zusammen, kommt die Moderne durch Reflexivität zu sich selbst, aktualisiert ihre bislang schlummernden Potentiale. Die eigentliche Grundaussage ist demnach weder dass die neuen Risiken besonders groß und schlimm (Beck, 1986, p. 252), noch dass sie gesellschaftlich konstruiert sind, noch dass die gefährdete Umwelt Familienstrukturen verändert. Vielmehr geht es um eine globale Abrechnung mit der industriegesellschaftlichen Moderne. Es soll gezeigt werden, dass die Risikogesellschaft eine *neue* Gesellschaft, eine *neue* geschichtliche Epoche ist. Es darf, anders ausgedrückt, hier nicht nur um sauren Regen, zerstörte Wälder und Atomunfälle gehen. Auch reicht es nicht zu behaupten, dass Risiken eben wissenschaftlich oder politisch konstruiert sind, denn als solche wären sie bloß ein zusätzliches Objekt gesellschaftlicher Konstruktionen. Zu bekannten gesellschaftlichen Konstruktionen kämen in dem Fall die Konstruktionen von Risiko lediglich hinzu und die Gesellschaft im Übrigen bliebe dieselbe. Ebensowenig versteht sich Becks Konzept als reine Sozialstrukturanalyse oder Lebenslaufforschung, wie der zweite Teil seines Buches, getrennt betrachtet, vielleicht suggeriert.

Will man all diese partiellen Sichtweisen vermeiden und gesellschaftliche *Makro*veränderungen beschreiben, ist die eine Nebenfolge ein Konzept, das breit genug sein muss, um alle drei Sphären trotz ihrer Unterschiedlichkeit vergleichbar zu halten. Reflexivität als Begriff hält dann Trendaussagen zusammen, die zu jeweils getrennten Theorien führen. Ein solches Konzept wird dadurch derartig breit und umfassend, dass der Erklärungswert erheblich darunter leidet. Nur vor diesem Hintergrund wird klar, weshalb in der Risikogesellschaft das Konzept der Reflexivität eine weitaus größere Rolle spielt als das des Risikos oder der Unsicherheit selbst, die, wie bereits gezeigt, inkonsistent sein müssen.

Der Reflexivitätsbegriff kann insofern keine konsistente Theorie der Gesellschaft tragen, denn er sagt nicht viel mehr aus, als dass *alle* bisherigen Strukturmerkmale der Gesellschaft passé sind. Daher beruhen die oben genannten Kritiken eigentlich auf einem Kategorienfehler. Es ergibt nämlich keinen Sinn, die Risikogesellschaft als begrifflich unklare Gesellschaftstheorie zu lesen. Vielmehr handelt es sich hier um die Behauptung eines gesellschaftlichen Bruches auf Makroniveau. Dieser Bruch trennt alles Alte von allem Neuen. Die Verwendung von extrem breiten Konzepten ist aus diesem Blickwinkel kein Fehler, sondern ein Erfordernis, wenn es denn gilt, konzeptuell disparate gesellschaftliche Globaltransformationen unter eine Überschrift zu packen (Münch, 2002, p. 424). Die Risikogesellschaft ist dann lediglich definiert als Negation all dessen, was die Industriegesellschaft ausgemacht hatte.

In der Sprache der drei oben genannten Sinndimensionen, ist Becks Konzept bezogen auf die Sachdimension am ehesten als *Integration von Partialansichten* zu verstehen. Die drei Teile seines Buches können problemlos als eigenständige Theorien mit unterschiedlichem Erkenntnisanspruch gelesen werden. Beck entwirft nicht eine Theorie, beschreibt nicht einen generellen gesellschaftlichen Makrotrend, sondern derer viele. Zur gesamtgesellschaftlichen Diagnose werden die einzelnen Teile erst durch die Klammer der Reflexivität, die durch die Verschiedenheit der Partialansichten in ihrem Abstraktionsniveau aber extrem überfordert wird. Daher ist es auch eine Herausforderung, die Risikogesellschaft innerhalb einer tragenden These zusammenzufassen, die nicht anderen darin ebenfalls vorkommenden Thesen im Grundsatz widersprechen würde. Was abgesehen von den disparaten Thesen bleibt, ist die Feststellung, dass in der Risikogesellschaft die Moderne zu sich selbst kommt, indem sie alles anders macht, als ihre Vorgängerin. Über das Nachfolgewerk »Weltrisikogesellschaft« (Beck, 2007) meint dementsprechend ein Rezensent:

> »Das Buch ist über weite Strecken das Ergebnis einer Anstrengung Becks, die eigene Theorie der Risikogesellschaft noch einmal zu lesen und sie in der Welt von heute bestätigt zu finden. (...) Aber Beck überzieht sein Argument, indem er ganz unterschiedliche Übel, zwischen denen keinerlei Zusammenhang besteht, in das Korsett seines Risikokonzepts zwingt. Was uns angeboten wird, ist keine Theorie, sondern eine Universalformel mit Weltbildcharakter.« (Heins, 2007, o.S.)

Es ist keine Übergeneralisierung, diese Feststellung auch auf die Originalfassung der Risikogesellschaft zu übertragen. Damit wäre man auch bei den Nebenfolgen der beckschen Argumentation. Das Auffinden eines Fluchtpunktes, der unterschiedlichste Trends als Auswirkung eines Epochenbruchs vergleicht, ist ja zunächst ein hilfreicher Topos: die neue Gesellschaft als Negation alles Alten. Die Trends erscheinen weniger disparat, bilden gleichsam eine neue Epoche, die mehr ist, als die Summe ihrer Teile. Zu diesem »Mehr« wird die neue Epoche durch ihre industriegesellschaftliche Vergangenheit, die den risikogesellschaftlichen Keim ja bereits in sich trug, ihn aber nicht zur Blüte bringen konnte. In der Risikogesellschaft kommen also nicht einfach neue Trends zu alten Strukturen hinzu, vielmehr werden die alten Strukturen durch die Realisierung des bereits früher Möglichen außer Kraft gesetzt. Oder, um es mit Beck auszudrücken: »längst Vorgedachtes geschieht« (Beck, 1986, p. 16). Die Moderne entfesselt an der Epochenschwelle ihre Potentiale und beseitigt bestehende Halbierungen und wird dadurch von einer Ansammlung unterschiedlicher Trends zu einem neuen Zeitalter. Dies geschieht, auch wenn strenggenommen weder Halbierungen noch ihre Beseitigung konzeptionell auf einen Nenner zu bringen sind.

Die Nebenfolge ist freilich, dass ein solches Konzept über keine thematischen Filter verfügt. Ist der beschriebene Epochenbruch als Bruch mit allem Bestehenden gemeint, so gibt es theorieintern keine Kriterien für die Unterscheidung von gesellschaftlichen Phänomenen, die vom Bruch erfasst werden und solchen, die davon verschont bleiben. *Jeder* gesellschaftliche Trend kann theoretisch inkorporiert werden, wofür dann aber zeitliche Kapazitäten fehlen – sowohl in der Behandlung als auch in der Rezeption. Die Auswahl an passenden Themen kann die Theorie daher nicht selbst leisten, sondern muss diese an theorieexterne »Informanten« auslagern. Für diese Rolle kommen unterschiedliche Quellen infrage, wobei Beck zwei Adressen nennt, an die man sich in Sachen gesellschaftlicher Trends wenden kann. Zum einen die Massenmedien als »Definitionsmacht für Probleme und Prioritäten« (Beck, 1986, p. 320). Zum anderen die neuen Protestbewegungen und Bürgerinitiativen, deren Stimme im Zuge der Durchsetzung demokratischer Mitbestimmungsrechte gesellschaftsweit zu hören ist und in dem Sinne gerade nicht bloßer Widerhall von teilsystemspezifischen Selektionskriterien ist (Beck, 1986, p. 317f.).

Der Topos der neuen Gesellschaft als Negation der Alten hat also die Nebenfolge der thematischen Unspezifiziertheit und der damit notwendigen Respezifikation durch theorieexterne Beobachtungsstandpunkte. Themen der *öffentlichen Debatte* werden dadurch fast schon automatisch zu Themen der Theorie. Dies zeigt sich recht deutlich im Vergleich von »Risikogesellschaft« und »Weltrisikogesellschaft«. Während das thematisch bereits extrem breit gefächterte Originalkonzept zumindest in der Reflexivität einen, wenn auch allzu abstrakten, Vergleichspunkt hat, so fehlt der Weltrisikogesellschaft genau das. Dementsprechend sucht man hier vergeblich nach einer Theorie die imstande wäre, Klimawandel, massenmediale Interpretation desselben, globale Ungleichheit, internationalen Terrorismus, Gentechnologie, Überwachungsstaat, Finanzkrisen und den Bedeutungsverlust des Nationalstaates zusammenzuhalten. In der Weltrisikogesellschaft werden die argumentativen Nebenfolgen der Risikogesellschaft somit besonders deutlich. Über beide Werke ließe sich sagen:

> »Risiko ist für Beck eben immer auch eine Chiffre, um alle gesellschaftlichen Verhältnisse gleichzeitig zu beschreiben.« (Möllers, 2007, p. 38)

Das Konzept der Risikogesellschaft erschließt sich demnach weniger durch seine theoretische Kohärenz, als vielmehr durch seine Eigenschaft als Anwendungsfall eines zeitdiagnostischen Topos. Somit ist über ein solches Konzept mehr zu sagen, als dass es als Gesellschaftstheorie nicht überzeugt. Liest man die Risikogesellschaft als Zeitdiagnose, fällt vielmehr auf, wie durch die Anwendung eines argumentativen Bezugspunktes disparate Trends gekonnt zur Negation aller bisherigen Gesellschaftsstrukturen zusammengeschweißt werden. Der Topos der Negation der Vergangenheit sucht nicht nach der einen Ursache oder der einen Wirkung gesamtgesellschaftlichen Wandels, sondern vergleicht äußerst Unterschiedliches unter dem Aspekt der Diskontinuität mit dem Alten. Reflexivität ist somit ein *Sammelbegriff ex negativo*.

Entsprechend der antiken Topik handelt es sich also nicht um ein ausformuliertes Argument, sondern um eine abstrakte Heuristik, die viele konkrete Argumente zu fassen imstande ist. Becks Weltrisikogesellschaft ist ein Anschauungsbeispiel für die Abstraktheit und Flexibilität dieses Topos. Dass es sich um einen »modernen Topos« im oben dargestellten Sinne handelt, zeigt der Umstand, dass Beck seine Argumentation eben nicht unter topischen Gesichtspunkten abhandeln kann. Die Risikogesellschaft präsentiert sich gerade nicht als argumentative Integration von Teilansichten, sondern als Beschreibung einer sich ändernden gesellschaftlichen Realität, die eben viele Aspekte hat. Die behandelten Themen präsentieren sich gerade nicht als Perspektivenübernahme, sondern als Darstellung der brennendsten

Probleme. Becks Reflexivitätskonzept als zeitdiagnostischen Topos der Sachdimension zu analysieren ist insofern nur einem Beobachter zweiter Ordnung möglich.

Es wäre an dieser Stelle angebracht, nach der Grundlage der beckschen Argumentation in der Zeitdimension zu fragen. Wenn nämlich gegenwärtige Trends lediglich dadurch zusammengehalten werden, dass sie die Negation der Vergangenheit sind, so braucht man zumindest ein klares und einheitliches Bild der vergangenen Gesellschaft. Becks Diagnose kommt ohne ausführliche Beschreibungen der Vergangenheit also nicht aus und findet den Kontrast zur Gegenwart in der alten Industriegesellschaft oder der so genannten »ersten Moderne«. Ich werde der Übersicht halber diesen Aspekt der beckschen Argumentation später ausführlicher behandeln. Dies auch deshalb, weil es für eine kritische Auseinandersetzung mit zeitdiagnostischen Topoi vor allem zu klären gilt, inwieweit sie austauschbar, also funktional äquivalent sind. Es soll im Folgenden daher zunächt eine Reihe alternativer zeitdiagnostischer Topoi vorgestellt werden, die der Sachdimension zugerechnet werden können. Eine bemerkenswerte Alternative zum Topos der Negation alles Vergangenen findet sich in der Hinsicht bei David Riesmans Theorie der Sozialcharaktere, einer bis in die 1970er Jahre überaus breit diskutierten Zeitdiagnose. Auch hier handelt es sich um eine Beschreibung sozialen Wandels, dessen Sachdimension, trotz vollkommen unterschiedlicher Prämissen, in einem entscheidenden Punkt als funktionales Äquivalent zur beckschen Beschreibung gesehen werden kann.

6.2.2 Der Neue Mensch und seine Gesellschaft

Becks Konzept ist insofern interessant, als hier ein Epochenbruch dargestellt werden kann, ohne eine stringente Theorie des Epochenbruchs einführen zu müssen. Jeder gesellschaftliche Trend ist willkommen, solange er nur zur Vergangenheit ein Kontrastbild darstellt. Die Nebenfolge ist jedoch, wie gezeigt wurde, nicht nur begriffliche Inkonsistenz, sondern mangelnde Autonomie in der Themenwahl. Eine Alternative dazu findet sich in der historisch erfolgreichsten, heute jedoch etwas in Vergessenheit geratenen Zeitdiagnose, nämlich der von David Riesman (1953). Obwohl seit den 1980er Jahren mehr oder minder unbeachtet, ist Riesmans *Lonely Crowd* das am häufigsten verkaufte soziologische Werk, das nach 1945 herausgegeben wurde

(Gans, 1997, p. 133). Die enorme Popularität des Buches ging so weit, dass David Riesman der erste und bislang einzige Soziologe ist, dessen Haupt die Titelseite des Time Magazine zierte[2].

Riesmans Zeitdiagnose ist sowohl thematisch als auch theoretisch vollkommen anders gestrickt als die von Beck. Die Grundthese ist, dass die Gegenwart durch eine radikale Veränderung des Sozialcharakters gekennzeichnet ist. Dem behaupteten Wechsel des dominanten Charaktertyps liegt dabei eine Art anthropologische Konstante zugrunde. Riesman zufolge ist der in einer gegebenen Gesellschaft dominante Charaktertypus (Sozialcharakter) eine Funktion aus gesellschaftlichen Anforderungen an das Individuum und der in dieser Gesellschaft vorherrschenden Bevölkerungsdynamik. Der Sozialcharakter ist dementsprechend zunächst eine Art von Konformität (Riesman, 1953, p. 20), die Mitgliedern einer Gesellschaft antrainiert wird, um das zu wollen und zu verinnerlichen, was die Gesellschaft von ihnen verlangt (Riesman, 1953, p. 19). Die Form der Konformität, die eine Gesellschaft ihren Mitgliedern abverlangt, *ändert* sich dabei je nach Bevölkerungsentwicklung. Hier unterscheidet Riesman drei Typen. Im ersten Fall sind sowohl Geburten- als auch Sterblichkeitsraten hoch (Riesman, 1953, p. 24). Die Lebenserwartung ist kurz und die Anzahl der Individuen relativ stabil. In all ihren Strukturen ist die Gesellschaft drauf angewiesen, sich an die Widrigkeiten der Umwelt mit spärlichen Mitteln anzupassen. Der Charaktertypus dieser Gesellschaft spiegelt diesen generellen Mangel wider: rigide Traditionen weisen dem Individuum seinen Platz in der Gesellschaft zu. Devianz in Bezug auf gesellschaftliche Normen wird nicht toleriert und meist gehen die Individuen, es sei denn in Spezialrollen, auch bis zur Apathie damit konform. Riesman nennt diesen bis zur Renaissance und Reformation überall auf der Welt dominanten, und auch heute noch in der dritten Welt häufigsten Typus den *tradition directed type* (Riesman, 1953, p. 26 ff.). Dieser Typus beginnt von einem anderen abgelöst zu werden, sobald durch verbesserte hygienische Bedingungen und durch verbesserte landwirtschaftliche Anbaumethoden die Todesrate sinkt und die Geburtenrate steigt (Riesman, 1953, p. 28 ff.).

Neue gesellschaftliche Strukturen machen gewissermaßen einen neuen Charaktertypus notwendig. Hier reicht es nicht, wie beim traditionellen Typus, die Menschen mittels unabänderlicher Sicherheiten von außen strafend zu steuern. Zu unterschiedlich und differenziert

---

2 | Siehe Time (1954).

sind die neuen Situationen, zu risikoreich die Phänomene mit denen der westliche Mensch seit der Neuzeit konfrontiert ist: persönliche Mobilität, Akkumulation von Reichtümern in nie dagewesenem Ausmaß, Imperialismus, die Entdeckung neuer Kontinente und Völker (Riesman, 1953, p. 30). Was in einer derartigen Situation vonnöten ist, ist eine *innere* Kontrolle des Individuums. Entgegen der traditionellen, externen Kontrolle, wird die neue Form der Konformität dem Menschen in frühester Kindheit von seiten der Älteren eingepflanzt und hat als Ergebnis das Streben nach generalisierten Zielen durch strenge *Selbst*kontrolle. Ein neuer Charaktertypus entsteht: der *inner-directed type*, oder innengeleitete Typus. Die traditionelle Kontrolle durch die Primärgruppe wird hier ersetzt durch einen inneren psychologischen Kompass (oder ein innerer Kreisel) (Riesman, 1953, p. 31), welcher die Individuen auf Kurs hin zum abstrakten Ziel hält. Zwar ist dieser Umbruch Riesman zufolge der bislang dramatischste der Menschheitsgeschichte gewesen (Riesman, 1953, p. 29), wird jedoch in der Gegenwart allmählich von einem neuen Bruch überlagert.

Mit steigendem Wohlstand verringern sich nämlich die Geburtenzahlen. Die Menschen sind qua Industrialisierung immer seltener mit körperlich anstrengenden Tätigkeiten wie dem Ackerbau beschäftigt, sie haben mehr Freizeit und auch mehr Konsummöglichkeiten. Dementsprechend muss sich auch der innengeleitete Typus ändern. Der strenge, puritanische Kreisel der Selbstbeherrschung ist für die neue Zeit zu starr, vor allem aber auch das falsche Mittel zur Bewältigung der neuen Herausforderungen: nicht mehr Mangel muss überwunden werden, sondern Überfluss verdaut (Riesman, 1953, p. 34), nicht mehr abstrakte Ziele und Prinzipien wie Fleiß und Produktivität stehen im Vordergrund, sondern *andere Menschen*.

Dies trifft vor allem auf die wohlhabendsten Regionen der Welt und ihre Bevölkerungen zu: die amerikanischen Küstenmetropolen und die dort ansässige Mittel- und Oberschicht. Hier zeichnet sich Riesman zufolge dieser neue soziale Charaktertyp ab, der mit dem vorigen, puritanisch innengeleitetem bricht: der berüchtigte *other-directed type*[3]. Riesman widmet in Folge den Rest seines Buches dem Nachweis einer sich ausbreitenden Dominanz dieses dritten Charaktertypus auf Kosten des innengeleiteten. Was nun sein Werk zu einer Zeitdiagnose

---

3 | Sowohl in der deutschsprachigen als auch in der englischsprachigen Literatur wird oft die von Riesman nicht benutzte und irreführende Bezeichnung »außengeleiteter Mensch« oder »outer-directed man« verwendet. Prominent in der deutschen Übersetzung von 1958 (Riesman, 1958).

macht, ist freilich nicht nur, dass sich die menschlichen Psychen verändern, sondern dass die Veränderung des sozialen Charakters hin zum fremdgeleiteten die gesamte Gesellschaftsstruktur verändert. Riesman konzentriert sich dabei vor allem auf Kindererziehung, Freizeit, Schulwesen, Massenmedien, Arbeitswelt und Politik.

6.2.2.1 Kindererziehung

In der Kindererziehung ändert sich zunächst die Rolle der Eltern. Hierbei zeichnet Riesman zuerst das Bild des traditionellen Charaktertyps, der hervorgebracht wird durch die Erziehung des Kindes durch den gesamten Clan. Es gibt wenig intergenerationale Mobilität, weshalb Kinder vor allem lernen, die Eltern zu imitieren, also genau das werden zu wollen, was ihre Eltern auch waren (Riesman, 1953, p. 56 f.). Das ändert sich in der Phase des innengeleiteten Charakters massiv. Die erweiterte Familie fällt weg und die leiblichen Eltern und Lehrer bekommen alleinige Verfügungsgewalt über das Kind. Die entstehende soziale Mobilität macht es unwahrscheinlich, dass Kinder immer in die Fußstapfen der Eltern treten. Statt dessen wird das Kind zu viel generelleren Zielen erzogen, die ihm helfen sollen, sozial aufzusteigen, also gerade *nicht* dort zu landen, wo sich die Eltern befinden. Diese Erziehung ist aber vor allem Selbsterziehung des Kindes. Die Eltern setzen zwar den »Kreisel« in Bewegung, aber das Kind lernt sich selbst zu disziplinieren. In dieser Zeit verbreiten sich dementsprechend Selbstdisziplinierungstechniken massiv, beispielsweise das Tagebuch (Riesman, 1953, p. 62).

Diese Konstellation transformiert sich abermals unter Bedingungen des Wohlstands und der bürokratisierten, also routinisierten Innovation. Sozialer Aufstieg hat dann nichts mehr mit Fleiß zu tun, sondern viel mehr damit, was die anderen Menschen über ein Individuum denken. Es gilt dann nicht mehr, sich um wirtschaftliche Propsperität zu bemühen (diese ist ja gesichert), sondern um die Kreation einer Persönlichkeit. Die Menschen verhalten sich zu einander manipulativ. Das gilt auch für die Elternrolle. Eltern versuchen den Kindern zu gefallen und orientieren sich dabei nicht mehr an vorgegebenen Idealen, sondern an dem, was die Massenmedien und Bekannte ihnen als gute Kindererziehung präsentieren. Die Eltern sind hinsichtlich der Standards also in höchstem Maße unsicher und übertragen diese Unsicherheit auf die Kinder (Riesman, 1953, p. 70).

Riesman beschreibt hier für die Interaktion zwischen Kind und Eltern eine Situation doppelter Kontingenz[4]: beiden ist die Sicherheit genommen. Beide Seiten wissen, dass die jeweils andere Seite weiß, dass man im Grunde unberechenbar ist. Das Ergebnis ist eine Situation, in welcher sowohl Kinder als auch Eltern auf Signale des anderen warten: auf Signale, die nicht kommen können. Die einzige handlungsanleitende Sicherheit, die dann noch bleibt, sind eben die Anderen, sei es direkt durch die *peer group* oder vermittelt durch die Massenmedien. Daher erziehen Eltern ihre Kinder auch nicht mehr mithilfe autoritärer Befehle, sondern versuchen an die Vernünftigkeit des Kindes zu appellieren, was einen Kreislauf an gegenseitiger Manipulation in der Familie in Bewegung setzt. Kinder und Eltern kommen sich dadurch sehr nahe, was vor allem auf Kosten der Privatsphäre des Kindes geht. Das Ergebnis der Erziehung ist dann auch nicht mehr ein Kreisel, welcher das Individuum auf einen fixen Kurs der Selbstkontrolle hält, sondern vielmehr ein Radar, das, von den Eltern dem Kind eingepflanzt, die Aufgabe hat, die Umgebung nach den Meinungen der *peer group* zu sondieren (Riesman, 1953, p. 74).

6.2.2.2 Schulwesen

Nicht minder dramatisch sind die Veränderungen der Rolle des Lehrers. Früher eine strafende Instanz, die an der bloßen Übermittlung von Lehrinhalten interessiert war, wird der Lehrer oder die Lehrerin quasi zum *opinion leader* in Geschmacks- und Stilfragen einer Schulklasse. Kooperation mit anderen Kindern wird zum wichtigsten Lehrinhalt erkoren. Das neue Klassenzimmer ist dann kein Ort der Angst und der drohenden Strafe, aber ähnlich wie die Eltern in der neuen fremdgeleiteten Familie, interessieren sich die Lehrer massiv für die Privatangelegenheiten der Schüler, die sich dann weder gegen die Lehrer solidarisieren können noch wollen (Riesman, 1953, p. 79 ff.). Das Meistern von Lehrinhalten wird immer seltener verlangt und abstraktes Denken kaum noch gefördert. Dafür werden aber Spiel und Geschmacksfragen (insbesondere Realismus im Ausdruck) quasi zum Teil des Lehrplans (Riesman, 1953, p. 81 f.). Obwohl es also weniger Drill und formelle Ansprüche in der Schule zu bewältigen gibt als in der innengeleiteten Phase, bleiben Phantasie und Privatsphäre des Kindes auf der Strecke. Das geht so weit, dass sich Kinder nicht einmal mehr aussuchen können, mit wem sie befreundet sind. Kinder lernen

---

[4] | Zum Begriff der doppelten Kontingenz siehe z. B. Luhmann (1984, p. 148 ff.).

vielmehr, dass sie einander gegenüber nett und inklusiv sein müssen. Doch die informellen Sitzordnungen und die bunten Zeichnungen an den Wänden der Klassen verdecken lediglich, dass den Kindern dadurch private Rückzugsmöglichkeiten genommen werden.

6.2.2.3 Freizeit des Kindes

Auch im Bereich der Hobbys sieht Riesman denselben Prozess am Werk wie in der Schule und in der Familie. Während es den Erwachsenen früher egal war, mit welchen Hobbys und mit welchen Freunden das Kind seine Freizeit verbringt, fiebern heute die Eltern bei der Freizeitgestaltung ihrer Kinder mit (Riesman, 1953, p. 85 ff.). Sie sorgen sich darum, dass das Kind auch genug Kontakte zu anderen Kindern hat und vor allem, dass es nicht eigenbrötlerisch und eingebildet ist. Jede Form von Unangepasstheit der *peer group* gegenüber wird als Devianz gewertet. Einen zentralen Stellenwert hat dabei auch die *peer group* selbst. Sie entscheidet über Geschmacksfragen, an welchen sich das Radar des Kindes zu orientieren hat. Sind die Eltern in dieser Konstellation die Richter, so sind die gleichaltrigen *peers* die Jury, welcher der Richter gegenüber quasi weisungsgebunden ist (Riesman, 1953, p. 91 f.). Die Kinder werden dadurch hypersensibel, was diverse Konsummoden betrifft. Oft geben sie daher auch in diesen Fragen den Ton in der Familie an. Ohne diesen permanenten Abgleich von Geschmäckern würde die auf Massenkonsum und marginale Produktdifferenzierung angewiesene Wirtschaft auch gar nicht mehr funktionieren. Kinder werden daher zum ersten Mal durch ihr Freizeitverhalten enorm wichtige Kunden (Riesman, 1953, p. 96). Im Unterschied zu innengeleiteten Personen haben Kinder, vor allem aber Jugendliche, keine eigenen, unabänderlichen Präferenzen beim Konsum. Sie streben nicht nach irgendeinem Objekt oder irgendeiner Mode per se oder weil sie ihnen perönlich gefällt, sondern um mit dem stark massenmedial geprägten Gruppengeschmack konform zu gehen. Riesman nennt dieses Verhalten *objectless craving* (Riesman, 1953, p. 100). Bei all dem geht es nicht offen kompetitiv zu, denn das würde der *peer group* gegenüber nicht »nett« wirken. Statt dessen ist ein verborgener Kampf um gruppeninterne Anerkennung im Gange, oder, wie Riesman (1953, p. 102 ff.) es nennt, antagonistische Kooperation.

6.2.2.4 Massenmedien

Neben *peers*, Eltern und Lehrern sieht Riesman vor allem die Massenmedien als eine Art Umlauferhitzer des fremdgeleiteten Charakters. Die neuen Massenmedien förderten hierbei eine Gruppenmoral, die jede Form von Einzigartigkeit, Zielstrebigkeit und Ernsthaftigkeit unterbindet. Dem Kind wird diese massenmedial vermittelte Einstellung vor allem durch Kinderbücher und Comics beigebracht. Dabei unterscheiden sich die neuen Bücher massiv von den alten Abenteuerromanen und Märchen. Während Kinderliteratur in der Phase des innengeleiteten Charakters vor allem die Aufgabe hatte, Kinder auf ein produktives Erwachsenenleben vorzubereiten, transportiere sie heute vermehrt eine Moral der Anpassung an die Gruppe (Riesman, 1953, p. 105-132). Und wieder sieht Riesman hier eine Automatik wirken, die das Kind zwar nicht wie früher moralisch übersteuere und unter Leistungsdruck setze, dafür aber zu Autonomieverlust führe. Im Vordergrund stehe dann vielmehr, wie die anderen Kinder sich verhalten und dies vor allem unter einem Konsumgesichtspunkt: was mögen die Anderen und wie kooperiert man am besten mit ihnen.

6.2.2.5 Die Arbeitswelt

Riesmans Ansatz versteht sich nun nicht nur als Sozialisationstheorie, denn auch das Arbeitsleben der Erwachsenen ist massiv vom neuen Charaktertypus beeinflusst. Dabei sei es in der innengeleiteten Arbeitswelt im Unterschied zu heute vor allem um die Bearbeitung des *Materials* gegangen (Riesman, 1953, p. 135 ff.). Die Hauptaufgabe des arbeitenden Menschen der innengeleiteten Phase bestand darin, sich im Beruf auf die *Objekte* der Arbeit zu beziehen: sei dies in der Fabrik, im Büro oder in der Werkstatt. Menschliche Kontakte spielten dabei keine allzu große Rolle. Das menschliche Element der Arbeit wurde gedacht, als wäre es von einer unsichtbaren Hand geleitet: man kümmerte sich daher weder um eine gute Stimmung am Arbeitsplatz, noch um Teamarbeit. Es galt langfristig zu planen und an seinem Aufstieg zu arbeiten. Für den jungen Mann der Mittelschicht machte sich diese Einstellung auch bezahlt: es gab wenige Mitbewerber und Fleiß reichte in der Regel aus, um innerbetrieblich aufzusteigen (Riesman, 1953, p. 140).

Ganz anders hingegen die Einstellung des fremdgeleiteten Menschen. Durch die Routinisierung des Innovationsprozesses und soziale Mobilität erscheint ihm die Arbeit weniger mit den Objekten selbst zu tun zu haben, als vielmehr mit den Menschen, die ihn dabei umgeben (Riesman, 1953, p. 151 ff.). Der Betrieb wird immer mehr dominiert vom Ideal der *human relations*. Die Vorgesetzten haben immer weniger mit ihrem eigentlichen Job zu tun, sondern sind vielmehr damit beschäftigt, in der betrieblichen Hierarchie nach oben und unten zu kommunizieren. Generell heißt Aufstieg, dass man sich von den Kernaufgaben entfernt: je weiter oben man ist, desto weniger technisch und desto manipulativer werden die Aufgaben (Riesman, 1953, p. 154 ff.). Gewinnstreben und technisches Können werden im Vergleich zur Außendarstellung des Betriebes immer weniger wichtig. Die neuen Manager sind vorwiegend damit befasst, den Betrieb nach außen hin »nett« aussehen zu lassen und brauchen dafür eine ganze Armee an Beratern und *public relations* Spezialisten, die aber wenig mit dem eigentlichen Aufgabenbereich des Unternehmens zu tun haben (Riesman, 1953, p. 159 ff.). Im Betrieb wird hauptsächlich verhandelt: entweder intern zwischen den Abteilungen oder extern mit Kunden. Die »klassischen« Formen der protestantischen Arbeitsethik bleiben dann nur noch auf Bereiche beschränkt, die technisch nicht routinisierbar sind, wie beispielsweise in den klassischen Professionen oder, dem Niveau der technischen Entwicklung der 1950er Jahre entsprechend, in der damals technologisch noch aufwendigen Datenverarbeitung.

6.2.2.6 Die Freizeit der Erwachsenen

Eng verbunden mit der Veränderung der Arbeitswelt sind auch Transformationen der Bedeutung, die der Freizeit beigemessen wird. In der Phase des innengeleiteten Charakters bedeutete Freizeit zweierlei: a) Flucht aus der Rigidität der Arbeitswelt (Eskapismus) oder b) ostentativer Konsum, also die rationale Aneignung von Luxusgütern zwecks Statusdarstellung (Riesman, 1953, p, 141 ff.). Fremdgeleiteten Menschen sind aber beide Wege versperrt. Aneignender Konsum verliert aufgrund der massiven Wohlstandssteigerung seine statusdarstellende Rolle und eskapistisch kann man nicht mehr sein, da Arbeit und Freizeit immer mehr vermischt werden (Riesman, 1953, p. 167 ff.). Statt dessen versucht man, mithilfe marginaler Differenzierung seiner Konsumpräferenzen guten Geschmack zu beweisen. Am deutlichsten zeige sich das darin, dass die früher puritanischen Amerikaner langsam Gourmets werden (Riesman, 1953, p. 168 ff.). In diesem Sinne wird auch Sex immer weniger mit Reproduktion in Verbindung gebracht und immer mehr als Indikator dafür gesehen, wie gut man bei den *peers* ankommt. Die Ratgeberliteratur, ehedem mit Strategien der Selbstmanipulation und Strategien des sozialen Aufstiegs beschäftigt, verändern ihren Inhalt. Es geht nicht mehr um erfolgversprechende Tipps, sondern um Strategien, anderen zu gefallen. Transportiert werden also nicht mehr Aufstiegsträume, sondern Werte wie interpersonelle Verständigung, Toleranz und Konfliktlösungskompetenz (Riesman, 1953, p. 180).

6.2.2.7 Politik

Der Wille anderen zu gefallen, führe zu einem graduellen Trend der Entmoralisierung der Politik. Anders als in der innengeleiteten Phase sehen die Menschen Politik nicht mehr als bloßes Mittel für das Erreichen gruppenspezifischer Ziele, sondern vermehrt als Hobby und bloßes Gesprächsthema informeller Unterhaltungen (Riesman, 1953, p. 212 ff.). Die Politik wird dementsprechend immer mehr zum Konsumgut. Die Inhalte werden zweitrangig und der fremdgeleitete Charaktertyp ist ihr gegenüber auch eher reserviert. Er weiß ja auch nicht, was er genau von der Politik will, denn für ihn zählt vor allem die Meinung der Anderen. Und die kann sich bekanntlich schnell ändern. Anders als innengeleiteten Moralisierern (Riesman, 1953, p. 200), fällt es solchen Personen schwer, moralische Entrüstung zu zeigen, wenn es um politische Themen geht. Das liegt auch an einem weniger emotionalen und eher zweckorientiertem politischen Stil, der den Menschen Emotionalität gewissermaßen aberzieht (Riesman, 1953, p. 209). Wichtig ist vor allem, sich irgendwie zur Politik zu äußern, auch wenn man keine genauen Vorstellungen von seinen eigenen Präferenzen hat.

Dennoch sind die fremdgeleiteten Menschen der Politik gegenüber nicht völlig indifferent. Sie interessieren sich aber vor allem für den glamurösen Teil der Politik (Riesman, 1953, p. 220). Dass es sich dabei dennoch nur um einen *graduellen* Trend handelt und dass dementsprechend die Politik derjenige Teil der Gesellschaft ist, in dem noch am häufigsten moralische Argumente zum Tragen kommen, liegt an ihrer massenmedialen Darstellung. Die Massenmedien berichten nämlich zum einen überproportional oft über Politik und dies zum anderen auf eine Weise, die den Eindruck entstehen lässt, als ob sich an den Einstellungen des Wahlvolkes nichts geändert hätte und die Gesellschaft noch immer aus innengeleiteten Moralisierern bestünde. Dadurch wird Riesman zufolge der fremdgeleitete Typus jedoch lediglich in der Schwebe gehalten, mit anderen Worten unterrepräsentiert (Riesman, 1953, p. 236).

Die generelle Einstellungsänderung hat dennoch eine reale Grundlage. So sieht man eine Umwandlung des Politischen nicht nur im Bereich der Rezeption von Politik, sondern auch in der Ausgestaltung der Führungsrollen. Die politischen Anführer schauen immer opportunistischer auf den »Willen« der Bevölkerung: ihre Handlungen werden immer fremdgeleiteter (Riesman, 1953, p. 243 f.). Daher könne man auch nicht länger behaupten, dass die Politiker die mächtigsten Personen der Gesellschaft seien. Auch das Militär und die Unternehmer kommen für diese Position nicht infrage, denn sogar in diesen Rollensettings versucht man vermehrt, nach außen hin zu gefallen. Dementsprechend verlagert sich die Macht in der Gesellschaft von wirtschaftlichen, politischen und militärischen Eliten in sogenannte »Veto-Gruppen«, deren Macht jedoch lokal begrenzt ist. Auch diese Entwicklung fördere die Ausbreitung eines fremdgeleiteten Charakters, weil Politik dadurch derartig vertrackt und kompliziert erscheint, dass man dazu nur noch eine distanzierte Meinung haben *kann* (Riesman, 1953, p. 259). Auch hier beschreibt Riesman im Grund die Freisetzung doppelter Kontingenz, also nach demselben Muster wie im Falle der Eltern-Kind-Beziehung. Das fremdgeleitete Publikum weiß nicht, was es von Politikern eigentlich will, die fremdgeleitete Politik wiederum wendet sich aus Ermangelung alternativer Ziele aber an eben dieses unentschlossene Publikum, welchem sie gefallen will. Beide befinden sich in einer Art apathischer Wartestellung.

Riesmans Theorie wurde bisweilen als reine Sozialisationstheorie gelesen und tatsächlich handelt *The Lonely Crowd* zu einem beträchtlichen Ausmaß von Kindererziehung und frühkindlicher Prägung (Messinger/Clark, 1961). Das ist sicherlich kein Zufall, denn seine Theorie basiert auf der (letztendlich freudschen) Grundannahme, dass früheste biographische Erfahrungen lebenslange Effekte zeitigen (Riesman, 1953, p. 19). Genau dieser Aspekt wurde in der Rezeption massiv kritisiert. Es sei unklar, so die Kritik, ob es sich bei *The Lonely Crowd* überhaupt um eine soziologische Theorie handeln kann, wenn doch die Verbindung zwischen Gesellschaft und Charakter in der Psyche gesucht wird (Calhoun, 1951; Messinger/Clark, 1961). Eine soziologische Theorie müsse sich nicht auf solche Kurzschlüsse verlassen, sondern könne die Phänomene, die Riesman beschreibt, ohne Rückgriff auf das Individuum analysieren (Parsons/White, 1961). Auch der demographische Wandel, den Riesman als eigentliche Ursache der Veränderung des Sozialcharakters sieht, mache seine Theorie soziologisch nicht unbedingt aussagekräftiger. Dies zumal die Korrelation von Bevölkerungswachstum und Sozialcharakter auf viele historische Gesellschaften gar nicht zutreffe (Mead, 1951; Aydelotte, 1953; Heberle, 1956). Kritiken dieser Art kann nun entgegengesetzt werden, dass Riesmans seine demographisch fundierte Sozialisationstheorie dadurch soziologisiert, dass er sie zur Grundlage eines *gesamtgesellschaftlichen Strukturwandels* macht.

Es stellt sich also die Frage, durch welchen Mechanismus der neue Charaktertypus die gesamte Gesellschaft infiltriert? Riesmans Antwort ist, dass mit Charakter eben ein *sozialer* Charakter gemeint ist. Das heißt zunächst, dass es die Veränderungen der Bevölkerungsentwicklung und die Steigerung des allgemeinen Wohlstandsniveaus sind, die den Charakter der Menschen verändern, und eben nicht nur die Erfahrungen, die einzelne Menschen im Laufe ihres Lebens machen. Der Charaktertypus ist also nicht bloß die statistische Häufung zufälliger frühkindlicher Erfahrungen. Die Gesellschaft kreiert den Charaktertypus, den sie aufgrund ihrer eigenen Strukturen *braucht*. Der Mensch wird erzogen, damit er das will, was er wollen soll (Riesman, 1953, p. 19 ff.). Insofern wird bei Riesman der Begriff Charakter entindividualisiert und kann dadurch die Gesellschaft »im Kleinen« repräsentieren: gesellschaftliche Strukturen haben ihre Entsprechung in den psychischen Eigenschaften von Menschen.

Konformität und sozialer Charakter sind bei Riesman dementsprechend austauschbare Begriffe (Riesman, 1953, p. 20). Ändern sich demographische Kurve und Wohlstandsniveau, so entsteht ein neuer sozialer Charakter, der darauf ausgelegt ist, mit der neuen Gesellschaft übereinzustimmen. Dass sich dadurch aber nicht nur Sozialisation und Pädagogik ändern, liegt daran, dass der neuartig sozialisierte Mensch allmählich *alle* Teilbereiche der Gesellschaft zu unterwandern beginnt. Der Sozialcharakter als Spiegel der Gesellschaftsstruktur ist lediglich der Keim, der den Menschen als Träger braucht, um gesellschaftsweit blühen zu können. Man täte Riesman also Unrecht, wenn man seine Diagnose ausschließlich als Sozialisationstheorie mit demographischem Fundament lesen würde. Er beschreibt schließlich nicht neue Psychen und auch nicht nur neue Erziehungsmethoden, sondern neue Menschen. Erst dadurch, dass dieser neue Mensch *überall*, von Massenmedien, den Betrieben, über Schulen bishin zum Militär zu finden ist, zeichnet sich für Riesman eine neuartige gesellschaftliche Revolution ab (Riesman, 1953, p. 20 f.). Der neue Mensch verhilft dem Charaktertypus zu gesellschaftsweiter Bedeutung. So verwundert es nicht, dass Riesman es offenbar in Erwägung zog, seiner Diagnose den Titel *What is this American, this new man?* zu geben (Wrong, 1992, p. 387).

Neue Kinderbücher, das exotische Essen auf den Tischen, *human relations* in den Betrieben, die entmoralisierte Politik: sie alle lassen sich zurückführen auf die Abflachung der Bevölkerungskurve, die eine neue Form der Anpassung erforderlich macht, genauer gesagt: eine Anpassung an Wohlstand. Diese Art der Beschreibung ist am ehesten als *pars pro toto*-Argument zu bezeichnen. Was in einem Teil zutrifft, hier in der durch Umweltkontakt veränderten psychosozialen Prägung einer Generation, trifft auch in anderen Teilen der Gesellschaft zu.

Diese *Form* der Beschreibung gesellschaftlicher Verhältnisse ist im Grunde weder neuartig noch in der Soziologie unüblich. Sie findet sich prominent bei der marxschen Vorstellung, dass eine Art von Beziehung, nämlich der organisationsinterne Konflikt zwischen Kapitalisten und Proletariat, ihre Entsprechung auf gesamtgesellschaftlicher Ebene hat (Kieserling, 2005, p. 60). Was Riesmans Theorie nun davon unterscheidet, ist der Umstand, dass der neue Mensch als Teil, der das Ganze repräsentiert, nicht primär durch innergesellschaftliche Umwälzungen entsteht, sondern durch Anpassungen an die demographische Entwicklung. Der neue fremdgeleitete Mensch steht nicht nur deshalb für die Gesellschaft im Kleinen, weil man ihn überall trifft, sondern auch und vor allem, weil er an die neue Gesellschaft *am besten angepasst* ist. Die gesellschaftliche Gegenwart hat damit einen und nur einen Typus, der sie wahrhaftig repräsentiert. In der Sachdimension wird damit die Unterscheidung von Sozialcharakteren zur Unterscheidung von ganzen Gesellschaften. Die Trennung von früher und jetzt wird vergleichsweise einfach, denn in diesem Konzept reicht die Unterscheidung von (demnächst) dominanten und früher dominierenden Charaktertypen, um *Epochenbrüche* zu beschreiben. Vergangenheit und Gegenwart können durch die Angabe nur eines einzigen Faktors getrennt werden.

Riesman entwirft also weder eine allgemeine Theorie der Gesellschaft, noch eine Geschichtsphilosophie. Dies ist insofern erstaunlich, als mit der Demographiethese ja gerade eine historische Konstante beschrieben wird. Was heute im Übergang vom innengeleiteten zum fremdgeleiteten Menschen passiert, ist Riesmans Auskunft nach schon im alten Griechenland in ähnlicher Form zu beobachten gewesen (Riesman, 1953, p. 42). Allerdings präsentiert sich die Korrelation zwischen Demographie und Gesellschaftsstruktur in *The Lonely Crowd* vor allem als Vorlage für die Beschreibung eines gegenwärtigen Trends, dessen Beschreibung den Löwenanteil des Werkes einnimmt. Dementsprechend ist bei Riesman die Entstehung des neuen Menschen kein abgeschlossener Prozess, den es mithilfe historischer Konstanten zu rekonstruieren gilt.

Der neueste Mensch entsteht *gerade eben* und seine Entstehung geschieht nicht über Nacht, denn immerhin muss jener erst zu einem neuen Menschen erzogen werden. Der Übergang vom innengeleiteten zum fremdgeleiteten Menschen ist schließlich, wie Riesman es audrücken würde, *still under way* (Riesman, 1953, p. 29). Die Nebenfolge einer solchen Argumentation ist daher, dass Riesman mit dem Problem umgehen muss, dass der neue Sozialcharakter in einer gegebenen Gegenwart nie der zahlenmäßig dominanteste Typ sein kann. Und tatsächlich ist für Riesman der fremdgeleitete Mensch noch nicht der am häufigsten anzutreffende Sozialcharakter der gegenwärtigen Gesellschaft (Riesman, 1953, p. 36). Neben ihm gibt es stets die alten, herkömmlich sozialisierten Menschen.

Nun kann es Riesman aber nicht bei einem Nebeneinander verschiedener Sozialcharaktere belassen, denn sein Konzept kennt keine Form der Differenzierung von Sozialcharakteren. *Other-direction* ist weder ein Schichtungskonzept, noch ein Milieukonzept, noch ein Konzept zur Differenzierung von Situationen. Es sind Gesellschaften, die durch die in ihnen dominierenden Sozialcharaktere unterschieden werden sollen. Einem Punkt auf der Bevölkerungskurve *einer ganzen Gesellschaft* entspricht somit jeweils *ein* sozialer Charaktertyp. Dass zurzeit nur Teile der Gesellschaft fremdgeleitet sind (weiße großstädtische Mittelschicht), ist Riesman zufolge nur ein Übergangsphänomen und als solches vor allem der immer noch innengeleitet-moralisierenden Berichterstattung der Massenmedien und der Immigration aus Ländern mit hohem Bevölkerungswachstum geschuldet. Beide Faktoren verzerren das reale Kräfteverhältnis zwischen den beiden Charaktertypen zugunsten des älteren.

Damit ist die vielleicht auffälligste Nebenfolge der riesmanschen Argumentation umrissen: der neue fremdgeleitete Mensch als Diagnose einer Generation, deren Dominanz in der Gegenwart gleichzeitig ist und nicht ist. Diese Paradoxie ergibt sich direkt aus der riesmanschen Theoriearchitektur, die sich das Nebeneinander von unterschiedlichen Charaktertypen nicht als horizontale Differenzierung, sondern *nur als Konflikt* und wechselseitige Dominanz vorstellen kann. Dadurch, dass die Sozialcharaktere gesellschaftliche Anpassungen an die jeweilige Bevölkerungsentwicklung sind, repräsentiert in einer gegebenen Gegenwart nur *ein* Typus die Gesellschaft im Kleinen. Insofern verwundert es nicht, dass Riesman für das Verhältnis der Sozialcharaktere die Metapher der archäologischen Schichten verwendet:

»These character types, like geological or archaeological strata, pile one on top of the other, with outcroppings of submerged types here and there.« (Riesman, 1953, p. 49)

Es kann, mit anderen Worten, *nur einen geben*; und wenn es andere neben ihm gibt, so ist es nur eine Frage der Zeit, bis sich ein Dominanzverhältnis einstellt. Es ergibt sich ein paradoxes Bild: der neue Charaktertypus ist zwar zahlenmäßig unterlegen und im Grunde eine Beschreibung der weißen metropolitanischen oberen Mittelschicht der Küstengebiete, aber repräsentiert die gesamte Gesellschaft; der innengeleitete Typ ist zahlenmäßig überlegen und in Bereichen wie der Politik und den Massenmedien noch strukturwirksam, aber eigentlich bereits untergetaucht und marginalisiert.

Diese Argumentation ist jedoch naheliegend, wenn es nicht gelingt, zwischen *Generationenlagerung* und *Generationseinheit* zu unterscheiden (Mannheim, 1964), also für einen Zeitraum mehrere parallel existierende, gleichberechtigte Charaktertypen zuzulassen. Anders als Mannheim kann sich Riesman offenbar nicht vorstellen, dass dieselbe Form frühkindlicher Prägung zur Bildung unterschiedlicher generationaler Einheiten, oder in seiner Nomenklatur, zu unterschiedlichen Sozialcharakteren führt. Innengeleitetheit ist für Riesman unter Bedingungen niedrigen Bevölkerungswachstums keine Alternative zum fremdgeleiteten Charakter, sondern lediglich ein Atavismus. War für Mannheim gerade der Konflikt zwischen unterschiedlichen Generationseinheiten *derselben* Kohorte der Auslöser sozialen Wandels (Pilcher, 1994, p. 491 ff.), so ist dieser Konflikt bei Riesman schon entschieden und zwar stets zugunsten des neuen Menschen. Die Konflikte zwischen innengeleiteten und fremdgeleiteten Menschen sind also bloße Scheinkonflikte. Der soziale Wandel entscheidet sich für Riesman folgerichtig auch nicht auf der Ebene des Konflikts zwischen parallel existierenden Sozialcharakteren, sondern in deren Beziehung zur Bevölkerungsdynamik, also einer *außer*gesellschaftlichen Größe. Somit ist der neue Mensch dazu verdammt, die Gesellschaft zu repräsentieren und dies auch dann, wenn er noch ein recht exotisches Wesen ist.

Die *pars pro toto*-Argumentation hat genau in ihrer Abhängigkeit von der Bevölkerungsdynamik ihre zweite Nebenfolge. Hier muss Riesman mit dem Problem umgehen, dass es der Umweltkontakt in einer sehr spezifischen Form ist, der auf die Gesellschaft als unabhängige Variable einwirkt. Die Phase des allmählichen Bevölkerungsrückgangs ist der Auslöser, der den Neuen Menschen als Anpassung überhaupt erst ermöglicht. Riesman muss an der Stelle aber die Frage unbeantwortet lassen, ob es, wie es die Theorie ja nahelegen würde, bei einem erneuten Ansteigen der Bevölkerungskurve zu einer Renaissance des innengeleiteten Charakters kommen würde. Für Riesmans Argumentation stellt, wie Lipset (1961) feststellt, der Babyboom der 1950er Jahre ein ernsthaftes Problem dar.

Die Vorteile einer solchen *pars pro toto*-Argumentation dürfen in diesem Kontext aber auf keinen Fall unbeachtet bleiben. Schließlich gelingt es Riesman nicht nur, gesellschaftliche Epochen durch die Angabe *eines* Faktors zu trennen, sondern jene auch noch intern »rein« zu halten. Genau in diesem Punkt unterscheidet sich Riesman vielleicht am deutlichsten von Gesellschaftstheorien oder generationenbasierten Theorien sozialen Wandels. Erst durch die Reduktion der Gegenwart auf *einen* Charaktertypus erscheinen Vergangenheit und Gegenwart als unvereinbare, von einander abgeschlossene Epochen, deren Trennung zwangsweise in Begriffen der Diskontinuität wiederzugeben ist: entweder alt oder neu, *tertium non datur*. Die Gegenwart kann scharf von der Vergangenheit unterschieden werden und dies, obwohl Riesman weder für die Vergangenheit, noch für die Gegenwart als Epoche einen Sammelbegriff verwendet. Das ist auch nicht nötig, denn die Gesellschaft *ist* die Dominanz eines Sozialcharakters.

Die Kombination aus *pars pro toto*-Argumentation und Generationenmodell ermöglicht es Riesman, Kontinuitäten zwischen Vergangenheit und Gegenwart zu kappen. Dies ist umso auffälliger, als seine These der demographischen Basis sozialen Wandels im Grunde darauf bedacht ist, Kontinuitäten der Menschheitsgeschichte aufzuzeigen. Jedoch hat genau dieser Aspekt in Riesmans Werk eine andere Rolle, als es auf den ersten Blick erscheint. Die demographische Konstante dient Riesman weniger dem Vergleich unterschiedlicher Epochen, als vielmehr der Konstruktion eines Makrophänomens. Der Neue Mensch, verstanden als Anpassung an eine neue Bevölkerungsdynamik, ist demnach mehr als ein psychologisches oder pädagogisches Phänomen – sein Vorkommen ist sowohl Ausdruck als auch Verstärker eines gesamtgesellschaftlichen Trends. Im Vergleich zu dieser These nimmt jedoch die Beschreibung der Unterschiede zwischen innengeleiteter und fremdgeleiteter Phase eine wesentlich wichtigere Rolle ein. Der Neue Mensch, so der zweite Argumentationsstrang Riesmans, ist nicht nur ein gesellschaftsweites Phänomen, sondern mit dem alten Menschen unvereinbar. Die beiden können nicht nebeneinander bestehen, sondern nur übereinander und auch das nur bis auf weiteres.

Geht es um die Sachdimension sozialen Wandels, hat man es bei Ulrich Beck und David Riesman mit zwei Konzepten zu tun, die auf den ersten Blick nicht nur die zeitliche Distanz trennt, sondern auch konzeptionelle Unvereinbarkeiten. Beck hat kein Interesse an Persönlichkeitsstrukturen und hält auch die im Westen vorherrschende Lebensweise für alles andere als zukunftsweisend. Für Riesman spielen auf der anderen Seite technologisch induzierte Gefahren, ob »real« oder »interpretiert«, keine Rolle. Riesmans Theorie ist eine des Wohlstandes und des konsolidierten Massenkonsums, Beck sieht genau diese Diagnose als überholt.

Trotz dieser Divergenzen scheinen die Werke insofern vergleichbar zu sein, als sie beide versuchen, für die Gegenwart große strukturelle Brüche mit der Vergangenheit zu beschreiben. Becks Konzept sieht dafür einen Globalbegriff vor (Reflexivität), der unterschiedliche und nur lose mit einander verbundene Trends insofern vergleichbar macht, als sie alle Negationen des Alten sind. Ganz unterschiedliche Phänomene läuten dann dadurch eine neue gesellschaftliche Epoche ein, dass sie allesamt Brüche mit den alten Strukturen darstellen. Für Riesman übernimmt der Neue Mensch dieselbe Funktion – die Entschlüsselung seines Charakters ist gleichbedeutend mit der Entschlüsselung einer neuen gesellschaftlichen Phase. Wie die Negation alles Alten ist auch der Neue Mensch ein Topos, der sich nicht auf der manifesten Ebene der Rezeption erschließt. Riesmans Werk ist in der Selbstbeschreibung ja vor allem eine empirisch informierte Generalisierung. Schließlich basieren seine Diagnosen auf Interviews sowie auf Interpretationen von Bild- und Textmaterial[5]. Genausowenig wie Beck den Reflexionsbegriff als argumentativen Kitt versteht, beschreibt Riesman den Neuen Menschen gerade nicht als Mittel zur Konstruktion eines Makrophänomens, sondern vielmehr als beobachtbare (wenn auch generalisierte) Strukturänderung.

Wenn sich nun Zeitdiagnosen dadurch auszeichnen, dass sie gesellschaftsweite Strukturänderungen beschreiben, so sind Beck und Riesman Beispiele dafür, dass man auf zwei funktional äquivalenten Wegen zu solchen Beschreibungen kommen kann. Sei es nun

---

5 | In *The Lonely Crowd* wird das empirische Material nicht explizit als solches gekennzeichnet, die Beschreibungen sind eher impressionistisch. Die Darlegung der empirischen Basis des Werkes erfolgte in einer späteren Publikation unter dem Namen *Faces in the Crowd* (Riesman, 1952).

durch die Konstruktion eines Sammelbegriffes oder durch *pars pro toto*-Argumente: in beiden Fällen handelt es sich um die *Integration von Teilansichten*. Entweder sind viele kleine Trends Anzeichen eines großen umfassenden oder eine Beziehung ist so bedeutsam, dass Strukturänderungen hier gesamtgesellschaftlich bedeutsam werden. Wenn es nun gilt, durch den Vergleich von *unterschiedlichen* Argumentationen zu einem generischen Begriff von Zeitdiagnostik zu kommen, ermöglicht der Vergleich der beiden Autoren eine erste Annäherung an die Besonderheiten dieser soziologischen Kommunikationsgattung.

Zumindest in der Sachdimension liegt es nahe, Zeitdiagnostik als Genre nicht vornehmlich dadurch zu definieren, dass hier gesellschaftliche Makroveränderungen beschrieben werden, sondern eher dadurch, dass *Epochenbrüche durch die Beschreibung von partialen Veränderungen konstruiert werden*. Obwohl Riesman und Beck thematisch und theoretisch wenige Gemeinsamkeiten teilen[6], sind die von ihnen verwendeten Topoi der Sachdimension in zumindest einem Punkt funktional äquivalent: sie beschreiben Veränderungen, die nur auf den ersten Blick klein aussehen, in Wirklichkeit aber von epochaler Reichweite sind. Das darf selbstverständlich nicht darüber hinwegtäuschen, dass trotz funktionaler Äquivalenz die beiden Konzepte unterschiedliche Nebenfolgen haben. Bei Beck ist es die fehlende Autonomie im Bereich der Themenwahl, bei Riesman steht und fällt die Validität der Theorie mit der demographischen Entwicklung. Darüber hinaus müssen sowohl Beck als auch Riesman zur Trennung von gesellschaftlichen Phasen genau bestimmen, inwiefern die Gegenwart mit der Vergangenheit bricht, also den Zeitaspekt sozialen Wandels in ihren Konzepten mitberücksichtigen. Wie auch im Fall Beck, werde ich Riesmans Umgang mit der Zeitdimension der Übersicht halber jedoch weiter unten behandeln.

Zunächst gilt es aber festzuhalten, dass das Denken in funktionalen Äquivalenten ein Denken in Alternativen ist. In diesem Sinne stellt sich nun die Frage, ob es neben den Topoi der Sachdimension, die bisher vorgestellt wurden, auch andere Möglichkeiten gibt, epochale gesellschaftliche Brüche zu beschreiben. Entsprechend der oben dargestellten Konzeption von Genre, kann diese Frage nur dann befriedigend beantwortet werden, wenn eine den bisher untersuchten

---

6 | Die beiden Autoren ähneln sich thematisch vielleicht am ehesten in dem Punkt, dass sie beide dem Umweltkontakt der Gesellschaft eine wichtige Rolle in der Veränderung der Sozialstruktur zuschreiben. Hier ist aber freilich Riesman weitaus konsequenter als Beck, s.o.

Werken möglichst unähnliche Theorie zu Rate gezogen wird. Die Wahl fiel hierbei auf *The Coming of Post-industrial Society* von Daniel Bell.

6.2.3 Die Dominanz eines Teils

Postismen sind in der Soziologie ein recht beliebtes Mittel zur Beschreibung gesellschaftlicher Trends. Man lebe nicht mehr im alten Zeitalter, sondern betrete eine neue Epoche, die mit den Strukturen der vorhergehenden breche. Neben der Globaldiagnose »Postmoderne« (z. B. Lyotard, Baudrillard, Lash) ist der seit dem Zweiten Weltkrieg in der Soziologie am breitesten rezipierte Postismus der von der *postindustriellen Gesellschaft*. Obwohl der Begriff »Postindustrialismus« eine Tradition hat, die weit in das frühe 20. Jahrhundert reicht, wird seit den frühen 1970er Jahren das Konzept der »Postindustriellen Gesellschaft« vor allem mit Daniel Bell assoziiert (Fiala, 2000, p. 2196). Bells Konzept ist aber nicht nur interessant, weil es breit rezipiert wurde, sondern vor allem deshalb, weil es in gewissem Sinne eine Art Kontrapunkt zu den beiden bisher besprochenen Ansätzen bildet.

Anders als die eher impressionistischen Werke von Beck und Riesman, präsentiert sich Bells Arbeit vor allem als überaus quellengesättigte Sozialstrukturanalyse. Während die beiden bislang besprochenen Autoren sich nur am Rande mit anderen sozialwissenschaftlichen Ansätzen beschäftigen, überraschend selten zitieren und dem Leser fast nichts über die jeweilige empirische Grundlage oder Methodik ihrer Analysen mitteilen, entspricht *The Coming of Post-industrial Society* am ehesten dem, was von Seiten der englischsprachigen kritischen Soziologie als *mainstream sociology* bezeichnet wird[7]: eine funktionalistische Analyse mit quantitativer Datenbasis. Anders als die beiden bisher besprochenen Werke, präsentiert sich Bells Ansatz überdies auch weniger als radikal neue und bislang nicht gedachte Konzeption, sondern vielmehr als die Weiterführung bereits aufgezeigter Trends. Dies betrifft vor allem die Vorstellung, dass die Gegenwartsgesellschaft bis vor kurzem eine »Industriegesellschaft« gewesen sei, dass es also unabhängig von der politisch-institutionellen Verfasstheit einer Gesellschaft vorrangig auf den *technologischen Wandel* ankam. Vor diesem Hintergrund versucht auch Bell aufzuzeigen, dass auf beiden Seiten des Eisernen Vorhangs letzten Endes eine vergleichbare Sozial-

---

7 | Zum Begriff »mainstream sociology« siehe Calhoun/VanAntwerpen (2007, p. 367 ff.).

struktur im Entstehen begriffen sei: diesmal eben eine *post*industrielle Gesellschaft.

Auf den ersten Blick ist das Konzept der postindustriellen Gesellschaft der beckschen Darstellung zumindest in der Form nicht unähnlich. Dies insofern, als hier recht disparate Trends zu einer neuen Epoche summiert werden, ohne eine ersichtliche konzeptionelle Klammer vorzuschlagen. Es handelt sich eher um ein Sammelsurium kleinerer, lose verbundener Essays (Craig, 1974; Etzioni, 1974; Janowitz/Olsen, 1974). Bell beginnt dabei zunächst mit der Feststellung, dass sich jede gegebene Gesellschaft konzeptionell in drei Bereiche unterteilen lässt: die Sozialstruktur, die Politik und die Kultur. Mit Sozialstruktur sind Wirtschaft, Technologie, sowie Schichtungs- und Beschäftigungssystem gemeint. Die Politik umfasst für Bell die Regulierung von Macht und Konflikten zwischen Gruppen, die nach Macht streben. Die Kultur schließlich beinhaltet den Bereich symbolischer Expression und allgemeiner Sinnstiftung (Bell, 1973, p. 12 f.).

Für jeden dieser Bereiche lässt sich nach Bell ein sogenanntes *Axialprinzip* formulieren. Dabei handelt es sich um Prinzipien (Bell nennt sie auch Institutionen oder *social frameworks* (Bell, 1973, p. 8 f.)), um die herum die wichtigsten Institutionen dieser drei gesellschaftlichen Teilbereiche organisiert sind. Erfasst man die drei Axialprinzipien, so werden damit auch die wichtigsten Probleme einer gegebenen Gesellschaft ersichtlich (Bell, 1973, p. 115). Sozialer Wandel heißt für Bell dementsprechend zunächst die Veränderung der drei Axialprinzipien, wobei er dafür ein Dreiphasenmodell vorschlägt, das in der Form auch schon bei Riesman und Beck beobachtet werden konnte: eine vorindustrielle, eine industrielle und eine postindustrielle Gesellschaft, wobei sich letztere gegenüber den Strukturen der Industriegesellschaft erst abzuzeichnen beginnt. Jede dieser einzelnen Phasen ist gekennzeichnet durch eine besondere Kombination von Axialprinzipien, die die drei Gesellschaftsbereiche auszeichnen. Bell interessiert sich dabei vor allem für den Übergang zwischen den letzten beiden Gesellschaftstypen und so ist dieser dadurch gekennzeichnet, dass neue Axialprinzipien Sozialstruktur, Politik und Kultur zu durchdringen beginnen und mit den Axialprinzipien der Industriegesellschaft brechen.

Geht es um den Bereich, den Bell Sozialstruktur nennt, so ist die vielleicht bekannteste These die von der Entstehung einer *Dienstleistungsgesellschaft*, in der der Löwenanteil der Bevölkerung nicht mehr im herstellenden, sondern im tertiären Sektor beschäftigt ist (Bell, 1973, pp. 121-164). Wichtig dabei ist, dass Bell damit nicht den

Dienstleistungssektor im Allgemeinen, sondern vor allem das Wachsen des *öffentlichen* Dienstleistungssektors meint, also des Bildungs- und Gesundheitssystems sowie bis zu einem gewissen Grad auch der Freizeitindustrie (Bell, 1973, p. 15, pp. 127-132). Die tragenden Institutionen sind daher nicht mehr wie zu Zeiten der Industriegesellschaft die Fabriken, sondern Universitäten, staatliche Forschungseinrichtungen, Regulierungsbehörden, Universitätskliniken u.ä. Darüber hinaus beschreibt Bell den Aufstieg einer neuen professionell-technischen Klasse, die das bisherige industriegesellschaftliche Schichtungsgefüge verändert und mit den bisherigen Eliten in Konflikt gerät (Bell, 1973, pp. 63-112, pp. 212-265, pp. 358-367, pp. 371-378).

Hierbei handelt es sich, wiederum ähnlich wie in der beckschen Vorstellung, also nicht um die Ausweitung bestehender Schichten im Sinne einer Mittelstandsgesellschaft, sondern eher um eine Umbesetzung der Positionen. Oben sind nicht mehr die Kapitalisten, sondern das wissenschaftlich-technische und bürokratische Führungspersonal, dessen Macht konsequenterweise nicht auf Eigentum basiert, sondern auf abstraktem Wissen, welches nötig ist, um komplexe Steuerungsprozesse in Wissenschaft, Unternehmen und der öffentlichen Verwaltung zu überwachen. Die neue Unterschicht bilden nicht mehr Proletarier, sondern Personen, die in schlecht bezahlten Dienstleistungsberufen (beispielsweise als Telefonisten) oder in technischen Hilfsdiensten beschäftigt sind. Die Veränderung des Schichtungsgefüges ist für Bell demnach vor allem technologisch induziert. Schließlich basieren die in einer postindustriellen Gesellschaft angewandten Technologien anders als in vorindustriellen Gesellschaften weder auf Muskelkraft und Landbesitz, noch wie in Industriegesellschaften auf Energieextraktion und daraus erwirtschaftetem Kapital, sondern auf Information. Bell nennt dies auch den Aufstieg neuer »intellektueller« Technologien, die das Verwalten organisierter Komplexität, v.a. in Gestalt von Sozialtechnologie ermöglichen und erzwingen. Das Mittel dazu sind vor allem der Computer als technisches Medium und die Wahrscheinlichkeitsrechnung als entsprechende Heuristik (Bell, 1973, pp. 24-33, pp. 346-348).

Den neuen Technologien entsprechend verändert sich in der postindustriellen Gesellschaft auch die Vorstellung davon, was Wohlstand ist. Dieser bemisst sich nicht länger an der Warenproduktion, sondern am Lebensstandard und den dazu notwendigen öffentlichen Dienstleistungen in den Bereichen Gesundheit, Bildung, Freizeit und Kunst. Das Wachsen des öffentlichen Sektors ist auch Anzeichen dafür, dass die Gesellschaft immer mehr zu einer sogenannten *communal society* wird. Die zentrale Entscheidungseinheit ist also nicht mehr wie im Falle vorindustrieller Gesellschaften die Familie oder wie im Falle der Industriegesellschaft das Individuum, sondern die Gemeinschaft. Diese muss verstärkt zu einem Modus sozialer Entscheidung finden, denn die aggregierten Entscheidungen einzelner führen zu immer mehr Katastrophen in einer Gesellschaft, die sich aufgrund von Urbanisierung und Großtechnologien nicht mehr lokal organisieren lässt. Bell denkt dabei an Phänomene wie den Straßenverkehr, der zusammenzubrechen droht, wenn jedes Individuum das Recht in Anspruch nimmt, ein eigenes Auto zu besitzen (Bell, 1973, p. 128).

Notwendig werden daher neue Formen der Kooperation zur Kontrolle und Steuerung von Externalitäten individueller Handlungen. In dieser auf Kooperation basierenden Gesellschaft ist das Leben weder ein Spiel gegen die Natur, noch ein Spiel gegen fabrizierte Natur, sondern ein Spiel zwischen Menschen[8], welches weitaus schwieriger zu steuern ist, als der Umgang mit Gegenständen. Vor allem wenn es um solche »sozialen Entscheidungen« geht, könnten Bell zufolge die bereits genannten neuen Technologien Planung trotz überbordender Komplexität vereinfachen. Dieselben Technologien vereinfachen aber Planung nicht nur, sondern verändern den gesellschaftlichen Umgang mit Zeit, konkret mit zukünftigen Ereignissen. Die Zeitorientierung basiert in einer solchen Gesellschaft weder wie im Falle vorindustrieller Gesellschaften auf vergangen Erfahrungen und Traditionen, noch auf *ad hoc* Reparaturen oder »Versuch und Irrtum« wie im Falle der Industriegesellschaft. Vielmehr orientiert sich die postindustrielle Gesellschaft an komplexen computergestützten Abschätzungen der Zukunft (Bell, 1973, p. 345 f.).

Die Möglichkeit qua eben genannter Informationstechnologien bislang unregulierte Bereiche zu planen, ist neben der Entstehung einer Dienstleistungsgesellschaft der für Bell wichtigste Aspekt der neuen Sozialstruktur. Dabei beschreibt er die Entstehung einer, wie er es nennt, *nationalen Massengesellschaft*, die zum ersten Mal in der Geschichte die Politik vor die Aufgabe stellt, Technologien, Unternehmen und sozialen Wandel planend zu steuern (Bell, 1973, pp. 196-212, p. 282 ff., pp. 301-337, pp. 355-358). Dies ist für Bell von epochaler Bedeutung, da sich genau diese Bereiche aufgrund undurchdringlicher

---

8 | Man beachte hier die konzeptionelle Nähe zu Riesmans Vorstellung, der zufolge in einer Gesellschaft mit routinisierter Massenproduktion vor allem zwischenmenschliche Manipulationen den Alltag bestimmen.

Komplexität bislang stets erfolgreich öffentlicher Planung zu entziehen wussten. Im Bereich der Technologie ist vor allem in den USA eine staatliche Wissenschaftsförderung entstanden, die Fortschritt als nationale Strategie versteht. Es entsteht ein staatlich finanzierter und mit dem Staat institutionell verwobener Wissenschaftssektor, auch *big science* genannt (Bell, 1973, pp. 378-408). Anders als noch zu Beginn des 20. Jahrhunderts, kann technologischer Fortschritt nicht mehr Bastlern und Handwerkern überlassen werden (Bell, 1973, p. 22 ff., p. 116). Vor allem Atomtechnologie und Raumfahrt funktionieren nur noch als Großforschung, die zwar über schier unerschöpfliche öffentliche Mittel verfügt, sich dadurch aber in Abhängigkeit zu politischen Programmen begibt (Bell, 1973, p. 386 ff.). Große Datenbanken und elaborierte statistische Verfahren machen es darüber hinaus möglich, steuernd in sozialen Wandel einzugreifen. In der postindustriellen Gesellschaft weiß der Staat über bestehende soziale Probleme trotz bestehender Wissenslücken (Bell, 1973, p. 324 ff.) besser als früher bescheid und versucht diese zu lösen; sei es durch öffentlichen Wohnungsbau, Krankenversorgung oder durch die Erweiterung von Bildungschancen für Kinder aus bildungsfernen Haushalten (Bell, 1973, p. 235 ff.). Auch in diesem Bereich weitet die öffentliche Hand also durch Planung ihre Befugnissphäre aus, denn das postindustrielle Bildungssystem ist zwar so groß und leistungsstark wie nie zuvor, aber fast vollkommen von staatlichen Geldern und damit von, meist sozialreformerischen, Ideologien abhängig.

Zur Sozialstruktur gehört für Bell auch die Struktur der Unternehmen und auch hier vollzieht sich im Umbruch zur postindustriellen Gesellschaft ein radikaler Wandel. Hier ändert sich die Form der *gesellschaftlichen Kritik am freien Unternehmertum*. Anders als noch in der Industriegesellschaft besteht heute die Kritik nicht darin, dass Unternehmen zu groß seien, unfair bezahlten oder künstlich Mangel erzeugten, sondern dass sie durch Verschmutzung die Lebensqualität der Gesamtbevölkerung verminderten (Bell, 1973, p. 272). Offenbar erfüllen die Wirtschaftsunternehmen anders als noch vor dem Zweiten Weltkrieg ihre Funktion der günstigen Warenerzeugung und -versorgung, doch gleichzeitig produzierten sie dabei soziale Kosten, die sie selbst nicht tragen müssen. Dies wird erst in einer Gesellschaft sichtbar, die die Grundversorgung mit Gütern sichergestellt hat, deren Ansprüche also über reinen Konsum hinausgehen. Genau das vollzieht sich in der aufkommenden postindustriellen Gesellschaft, die folglich zunehmend versucht, die Unternehmen dazu zu bringen, soziale Kosten der Produktion zu berücksichtigen, z. B. durch Sicherheits- und Umweltauflagen oder Quotenregelungen.

Bell nennt das den *soziologizing mode* der Unternehmensführung (Bell, 1973, p. 282 ff.). Dieser wird dadurch befördert, dass der Staat oft der alleinige Konsument der hergestellten Waren ist und sich vor diesem Hintergrund in die interne Organisation der Unternehmen einmischt. Darüber hinaus sind die in den Betrieben bezahlten Löhne immer seltener Marktlöhne, sondern Ergebnis von Verhandlungen zwischen Sozialpartnern, also staatlich reguliert. Aus dem gewinnmaximierenden Unternehmen wird ein semi-staatlicher Handlanger der Politik, mit dem Zweck, *allgemeines* Wohlbefinden zu steigern (Bell, 1973, p. 282, p. 344, p. 373). Es wird in diesem Sinn zunehmend schwierig, die Grenze zwischen politischen und unternehmerischen Zielen zu ziehen, weswegen Bell auch von der *subordination* des Unternehmens unter politisch gewollte Ziele spricht (Bell, 1973, p. 268). Obwohl es noch immer keine Methode zur Erschließung solcher wünschenswerten Zwecke abseits von (verschmutzender) Güterproduktion gibt, deutet sich an, dass Unternehmen verstärkt auf externe Anforderungen reagieren müssen, die mit dem Absatz ihrer Produkte wenig zu tun haben. Anzeichen dafür sind neben Umweltauflagen und Quotenregelungen bei der Mitarbeiterauswahl beispielsweise auch Betriebspensionen oder die gesetzliche Regulierung von Urlaubsansprüchen – mit anderen Worten all das, was man »soziale Verantwortung« nennen könnte (Bell, 1973, p. 287 ff.).

Die Entstehung eines solchen »vergesellschaftlichten Unternehmens« beschleunigt auch den Aufstieg der neuen professionellen Klasse. Denn anders als früher ist es im neuen Betrieb nicht mehr möglich, die soziale Funktion der Produktion in persönlichen Besitz und Prestige umzuwandeln. Die Unternehmen sind nämlich nicht nur oft semi-staatlich, sie werden auch immer seltener von den tatsächlichen Besitzern (oft abertausenden Aktionären) verwaltet. Man kann als Manager zwar reich werden, aber nur durch ein hohes Gehalt und selten als Mehrheitseigner. Schließlich verhindert allein schon der Streubesitz von Aktien, dass die eigentlichen Besitzer die Unternehmen leiten. Die professionellen Betriebswirte sind neben den staatlichen Geldgebern die neuen Herren im Hause (Bell, 1973, p. 374). Um ein solcher Herr zu sein, muss man nicht der »Sohn des Alten« sein, sondern an einer guten Universität studiert haben. Das politisierte Unternehmen befördert demnach eine Schichtungsstruktur, deren Basis nicht Blutsverwandtschaft und damit verbundener Besitz ist, sondern formelle

Ausbildung. Das klassische Unternehmertum verliert also an mehreren Fronten an Bedeutung: in der internen Struktur, der Freiheit der Zwecksetzung sowie im Umweltkontakt.

All diese Trends sind für Bell Ausdruck der Entstehung eines *neuen Axialprinzips*, um welches sich die Sozialstruktur der Gesellschaft dreht. Neue Technologien, die damit verbundenen neuen Eliten und neue Möglichkeiten der gesamtgesellschaftlichen Planung sind Anzeichen einer neuen *Zentralität theoretischen Wissens* (Bell, 1973, pp. 115-119, pp. 342-345). Dabei sieht Bell theoretisches Wissen im Gegensatz zur Koordination von Mensch und Maschine zwecks Güterproduktion, also dem Axialprinzip der Industriegesellschaft. Wie bereits angedeutet, ist dieses neue Axialprinzip vor allem ein Wissen um hochabstrakte, multifaktorielle Modelle und weniger um empirisch beobachtbare Kausalitäten mit wenigen kontrollierbaren Faktoren. Auf einen gemeinsamen Nenner gebracht könnte man Bells Vorstellung vom postindustriellen Axialprinzip der Sozialstruktur auch als *planende Gesellschaft* umschreiben. Nichts wird dem Zufall überlassen: weder Technologie, noch Bildung, noch Wirtschaftswachstum, noch soziale Schichtung. In all diesen Bereichen greift der Staat ein und zwar nicht nach dem Feuerlöscherprinzip, sondern vorausschauend und das heißt vor allem in den Computer schauend. In Ost und West entstünden postindustrielle Gesellschaften, die technologiebasiert immer größere Bereiche der Gesellschaft rational planen und steuern können. Auf beiden Seiten des Eisernen Vorhangs heiße Postindustrialismus vor allem Technokratie.

Die Technokratie, die Bell im Sinne hat, ist aber nicht zu verwechseln mit einem Sterben der Politik und einer unideologischen »Verwaltung der Dinge« im Sinne von Saint-Simon. Es ist vielmehr die Politik, die das *Cockpit der Gesellschaft* besetzt. Die Mittel sind technologisch, die Zwecke rein politisch gesetzt. Den Grund sieht Bell zum einen darin, dass die neuen Professionellen keine Klasse mit klar definiertem politischen Willen sind. Zwar hätten beispielsweise Wissenschafter ein einheitliches Ethos, doch unterschiedliche politische Ansichten (Bell, 1973, p. 359). Die technische Intelligentsia ist für Bell, in marxschen Termini ausgedrückt, eher eine *Klasse an sich* als eine *Klasse für sich* (Bell, 1973, p. 376). Das liege auch daran, dass sich Angehörige desselben Standes[9] in unterschiedlichen organisationalen Umfeldern

---

9 | Bell verwendet alternierend für die neue professionelle Elite die Begriffe Klasse, Schicht und Stand.

bewegten. So entstünden zwischen Personen des gleichen Standes Konflikte aufgrund unterschiedlicher Loyalitäten, beispielsweise zu einer Universität auf der einen, einem Ministerium auf der anderen Seite. Standesdünkel sind hier also strukturell genauso ausgeschlossen wie kollektiver politischer Aktivismus (Bell, 1973, p. 377).

Den anderen Grund für die Dominanz der Politik über reine Technokratie sieht Bell in der Allgegenwärtigkeit der Planung selbst. Dadurch dass bislang von der Politik unbehelligte Bereiche reguliert werden, werden Konflikte auch dort öffentlich, wo sie früher privat waren. Die unpersönliche Regulierung durch Märkte wird ersetzt durch politische Entscheidungen, die leicht zuzurechnen sind und Gegenstimmen auf den Plan rufen. *Affirmative action* oder Umweltschutz, um nur zwei Themenbereiche zu nennen, werden dadurch potentielle Konfliktherde zwischen Gruppen, die sich über politische Ziele nicht einig werden können (Bell, 1973, p. 364). Und so ergibt sich für Bell das Bild, welchem zufolge trotz des technischen Kerns der meisten politischen Entscheidungen, letztendlich doch die Politik als Austragungsort von Kämpfen zwischen Weltanschauungen das eigentliche Zentrum der Gesellschaft ist. Es sind bloß die Mittel der Planung, die technokratisch sind, die Zwecke sind normativ gesetzt (Bell, 1973, p. 365) und dies zum ersten Mal auf gesamtgesellschaftlicher Ebene. Für Bell heißt Gesamtgesellschaft jedoch vor allem nationalstaatlich begrenztes Gefüge; deshalb auch die Feststellung, dass die postindustrielle Gesellschaft zum ersten Mal eine *national society* (Bell, 1973, p. 364) ist, dass man also auf nationalstaatlicher Makroebene planen kann.

Die Änderung des Axialprinzips der Sozialstruktur betreffe entwickelte kapitalistische wie entwickelte sozialistische Nationalgesellschaften gleichermaßen (Bell, 1973, pp. 63-119). Doch seien dies Konvergenzen, die lediglich Veränderungen im Bereich der Sozialstruktur beträfen. In den beiden anderen Bereichen der Gesellschaft (Politik und Kultur) gäbe es darüber hinaus Trends, die in der Form nur in demokratisch verfassten postindustriellen Gesellschaften zum Tragen kämen. Das sei zum einen ein verstärktes Auseinanderdriften der auf Rationalität und Effizienz gebauten Sozialstruktur auf der einen, und einer hedonistischen, fortschrittsfeindlichen Gegenkultur auf der anderen Seite (Bell, 1973, pp. 475-489). Zum anderen eine Umdefinition der klassisch modernen Vorstellung von Gleichheit, die immer weniger als Meritokratie und immer mehr als Fairness verstanden wird. Damit verbunden sind Rufe nach Emanzipation und Partizipation seitens unterprivilegierter Gruppen und den damit verbundenen

Ansprüchen auf Quotenregelungen, die zumindest die USA langfristig in eine ethnisch definierte Gesellschaft umbauten (Bell, 1973, pp. 408-455)[10].

Bell beschreibt darüber hinaus noch eine Vielzahl anderer, »kleinerer« Trends, zu denen er sich jedoch nur sehr knapp äußert, beispielsweise die Entstehung neuer Knappheiten abseits der Sicherstellung von Massenkonsum: die postindustrielle Informationsflut mache relevante Informationen zu einem ebenso knappen Gut wie Zeit (Bell, 1973, p. 456 ff.). Andere Trends sind unter anderem die Entstehung eines nationalen Bildungssystems (Bell, 1973, p. 242 ff.) oder die Entstehung einer bislang unregulierten Weltwirtschaft (Bell, 1973, p. 159, p. 483 ff.), letzteres mit schwerwiegenden Folgen für dem Arbeitsmarkt der westlichen Industrienationen. Wie eingangs bereits erwähnt, präsentiert sich Bells Werk also eher als Sammelband zu unterschiedlichen aktuellen Trends, denn als ein System kohärenter Thesen. Nichtsdestoweniger gelingt es Bell, die beschriebenen Trends konzeptionell zusammenzufügen. Dazu verwendet er, grob gesagt, zwei Argumentationsmuster. Zum einen die Vorstellung der *konvergenten Änderung der Axialprinzipien* und zum anderen die daraus abgeleitete Vorstellung von der *neuen Dominanz eines gesellschaftlichen Teilbereichs*.

Zunächst gilt es festzuhalten, dass Bell sich sozialen Wandel als Abfolge von Phasen vorstellt. So besteht er auf der Feststellung, dass die drei Gesellschaftsbereiche einer Phase zwar unterschiedlichen Axialprinzipien unterliegen, sich aber je nach Phase *alle* drei simultan verändern. Die Metapher, die er dabei verwendet, ist die der »Frage«. Postindustrialismus ist für Bell zunächst ein Phänomen der Sozialstruktur, also ein bereichsspezifisches Phänomen, in welchem die Gesellschaft nicht per se aufgeht. Doch diese postindustrielle Sozialstruktur stellt »Fragen« an die zwei anderen Bereiche der Gesellschaft (Bell, 1973, p. 13, p. 375). Im Bereich der Politik sind Rufe nach Partizipation und quotengeregelter Fairness eine Auswirkung der Zentralität theoretischen Wissens und des neuen Schichtungsgefüges, welches die professionelle Elite in Konflikt mit Politikern und Laien geraten lässt (Bell, 1973, p. 13, p. 364, p. 424 ff.). Die Kultur antwortet auf politisierte Technokratie wiederum mit einer anti-institutionellen Selbstfindungssemantik und Hedonismus (Bell, 1973, p. 13, p. 475 ff.). Kultur

---

10 | Die kulturellen und politischen Umwälzungen in der postindustriellen Gesellschaft spielen in *The Coming of Post-Industrial Society* absichtlich eine untergeordnete Rolle. Bell zog es vor, diese Aspekte in späteren Publikationen zu besprechen, z. B. in *The Cultural Contradictions of Capitalism* (Bell, 1976).

und Sozialstruktur verselbständigen sich und passen deshalb nicht mehr zu einander, weil sozialstrukturelle Wandlungsprozesse in Form von Massenkonsum und um sich greifender intellektueller Ressentiments der neuen Eliten die kapitalistische Ethik ausgehöhlt haben (Bell, 1973, p. 477 ff.).

Die Metapher der Frage ist sicherlich nicht zufällig gewählt, denn Bell wehrt sich explizit gegen eine deterministische Sicht im Sinne eines Basis-Überbau-Theorems, welchem zufolge die Sozialstruktur Politik und Kultur kausal beeinflussen würde[11]. Kausalannahmen dieser Art sind in der bellschen Argumentation auch nicht vonnöten, denn die Vorstellung der »Fragen«, die die postindustrielle Sozialstruktur an Politik und Kultur richtet, ist vornehmlich als Bedingung der Möglichkeit zu betrachten, eine Globaldiagnose zu entwerfen. Bell muss nämlich mit dem Problem umgehen, dass die von ihm beschriebenen Axialprinzipien des theoretischen Wissens, der Partizipation und des anti-institutionellen Hedonismus bloß Partialbeobachtungen sind, die sich zunächst zu keinem Globaltrend addieren lassen. Die »Fragen« leisten hier Abhilfe, indem die Axialprinzipien, wenn schon nicht sozialstrukturell determiniert, doch in gewisser Weise konvergieren. Obwohl der erkenntnistheoretische Status dieser »Fragen« dabei alles andere als klar ist (Bendix, 1974, p. 100), gelingt durch dieses Konzept zumindest der Entwurf einer konzeptionellen Klammer. Durch eine solche Argumentation ist es beispielsweise ausgeschlossen, dass das alte industriegesellschaftliche Axialprinzip der Politik (Politik als »Broker« zwischen Standesinteressen (Bell, 1973, p. 310)) angesichts einer postindustriellen Sozialstruktur aufrecht erhalten bleibt.

Für die Kultur gilt vice versa, dass angesichts der postindustriellen Sozialstruktur die Kultur nicht mehr Ausdruck der protestantischen Ethik sein kann, was sie Bell zufolge in Industriegesellschaften tatsächlich einst gewesen ist (Bell, 1973, p. 477). Die unterschiedlichen Axialprinzipien gibt es, mit anderen Worten, je nach Phase nur im »Dreierpack«, sie sind nicht unabhängig von einander kombinierbar. Damit sind die drei Phasen, trotz innerer Differenzierung der Axialprinzipien, gegeneinander abgedichtet. Ich werde im Kapitel 6.3 detaillierter auf die Vor- und Nachteile einer solchen »Abdichtung« von Phasen zurückkommen.

Mindestens genauso wichtig wie die These von einer Konvergenz

---

11 | Siehe Bells Antwort auf den Vorwurf, in Bezug auf das Verhältnis von Sozialstruktur und Kultur/Politik deterministisch zu argumentieren in Tilton (1973, p. 746).

bereichsspezifischer Trends ist bei Bell die These von der neuen Dominanz eines Teils der Gesellschaft, in seinem Fall der Politik. Ich habe weiter oben bereits angedeutet, dass sich Bells Werk zunächst als Technokratiethese lesen ließe und genau diese Lesart wurde tatsächlich von vielen Seiten als Kritik an Bell formuliert (Janowitz/Olsen, 1974; Saffran, 1974; Scase, 1974). Dem kann zunächst entgegengesetzt werden, dass Bells Ansatz eine Technokratiethese mit umgekehrtem Vorzeichen ist: *weil* überall effizienter technokratisch geplant werden kann, wird die Politik zum Zentrum der Gesellschaft. Wahrscheinlichkeitsrechnung und Computer führen nicht zu einer Herrschaft der professionellen Elite, sondern geben Ideologen zum ersten Mal in der Geschichte die Möglichkeit, auf der Makroebene zu planen. Die untereinander ideologisch zersplitterten professionellen Stände sind machtlos gegenüber einem politischen Apparat, der deren Wissen zwar nicht zu erzeugen, dafür aber strategisch zu nutzen vermag.

Deshalb ist Bells Metapher vom Cockpit der Gesellschaft auch so treffend: die Maschine ist kompliziert und man braucht viel Wissen um sie herzustellen; worauf es aber tatsächlich ankommt, ist, wohin sie fliegt, und das entscheiden die Piloten und nicht die Ingenieure. Die Rufe nach Repräsentation und der Hedonismus sind in diesem Sinne Antworten auf eine *ideologische* Technokratie. Sei es, weil die alten *pressure groups* der Industriegesellschaft durch neue ersetzt werden (nicht mehr Gewerkschaften gegen Kapitalisten, sondern Laien und Minoritäten gegen politisierte Professionelle), oder weil man in Extase, Kunst oder einer generellen »carpe diem«-Einstellung Wege aus einer – stets für politische Zwecke! – rational geplanten Welt sucht. Bells These ließe sich demnach so zusammenfassen: Neue Technologien schaffen zum einen den politischen Planer und zum anderen seine Feinde. Die neue Planung hat ihren Gegenpart in der Kultur, die dem Individuum bislang ungeahnt große Freiheiten lässt. Genau darin unterscheidet sich die postindustrielle Gesellschaft am deutlichsten von der industriellen, die in Bereichen wie Wirtschaft, Wissenschaft und sozialen Sicherungssystemen wenig planen wollte und konnte, dafür aber das Individuum extrem streng moralisch maßzuregeln wusste (Bell, 1973, p. 482).

Die postindustrielle Gesellschaft ist eine durch und durch politisierte Gesellschaft, was sich nicht nur anhand staatlicher Regulierungen von Wissenschaft, Wirtschaft und Technologie zeigen lässt, sondern auch daran, dass die Strukturveränderungen der Politik überall in der Gesellschaft schlagend werden (Bell, 1973, p. 445). Das Axialprinzip der neuen Politik, die Repräsentation von benachteiligten Gruppen, beginnt alle Institutionen der Gesellschaft zu unterwandern. Nach Quoten wird nicht nur in den Betrieben, sondern auch an den Universitäten, den Schulen, in Krankenhäusern und auf allen Ebenen der öffentlichen Verwaltung gerufen. Bell zieht daraus die Konsequenz, dass die postindustrielle Politik zu einem Mehr an *gesellschaftsweiten* Konflikten führen muss. Denn was diese Form der Politisierung Bell zufolge auszeichnet, ist, dass die Grenzen der politisch definierten Gruppen gleichzeitig die Grenzen zugewiesener Merkmale sind. Die Mitgliedschaft zu solchen Gruppen kann nicht gekündigt werden: man ist schwarz und weiblich, sein Leben lang, Tag und Nacht. Genau das sieht Bell als bedeutendsten Bruch mit der industriegesellschaftlichen Vorstellung eines politischen Pluralismus »funktionaler Gruppen«, also einer Politik der Interessensvertretungen.

Zwischen Gruppen, die nach ethnischen oder geschlechtlichen Kriterien definiert sind, kann es nämlich keine wechselnden Koalitionen und Loyalitäten geben (Bell, 1973, p. 445), denn über zugewiesene Merkmale lässt sich schlecht verhandeln (Bell, 1973, p. 446). Der Staat sorgt mit ethnisch-geschlechtlichen Quotenregelungen für eine Verengung des Verhandlungsspielraumes in politischen Auseinandersetzungen, die noch dazu nicht mehr isolierbar sind, denn staatlich reguliert wird so gut wie jeder Bereich des Lebens. Ethnische Konflikte oder Geschlechterkonflikte werden somit von einer Frage hochtrabender Ideologie zum konfliktträchtigen Alltag und dies auch dort, wo sie bislang keine Rolle spielten oder jedenfalls nicht offen ausgetragen wurden. Die Politisierung der gesamten Gesellschaft heißt also vor allem Entgrenzung von Konflikten und nicht die Entstehung eines kybernetisch steuernden Leviathans.

Geht es um die Sachdimension sozialen Wandels, bleibt herauszustreichen, dass Bells Argumentation ein funktionales Äquivalent zu dem darstellt, was schon bei Beck und Riesman beobachtet werden konnte: die Integration von Teilansichten zum Zwecke der Beschreibung gesellschaftsweiter Strukturänderung. Diese Integration wird jedoch weder durch die Negation alles Alten wie bei Beck, noch durch eine *pars pro toto*-Argumentation wie bei Riesman hergestellt. Die Integration von Teilansichten wird bei Bell eher durch eine *zeitliche Sychronisation* von bereichsspezifischen Trends und der Behauptung einer neuen *Dominanz eines Funktionssystems* gewährleistet. Die Veränderung geschieht in allen drei Bereichen gleichzeitig und hat dabei ein Steuerungszentrum. Damit umgeht Bell das Problem, mit welchem

Riesman konfrontiert ist, denn die Politik, der Bell eine besondere Bedeutung beimisst, bleibt erstens nur ein Teil unter vielen anderen und befindet sich zweitens innerhalb der Gesellschaft. Die Politik ist nicht der Teil, der für das Ganze steht und dessen Strukturen per Definition die Strukturen der Gesellschaft im Ganzen sind. Die Gesellschaft wird »bloß« politisiert, d. h. dass in bisher unregulierten Bereichen politisch gesteuert wird.

Damit ist freilich nichts über die Bereiche gesagt, die weiterhin politisch unreguliert bleiben. Universitäten müssen ihre Studierenden anhand von Quoten auswählen, aber die Produktion wissenschaftlichen Wissens bleibt auch bei Bell davon unbeeindruckt. *Big science* ist ein staatliches Unterfangen und durchbürokratisiert, aber eben nicht gleichzusetzen mit Lyssenkoismus (Bell, 1973, p. 407 f.). Die semi-staatlichen Unternehmen, deren Ziele unter postindustriellen Bedingungen nicht rein marktwirtschaftliche sein können, sind nicht gleichzusetzen mit Planwirtschaft, denn schließlich werden sie von betriebswirtschaftlich denkenden Managern geleitet und nicht von politisch opportunen Bürokraten. Politisierung heißt also vor allem, dass zu den üblichen funktionssystemspezifischen Codes politische *hinzukommen.*

Die Politisierung der gesamten Gesellschaft ist als konzeptionelle Klammer zu verstehen und nicht als allgemeine Entdifferenzierung. Der Topos, der hier angewandt wird, ist am ehesten als *primus inter pares* zu bezeichnen. Der ausgewiesene Teil ist nicht die Welt im Kleinen, sondern wird, verglichen mit der Welt im Übrigen, besonders wichtig. Er sorgt zudem dafür, dass disparate Trends nicht bloß zeitlich sychronisiert werden, sondern überdies auch einen gemeinsamen sachlichen Fluchtpunkt haben. Dieser Topos ist in diesem Sinne zwar funktional äquivalent zu den beiden bereits besprochenen Topoi der Sachdimension sozialen Wandels, hat jedoch eine Nebenfolge ganz eigener Art. Diese besteht darin, dass Bell die Politisierung lediglich als kleinsten gemeinsamen Nenner zu brauchen scheint und sich sein Werk dementsprechend kohärenter als reine Technokratiethese lesen ließe. Im Vergleich zu seinen Ausführungen über den Dienstleistungssektor, wissensbasierte Technologien und neue professionelle Eliten, nehmen sich die Beschreibungen der neuen Politisierung eher bescheiden aus. Tatsächlich läge es ja zunächst nahe, die Strukturveränderungen der Politik selbst in den Blick zu nehmen, wenn sie denn all die neuen Aufgaben übernehmen würde, die ihr Bell zuschreibt. Die Politik als Erste unter Gleichen bleibt aber eigentümlich unterbelichtet, denn es wird in Bells Werk nicht klar, was die Politisierung der gesamten Gesellschaft für die Politik selbst hieße (Tilton, 1973; Veysey, 1982). Man erfährt außer über den inflationären Gebrauch von Quotenregelungen, den damit verbundenen Konflikten sowie über ein generelles Erstarken der Exekutive (Bell, 1973, p. 312) relativ wenig über das Steuerungszentrum, auf welches es Bell zufolge eigentlich ankäme.

Es wäre an dieser Stelle wie bei Beck und Riesman angebracht, zu untersuchen, wie Bell mit der Zeitdimension sozialen Wandels umgeht. Schließlich ist der Untertitel seines Werkes *A Venture in Social Forecasting* und tatsächlich ist Bells Umgang mit der Datierung sozialen Wandels ein äußerst interessantes Beispiel zeitdiagnostischer Argumentation[12]. Wichtig ist an der Stelle aber lediglich, dass der Topos des *primus inter pares* eine eigenständige Argumentationsfigur bildet, die sich deutlich von den beiden bisher untersuchten Topoi unterscheidet. Anders als Beck definiert Bell die aufkommende Gesellschaft nicht nur *ex negativo*. Auch postuliert er keinen besonders wichtigen Teil, der die ganze Gesellschaft stets in sich repräsentiert. Anders als der demographische Wandel bei Riesman, ist die Politik bei Bell keine unabhängige historische Konstante, die auf Gesellschaften und ihre Individuen einwirkt und so den Keim der Veränderung stets in sich trägt. Vielmehr ist die Politik erst vor kurzem so wichtig geworden, als dass man von einer neuen Gesellschaft reden muss. Der Primat der Politik schweißt disparate Trends zu einer neuen Gesellschaft. In diesem Sinn lässt sich am Beispiel Bell gut zeigen, dass unterschiedliche Wege zur gesellschaftlichen Globaldiagnose führen.

Doch auch mit dem Topos *primus inter pares* ist die Variabilität der Argumentation im Bereich der Sachdimension nicht erschöpft. Ein weiterer interessanter Fall sind dabei Zeitdiagnosen, die auf die Transformation von Kommunikationstechnologien abzielen. Das hier diskutierte Beispiel ist *Amusing Ourselves to Death* von Neil Postman (1985)[13].

---

12 | Ich muss auch hier übersichtshalber auf das Kapitel über die Zeitdimension sozialen Wandels verweisen.

13 | Eine aktuellere Version dieses Themas findet sich in den seit einiger Zeit diskutierten Thesen von Dirk Baecker (2007).

6.2.4 Neue Technologien – Neue Kulturen

Primus inter pares-Argumente sind nicht darauf angewiesen, bestimmten Funktionssystemen eine besondere Wichtigkeit zuzuschreiben. Geht es allein um die Benennung eines Teils der Gesellschaft, welcher Makrotransformationen in Gang setzt, so ließen sich durchaus Alternativen formulieren: Organisationen, Interessensgruppen, aber auch Technologien. Letzteres ist das zentrale Thema von Neil Postmans Zeitdiagnose.

Amusing Ourselves to Death von Neil Postman lässt sich im Grunde auf eine These reduzieren: Neue Kommunikationstechnologien sind nicht bloß technische Artefakte, sondern verändern den Modus, in welchem Gesellschaften Wissen prozessieren. Postman bezieht sich dabei auf die Einsicht von Marshall McLuhan, welchem zufolge Kommunikationsmedien nicht bloß Mittel zur Übertragung von Informationen sind, sondern den Inhalt der Informationen selbst prägen – McLuhans berüchtigte Aussage »*the medium is the message*« (McLuhan, 1964, p. 7). Technologische Innovationen können demnach semantische Transformationen bewirken. So schafft beispielsweise die Erfindung der Uhr berechenbare Zeitsequenzen, die Erfindung der Brille die Vorstellung von der Perfektionierbarkeit des menschlichen Körpers (Postman, 1985, p. 14). Technische Medien bestimmen darüber hinaus nicht nur den durch sie transportierten Inhalt, sie sind für Postman vor allem *Metaphern*. Gemeint ist damit, dass die transportierten Inhalte zu kulturellen Selbstverständlichkeiten werden – sie prägen die Kultur einer Gesellschaft (Postman, 1985, p. 15).

Postmans Anspruch ist es nun, diesen allgemeinen Sachverhalt auf technische Verbreitungsmedien anzuwenden. Hierfür setzt er beim Begriff der Epistemologie an: es gäbe je nach Art des vorherrschenden Verbreitungsmediums eine bestimmte Form der Darstellung von Wahrheiten, bestimmte Formen des *truth-telling* (Postman, 1985, 18). Entlang dieser Unterscheidung trennt Postman Gesellschaftstypen: orale, schriftsprachliche und fernsehbasierte Gesellschaften. In oralen Gesellschaften kann zwischen Wahrheit und der gekonnten mündlichen Darstellung derselben nicht unterschieden werden – durch Sprichwörter kann Recht gesprochen werden, Beweisführung kann von Rhetorik nicht unterschieden werden und bedient sich in der Regel der Deduktion allgemein anerkannter Tatsachen (Postman, 1985, p. 19 ff.). Was aus heutiger Perspektive als bloßes Spiel mit Vorurteilen erscheint, wird in oralen Gesellschaften assoziiert mit aphoristischem

Einfallsreichtum oder Eloquenz, deren Zweck die Formulierung von Aussagen ist, die möglichst breite Zustimmung erlangen können (Postman, 1985, p. 25).

All das ändert sich durch das Aufkommen des Buchdrucks, wobei der Übergang zu einer schriftbasierte Kultur zunächst nur gradueller Natur ist (Postman, 1985, p. 28). Dabei verlieren zuerst Mnemotechnik und Rhetorik ihre vormalige Bedeutung. Bildung heißt dann nur noch Exegese geschriebener Sprache, konkret theologischer Schriften. Vor allem in den nordamerikanischen Kolonien des späten 17. Jahrhunderts entsteht genau auf dieser Basis ein Bildungswesen, welches zum ersten Mal in der Geschichte eine mehrheitlich alphabetisierte Bevölkerung hervorbringt (Postman, 1985, p. 33). Dort war Lesen weder ein reiner Expertensport im Sinne einer mittelalterlichen Scholastik, noch Oberschichtenvergnügen wie im damaligen Europa. Vielmehr entstand im Laufe des 18. Jahrhundert eine *Kultur des Lesens*, die von Stratifikation entkoppelt war (Postman, 1985, p. 35). Nirgendwo auf der Welt gab es zu der Zeit derart viele Leser, derart viele Zeitungen und derart viele öffentliche Bibliotheken. Das öffentliche Leben war, auch aus Ermangelung anderer Verbreitungsmedien, durch und durch schriftsprachlich. In der Sprache Postmans war die Epistemologie dieser Epoche, wenigstens in den USA, zu umschreiben als *Typographic Mind* (Postman, 1985, p. 45 ff.). Gemeint ist damit, dass sich die massenhafte Alphabetisierung nicht auf schöngeistige Muße beschränkte, sondern imstande war, rationale und ernsthafte öffentliche Diskurse zu erzeugen.

Der *Typographic Mind* ist für Postman vor allem ein Phänomen des 19. Jahrhunderts und betraf hierbei die Struktur öffentlicher politischer Debatten. Hier kehrt sich das antike Verhältnis von gesprochener und geschriebener Sprache um: war im antiken Griechenland das geschriebene Wort verschriftlichte Mündlichkeit, so sei das 19. Jahrhundert in den USA dadurch gekennzeichnet gewesen, dass öffentliche politische Reden den Gesetzen der Typographie folgten (Postman, 1985, p. 49). Dies zeige sich auf mehreren Ebenen. Zunächst sei die Aufmerksamkeitsspanne der Hörerschaft bei politischen Wahlkampfveranstaltungen im Vergleich zu heute enorm lang gewesen. So konnten Kontrahenten in Anwesenheit des Publikums mehrere Stunden mit einander diskutieren (Postman, 1985, p. 45 ff.). Die Satzstruktur dieser Reden war nach heutigen Maßstäben sehr komplex, beinhaltete Gliedsätze und ausgefeilte argumentative Strukturen, die die volle Aufmerksamkeit des Publikums erforderten (Postman, 1985,

p. 47 ff.). Vor allem aber ging es um *Inhalte* – auf Argumente folgten Gegenargumente, was ein detailliertes Eingehen auf die Aussage des Anderen erforderte. Die Transkripte dieser Reden seien, so Postman, nach heutigen Maßstäben druckreife Analysen. Die Sequenzialität dieser Ausdrucksform ermöglichte es, sich zum Gesagten wie zu einem wissenschaftlichen Text zu verhalten. Man konnte dem Anderen unlogische Argumentationsführung genauso vorwerfen wie Übergeneralisierungen oder fehlende Kohärenz (Postman, 1985, p. 53). Vor diesem Hintergrund überrascht es nicht, dass sich Postman das 19. Jahrhundert in den USA als gelebte Aufklärung vorstellt:

> »... it is not difficult to demonstrate that in the eighteenth and nineteenth centuries, American public discourse, being rooted in the bias of the printed word, was serious, inclined towards rational argument and presentation, and, therefore, made up of meaningful content.« (Postman, 1985, p. 53)

Diese Form des öffentlichen Diskurses hatte Postman zufolge ihre Entsprechung auch in der *religiösen Praxis*. Die fundamentalistischen freikirchlichen Prediger waren zwar alles andere als liberal und an einer weltlichen politischen Ordnung interessiert, aber die Darlegung ihrer Argumente basierte auf ausgeklügelten theologischen Konstruktionen, die, wie auch in der politischen Sphäre, einem rationalen und in sich logischen Duktus folgten (Postman, 1985, p. 55). Wichtig dabei ist, dass es sich stets um Predigten vor einem Laienpublikum handelte, welches den Argumenten kognitiv folgen musste. Sowohl für die Leistungs- als auch die Publikumsrolle heißt dies vor allem die Fähigkeit zur strengen textbasierten Exegese, also Konzentration auf den Inhalt religiöser Aussagen. Religiosität hieß damals nicht blinder provinzieller Eifer, sondern intellektuelle Anstrengung, weshalb auch viele amerikanische Universitäten auf kirchliche Gründungen zurückgingen (Postman, 1985, p. 56 f.).

Auch das *Rechtssystem* baute zu Zeiten der Schriftkultur auf Räson und logisch durchdachten Argumentationen auf. In seiner distanzierten, analytischen Art ist der Jurist des 19. Jahrhunderts der idealtypische typographische Mensch, was schon allein dem Umstand zu verdanken ist, dass die USA eine geschriebene Verfassung und davon abgeleitete geschriebene Gesetze hatten, um deren Auslegung es bei rechtlicher Argumentation ging (Postman, 1985, p. 57 ff.). Spiegelbildlich stell sich Postman für den Fall des *Wirtschaftssystems* eine rationale Diskursstruktur vor und hat dabei vor allem die Werbung im Auge. Der Konsument wurde von den Produzenten als rational und analytisch konzipiert und dementsprechend standen blanke Informationen über das Produkt im Vordergrund und weniger das Wecken psychologischer oder ästhetischer Bedürfnisse (Postman, 1985, p. 59 ff.). Die Werbung operierte damals in einem Kontext, in welchem die Frage, ob die Information über das Produkt wahr oder falsch ist, noch von Belang war (Postman, 1985, p. 61).

Die Schriftkultur ermöglichte einen kritischen Umgang mit Wissen schließlich auch durch die damals vorherrschenden *Lesegewohnheiten*. Im Vergleich zur Gegenwart verfügten die Menschen über relativ wenig Freizeit, mit welcher dementsprechend umsichtig umgegangen werden musste. Lesen hatte für die Menschen des 18. und 19. Jahrhunderts eine rituelle, fast sakrale Bedeutung (Postman, 1985, p. 62). Was gelesen wurde, musste von Belang sein und durfte in diesem Sinne nicht ausschließlich der Belustigung dienen. Die Schriftkultur brachte alles in allem das hervor, was Postman *Age of Exposition* nennt:

> »Exposition is a mode of thought, a method of learning, and a means of expression (...): a sophisticated ability to think conceptually, deductively and sequentially; a high valuation of reason and order; an abhorrence of contradiction; a large capacity for detachment and objectivity; and a tolerance for delayed response.« (Postman, 1985, p. 64)

Die zentrale These des Werkes ist nun, dass dieses rational-analytische Zeitalter von einer Epoche des *Showbusiness* abgelöst werde. Es entstehe eine neue Kultur. Auch hier ist der Auslöser technischer Natur, wobei es zwei Erfindungen gewesen seien, die die Schriftkultur zerstört hätten. Zum einen der Telegraf, durch welchen es möglich wurde, Informationen über große geographische Distanzen fast in Realzeit zu übertragen. Der Sinn der Information änderte sich dadurch insofern, als nicht mehr der Inhalt von Relevanz war, sondern ausschließlich die Neuheit der Information – Information wurde zur Ware (Postman, 1985, p. 67). Der Inhalt von Nachrichten verliert im Zuge dieses Prozesses jegliche Handlungsrelevanz. So gab es zwar schon vor dem Telegraphen neuheitszentrierte Berichterstattung, doch bezog sich diese meist auf lokale Ereignisse und Probleme, die den Lesern vertraut waren. Nachrichten konnten auf konkretes Erleben bezogen werden.

Im Zeitalter des Showbusiness hat sich diese »information-action ratio« radikal gewandelt: man verfügt über eine überbordende Menge an Informationen, die für konkretes Handeln aber vollkommen irrelevant sind (Postman, 1985, p. 69 ff.). In diesem Sinne ändert sich auch die Bedeutung von Wissen. Hatte die Sequenzialität der Schriftkultur den Lesern noch abverlangt, sich in den beschriebenen Gegenstand hineinzudenken, sich mit Hintergründen und Implikationen der Information auseinanderzusetzen, so zählt jetzt nur noch kontexfreies Faktenwissen (Postman, 1985, p. 72). Die Sinnbilder dieser Wissensform sind das Quiz und das Kreuzworträtsel (Postman, 1985, p. 77).

Die zweite Technologie, die das Aufkommen des Zeitalters des Showbusiness beförderte, ist die Fotografie. Genauso wie der Telegraf schafft sie kontextfreie Information, indem sie ausschließlich das *Hier-und-Jetzt* darzustellen imstande ist. Anders als in der Schriftkultur, kann die Welt nicht mehr als Idee repräsentiert werden, zu der man sich mit Gegenargumenten kritisch verhalten kann. Sie wird zum reifizierten Objekt, zu einer Aneinanderreihung von idiosynkratischen Ereignissen (Postman, 1985, p. 73 ff.). Hierbei geht die Fotografie eine unheilige Allianz mit dekontextualisierten Nachrichten ein. Durch das Hinzufügen von Bildern bekommen auch die irrelevantesten Ereignisse einen Anstrich von konkreter Erfahrbarkeit – sie geben sinnentleerten Nachrichten einen *Pseudokontext* (Postman, 1985, p. 76 f.).

Auf die Spitze getrieben werde dieses *Duett aus Bild und Dringlichkeit* (Postman, 1985, p. 78) durch das Fernsehen. Das Fernsehen wird zur Kommandozentrale und zum Meta-Medium der neuen Kultur. Es beginnt die Gesellschaft zu durchdringen, indem es über alle anderen Medien und Themen berichten kann. Kein anderes Medium hatte bisher die Kraft auch die Form der *Benutzung anderer Medien* vorzugeben (Postman, 1985, p. 79 f.). So sei das Zeitungswesen in den USA bereits zum größten Teil eine Kopie des Fernsehformats: kurze Artikel, viele Bilder, viele kontextfreie Statistiken (Postman, 1985, p. 113). Die wenigen übrig gebliebenen Qualitätszeitungen, die in gewisser Weise die alte Schriftkultur repräsentieren, sind in diesem Kontext nur noch der Widerhall einer vergangenen Epoche (Postman, 1985, p. 78). Wie der Buchdruck ist auch das Fernsehen nun nicht bloß eine technische Innovation unter vielen, sondern eine Metapher für die Gesellschaft selbst. Darüber hinaus produziert das Fernsehen eine eigene *Supra-Ideologie* oder das, was Postman an anderen Stellen Epistemologie nennt. Diese besteht zunächst darin, *jeglichen* gesendeten Inhalt als Unterhaltung zu präsentieren (Postman, 1985, p. 89).

Die Wirkmächtigkeit beschränkt sich aber nicht auf die Veränderung der Selektionskriterien des neuen Mediums. Vielmehr beginnt die Gesellschaft, sich durch die Augen des Fernsehens zu beobachten. Die Konsequenz ist, dass auch außerhalb der Massenmedien ernsthafter, rationaler Austausch von Ideen ersetzt wird durch Unterhaltung (Postman, 1985, p. 95).

Die sichtbarste Auswirkung ist die Aushöhlung der Meritokratie durch Auswahl von Funktionsträgern nach Maßgabe ihres *Aussehens* (Postman, 1985, p. 137). Das betrifft nicht nur Fernsehjournalisten (Postman, 1985, p. 103), sondern auch Politiker (Postman, 1985, p. 128 ff.). Was aber den politischen Diskurs weitaus dramatischer transformiert, ist *Werbung*. Sie reduziert öffentliche politische Debatten der Form nach auf einfache Äußerungen und macht Politiker zu bloßen Prominenten neben Schauspielern, Sportlern oder Künstlern (Postman, 1985, p. 135). Die politische Sphäre verliert jeden Anspruch an Ernsthaftigkeit und so verlagern sich auch die Beweggründe für Wahlentscheidungen von Interessensvertretung hin zu ästhetischen und psychologischen Reizen (Postman, 1985, p. 139).

Diese Art der Politik ist darüber hinaus weitestgehend geschichts- und ideologielos, denn der Fernsehkultur fehlt für ein Prozessieren früherer politischer Ereignisse sowohl die Aufmerksamkeitsspanne als auch ein kohärenter, unfragmentierter Interpretationskontext – was zählt, ist der gegenwärtige Augenblick. Anders als in einer Schriftkultur operiert die Politik im Zeitalter des Showbusiness also in einer *permanenten Gegenwart* (Postman, 1985, p. 140), in der politische Ereignisse in dem Moment vergessen werden, in welchem sie auf den Bildschirmen erscheinen. Widersprüchliche Aussagen, ja sogar Lügen können ungehindert zur Grundlage politischer Entscheidungen gemacht werden, denn es gibt keinen Kontext mehr, der zeitlich getrennte Ereignisse vergleichbar und kritisierbar machen könnte (Postman, 1985, p. 111 f.). In einem derartigen Kontext muss Politik entweder unterhaltend sein oder ruft schlichtweg Indifferenz hervor. Genau darin sieht Postman auch die größte Gefahr, die vom politischen System ausgeht. Sie besteht nicht darin, dass der Staat seine Bürger im orwellschen Sinne überwacht und ihr Wissen zensiert, sondern dass *aus Politik belanglose Unterhaltung* wird, sobald das Fernsehen zur alleinigen Realitätskonstruktion wird (Postman, 1985, p. 142 ff.).

Nun sind neben Politik auch Religion, Wirtschaft und Erziehung im Zeitalter des Showbusiness angekommen. Die Religion vor allem durch Fernsehprediger und religiösen Fernsehkanäle, die nicht bloß zur üblichen face-to-face-Predigt hinzukommen, sondern das Wesen der Religion zu unterhöhlen beginnen. Dies zum einen dadurch, dass man den Sendungen überall folgen kann und dementsprechend eine räumliche Trennung von Profanem und Sakralem nicht mehr gewährleistet werden kann – was im Übrigen zu Lasten des Sakralen gehe (Postman, 1985, p. 121). Zum anderen werden die religiösen Inhalte solcher Sendungen durch Dazwischenschalten von Werbung, Sport oder Nachrichten profanisiert (Postman, 1985, p. 123). Drittens sind sowohl die Aussagen wie auch die Inszenierungen der gesendeten Predigten auf die Wünsche der Zuseher zugeschnitten und nicht aus der rituellen Tradition abgeleitet. Eine solche Religiosität verlangt vom Publikum sehr wenig – sie ist, wie Postman (1985, p. 123) es ausdrückt, »user friendly« und unterhaltend und in diesem Sinne genau nicht sakral. Viertens ist eine fernsehgerechte Darstellung von Religiosität zumeist darauf angewiesen, den Prediger selbst zum Mittelpunkt der Zeremonie zu machen und nicht das Göttliche als Abstraktum, was ja die angemessene Selbstbeschreibung zumindest des freikirchlichen Ritus wäre. Insofern sei diese Art der personalisierten Religiosität strenggenommen blasphemisch und die Fernsehprediger die neuen goldenen Kälber (Postman, 1985, p. 125).

Auch die Wirtschaftsstruktur ändert sich im Zeitalter des Showbusiness. Hier ist es wiederum der Strukturwandel der Werbung, der dazu führt, dass das Publikum über die Eigenschaften des beworbenen Produkts nichts mehr erfährt. Die Werbung ist bildzentriert und erlaubt den potentiellen Konsumenten aufgrund fehlender Information keine rationale Entscheidung. In letzter Konsequenz hebelt diese Form der Werbung den Marktmechanismus aus, durch welchen (wenigstens theoretisch) die Konsumenten die Möglichkeit hatten, durch rationale Entscheidungen gute Produkte von schlechten zu unterscheiden und damit Innovationen herbeizuführen (Postman, 1985, p. 130 f.). Die Unternehmen im Zeitalter des Showbusiness investieren dementsprechend nicht mehr in Forschung und Entwicklung, sondern immer mehr in Marktanalyse, die nicht darauf abzielt, Produkte zu verbessern, sondern Gefühle und Stimmungen zu verkaufen (Postman, 1985, p. 131).

Als letztes Beispiel für das funktionssystemübergreifende Transformationspotential des Fernsehens nennt Postman das Erziehungssystem. Auch hier ist die These, dass die Erfindung des Fernsehens eine Bildungskrise eingeleitet hat, die sich in ähnlicher Form bereits nach Einführung der Schriftsprache und später des Buchdruck zugetragen hatte. Obwohl die Schule auch in der Gegenwart weitestgehend durch die Vermittlung von Schriftsprache geprägt ist, versucht die moderne Pädagogik den Fernseher als neues Medium der Wissensvermittlung einzusetzen. Dem liegt die Ideologie der spielerischen Erziehung zugrunde im Sinne von Sendungen wie der *Sesamstraße*, durch welche Kinder lernen sollen, die Schule zu mögen, indem sie das tun, was sie auch sonst in ihrer Freizeit tun würden: fernsehen (Postman, 1985, p. 146 f). Postman spricht dieser Form von Erziehung allerdings jede Erziehungsfunktion ab. Zum einen ist Fernsehen freiwillig und hat demnach keine disziplinierende Wirkung. Durch den Konsum »pädagogisch wertvoller« Sendungen lernen Kinder also nicht die Schule zu mögen, sondern das Fernsehen selbst, das von ihnen weder Konzentration noch kognitive Anstrengung verlangt (Postman, 1985, p. 147). Im Grunde ist die hintergründige Ideologie der neuen Pädagogik, dass Erziehung und Unterhaltung untrennbar verwoben sein sollten (Postman, 1985, p. 150).

Das funktioniere aber nur unter drei Voraussetzungen. Erstens darf keine Sequenzialität oder Kontinuität erwartet werden (Postman, 1985, p. 151). Jede Sendung, und so auch die pädagogische, ist für ein Publikum ohne Vorwissen gemacht und muss jedes Mal von einer *tabula rasa* ausgehen – kumulativer Wissenszuwachs ist hier also strukturell ausgeschlossen. Zweitens darf man die Zuschauer auch in pädagogischen Sendungen nicht verwirren – sonst fangen sie an, sich zu langweilen und schalten weiter. Der Inhalt muss also auch hier niederschwellig bleiben und keine Form der Erinnerung oder des Nachdenkens voraussetzen (Postman, 1985, p. 152). Drittens können auch bei pädagogischen Sendungen nur Inhalte transportiert werden, die visualisierbar und dramatisierbar sind – komplexe, vernetzte Argumente und Hypothesen können in diesem Rahmen nicht vermittelt werden. In diesem Sinne bedient sich die Pädagogik nicht des Fernsehens als eines neuen Mediums unter anderen, sondern wird selbst zum Fernsehen. Die Schulklassen werden zweitklassige Fernsehshows und dies ohne die Lernleistung zu steigern (Postman, 1985, p. 155 f.).

Es stellt sich nun die Frage, inwiefern sich die Zeitdiagnose von Postman von Dominanzthesen unterscheiden lässt, wie sie beispielsweise bei Daniel Bell zu finden sind. Zunächst hat Postman kein dominantes Funktionssystem im Blick, sondern Technologien, die kulturprägend wirken. Für dieses Durchschlagen der technischen Verbreitungsmedien auf die Gesellschaft im Übrigen verwendet Postman neben dem Kulturbegriff auch Begriffe wie Epistemologie, Diskurs, Medium oder

Metapher. Mit all diesen begrifflichen Variationen ist letztendlich stets dasselbe gemeint: gewisse Technologien zeitigen *gesamtgesellschaftliche* Effekte. Der Unterschied zu Dominenzthesen besteht hier jedoch darin, dass die jeweilige Technologie nicht zu innergesellschaftlicher Entdifferenzierung führt, sondern vielmehr einen Bereich transformiert, der per Definition als undifferenziert gedacht wird. Die *Kultur* der von Postman beschriebenen Epochen ist eine Analyseebene, auf der innergesellschaftliche Differenzierung keine Rolle spielt.

In diesem Sinne verfügen sowohl orale, als auch schriftsprachliche als auch fernsehbasierte Gesellschaften über eine, alle innergesellschaftlichen Grenzen transzendierende, Form der Prozessierung von Wissen, oder konkreter gesagt, der Argumentationsführung. Erst der Zugriff auf diese Ebene erlaubt, über den Umweg der technischen Verbreitungsmedien, Aussagen über die gesamte Gesellschaft. Die Transformation der Gesellschaft geschieht hier weder durch die Negation aller alten Strukturen, noch über die Bezeichnung besonders wichtiger Teile. Selbst die Verbreitungstechnologien sind bei Postman nicht der Teil, der für das Ganze steht – vielmehr sind sie die treibende Kraft der Transformation des *kleinsten gemeinsamen Nenners* einer gegebenen Gesellschaft. So verwundert es nicht, dass Postman an mehreren Stellen betont, dass es ihm eigentlich nicht um das technische Artefakt selbst geht, sondern um die *durch Technologie veränderte Selbstbeschreibung* der Gesellschaft (Postman, 1985, z. B. p. 95, p. 113).

Zeitdiagnosen wie die von Postman sind also darauf angewiesen, eine Analyseebene zu bezeichnen, auf der ein Panoramablick auf die gesamte Gesellschaft möglich ist. Begriffe wie »Kultur« eignen sich dafür insofern am besten, als sie per Definition keinem Bereich der Gesellschaft exklusiv zuordenbar sind. Eine Entdifferenzierungs- oder Dominanzthese ist hier gar nicht mehr notwendig – Kultur durchdringt alle Bereiche der Gesellschaft. In einem zweiten Schritt muss *eine* Variable gefunden werden, die die Transformationsdynamik dieser Ebene erklärt. Somit sind auch solche Zeitdiagnosen unifaktoriell, wohlgemerkt in einem anderen Sinne als die bislang analysierten Ansätze. Der eine ausgewiesene Faktor, bei Postman die technischen Verbreitungsmedien, muss hier so gewählt werden, dass auch er keinem gesellschaftlichen Teilbereich exklusiv zugeordnet werden kann. Verbreitungstechniken bieten sich hierfür wiederum insofern an, als auch diese nicht bestimmten Teilen der Gesellschaft zugeordnet werden können. Auch aus einer gesellschaftstheoretischen Sicht begeben sich nach der Durchsetzung der Schrift, da es sich ja um ein situations-

und themen*un*spezifisches Medium handelt, bekanntermaßen *alle* Funktionssysteme in die Abhängigkeit von Texten (Luhmann, 2005a, p. 136 ff.).

Die Besonderheit der zeitdiagnostischen Wendung dieser Erkenntnis liegt darin, dass hier Verbreitungstechniken und die daraus abgeleiteten Kulturformen einander *ablösen*. Bei Postman kommt das Fernsehen nicht zu Schriftsprache hinzu oder spezifiziert ihre Handhabung (Luhmann, 2005a, p. 103 ff., p. 144 ff.), sondern löscht diese aus (Postman, 1985, p. 86). Nur vor diesem Hintergrund kann ein Wechsel von Dominanzverhältnissen unterstellt werden – das Fernsehen als neue *Kommandozentrale* der Gesellschaft (Postman, 1985, p. 79). Es ist im Übrigen nur vor diesem Hintergrund möglich, neue Verbreitungsmedien zu moralisieren. Die Nebenfolgen der Struktur der Kommandozentrale sind nämlich gleichzeitig Nebenfolgen für die gesamte Gesellschaft. In Postmans Augen amüsiert sich die Gesellschaft durch das Fernsehen zu Tode: der öffentliche Diskurs werde zu »dangerous nonsense« (Postman, 1985, p. 16), und ein »culture death« (Postman, 1985, p. 161) scheine fast unausweichlich.

6.2.5 Das neue Regime

Ich möchte die Analyse der Sachdimension zeitdiagnostischer Argumentationsverfahren mit einem Beispiel abschließen, das sich aufgrund seines eklektizistischen Zugangs keinem der bislang vorgestellten Topoi eindeutig zuordnen lässt. Das Beispiel ist *The Corrosion of Character* von Richard Sennett (1998). Diese Zeitdiagnose hat unter den hier besprochenen Ansätzen aus mehreren Perspektiven eine Sonderstellung. Zunächst versteht Sennett seinen Beitrag explizit als langen Essay, in welchem weniger eine thematisch inklusive Gesamtdiagnose der Gesellschaft vorgeschlagen, als vielmehr ein zentrales Argument anhand unterschiedlicher alltagsnaher Beispiele durchexerziert werden soll (Sennett, 1998, p. 11).

Es ist ein Buch, das vor allem für ein Laienpublikum geschrieben wurde und dies auch nicht verbirgt. So *bittet* Sennett seine Leserschaft an mehreren Stellen geradezu entschuldigend, doch einen Blick in den Appendix zu wagen, wo einige seiner Thesen mit Datenmaterial unterfüttert werden. Zudem sind die im Werk verstreuten Hinweise auf Fachliteratur nicht nur frei von jeglichem Fachjargon, sondern beinhalten oft Hinweise zum historisch-biographischen und disziplinären Hintergrund der jeweiligen Autoren, also Fakten, die bei einem Fachpublikum als bekannt vorausgesetzt werden könnten. Methodologische und konzeptionelle Diskussionen, detaillierte Begriffsdefinitionen, Zitate im Text sowie abwägende Erläuterungen zu pointierten Thesen fehlen beinahe vollkommen. Es handelt sich somit um eine Zeitdiagnose, die, anders als die bislang besprochenen Werke, allein schon aufgrund ihrer Form nicht leicht mit einem akademischen Beitrag verwechselt werden kann.

Es bietet sich dennoch an, an dieser Stelle eine genauere Analyse zu unternehmen, da *The Corrosion of Character* in idealtypischer Deutlichkeit mit einem Topos arbeitet, der in den anderen hier besprochenen Zeitdiagnosen lediglich zwischen den Zeilen auszumachen ist: die Darstellung von gesamtgesellschaftlicher Brüchen anhand alltäglich erfahrbarer Transformationen. Sennetts Einsichten basieren dabei auf der Darstellung individueller Schicksale, die in anekdotischer Weise als Anschauungsmaterial für gesamtgesellschaftliche Transformationsprozesse herangezogen werden. Dieser eigenwillig persönliche Stil ist eine mögliche Erklärung dafür, dass sein kurzes und sehr elegant geschriebenes Buch trotz diverser Publikumspreise[14] in der akademischen Soziologie eher verhalten rezipiert wurde. Anders als im Falle von Riesman, Bell oder Beck entstanden im Zuge der Publikation keine vergleichbar breit angelegten Forschungsprogramme. Diverse Untersuchungen aus Arbeits-, Organisations- und Lebenslaufsoziologie orientierten sich in groben Zügen zwar an Sennetts Diagnose (Geissler, 2002; Webb, 2004; Hughes, 2005; Schröder, 2008; Schröder, 2009), aber anders als in den bislang besprochenen Fällen, blieb die Wirkung auf eben diese Subdisziplinen des Faches beschränkt. Die relativ geringe fachinterne Rezeption ist aber nicht nur auf den essayistischen Stil, sondern sicherlich auch darauf zurückzuführen, dass es sich um ein vergleichsweise junges Werk handelt. Die Mühlen des *peer review* mahlen in der Soziologie bisweilen besonders langsam.

Sennetts Zeitdiagnose ist auf den ersten Blick eine Charakterstudie des riesmanschen Typus. Auch hier ist die Grundaussage, dass die Gegenwart durch die Entstehung eines neuen Charaktertyps gekennzeichnet ist, der zwar noch nicht die gesamte Gesellschaft infiltriert hat, aber auf dem besten Wege dazu ist. Anders als für Riesman ist für Sennett die gesellschaftliche Transformationsdynamik aber keiner anthropologischen Konstante, sondern dem Strukturwandel *eines*

---

14 | Siehe dazu z. B. Kovalainen (2000, p. 177).

Funktionssystems, nämlich der Wirtschaft zuzuschreiben. Diese habe sich innerhalb der letzten dreißig Jahren in einen neuen Kapitalismus verwandelt, der sich durch folgende Charakteristika von seinem älteren Vorgänger unterscheidet:

1. Es ist ein neuer Typ der Unternehmensführung entstanden, der keine längerfristigen Pläne mehr erlaubt. Statt dessen gilt das Motto »no long term« (Sennett, 1998, p. 22 ff.). Die Dynamik liberalisierter Märkte zwingt Firmen, ihre internen Strukturen sowie die Dienstleistungen und Produkte, die sie anbieten, ständig neuen externen Anforderungen anzupassen und, wenn nötig, radikal zu verändern. Das Ziel sind hohe kurzfristige Erträge. In diesem Sinne bricht der neue Kapitalismus mit seiner sozialstaatlich und gewerkschaftlich stabilisierten Vergangenheit, die sich zwischen dem 2. Weltkrieg und den 1970er Jahren etablierte und auf langfristiger Planung aufgebaut war. Die gegenwärtige flexibilisierte Wirtschaft ähnelt somit am ehesten dem »wilden« und ungezügelten Kapitalismus des 19. Jahrhunderts.

2. Dem kurzen Zeithorizont entspricht die Veränderung der formalen Struktur der neuen Unternehmen. Pyramidenförmige Befehlsketten werden durch netzwerkartige Strukturen ersetzt, in denen die arbeitsteilige Differenzierung von Aufgabenbereichen sowie persönlicher Aufstieg und Abstieg nicht mehr klar vorgegebenen und temporär fixierten Regeln folgen (Sennett, 1998, p. 23). Waren die idealtypischen Unternehmen um die Mitte des 20. Jahrhundert vor allem durch streng routinisierten Fordismus geprägt, so ließe sich gegenwärtig der Niedergang dieser Organisationsform beobachten (Sennett, 1998, p. 39 ff.). Das heutige Unternehmen ist gezwungen, sich ständig neu zu erfinden und mit bestehenden Routinen zu brechen (Sennett, 1998, p. 47 ff.).

3. Die neuen Unternehmen unterscheiden sich von ihren fordistischen Vorgängern auch durch die Größe der Produktionseinheit. Die große Fabrikhalle wird ersetzt durch eine Kooperation hochspezialisierter Subeinheiten, die ja nach Marktlage rasch ausgelagert, neu gegründet und wieder abgeschafft werden können. Die neue flexible Produktionsweise erfordert schnelle Entscheidungen, die nicht den Weg durch die formalisierte Hierarchie abwarten können. Statt dessen verlassen sich die neuen

Unternehmen auf das Teamwork kleiner Gruppen, die autonom auf externe Anforderungen reagieren müssen (Sennett, 1998, p. 52, p. 106 ff.).

4. Erzwungen werden diese Transformationen durch liberalisierte Märkte, aber ermöglicht werden sie durch neue Technologien, v.a. durch computergestützte Kommunikation, die beinahe in Echtzeit verläuft und große geographische Entfernungen zum Verschwinden bringt.

Wie in den anderen hier besprochenen Fällen bleibt es auch bei Sennett nicht bei der Beschreibung bereichsspezifischer Veränderungen. Neue Formen der Unternehmensführung sind auch in diesem Fall lediglich der Ausgangspunkt, von dem aus gesamtgesellschaftliche Strukturbrüche konstruiert werden. Ähnlich wie Riesman gelingt auch Sennett dieser Sprung durch den Verweis auf den gerade sich verändernden Sozialcharakter. Was in der Wirtschaft passiert, hat seine Entsprechung auf der funktional unspezifischen Ebene einer generalisierten Persönlichkeitsstruktur. Während *The Lonely Crowd* es aber zumindest der Leserschaft überlässt, die gegenwärtige Veränderung als positiv oder eher negativ zu bewerten, stellt für Sennett der durch den neuen Kapitalismus flexibilisierte Sozialcharakter eine eindeutige Pathologie dar – er markiert eine *Zersetzung* derjenigen persönlichen Eigenschaften, die Menschen an einander binden und für eine nachhaltige Persönlichkeitsentwicklung sorgen (Sennett, 1998, p. 27). Der Großteil der Diagnose besteht folglich aus der Gegenüberstellung neuer, defizitärer Erwerbsbiographien mit alten, die Individuen zwar der Langeweile der Routine und strikter hierarchischer Unterordnung aussetzten (Sennett, 1998, p. 32 ff.), dadurch aber zumindest stabile Lebensentwürfe und langfristige Lebensplanung ermöglichten.

Da wäre zum einen der gut ausgebildete und hervorragend bezahlte IT- Spezialist Rico, Sohn eines italienischstämmigen Hausmeisters. Obwohl Ricos Biographie ein Paradebeispiel für sozialen Aufstieg ist, fehlt dessen Leben die Stabilität, die sein Vater trotz geringen Einkommens und niedrigem sozialen Status genießen durfte. Der Hausmeister blieb sein ganzes Leben in einem Betrieb beschäftigt, wusste ganz genau, wann er in Pension gehen würde, und bezog seine Selbstachtung daraus, dass sein Fleiß seinen Kindern und Bekannten ein Vorbild sein würde (Sennett, 1998, p. 15 ff.). Vor allem aber konnte Ricos Vater seinem Leben einen Sinn zuschreiben oder wie Sennett (1998, p. 30) es ausdrückt, er konnte ein »Narrativ« um sein Leben spinnen: fleißig sein, unterordnen, Haus bauen, Familie versorgen, Kinder ausbilden, sich mit Ende sechzig zur Ruhe setzen.

Ricos Leben ist hingegen von einer permanenten Drift gekennzeichnet. Beruflicher Erfolg bedeutet für seine Generation gerade das Ablehnen von kleinbürgerlicher Stabilität. Er hat bereits mit Mitte dreißig mehrmals Wohnort und Job gewechselt und sich als Berater selbständig gemacht. Diese Flexibilität verunmöglicht jedoch die Ausbildung einer persönlichen Identifikation mit dem Beruf und die Ausbildung langfristiger sozialer Beziehungen – sei es am Arbeitsplatz oder in der Freizeit. Diese neue Generation ist nicht mehr imstande, aus ihrer alltäglichen Arbeit eine stabile Ethik und konstante Werte abzuleiten. Die auf kurzfristige Erträge und flexible Anpassung ausgerichtete Wirtschaft erlaubt es nicht, dem eigenen Leben ein sinnhaftes Narrativ abzuringen. Rico wäre seinen Kindern gerne ein moralisches Vorbild, aber sein eigener beruflicher Werdegang hat keinen überzeitlichen Vorbildcharakter. Erfolg im neuen Kapitalismus bedeutet nämlich gerade, sich nicht auf langfristige Ziele einzulassen, keine moralischen Verpflichtungen und Loyalitäten gegenüber Betrieb und Mitarbeitern zu haben und Instabilität eher als Chance denn als Gefahr zu sehen. Der neue Kapitalismus führt demnach zu einem *Konflikt* zwischen dem Anspruch auf stabile, wertgebundene Charaktereigenschaften und täglichen Erfahrungen in einer Arbeitswelt, die langfristige Lebensplanung strukturell verunmöglicht. Waren bis zur Mitte des 20. Jahrhunderts radikale Strukturbrüche in Lebensläufen meist die Folge historischer Katastrophen, so sind sie heute zum Alltag all jener geworden, die von der Dynamik der liberalisierten Wirtschaft profitieren wollen (Sennett, 1998, p. 31).

Die neuartige Wirtschaftsstruktur zwingt Menschen, sich dauernd neu zu erfinden und Risiken einzugehen; alles andere wird als Stillstand und Rückschritt gewertet. Des sozialen Aufstiegs willen seine gesamte berufliche Laufbahn und sein ganzes Vermögen aufs Spiel zu setzen, ist heute nicht mehr das Privileg besonders wagemutiger Individuen, sondern wird zum Imperativ für die gesamte arbeitende Bevölkerung (Sennett, 1998, p. 80). Selbst im reifen Alter den Beruf zu wechseln und Neues auszuprobieren wird in hohem Maße honoriert.

Dass risikoreiche Entscheidungen jedoch mit hohen persönlichen Kosten verbunden sind, illustriert Sennett am Beispiel von Rose, einer New Yorker Barbesitzerin, die ihren Job zugunsten einer auf den ersten Blick vielversprechenden Anstellung in einem Werbeunternehmen aufgab (Sennett, 1998, p. 76 ff.). Obwohl sie vor allem wegen ihrer langjährigen Erfahrung im Gastgewerbe eingestellt wurde, musste sie die bittere Erfahrung machen, dass die Werbebranche einem Neuheits- und Innovationskult huldigt, der dem Wissen »alter Hasen« keinerlei Bedeutung beimisst. Was zählt sind dichte Kontaktnetzwerke, durch welche geschlossene kreative Eliten gegenseitig die neuesten Gerüchte, Stimmungen und Trends austauschen. Vor allem aber ist es ein Bereich, in dem die eigentliche Leistung, wie z. B. das Einwerben von Aufträgen, überraschend wenig zählt. Objektive Kriterien dafür, wie gut man den Job gemacht hatte, waren für die bodenständige Rose nur sehr schwer auszumachen. Statt dessen waren die Angestellten der Werbefirma offenbar vor allem damit beschäftigt, winzigen Details des täglichen Umgangs im Büro einen Sinn abzuringen: wen der Chef am Morgen wie begrüßt hatte, wer zum gemeinsamen Mittagessen eingeladen wurde und wer nicht, wer mit wem nach der Arbeit auf Drinks ging etc. In diesem Sinne handelt es sich für Sennett bei der Werbefirma um ein für den neuen Kapitalismus typisches Organisationsschema ohne Langzeitgedächtnis. Ohne klare Erfolgs- oder Misserfolgskriterien, startet man quasi jeden Tag von neuem, muss sich permanent unter Beweis stellen, was vor allem denjenigen schwer fällt, die wie Rose klare Vorgaben gewöhnt sind.

Die Barbesitzerin riskierte den Jobwechsel und scheiterte; nach einem Jahr war sie wieder in ihrer Bar und schenkte arbeitslosen Künstlern und lokalen Alkoholikern Getränke aus. Sennetts Punkt ist nun, dass diese Form des Scheiterns eigentlich mit hoher Wahrscheinlichkeit zu erwarten gewesen wäre. Die Protagonistin passte weder von ihrem sozialen Status, ihrem Alter, ihrem Ausbildungsgrad noch ihrem Habitus in das Milieu. Die neue flexible Wirtschaftsstruktur zwingt Menschen jedoch, das Eingehen von Risiken als Charaktertest zu betrachten: wichtig sind nicht die Erfolgsaussichten, sondern dass man sich auf Neues einlässt und dies auch dann, wenn rational betrachtet der Versuch zum Scheitern verurteilt ist (Sennett, 1998, p. 90). Langfristiges Planen wird dadurch verunmöglicht. Was bleibt ist die Konzentration auf zeitlich unmittelbare Zusammenhänge, in denen man gefangen ist; man weiß, dass etwas getan werden muss, auch wenn man nicht weiß was.

Die Konsequenz ist zum einen eine Art permanenter Angststarre (Sennett, 1998, p. 91). Zum anderen zeigt für Sennett das Beispiel von Rose, wie die Wertschätzung riskanten Verhaltens mit einem Jugendkult einhergeht, der Menschen schon ab Mitte vierzig zum »alten Eisen« rechnet: Flexibilität ist gleich Jugend, Rigidität ist gleich Alter

(Sennett, 1998, p. 93). Den Betroffenen erscheint ihr eigenes Wissen mit steigendem Alter immer weniger wert. Obwohl nun ältere Mitarbeiter auch unter Bedingungen des flexiblen Kapitalismus nicht allesamt entlassen werden, so schafft das Klima permanenter Risikobereitschaft die diffuse Sorge, nutzlos, unflexibel und unbrauchbar zu werden. Wenn nun biographische Krisen in Form von Entlassungen aber tatsächlich eintreten, so interpretieren die Betroffenen ihre Lage zunehmend als Folge übervorsichtiger persönlicher Entscheidungen in der Vergangenheit.

Sennett verdeutlicht dies an einer Gruppe ehemaliger Programmierer bei IBM, die Anfang der 1990er Jahre einer großangelegten Entlassungswelle zum Opfer gefallen waren (Sennett, 1998, p. 122 ff.). Die Gruppe traf sich über Jahre hinweg regelmäßig in einem Café und diskutierte die Gründe ihrer Entlassung. Zunächst machte man externe Faktoren für die missliche Situation verantwortlich: das schlechte Management der Vorgesetzten, die Auslagerung des IT-Sektors nach Übersee, sogar die jüdische Abstammung des neuen Firmenchefs. Letztendlich wurden sich die Männer aber einig, dass sie selbst als Individuen falsche Entscheidungen getroffen hatten, als dies noch möglich war. Man hätte sich, wie die jungen *start-ups* im Silicon Valley, schon zu Beginn der 1980er selbständig machen und mehr Risiken eingehen können. Obwohl nun diese Deutung den arbeitslosen Programmieren half, einen psychischen Selbstheilungsprozess in Gang zu setzen, so bot sie keinerlei zukunftsorientierte Lösung. Aus Sennetts Sicht erlaubt eine flexibilisierte und auf unmittelbare Entscheidungen beschränkte Wirtschaftsstruktur nur noch retrospektive Deutungen der eigenen Erwerbsbiographie – man schreibt Scheitern seiner eigenen Feigheit zu, ohne wissen zu können, was demnächst zu erwarten ist (Sennett, 1998, p. 135). Resigniert, aber mit einer Erklärung, zogen sich die entlassenen Programmierer aus dem öffentlichen Leben zurück und engagierten sich, wenn überhaupt, nur noch in der Kirche.

Die zerbrochene Einheit von langfristigem Lebensentwurf, Selbstachtung und alltäglicher Arbeitserfahrung ist für Sennett somit zum einen auf verengte Zeithorizonte der Unternehmenskultur zurückzuführen. Zum anderen wird diese Entwicklung durch technologische Innovationen verstärkt, die eine flexible Spezialisierung des Produktionsprozesses ermöglichen. Unternehmen können sich dadurch zwar sehr schnell veränderten Umweltanforderungen anpassen, doch mit der Arbeit in einem solchen Umfeld können sich die Beteiligten nicht mehr identifizieren; Arbeitsprozesse werden im Detail unverständlich und austauschbar.

Sennett verdeutlicht dies am Beispiel der Geschichte einer Bostoner Bäckerei (Sennett, 1998, p. 65 ff.). Ursprünglich von einem jüdischen Kleinunternehmer gegründet, war der Betrieb über Jahrzehnte hinweg fest in der Hand griechischer Arbeiter, die unter extrem harten körperlichen Bedingungen die lokale Nachbarschaft mit Gebäck versorgten. Es war ein enger, heißer, schmutziger Ort, der nur dank langjähriger eingespielter Koordination funktionierte. Die gemeinsame ethnische Identität, die wechselseitig auf einander abgestimmten Arbeitsschritte und nicht zuletzt die gewerkschaftliche Organisation, die die Anstellung im Betrieb vom Vater auf den Sohn vererbbar machte, schafften eine persönliche Solidarität inmitten der Entbehrung. Die flexibilisierte Wirtschaftsstruktur veränderte die Bäckerei von Grund auf. Sie gehört jetzt einem multinationalen Nahrungsmittelkonzern, die Angestellten sind ethnisch bunt zusammengemischt und arbeiten nicht mehr unter der Rigidität gewerkschaftlicher Regulierung. Die Beschäftigten sind auf Teilzeitbasis angestellt, können sich ihre Arbeitszeit frei einteilen und im ehedem von griechischen Männern dominierten Raum finden sich neben vielen jungen Frauen auch Afroamerikaner und Einwanderer aus Ostasien und Lateinamerika.

Vor allem aber ist die Bäckerei ein vollautomatisierter, sauberer Ort geworden, in dem die eigentliche Arbeit von Maschinen mit benutzerfreundlichen Oberflächen getan wird. Den Angestellten bleibt lediglich das Einstellen des richtigen Backprogramms für den unfertigen Teig. Die Geschichte der Bäckerei ist auf den ersten Blick also eine Geschichte des Fortschritts: die Arbeit ist weitaus weniger mühsam und zeitlich rigide und zudem offen für Gruppen, denen davor entweder aufgrund ihres Geschlechts oder ihrer ethnischen Zugehörigkeit der Zutritt verwehrt blieb. Auf den zweiten Blick ist es jedoch diese Entwicklung, die die Angestellten eine indifferente Einstellung zur eigenen Arbeit einnehmen lässt. Die benutzerfreundliche Oberfläche der Maschinen ermöglicht zwar einen flexiblen Einsatz der Arbeitskraft und schnelle Anpassung an Kundenwünsche, aber eine persönliche Identifikation mit der Tätigkeit ist gerade deshalb nicht mehr möglich. Der eigentliche Prozess des Brotbackens bleibt den Angestellten genauso verborgen wie der Algorithmus, der hinter dem Brotbackprogramm steht. Die Reaktion auf diese Intransparenz ist aber nicht Wut, sondern das, was Sennett (1998, p. 71) *lack of attachment* nennt. Den auf Teilzeitbasis angestellten Arbeitern ist es schlichtweg nicht wichtig, welche technischen Prozesse hinter dem fertigen Brotlaib stehen. Ob nun als Beschäftigte in einem Copyshop, einer Schuhfabrik oder einer Großküche: sie sehen lediglich leicht zu bedienende Interfaces, die das Endprodukt und den damit verbundenen Arbeitsprozess austauschbar erscheinen lassen.

Die fehlende Identifikation mit der Arbeit erschwert die Einschätzung des eigenen Status. Die griechischen Männer wollten vor allem als Familienväter und gute Arbeiter wertgeschätzt werden. In ihrem Selbstverständnis unterschied sie zweiteres von der auf soziale Fürsorge angewiesenen schwarzen Unterschicht und den von mafiösen Strukturen abhängigen italienischen Einwanderern. Auch für die neuen Angestellten ist die Selbstbeschreibung als »guter Arbeiter« ausschlaggebend für die Einschätzung des eigenen sozialen Status, bloß erschwert der technologisch flexibilisierte Produktionsprozess die Definition dessen, was ein guter Arbeiter sein soll. Man schwitzt nicht, man arbeitet nicht den ganzen Tag, man kennt die Kollegen nicht besonders gut und wird demnächst ohnehin einen anderen Job annehmen. Für Sennett identifizieren sich Menschen vor allem mit Aufgaben, deren Lösung sie herausfordert. Benutzerfreundliche, körperlich wenig anstrengende und leicht übertragbare Aktivitäten kreieren somit die Voraussetzung für einen distanzierten und im wahrsten Sinne des Wortes *oberflächlichen* Umgang mit Arbeit, die weder identifikationsstiftend ist, noch zur Ausbildung eines sinnhaften biographischen Narrativs taugt.

Kurzum: Die neue Wirtschaft schafft neuartige Biographien. Sennetts Diagnose basiert nun auf der Kombination mehrerer bislang herausgearbeiteter Topoi. Einerseits handelt es sich um eine funktionssystemspezifische Dominanzthese: wenn man etwas über neuartige Entwicklungen der Gesamtgesellschaft erfahren will, müsse man in den idealtypischen Betrieb schauen – ein durchaus marxistischer Gedanke. Allerdings gewinnt bei Sennett die neue Form des Wirtschaftens ihre Dominanz nicht dadurch, dass sie die Autonomie anderer Funktionssysteme untergräbt – über die Beziehung zwischen der flexibilisierten Wirtschaft und der Politik, den Massenmedien, der Rechtsprechung, der Wissenschaft oder der Kunst erfährt man in *The Corrosion of Character* im Grunde gar nichts. Sennett ist auch nicht auf die Behauptung angewiesen, dass das Motto *no long term* auch für andere Bereiche der Gesellschaft gilt. Die grenzüberschreitende Dominanz der neuen Wirtschaft ist nämlich kein globaler Führungswechsel, sondern vielmehr ein Sammelsurium etlicher kleiner, alltäglich erfahrbarer Veränderungen typischer Erwerbsbiographien.

Der Begriff, den Sennett (1998, p. 10) für diese unmittelbare Allgegenwart einer dominanten Struktur verwendet, ist *regime of power*: Ein Teil gewinnt Macht über das Ganze, indem er dieses in seinen kleinteiligen Strukturen verändert. Um die Dominanz eines solchen »Regimes« zu behaupten, ist es im Übrigen nicht zwingend, den veränderten kleinteiligen Strukturen statistische Signifikanz zuzuschreiben. So ist evident, dass der neue Flexibilisierungsdruck nur für einen winzigen Bruchteil der Weltbevölkerung und nur für ganz bestimmte Branchen des Dienstleistungssektors kennzeichnend ist (Varman, 2000). Um jedoch aufzuzeigen, dass die dargestellten biographischen Muster mehr sind als bloß tragische Zufallsbeispiele, reicht ihre Suggestivkraft als für die Epoche »typische« Beispiele. Um dies sicherzustellen, muss es sich erstens um Phänomene handeln, denen zumindest prinzipiell eine empirische Beobachtbarkeit zugeschrieben werden kann. Sennett betont aus diesem Grund abermals, dass die von ihm beschriebenen Situationen im Zuge (unstrukturierter) Feldforschung herausgearbeitet wurden. Zweitens müssen solche Beispiele als Symptome eines größeren Zusammenhanges dargestellt werden können. Lokale Phänomene dürfen nicht nur auf sich selbst verweisen, sondern müssen als Symptome einer generellen Transformation handhabbar sein. Die generelle Transformation muss dabei nicht im Detail ausgearbeitet werden, sondern hat lediglich die Aufgabe, den kleinteiligen Veränderungen überlokale Bedeutung beizumessen. Diese Funktion übernimmt in Sennetts Zeitdiagnose die veränderte Unternehmenskultur. Drittens, und in diesem Kontext am wichtigsten, müssen die beschriebenen Phänomene beim Publikum bekannte Assoziationen wecken, die im Zuge der Ausarbeitung des Arguments vom Autor transformiert werden. Wie funktioniert dies im Detail?

Sennett bedient sich in der Behauptung eines neuen Regimes neben der Dominanzthese auch eines Topos, den Edmondson (1984, p. 52 ff) *actual type* nennt: Beispiele, die »typisch« sind, ohne idealtypische Modelle oder statistisch repräsentative Fälle zu sein. Sie funktionieren vielmehr als Zeichen oder Symbole, die für ein bestimmtes Milieu mit über die konkreten Fälle hinausreichenden Implikationen verbunden sind. Die Leiden des Teamwork, karrierebedingte Übersiedlungen und Umorientierungen oder die Austauschbarkeit benutzerfreundlicher Hochtechnologie überzeugen nur dann als Anzeichen eines globalen Regimewechsels, wenn sie, mit Peirce gesprochen, als *token* eines *types* erkannt werden. Milieu- oder schichtspezifische Sozialisation ermöglicht dabei dem Publikum, die wenigen bildhaften Ausschnitte als generalisierbare »Zeichen der Zeit« zu erkennen. Die Beispiele ermöglichen eine Perspektivenübernahme und man kennt sie vielleicht sogar aus der eigenen Biographie: der gehetzte Unternehmensberater, der kommunikationsintensive aber inhaltsleere Tratsch in der Werbeagentur, die frustrierten alten Informatiker. Auch die Verhältnisse in der Bäckerei sind all denjenigen vertraut, die eine solche entweder um die Ecke haben, sich also nicht nur in Vorstadtsupermärkten mit Nahrung versorgen, oder selbst Erfahrungen mit prekären Arbeitsverhältnissen gemacht haben. Letzteres betrifft neben Immigranten, Frauen nach längeren Erwerbspausen und bildungsfernen Schichten vor allem die wichtigsten Abnehmer zeitdiagnostischer Soziologie: Studierende.

Sennett schreibt mit anderen Worten über und *für* Personen, die an ihrer eigenen *upward mobility* leiden. Der Übergang von einer funktionssystembezogenen Diagnose zum Makrotrend gelingt somit weniger durch eine theoretische Klammer wie eine »Zweite Moderne« oder eine anthropologische Konstante, als vielmehr durch eine milieuspezifische Alltagsnähe, die es der angenommenen Leserschaft erleichtert, die beschriebenen Typen mit eigenen Erfahrungen zu vergleichen. Ricos Schicksal teilt man womöglich selbst, im Freundeskreis findet sich früher oder später eine Rose. Je besser die *actual types* auf die Erfahrungen eines bestimmten Milieus angepasst sind, desto eher fügen sich für dieses die verstreuten Geschichten zur Allgegenwärtigkeit eines »Regimes« und verlieren damit ihren Zufallscharakter und ihre Exklusivität. Beim Lesen von *The Corrosion of Character* erfährt man über das angenommene Publikum mindestens genauso viel wie über den unterstellten Epochenbruch.

Für eine Zeitdiagnose, die globale Regimewechsel mit alltäglichen *actual types* plausibilisiert, reicht es jedoch nicht, an persönliche Assoziationen zu appellieren. Um überhaupt berichtenswert zu sein, muss ein gesellschaftlicher Strukturwechsel zudem auch ein Überraschungspotential bergen. *Actual types* sind hier insofern ein praktisches Argumentationsmittel, als damit an bekannten Beispielen angesetzt werden kann, um diese in ihrer Bedeutung zu verändern (Edmondson, 1984, p. 57 ff.). Man kennt die Typen zwar aus dem eigenen Umfeld, aber, so Sennetts Argument, man kennt nur die positive Seite ihres durchflexibilisierten Lebenswandels. Permanente berufliche Umorientierungen, Teamwork, flexible Arbeitszeiten und leichte technische Handhabung sind auf den ersten Blick allesamt Fortschritte im

Vergleich zur organisatorisch starren und körperlich anstrengenden Arbeit früherer Tage. Für den Überraschungswert sorgt die andere Seite der Medaille. Hier lässt Sennett die beschriebenen Personen in tragischen Rollen agieren. Sie sind allesamt keine der Epoche angepassten Meister der Flexibilität, sondern zerbrechen an einer Arbeit, die ihnen nicht den Halt gibt, den sie sich eigentlich wünschen. Seine flexibilisierte und unstete Biographie machte den ehemals liberalen Rico zum Konservativen, der unabänderliche Werte und Ideale hochhält (Sennett, 1998, p. 27 f.).

Die Tragik des flexibilisierten Regimes besteht also darin, dass wir noch immer die »alten« Menschen sind, die sich nach der verlorenen langfristigen Perspektive sehnen. Man hat es bei *The Corrosion of Character* also gerade nicht mit der Beschreibung eines neuen Charaktertypus zu tun. Anders als bei Riesman wird bei Sennett ein alter Charaktertyp gerade nicht durch einen neuen ersetzt, sondern von der neuen Wirtschaftsordnung *zerstört*. Die Betroffenen bleiben in einem destruktiven Schwebezustand der andauernden Haltlosigkeit zurück. Sennett gelingt damit in der Sachdimension eine *Betonung der Negativität* gegenwärtiger Entwicklungen, die viel eindeutiger formuliert ist, als in den bisher besprochenen Zeitdiagnosen, in denen (mit Ausnahme von Postman) die Zersetzung alter Strukturen stets mit der Entstehung neuer einhergeht. In *The Corrosion of Character* wird die Gegenwart demgegenüber durchgehend unter dem Gesichtspunkt des Defizits beschrieben. Durch das Herausstreichen dysfunktionaler Aspekte wird eine neue und ungewöhnliche Perspektive auf wohlvertraute Situationen und Typen möglich – Bekanntem wird Unbekanntes abgerungen.

Die Betonung von Negativitäten, die Plausibilisierung von Makrotrends anhand milieubedingt bekannter Typen sowie funktionssystemspezifische Dominanzthesen kommen in der einen oder anderen Variante in allen hier analysierten Zeitdiagnosen vor. Das Spezifikum an Sennetts Diagnose ist aber zum einen die gekonnte Kombination dieser Topoi und zum anderen der weitestgehende Verzicht auf eine theoretische Klammer in der Sachdimension sozialen Wandels. Selbst die Diagnosen von Riesman und Beck, die offenkundig mit Blick auf einen hohen alltäglichen Wiedererkennungswert formuliert wurden, fordern von der Leserschaft ein relativ hohes Maß an Abstraktionsfähigkeit – weder der Zusammenhang von Bevölkerungskurve und Charaktertypus noch das Ende der ersten Moderne sind für ein Laienpublikum auf den ersten Blick ersichtlich oder unmittelbar erfahrbar.

The Corrosion of Character lebt im Vergleich dazu fast ausschließlich von der Suggestionsvkraft aktueller Typen. Sennett hält sich weder mit Begriffsdefinitionen noch mit einer Theorie der flexibilisierten Wirtschaft lange auf. Sein Interesse gilt vielmehr den Einzelschicksalen, mit deren Hilfe die gesellschaftsweite Dominanz eines Funktionssystems veranschaulicht, aber nicht erklärt wird. Die Beschreibung neuer Regime ist somit ein Topos sui generis, der im Falle von Sennett am klarsten hervortritt und auch als Darstellung eines *neuen Alltags* umschrieben werden könnte.

An diesem Topos lassen sich zwei Punkte verdeutlichen: erstens, dass die Sachdimension sozialen Wandels neben der Beschreibung globaler Makrotransformationen, neuer Menschen oder Technologien auch durch lokale Bezüge thematisiert werden kann. Wie für massenmediale Berichterstattung, scheint auch für soziologische Zeitdiagnosen zu gelten, dass neben epochalen, weitreichenden Zäsuren auch die alltäglich erfahrbaren Details gerade deswegen berichtenswert sind, weil man über die eigene nähere Umgebung gut informiert zu sein glaubt und jede zusätzliche, überraschende Information hier besonders wertvoll erscheint (Luhmann, 1996, p. 60 f.). Zweitens wird an Sennetts Beispiel deutlich, dass soziologische Zeitdiagnosen vollkommen frei von gesellschaftstheoretischen Bezügen formuliert werden können. Sennett behauptet, anders als die anderen hier analysierten Zeitdiagnostiker, an keiner Stelle ausdrücklich, dass die moderne Gesellschaft in eine neue Phase trete, die ältere soziologische Beschreibungen obsolet mache. Für seine Gegenwartsdeutung reicht die These von einer sich transformierenden Arbeitsethik im flexiblen Betrieb (Sennett, 1998, p. 98 ff.). Dass es sich dabei nicht bloß um funktionssystemspezifische Veränderungen, sondern um generalisierbare »Zeichen der Zeit« handelt, sehe man daran, dass wir auch außerhalb des neuen Betriebs an dessen Flexibilisierung leiden.

Das neue Regime das den Alltag verändert, bietet als Topos der Sachdimension somit die Möglichkeit, gesellschaftliche Transformationen zu beschreiben, ohne diesen eine breite Diskussion über bestehendes soziologisches Wissen voranzustellen. Für ein Laienpublikum wird dadurch die Lesbarkeit der Zeitdiagnose enorm erleichtert. Für die akademische Soziologie ist es jedoch sehr schwer, sich zu einem solchen »langen Essay« zu äußern. Wenn empirische Grundlagen nur als aktuelle Typen vorhanden sind und begrifflich klare theoretische Diskussionen fehlen, stellt sich die Frage, ob es sich hierbei überhaupt um eine *soziologische* Zeitdiagnose handelt. An Sennetts Zeitdiagnose lässt sich jedoch gut illustrieren, wie gesamtgesellschaftliche Strukturveränderungen ihren Halt an alltagsnahen Beispielen finden. In idealtypischer Weise kommt hier ein Topos zur Anwendung, der sich in abgewandelter Form auch in den anderen hier diskutierten Zeitdiagnosen finden lässt. Rico und Rose haben ihre Entsprechungen in Postmans Talkshows, Riesmans neuen Erziehungsmethoden, Bells weißen Krägen und Becks Tschernobyl.

6.2.6 Topoi der Sachdimension im Vergleich

Fragt man nach dem gemeinsamen Bezugspunkt der Topoi der Sachdimension, so fällt auf, dass die hier untersuchten Zeitdiagnosen bei der Beschreibung von Transformationen nicht auf der Ebene der Gesamtgesellschaft ansetzen. Seien es neue Technologien, neue Charaktertypen oder neue Dominanzverhältnisse: die gesellschaftlichen Transformationen spielen sich zunächst in Teilbereichen oder Nischen ab, die erst in einem zweiten Schritt zu gesamtgesellschaftlichen Veränderungen addiert werden. Es werden also nur solche Transformationen beschrieben, die *lokalisierbar* sind, also der Veränderungsdynamik von Teilen zugeschrieben werden können. Die Alternative dazu wäre die Beschreibung von Veränderungen, die zwar in allen Teilbereichen der Gesellschaft beobachtbar sind, aber keinem dieser Teilbereiche exklusiv zugeordnet werden können. Die dafür notwendige Abstraktion der Analyse wird in den hier analysierten Zeitdiagnosen aber nicht geleistet. Diese suchen nach »Nussschalen« des Wandels, in denen sich die Gesellschaft im Kleinformat wiederfinden lässt. Der Bezugspunkt der Topoi der Sachdimension ist in diesem Sinne formulierbar als der Versuch, Makrotransformationen ohne Makrotheorie zu formulieren.

Diejenigen Zeitdiagnosen, die sich noch am ehesten um die Formulierung von Makrotheorien bemühen, bleiben aus eben genanntem Grund hierbei sehr unspezifisch. Die Transformation der Bevölkerungsdynamik bei Riesman ist dabei insofern ein Anschauungsbeispiel, als sie prinzipiell wieder umkehrbar ist (Riesmans Beispiel von Fremdgeleitetheit in der griechischen Antike) und daher die Dominanz eines bestimmten Charaktertypus stets nur vorläufig bleibt. Riesmans Makrotheorie beschreibt lediglich ein permanentes Auf und Ab, ein Oszillieren zwischen hohen und niedrigen Geburtenzahlen und den entsprechenden Sozialisationsmustern. In diesem Sinne ist die riesmansche Theorie eine würdige Nachfolgerin dessen, was Van der Pot (1999, p. 715 ff.) *undulatorische Geschichtsdeutungen* nennt: Geschichte als ewige Wellenbewegung widerstreitender Prinzipien[15]. Riesmans Deutungen der Gegenwart zwingen ihn jedoch, einen Schritt weiter zu gehen, als das bloße Auf und Ab der Geburtenzahlen mit Charaktertypen zu korrelieren. Er ist um den Nachweis bemüht, dass die *gerade eben* abflauenden Geburtenzahlen Effekte auch außerhalb des Erziehungssystems zeitigen. Der demographische Wandel schafft gerade eben neue Menschen, die neuen Menschen gerade eben eine neue Gesellschaft. Was durchaus als Geschichtsphilosophie oder Makrotheorie funktionieren könnte, beschränkt sich bei Riesman dann doch auf die zeitlich letzte Wellenbewegung.

In dieser Hinsicht ist Ulrich Beck am nächsten zur Formulierung einer aus den Teilen selbst nicht ableitbaren Makrotheorie, jedoch kann der dafür gebrauchte Reflexivitätsbegriff nicht mehr leisten als zu behaupten, dass in der zweiten Moderne alle ständischen Reste der ersten Moderne beseitigt werden – freilich ohne konzeptionell zu klären, welche Bereiche davon erfasst werden und welche nicht. Wie bereits angemerkt sind alle Trends willkommen. Reflexivität bleibt bei Beck deshalb ein unspezifischer Begriff, weil er nichts ausschließen und somit auch nichts bezeichnen kann. Aus dem konzeptionell durchaus möglichen abstrahierenden Vergleich des Verschiedenen wird bei Beck das bloß gleichzeitige Nebeneinander unterschiedlicher Trends.

Makrotransformationen, so kann zusammengefasst werden, sind in Zeitdiagnosen Auswirkungen lokalisierbarer, also Teilbereichen der Gesellschaft zurechenbarer Transformationen. Die Nebenfolgen dieses Bezugspunktes unterscheiden sich je nach Ansatz jedoch recht deutlich von einander.

Im Falle Becks wurde bereits auf die fehlenden Autonomie der Themenwahl hingewiesen. Das Nebeneinander vieler unterschiedlicher Neuheiten lässt thematisch zu viel offen – externe Beobachter müssen dann die Komplexitätsreduktion für die Theorie bewältigen. Die Nebenfolge von Dominanzthesen ist wiederum, dass man sich zwischen zwei unhandlichen Theoriearchitekturen entscheiden muss. Die eine wäre eine Art totalitärer Entdifferenzierung mit einem Funktionssystem, einer Gruppe, einer Organisation oder einer neuen Technologie an der Spitze. Die Zeitdiagnose wäre dann eine Theorie dieses Teils

---

15 | Meist gedacht als Wellenbewegungen von Blüte und Verfall, was auf Riesman in diesem Sinne nicht zutrifft.

der Gesellschaft, also wiederum keine Makrotheorie, denn über die Gesellschaft im Übrigen ließe sich wenig mehr sagen, als dass sie Handlangerin des dominanten Teils sei. Postmans Theorie des Fernsehens entspricht weitestgehend dieser Argumentationsarchitektur. Der andere Weg führt, wie beispielsweise bei Bell, zur Behauptung wechselseitiger, aber asymmetrischer Einflussnahme. Es werden dann alle Funktionssysteme gleichzeitig verwissenschaftlicht und politisiert, letzteres aber etwas mehr als ersteres. Die Diagnose besteht dann in einem generellen »Mehr« an gegenseitigen Einflussnahmen und zwingt zu Aussagen des Typs »einerseits – andererseits«. Dies hat den Nachteil, dass eine präzise Gewichtung bestimmter Einflüsse sehr schwierig wird. Es verwundert aus dieser Perspektive nicht, dass Bells Zeitdiagnose bisweilen als Technokratiethese gelesen wurde, obwohl es eigentlich die Politisierung der Gesellschaft ist, die Bell konzeptionell am Herzen liegt.

Geht es um technikbasierte Zeitdiagnosen, so ist die Nebenfolge die Reduktion gesellschaftlichen Wandels auf *einen* Kausalfaktor. Wie im Kapitel zur Zeitdimension sozialen Wandels noch genauer gezeigt werden wird, unterstellen Ansätze dieser Art ja zunächst ein Nacheinander verschiedener Formen. Ob Fernsehen, Computer oder Internet: als technische Artefakte trennen sie Epochen und lassen die alten Technologien mehr oder minder funktionslos zurück. Was hier nicht beschrieben werden kann, ist wie durch neue Technologien neue Möglichkeiten der Kombination neuer und alter Techniken entstehen. Die hier analysierten Zeitdiagnosen würden ja behaupten, dass durch neue Technologien eine neue Gesellschaft entstünde und alte Formen durch neue abgelöst würden. Das gilt dann aber auch für alle zukünftigen Technologien – technikbasierte Zeitdiagnosen müssen damit rechnen, durch technologischen Fortschritt obsolet gemacht zu werden und haben daher eine selbstverschuldet kurze Halbwertszeit. In Zeiten computergestützter Massenkommunikation verliert beispielsweise eine auf das Fernsehen ausgerichtete Zeitdiagnose jegliche Aktualität.

Selbiges gilt für die Behauptung von »Regimewechseln«, die durch alltägliche Wiedererkennbarkeit plausibilisiert werden. Auch hier müssen sich Zeitdiagnosen auf das Problem einstellen, dass die aktuellen Typen binnen weniger Jahre sehr altmodisch wirken. Die Diagnose von Riesman erscheint aus heutiger Sicht wie eine Milieustudie über die amerikanische obere Mittelschicht der 1950er Jahre und es ist anzunehmen dass in naher Zukunft auch Sennetts flexible Menschen als Sittenbild einer längst vergangenen *dotcom*-Ära gehandelt werden. Alltagsnahe Regimewechsel passen sich in ihren Plausibilisierungsstrategien zu gut ihrer Zeit an – ihr Wiedererkennungswert kann nicht nachhaltig sein.

Zwei Klarstellungen müssen an der Stelle noch vorgebracht werden. Die eine betrifft die Zurechnung von Topoi auf bestimmte Zeitdiagnosen. Dies ist selbstverständlich eine vereinfachende Sicht, denn in der Regel kommen die bislang besprochenen Topoi in Kombinationen vor. Bestimmte Topoi können mit bestimmten Zeitdiagnosen also nur im Sinne besonders anschaulicher Beispiele assoziiert werden. Welche Topoi der Sachdimension sich dabei besonders gut koppeln lassen, ist eine Frage, die nachfolgenden Untersuchungen überlassen werden muss. Der zweite Punkt betrifft die Latenz der Topoi selbst. Hier liegt es auf der Hand, dass die Behandlung von Argumenten als Topoi eine Distanz zum Kommunizierten evoziert. In der Selbstbeschreibung sind Zeitdiagnosen ja Einsichten in empirische Gegebenheiten. Als Anwendungsfälle von Topoi sind deren Aussagen jedoch nicht als prima facie Beobachtungen zu verstehen, sondern interessieren nur vor dem Hintergrund der Vergleichbarkeit mit anderen Möglichkeiten der Beschreibung. Der Anspruch einer *exklusiven Sicht* auf sozialen Wandel lässt sich damit nicht in Einklang bringen und würde, falls in die Zeitdiagnose inkorporiert, letztlich nur bedeuten, dass sich die Werke als »Anwendungsfälle von...« beschreiben müssten. Die hier vorgeschlagene Sicht beschreibt Zeitdiagnosen allein durch den Vergleich mit Alternativen zwangsweise so, wie sie es selbst nicht könnten.

6.3 Die Zeitdimension sozialen Wandels

Antike Toposkataloge wurden mit dem Anspruch erstellt, *copia* und *varietas* von Argumentationsstrategien sicherzustellen, um Rednern die Argumentationsführung zu erleichtern. Bis zu einem gewissen Grad ist die obige Darstellung der Topoi der Sachdimension von dieser Idee inspiriert, allerdings mit einem völlig anderen Erkenntnisinteresse. Es sollte gezeigt werden, dass unterschiedliche Topoi der Sachdimension denselben Bezugspunkt haben, dass also der zeitdiagnostische Sachaspekt sozialen Wandels trotz breitgefächerter Themenwahl, trotz diverser Theoriearchitekturen und trotz vollkommen unterschiedlicher argumentativer Ausgestaltung auf eine Konstruktion von lokalisierbaren Makrophänomenen hinausläuft. Eine Konstruktion, die aus kleinen, bereichsspezifischen Phänomenen gesellschaftliche Globaltransformationen schmiedet. Sehr Verschiedenartiges stellte sich als funktional äquivalent dar, freilich ohne den gemeinsamen Bezugspunkt mitkommunizieren zu können. Wie bereits angedeutet, wäre das schon allein deshalb schwierig, weil die Darstellung von neuartigen Transformationen auf gesamtgesellschaftlicher Ebene sich als Einsicht in einzigartige, also unvergleichbare Veränderungen präsentieren muss. Die Globaldiagnose kann in ihrer Selbstdarstellung nicht eine unter vielen sein.

Geht es um die Zeitdimension sozialen Wandels, so ergibt sich ein etwas anderes Bild. Hier zeigte sich, dass der Vielfältigkeit von argumentativen Topoi recht enge Grenzen gesetzt sind. Um genau zu sein, ließen sich bei der Analyse des vorliegenden Materials lediglich drei Topoi ausmachen, die der Zeitdimension sozialen Wandels zugerechnet werden können. Erstens *retrospektiver Realismus*, zweitens die Konstruktion gegenwärtiger Zukünfte oder *social forecasting* und drittens, die Beschreibung von *Folgen gegenwärtig bereits durchgesetzter Trends*. All diese Topoi unterscheiden bereits Vergangenes von einem *erwartbaren* Zukünftigen und folgen damit der abstrakteren Zeitperspektive, die von der Differenz Vorher/Nachher dazu übergeht, von einer bestimmten Gegenwart aus gesehen Zukunft und Vergangenheit zu unterscheiden (Luhmann, 2004, p. 209 ff., p. 240). Die drei Topoi der Zeitdimension sind mithin Ausdruck eines modernen Zeitverständnisses und der Verdacht liegt nahe, dass sie dadurch in ihrer Variabilität begrenzt sind.

Wie dem auch sei: das gängige Vorurteil über Zeitdiagnosen lautet, dass sie nicht nur »große« Veränderungen beschreiben, sondern dass diese großen Veränderungen gegenwärtig seien. Zeit- und Gegenwartsdiagnose sind also austauschbare Begriffe. Wenn den drei Sinndimensionen entsprechend hier die Frage lautet, *für wann* Zeitdiagnosen Makroveränderungen/Globaldiagnosen postulieren, scheint die Antwort auf den ersten Blick ganz einfach: für jetzt, es passiert gerade eben! Vor diesem Hintergrund stehen die eben genannten Topoi zwar nicht für hohe argumentative Variabilität in der Zeitdimension, deuten aber an, dass die Gegenwart in Zeitdiagnosen eine andere Rolle spielt, als gemeinhin angenommen wird. Es soll an der Stelle jedoch nicht zu viel vorweggenommen werden.

Wichtig ist vorerst lediglich, dass es hier nicht darauf ankommt darzustellen, wie Zeitdiagnosen mit dem Phänomen Zeit umgehen, also wie sie Zeit zum Gegenstand ihrer Theorien machen. Dies wäre ein Thema für den Abschnitt zur Sachdimension sozialen Wandels gewesen. Ein Beispiel für eine zeitdiagnostische Theorie der Zeit findet sich bei Daniel Bell, dem zufolge in der postindustriellen Gesellschaft die Zeit schneller vergehe als zuvor – sozialer Wandel sei zum ersten Mal »in Echtzeit« zu beobachten, was in Bells Augen die Gegenwartsdiagnose automatisch zu einem Zugriff auf die gegenwärtige Zukunft mache (Bell, 1973, p. 345). Auch bei Sennett findet sich Zeit als Thema der Gegenwartsdiagnose behandelt – hier in der Vorstellung zeitlich zunehmend flexibilisierter Arbeitsabläufe (Sennett, 1998, p. 57 ff.). Hinzuweisen ist in diesem Kontext auch auf die Zeitdiagnose von Rosa (2005), der eine generalisierte Beschleunigungsthese zur Grundlage der Unterscheidung von Vergangenheit und Gegenwart heranzieht.

Es soll in diesem Kontext demgegenüber um die Beantwortung zweier, etwas anders gelagerter Fragen gehen. Zum einen, welche Unterscheidungen zur Thematisierung des *Zeitaspekts sozialen Wandels* verwendet werden, und zum anderen, ob und inwiefern die dabei angewandten Topoi austauschbar sind. Die Frage ist also weniger, wie Zeitdiagnosen gegenwärtige Veränderungen des Phänomens Zeit thematisieren, als vielmehr, wie sie Vergangenheit, Gegenwart und Zukunft der Transformationen selbst zum Gegenstand ihrer Analysen machen[16].

6.3.1 Epochenschwelle und Idealtyp

Die funktionalistische Sicht auf kommunikative Gattungen ist zunächst nicht darauf angewiesen, vor dem Hintergrund der immer gleichen Strukturen Genregrenzen zu definieren. Sollten jedoch im Textvergleich solche konvergenten Strukturen zu beobachten sein, gilt es, sie als Grundlage der Interpretation heranzuziehen. Dies jedoch nicht als Definitionskriterium eines Genres, sondern vielmehr als erklärungsbedürftiges Phänomen. Geht es um die Thematisierung des Zeitaspekts sozialen Wandels in Zeitdiagnosen, ließen sich tatsächlich überraschend konvergente Argumentationslinien beobachten und dies vor allem in der Beschreibung der zeitlichen Abfolge sozialen Wandels. Daraus ist nun nicht der Schluss zu ziehen, dass alle Zeitdiagnosen den Zeitaspekt in gleicher Weise thematisieren, sondern

---

[16] | Zur Unterscheidung von Zeittheorie und Thematisierung der Zeit siehe Luhmann (2004, p. 202).

lediglich, dass die angewandten Topoi nur vor dem Hintergrund einer einheitlichen Vorstellung der Datierung sozialen Wandels interpretierbar sind. Mit anderen Worten: es gibt auch in der Zeitdimension Alternativen der Argumentation, jedoch sind diese, anders als in der Sachdimension, durch ein abstrakteres chronologisches Schema in ihrer Vielfältigkeit beschränkt.

Der Thematisierung des Zeitaspekts sind vor allem dadurch Grenzen gesetzt, dass sich Zeitdiagnosen gesellschaftlichen Wandel in der Regel nicht als inkrementellen Prozess vorstellen, sondern als eine *Abfolge von Phasen oder Epochen*, die durch Brüche getrennt werden. Es hat sich im vorigen Abschnitt bereits angedeutet, dass die Topoi der Sachdimension auf eine Konstruktion von Makroveränderungen hinauslaufen. Derselbe Bezugspunkt der Argumentation ließe sich nun für die Zeitdimension reformulieren: Der soziale Wandel betrifft nicht nur die gesamte Gesellschaft, sondern die gesamte Gesellschaft in ein und demselben Zeitabschnitt – die Transformation ist nicht nicht nur groß, sondern auch zeitlich sychronisiert. Hier läge der Schluss nahe, dass sich Sach- und Zeitdimension der Beschreibung sozialen Wandels wechselseitig stützen oder auf einander angewiesen sind, wenn der beschriebene Wechsel sozialer Strukturen nicht bereichsspezifisch bleiben soll[17]. Die Synchronisation von Trends addiert diese zu einem großen Trend, konkret dem Wechsel von Epochen. Selbstredend machen die bisher besprochenen Ansätze nicht im gleichen Maße von dieser Argumentationsform Gebrauch, jedoch scheint die Alternative, nämlich die Beschreibung zeitlich nicht synchronisierter Makrotransformationen, in den hier ausgewählten Zeitdiagnosen nicht beschritten worden zu sein. Das ist vor dem Hintergrund der thematischen und argumentativen Vielfalt, die in der Sachdimension beobachtet werden konnte, eine bemerkenswerte Konstante.

Nun wäre es sicherlich nicht sinnvoll, Zeitdiagnosen allein durch die Verwendung von historischen Phasenmodellen zu definieren. Dies wäre zum einen unverträglich mit einer Methode, die sich explizit nicht für Wesenseigenschaften, sondern für Alternativen in der Argumentation interessiert. Zum anderen darf der in Zeitdiagnosen sehr beliebte Gebrauch von Phasenmodellen nicht über die Tatsache hinwegtäuschen, dass das Denken in Epochen keinem genuin zeitdiagnostischen Geschichtsverständnis entspricht. Sowohl in der Geschichtswissen-

---

17 | Für das generelle Kombinationsschema von Sinndimensionen siehe Habermas/Luhmann (1971, p. 54 f.).

schaft als auch in der Soziologie sind rein evolutionäre, inkrementelle gesellschaftliche Transformationen selten in Reinform durchzuhalten, sondern werden meist um ein Konzept *evolutionärer Errungenschaften* erweitert, also um die Vorstellung, dass entlang von Unregelmäßigkeiten historischer Prozesse Epochen gebildet werden können (Luhmann, 1985, p. 16 f.). Gewisse bereichsspezifische Transformationen sind dann derartig tiefgreifend, dass sie Veränderungen in anderen Teilen der Gesellschaft wahrscheinlicher machen. Luhmann (1985, p. 17) spricht in diesem Kontext auch von *(hoch)zentralisierter Interdependenz*. Kleine Veränderungen haben in der Transformation von Gesellschaften oft eine große Wirkung und dies ist, wie bereits für die Sachdimension gezeigt werden konnte, der gemeinsame Bezugspunkt zeitdiagnostischer Topoi: aus Klein mach Groß. Was aber unterscheidet dann Zeitdiagnosen von in den Sozialwissenschaften üblichen Phasentheorien?

Zunächst präjudiziert ein Denken in Phasen gesellschaftlicher Entwicklung nicht, *wann* genau auf einer vorgestellten Zeitachse epochentrennende Transformationen vonstatten gehen. Aus historischer Sicht sind aber solche Sattelzeiten (Koselleck) meist nur durch den Blick in die Vergangenheit von einander zu trennen. Zeitdiagnosen gehen anders vor. Hier wird behauptet, dass die Gesellschaft sich *gerade eben* in einer solchen Sattelzeit befände. Das war eine der Vorüberlegungen zur Struktur von Zeitdiagnosen und findet sich am hier untersuchten Material recht eindrucksvoll bestätigt. Freilich gibt es auch hier unterschiedliche Auffassungen darüber, wie weit (nach vorne und nach hinten) die Gegenwart eigentlich reicht. Bei Autoren wie Riesman, Postman und Sennett liest sich die Gegenwartsdiagnose als Beschreibung von Auswirkungen einer Transformation, die sich vor kurzem bereits vollzogen hat. Daher auch die therapeutischen Anweisungen, wie man mit den neuen gesellschaftlichen Gegebenheiten leben soll. Bei anderen Autoren hat der neue epochenbildende Wandel bereits begonnen, wird seine endgültige Tragweite aber erst in einer nicht näher bestimmten (auf jeden Fall aber unmittelbaren) Zukunft offenbaren. Daniel Bells Konzept des *social forecasting* steht prototypisch für eine solche Sicht, der auch Beck recht nahe steht. Ich werde zum Schluss des vorliegenden Kapitels eingehender auf die Datierung der Gegenwart in Zeitdiagnosen zurückkommen.

Dass nun Zeitdiagnosen die Gegenwart als neue Epoche markieren, ist nicht das einzige Unterscheidungskriterium, welches sie von anderen Phasentheorien trennt. Zumindest drei weitere Besonderheiten müssen an der Stelle im Blick behalten werden. Zum einen sind Phasentheorien nicht darauf angewiesen, Gesellschaften nur anhand eines Kriteriums in Epochen zu unterteilen. So lautet beispielsweise Luhmanns Vorschlag, zumindest zwei Arten evolutionärer Errungenschaften im Blick zu behalten, wenn man Phasen gesellschaftlicher Entwicklung unterscheiden will: einerseits Verbreitungsmedien der Kommunikation und andererseits die Art der Systemdifferenzierung (Luhmann, 1985, p. 20). So kommt man zu unterschiedlichen Phasen, die sich chronologisch überschneiden können, aber eben nicht müssen. Denkbar ist dann eine stratifikatorische Gesellschaft mit Schriftsprache (z. B. Ägypten) oder eine stratifikatorische Gesellschaft ohne, oder nur mit rudimentärer Schriftsprache (z. B. Inkareich). In einer solchen Konzeption kommt es dann darauf an, wie die beiden Arten möglicher evolutionärer Errungenschaften mit einander in Beziehung zu bringen sind – schließlich handelt es sich um ein multifaktorielles Modell.

Genau die Möglichkeit, mehrere aus einander nicht ableitbare Arten von Transformationen zur Grundlage von Epochenunterteilungen zu nehmen, fehlt in Zeitdiagnosen in der Regel. Im Gegenteil scheinen mit Blick auf die Sachdimension sozialen Wandels Zeitdiagnosen eher daran interessiert zu sein, aus vielen Trends einen großen zu machen, also genau auszuschließen, dass mehrere Trends nebeneinander stehen. Die Konsequenz ist freilich, dass in Zeitdiagnosen nach der *einen* Errungenschaft gesucht werden muss, die die Gegenwart von der Vergangenheit trennt: sei es das niedrige Bevölkerungswachstum (Riesman), das Erstarken des Dienstleistungssektors (Bell), die Art der Betriebsführung (Sennett) die Verbreitung neuer Kommunikationstechnologien (Postman). Aus einer solchen Sicht gibt es eine Welt vor und nach dem Internet, vor und nach dem Neuen Menschen, vor und nach der flexibilisierten Ökonomie, vor und nach dem Fernsehen. In diesem Sinne sind Zeitdiagnosen *unifaktorielle Phasentheorien*. Das zeigt sich besonders gut an denjenigen Zeitdiagnosen, die am ehesten bereichsspezifische Trends zulassen wie beispielsweise Bell. Hier werden jedoch einerseits in der Sachdimension qua Entdifferenzierungsthese unterschiedliche Trends »zusammengeklebt« (Politisierung aller Bereiche) und andererseits in der Zeitdimension synchronisiert. Der Umbau von Industrie- zu Dienstleistungsgesellschaft, die Umbesetzung von Spitzenpositionen im Schichtungsgefüge, die Umstrukturierung der Gleichheitssemantik, die hedonistische Gegenkultur: all das geschieht gleichzeitig und zwar in einer Gegenwart, die die unmittelbare Zukunft mit einschließt.

Ein weiterer Unterschied zwischen Zeitdiagnosen und Phasentheorien betrifft den Umgang mit der Trennung von Epochen. Auch hier zeigt sich, dass Zeitdiagnosen eine besondere Form von Phasentheorien sind und zwar insofern, als sie sich die Trennung gesellschaftlicher Epochen als *Nacheinander verschiedener Formen* vorstellen. Das bedeutet, dass der Eintritt in eine neue Phase stets gleichbedeutend ist mit dem Verschwinden der Strukturen der vorhergehenden. Phasentheorien sind auf eine solch radikale Sicht nicht per se angewiesen. So kann man sich phasentheoretisch durchaus vorstellen, dass mit der Erfindung der Schrift die Gesellschaft zwar eine neue Epoche betritt, sich diese aber nicht dadurch auszeichnet, dass nur noch schriftlich kommuniziert wird und vorher nur mündlich kommuniziert wurde (Luhmann, 1985, p. 20). Neue Phasen können sich durchaus als Kombination von alten und neuen Möglichkeiten darstellen. Zeitdiagnosen versuchen nun gerade, solche Kombinationsmöglichkeiten auszuschließen. Wie im Kapitel über die Sachdimension sozialen Wandels bereits angedeutet, gibt es hierfür mehrere Techniken. Die, wie mir scheint, eleganteste ist die Behauptung von neuen Dominanzverhältnissen. Mit diesem Schema können die Strukturen der vergangenen Phasen zwar in der Gegenwart noch vorkommen, müssen sich aber längerfristig auf eine Unterordnung unter die neuen Strukturen einstellen. Riesmans fremdgeleiteter Mensch oder Bells neue technokratische Eliten samt der sie tragenden Dienstleistungsgesellschaft wären typische Anschauungsbeispiele für diese Art der Argumentation. Der etwas radikalere Weg besteht darin zu behaupten, dass die neue Phase mit der alten vollkommen unverträglich sei. Postmans Fernseher oder Sennetts flexible Arbeitsstrukturen dominieren nicht über ältere Strukturen, sondern setzen sie außer Kraft. Die vielleicht konsequenteste Version dieser argumentativen Technik liefert Beck, dem zufolge das einzige Definitionskriterium für die neue Epoche ist, dass sie auf allen Ebenen mit der alten bricht.

Für alle Varianten trifft zu, dass sie versuchen, Phasen gegeneinander abzudichten, also dafür sorgen, dass es zwischen den Phasen zu möglichst wenig Überlappungen kommt. Ob durch die Behauptung von Dominanzverhältnissen oder durch ein generelles Unverträglichkeitsschema – Zeitdiagnostik heißt Denken in Diskontinuitäten. Wenn es im Folgenden gilt, die Topoi der Zeitdimension zu vergleichen, muss diesem Umstand Rechnung getragen werden: *Zeitdiagnosen sind unifaktorielle Phasentheorien, die für die gesellschaftliche Gegenwart Diskontinuitäten mit der Vergangenheit postulieren.*

Die durch dieses Schema eingeführten Phaseneinteilungen sind zwangsläufig nicht nur sehr grob, sondern bürden den Autoren immense Beweislasten auf. Wie noch zu zeigen sein wird, fokussiert sich die fachinterne Kritik an Zeitdiagnosen folglich darauf, die Radikalität der beschriebenen Epochenbrüche zu bestreiten. Nun konvergieren Zeitdiagnosen aber nicht nur in der Behauptung radikaler Epochenbrüche, sondern auch in der Art, wie diese konzeptionell verteidigt werden. So wird in den hier analysierten Zeitdiagnosen durchgängig behauptet, dass die Phaseneinteilung deshalb grob ist, weil sie durch *Idealtypen* gebildet worden sei. Die grobe Trennung der Phasen sei dann konzeptionell gerechtfertigt und entspräche dem gängigen soziologischen Verfahren, reine Typen zu bilden, um die davon abweichende Realität besser in den Blick zu bekommen. Allerdings halten sich Zeitdiagnosen selten an diese heuristische Vorgabe und trennen Phasen gerade nicht durch Idealtypen, was vielleicht etwas deutlicher wird, wenn man sich das webersche Konzept von Idealtypisierung ins Gedächtnis ruft.

Für Weber ist die Konstruktion von Idealtypen vor allem ein heuristisches Mittel. Idealtypen sind wissenschaftliche Konstruktionen mit denen die Realität qua Abstraktion klarer gesehen werden kann. Einen Idealtypus bildet man, indem man von allen vorkommenden Variationen eines Phänomens absieht, um einen Typus zu erstellen, unter den alle aktuellen Manifestation des Phänomens fallen können. Erst durch eine solche Konstruktion werden real vorkommende Phänomene in all ihren Abweichungen vom Idealtypus analysierbar. In diesem Sinne warnt Weber klar davor, einen konstruierten Idealtypus (z. B. zweckrationales Handeln) mit Aussagen über tatsächliche Gegebenheiten zu verwechseln (Weber, 1980, p. 3). An anderer Stelle heißt es dann auch folgerichtig: »das reale Handeln verläuft nur in seltenen Fällen (...) und dann auch nur annäherungsweise so, wie im Idealtypus konstruiert« (Weber, 1980, p. 4). Mit anderen Worten: die Konstruktion von Idealtypen soll nicht die Realität auf reine, widerspruchslose Phänomene reduzieren, sondern im Gegenteil ermöglichen, die vielen Facetten der Realität vor dem Hintergrund des Idealtypus deutlicher zu sehen. In diesem Sinn empfiehlt Weber sogar, Idealtypen möglichst wirklichkeitsfremd zu konstruieren (Weber, 1980, p. 10). Die Realität soll damit ja auch nicht abgebildet, sondern durchleuchtet werden. So verstanden sind »reine Typen (...) lediglich als für die Analyse besonders wertvolle und unentbehrliche Grenzfälle zu betrachten, zwischen welchen sich die fast stets in Mischformen auftretende historische Realität bewegt hat und noch bewegt« (Weber, 1980, p. 578).

All das ist soziologisches Lehrbuchwissen. Auffällig ist daher, wie diese Heuristik zeitdiagnostisch abgewandelt wird. In den hier untersuchten Werken hat der Idealtypus eine andere Funktion und auch einen anderen Aufbau als dies bei Weber gedacht war. Seine Funktion ist hier nämlich nicht die Konstruktion eines Typs zum besseren Verständnis einer davon abweichenden Realität, sondern die Identifikation und Trennung historischer Phasen mit Hilfe von *Idealtypen als Realtypen*. Ich will im Folgenden von dieser Form des Idealtyps als vom *Topos des Retrospektiven Realismus*[18] sprechen. Dabei werde ich mich mit denjenigen Werken auseinandersetzen, die von diesem speziellen Topos intensiv Gebrauch machen.

6.3.2 Retrospektiver Realismus

Die zeitdiagnostische Verwendung des Idealtyps zeigt sich vor allem im argumentativen Umgang mit der Vergangenheit. Zunächst gilt es festzuhalten, dass Zeitdiagnosen uns davon überzeugen wollen, dass die Gesellschaft in eine neue historische Phase tritt. Soviel ist wenigstens aus der spärlichen Literatur zu dieser Art von Soziologie bekannt. Weniger bekannt sind die argumentativen Muster, die man dazu benötigt. Es soll an der Stelle die These vertreten werden, dass eine mögliche Form des zeitdiagnostischen Umgangs mit dem Zeitaspekt sozialen Wandels die *retrospektiv realistische* Argumentation ist. Grob gesagt, wird dabei die Vergangenheit auf ein Set von Typen reduziert, die ein Kontrastbild zur Gegenwart darstellen, wodurch der Übergang von Vergangenheit zu Gegenwart als radikaler Bruch erscheinen kann. Bevor die Anwendung dieses Topos an konkreten Fällen dargestellt wird, sollen zunächst die generellen Muster dieser Argumentationsform näher beleuchtet werden.

Retrospektiver Realismus baut vor allem darauf auf, eine vergangene historische Phase auf einen oder einige wenige Typen zu reduzieren. Diese typisierte Vergangenheit wird nun nicht im Sinne eines weberschen Idealtypus, also als Heuristik mit Abweichungen behandelt, sondern als Darstellung einer real existierenden Vergangenheit. Dass

---

[18] | Die Bezeichnung »Retrospektiver Realismus« verdanke ich André Kieserling.

es sich um Stilisierungen der Vergangenheit handelt lässt sich daran verdeutlichen, dass hier sozialwissenschaftliche *Theorien* als angemessene Beschreibung vergangener Realitäten herangezogen werden. Vergangene Zeitdiagnosen, also Gegenwartsdeutungen die schon zu ihrer Zeit kontroversiell diskutiert wurden (Technokratie, Zweckrationalität, Klassengesellschaft, Industriegesellschaft, standardisierte Lebensläufe u.v.m.) werden so behandelt, als seien sie bis vor kurzem allgemein akzeptierte, valide und unhinterfragbare Beschreibungen der Gesellschaft gewesen. Die bereits damals formulierten Vorbehalte werden verschwiegen, womit aus heftig kritisierten Deutungsangeboten historische Dokumente werden: Marx, Weber, Durkheim oder Schelsky hätten uneingeschränkt recht gehabt – bis jetzt! Die hier diskutierten Zeitdiagnosen machen durchwegs von diesem Topos Gebrauch. Postman zufolge war die Gesellschaft bis vor kurzem durch rationale politische Diskurse geprägt, die es heute strukturell nicht mehr geben kann. Für Riesman und Sennett ist die protestantische Ethik eine angemessene Beschreibung vergangener Charaktertypen, für Beck war die Gesellschaft bis vor kurzem eine sozialstaatlich pazifizierte Technokratie, für Bell war der industrielle Kapitalismus und das damit verbundene zweckrationale Unternehmertum die angemessene Beschreibung der Gesellschaft von ehedem.

Der typisierende Zugriff auf die Vergangenheit ist aber lediglich *ein* Attribut des Retrospektiven Realismus. Hinzu kommt, dass die dadurch ausgewählten Ausschnitte der gesellschaftlichen Realität auf einer Zeitachse angesiedelt werden. Was zu allen Zeiten stets ein gedanklich konstruierter Idealtyp oder eine umstrittene Theorie war, kann mit der Unterscheidung früher/jetzt quasi als empirischer Befund eines Wechsels der sozialen Strukturen ausgeflaggt werden. Oder anders ausgedrückt: einem Beobachter, der z. B. Webers protestantische Ethik für die einzig gültige Beschreibung einer vergangenen Epoche hält, erscheinen Abweichungen von dessen Theorie fast automatisch als Zeitenwende. Sobald die Vergangenheit mit einem Typus (oder einem Set von Typen) gleichsam zu einer Phase gemacht wird, kann sich die Gegenwart radikal davon unterscheiden. Ohne Retrospektiven Realismus hätte man an der Stelle des Bruchs zwischen Vergangenheit und Gegenwart entweder ein lauwarmes Kontinuum unterschiedlicher Strukturen oder einfach *neben einander* stehende Idealtypen und gleichzeitig diskutierte und konkurrierende Theorien.

Retrospektiver Realismus reduziert also eine Vergangenheit nicht nur auf eine beliebige Anzahl von untergehenden Typen, sondern sorgt auch dafür, dass diese alten Strukturen nicht in der Gegenwart vorkommen. Das wiederum ist nur möglich, indem die Vergangenheit und die Gegenwart als intern *unwidersprüchlich* und einander gegenüber als *unvereinbar* dargestellt werden. Vergangenheit und Gegenwart gesellschaftlicher Strukturen werden dadurch in Begriffen der Opposition behandelt, wobei die Opposition, wie bereits angemerkt, in unterschiedlichem Ausmaß radikal sein kann. Dieses Attribut des Retrospektiven Realismus ist also das Korrelat zum selektiven Zugriff auf die Vergangenheit. Hier wird die Konsequenz daraus gezogen und eine Gegenwart zurechtgeschnitten, um zur Vergangenheit zu passen. Dabei ist es wichtig festzuhalten, dass die analysierten Werke nicht konsequent all diese Schritte durchlaufen, um retrospektiv realistisch zu argumentieren. Auch ließe sich am Material nicht beobachten, dass die Verwendung des Retrospektiven Realismus genau der oben dargestellten Reihenfolge der Argumentation folgen muss. In allen untersuchten Werken blieben der Bezugspunkt und die Lösung aber dieselben: Darstellung eines radikalen Bruchs gesellschaftlicher Strukturen mithilfe eines durch Zugriff auf alte Theorien stilisierten Umgangs mit der Vergangenheit. Das unterscheidet Retrospektiven Realismus auch von bloßer Selektivität, denn obgleich Beobachtungen stets Selektionen voraussetzen, werden bei diesem Verfahren diejenigen Aspekte der Vergangenheit hervorgehoben, die zur Gegenwart so weit wie möglich in Opposition stehen[19].

Es gilt an dieser Stelle mit Nachdruck darauf hinzuweisen, dass diese Vorgehensweise nicht als der Versuch missverstanden werden darf, beweisen zu wollen, dass Retrospektiver Realismus stets zu falschen und unwissenschaftlichen Betrachtungen der Vergangenheit führe und die Kritiken daran daher immer richtig und wissenschaftlich korrekt seien. Dafür gibt es logisch keinerlei Grundlage, denn auch die Kritiken können wiederum verkürzend auf die von den Zeitdiagnostikern vorgebrachten Diagnosen zugreifen. Vielmehr soll gezeigt werden, dass die in den Zeitdiagnosen dargestellten Ausschnitte der Vergangenheit a) der Fachöffentlichkeit überhaupt als Ausschnitte aufgefallen und b) nicht zufällig, sondern in Hinblick auf eine klare Trennung von Vergangenheit und Gegenwart formuliert sind. Letzteres gilt es deshalb

---

19 | Der Begriff Stilisierung ist vielleicht nicht optimal gewählt, da er Vorstellungen von Intentionalität, hier also absichtlicher Verfälschung, evoziert. Das soll aber explizit nicht gemeint sein, denn das hier angewandte Instrumentarium betrachtet die vorgebrachten Argumente als Analyseeinheit und nicht die Zeitdiagnostiker als Personen mit Motiven.

zu betonen, weil schließlich jede soziologische Darstellung, sei sie nun zeitdiagnostisch oder nicht, nur selektiv auf gesellschaftliche Phänomene zugreifen kann. Selektiver Zugriff auf die Vergangenheit im Falle des Retrospektiven Realismus bedeutet demgegenüber, Aspekte der Vergangenheit so auszuwählen, dass sie zur gezeichneten Gegenwart in Opposition stehen, damit also unvereinbar gemacht werden, um Phasen gesellschaftlicher Entwicklung radikal von einander zu trennen.

An konkreten Beispielen soll im Folgenden gezeigt werden, wie Retrospektiver Realismus angewandt wird. Dabei soll verdeutlicht werden, dass trotz massiver inhaltlicher und konzeptioneller Unterschiede der Blick zurück in die Vergangenheit gegenwärtige Trends erst entstehen lässt. Dabei soll im Besonderen hervorgehoben werden, dass es sich bei Retrospektivem Realismus um einen eigenständigen Topos handelt, der weder mit Idealtypisierung verwechselt werden, noch für einen Fehler zeitdiagnostischer Argumentation gehalten werden darf. Vielmehr macht die radikale Phaseneinteilung ihn zu einem strukturellen Erfordernis aller Beschreibungen, die die Besonderheit der Gegenwart hervorheben wollen.

6.3.2.1 Die Erste Moderne des Ulrich Beck

Becks Risikogesellschaft ist nicht nur eine der bekanntesten deutschsprachigen Zeitdiagnosen überhaupt, sie bedient sich wie kaum eine andere des Topos des Retrospektiven Realismus. Keines der anderen hier untersuchten Werke zeigt in dieser Deutlichkeit, dass Zeitdiagnostik zuallererst von der gekonnten Interpretation der Vergangenheit lebt. Wie im Kapitel zur Sachdimension bereits ausführlich dargelegt, setzt sich Becks Buch aus drei Argumentationsachsen zusammen, anhand derer er neu entstehende Gesellschaftsstrukturen vorstellt: die Risikoproduktion durch neuartige Technologien, die Enttraditionalisierung industriegesellschaftlicher Lebensformen und reflexive Modernisierung. In jedem dieser Bereiche greift Beck auf den Topos des Retrospektiven Realismus zurück, zeichnet also zunächst ein stilisiertes Bild der Vergangenheit: die alte Industriegesellschaft, bei Beck auch *Erste Moderne* genannt.

Wenn es um das Aufkommen und die Auswirkungen der Risikoproduktion geht, so ist aus der Sicht der Zeitdimension vor allem interessant, welches Bild Beck von der Vergangenheit malt. Obwohl er dazu selbst keine thesenhafte Aufzählung bietet, ließe sich so eine Liste durchaus folgendermaßen darstellen:

1. Alte Risiken waren sichtbar und reversibel.

2. Alte Risiken waren offensichtlich; über sie konnte nicht debattiert werden.

3. Alte Risiken folgten eins-zu-eins der Klassenstruktur; diejenigen die »oben« waren, wurden verschont, die die unten waren, traf es hart.

4. Alte Risiken waren lokal eingrenzbar.

5. Alte Risiken konnten durch Umverteilungsmaßnahmen gelindert werden.

6. Alte Risiken waren nicht bestimmt durch das Wissen von ihnen, sondern waren unmittelbar gefährdend.

7. Alte Risiken konnten auf die Orte ihrer Entstehung, die industriellen Betrieben begrenzt werden; als solche waren sie kein Politikum.

Es handelt sich hier im beckschen Duktus um die Strukturen einer »alten Industriegesellschaft« (Beck, 1986, p. 101), einer »Klassengesellschaft« oder, um ein anderes Label zu verwenden, um »primäre Industrialisierung« (Beck, 1986, p. 29). Dass es sich hierbei um die Anwendung des Topos des Retrospektiven Realismus handelt, zeigt sich zunächst darin, dass Beck ausschnitthaft auf die Vergangenheit zugreift, also bestimmte ihrer Eigenschaften zugunsten anderer betont und sie dadurch auf einige wenige klare Typen reduziert.

Wenn es um die neue Unsichtbarkeit der Risiken geht, meint Beck (1986, p. 59) für die Klassengesellschaft im Unterschied zur Risikogesellschaft: »Hier stehen Hunger und Überfluß, Macht und Ohnmacht sich gegenüber. Das Elend bedarf keiner Selbstvergewisserung. Es existiert.« Beck attestiert hier der Klassengesellschaft eine zugrundeliegende Sichtbarkeitskultur und spricht in diesem Kontext von »Evidenzen des Greifbaren« (Beck, 1986, p. 59). Der Hunger der Unterschicht ist hier ebenso buchstäblich zu verstehen wie der Überfluss der herrschenden Klasse. All das gilt in der Risikogesellschaft nicht mehr. Ab einer gewissen Stufe kann man zwar noch in den alten Kategorien der Not (und ihrer Verhinderung) denken, aber lediglich mit dem Effekt, dass die unsichtbaren Risiken, die von neuen Technologien ausgehen, am Ende noch bedrohlicher werden. Beck gesteht also in gewissen Bereichen das Fortbestehen alter, evidenter Notlagen ein

(z. B. in der dritten Welt), meint aber zugleich, dass das analytische Festhalten an solchen Mustern das Aufkommen neuer nur befördert (Beck, 1986, p. 60). Geht es um die Sichtbarkeit allein, so kämpfen alte, sichtbare Notlagen gegen neue, unsichtbare Gefährdungslagen[20]. Eine auffällige Konsequenz hat das für Becks Vorstellung von der Rolle der Wissenschaft.

Da in der Risikogesellschaft die Risiken meist unsichtbarer Natur sind, sind sie eine Sache der Interpretation. Diese Interpretationsleistung wird von der Wissenschaft bewerkstelligt, wohlgemerkt nicht ohne Widerspruch aus anderen Teilen der Gesellschaft, was letzten Endes Konflikt zwischen unterschiedlichen Risikointerpretationen bedeutet. Aber wie war das Becks Meinung nach in der alten Industriegesellschaft? Implizit behauptet Beck, dass die Wissenschaft in der Vergangenheit Risiken nicht interpretieren musste, da sie ja zu offensichtlich waren. Somit wird das wissenschaftliche Zurechnen von Risiken zu einem neuen Phänomen. Was dann behauptet werden kann, ist eine »Verwissenschaftlichung« des Risikobewusstseins. Beck folgert daraus, dass die neuen Risiken nicht durch Um*verteilung* aus der Welt geschafft werden können. Möglich ist nur eine Um*interpretation* des Problems.

Was die Interpretationsbedürftigkeit von Risiken angeht, argumentiert Beck ähnlich wie in seinen Ausführungen zur Unsichtbarkeit von Risiken. Früher war die Gesellschaft bestimmt durch eine positive Aneignungslogik: man versuchte, mehr und mehr knappe Güter an sich zu reißen. Die entstandenen sozialen Ungleichheiten versuchte man durch die gleiche Logik zu glätten. Demgegenüber ist die Gesellschaft heute bestimmt durch eine negative Logik des Wegverteilens, also des Weginterpretierens von Risiken (Beck, 1986, p. 35). Das aber ist nur möglich, weil es früher um die Aneignung erfahrbarer Güter ging. Demgegenüber leben wir heute in einem »spekulativen Zeitalter« (Beck, 1986, p. 96 ff.), in welchem unser Bild der Welt nicht mehr wie früher aus Beobachtungen erster Hand abgeleitet wird, sondern aus einem »theoretisch bestimmte(n) Wirklichkeitsbewußtsein« (Beck, 1986, p. 96).

Bemerkenswert ist in dieser Hinsicht auch das Bild, welches Beck von der Vergangenheit der Wirtschaft zeichnet. In der alten Industriegesellschaft sei man im Großen und Ganzen wachstumsfreundlich

---

20 | Zur Idee von unsichtbaren technologischen Gefahren siehe z. B. Anders (1980), sowie Anders (1983).

mit der Industrie umgegangen. Man ließ sie in der Hoffnung auf Wohlstandssteigerung unkontrolliert risikoreiche Nebenfolgen produzieren (z.B. Beck, 1986, p. 102). Der Politik blieben Steuerungsmöglichkeiten vorenthalten. Die politische Steuerung der Wirtschaft beschränkte sich vor allem auf Umverteilung der Einkommen und soziale Sicherungsmaßnahmen, regulierte aber die Gefährdungsursachen des Modernisierungsprozesses selbst *nicht*. Heute dagegen werden die Nebenfolgen industrieller Produktion seitens der Öffentlichkeit vermehrt angesprochen und die Politik sieht sich zunehmend mit Forderungen nach Regulierung innerbetrieblicher Verfahren (Abfallbeseitigung, Energieverbrauch,...) konfrontiert (Beck, 1986, p. 104). Das ehedem Nichtpolitische, also der Betrieb selbst, wird politisch. Dadurch wird eine Logik in Gang gesetzt, die mit der alten Form von wirtschaftlicher Produktion nichts mehr zu tun hat. Ging es früher in der Wirtschaft um menschliche Bedürfnisse, die befriedigt werden konnten, so sieht sich die Wirtschaft heute durch neue Definitionen von Risiko einem »Bedürfnis-Fass ohne Boden« (Beck, 1986, p. 74) ausgesetzt. Durch diese könnten ganze Industriebereiche verschwinden, weil sie nach neuen Risikodefinitionen zu dreckig und gefährlich sind, was andererseits neuen Betrieben von Vorteil sein kann. Die unendlich steigerbare Risikoaversion zerstört dabei einerseits alte Industrien, schafft dadurch gleichzeitig neue Produktionsweisen und eröffnet neue Märkte. Aber um eines geht es in der Risikogesellschaft nicht mehr: um die menschlichen Bedürfnisse als Bezugspunkt der Warenproduktion.

Nun, nicht jedes becksche Argument beschreibt in derart eindringliche Weise die Vergangenheit. In vielen Ausführungen zur Logik der neuen Risiken beschreibt Beck die Vergangenheit lediglich implizit. Ein Beispiel ist seine Darstellungen zur neuen Globalisierung der Risiken. Hier verzichtet Beck darauf explizit aufzuzeigen, inwiefern Risiken früher nicht globalisiert waren. Beck beschränkt sich hier eher auf die Auswirkungen der weltweiten Umweltverschmutzung, die sich nicht an politische Grenzen hält (Beck, 1986, p. 48 ff.). Kerngedanke ist dabei, dass die industrielle Verschmutzung nicht nur politische Grenzen überschreitet, sondern generell die Verursacher derselben genauso trifft, wie die bloß Betroffenen. Und all das ist vor allem ein neues risikogesellschaftliches Phänomen. Die industriegesellschaftliche Vergangenheit ist in diesem Kontext lediglich die Inversion gegenwärtiger Verhältnisse: Verschmutzung war regional begrenzt und traf nicht die, die sie verursachten. Für Beck wird »deutlich, dass die Erde zu einem Schleudersitz geworden ist, der keine Unterschiede von

Arm und Reich, Weiss und Schwarz, Süd und Nord, Osten und Westen mehr kennt« (Beck, 1986, p. 50).

Ähnlich implizit ist Becks Beschreibung der alten Industriegesellschaft in den Ausführungen zum neuen Verhältnis zwischen Natur und Gesellschaft. Hier meint er, dass bislang die Natur vor allem als von der Gesellschaft getrennt behandelt wurde. Die Natur wurde als der Gesellschaft fremd und damit vor allem als unterwerfungsbestimmt angesehen. Die Natur war vor allem Nichtgesellschaft (Beck, 1986, p. 107). Unter risikogesellschaftlichen Verhältnissen ist das natürlich nicht mehr möglich, bzw. wird als Ideologie falsifiziert. An dieser Stelle sind Becks Ausführungen also deshalb lediglich implizit, weil nicht klar wird, ob er eine alte Weltanschauung beschreibt, oder einen alten und sich ändernden Zustand. Immerhin schreibt er in diesem Zusammenhang ja auch, dass die Natur »politisch geworden« (Beck, 1986, p. 109) sei und nicht das Bewusstsein von der Natur[21].

Diese Ausführungen sollten an der Stelle genügen um zu zeigen, was für ein Bild der vergangenen (oder besser gesagt vergehenden) alten Industriegesellschaft Beck malt. Die Frage, die sich nun stellt, ist, woran man erkennt, dass Beck in seinen Ausführungen stilisierend mit dieser Vergangenheit umgeht? Aus dem Text selbst lässt sich eine solche Interpretation nicht ableiten. Daher wäre es zunächst angebracht, die fachinterne Resonanz der beckschen Darstellung zu beachten. Diese fiel im Großen und Ganzen recht eindeutig aus und ließe sich am ehesten so zusammenfassen: Beck beschreibe in Sachen Risikoproduktion zwar beachtenswerte Trends, zeichne aber zu diesem Zwecke eine Vergangenheit, die es so nie gab. Seine Beschreibung übertreibe daher das Neue an den »neuen« Phänomenen und vernachlässige die oft widersprüchlichen Signaturen der alten Industriegesellschaft.

Ich will an dieser Stelle nicht behaupten, dass ich die Kritik aller Besprechungen des beckschen Werkes teile, und auch nicht, dass immer den Kritiker zu glauben sei und nie den besprochenen Autoren. Worum es hier geht, ist lediglich die Feststellung, dass Beck Teile der Vergangenheit herausstreicht und andere unberücksichtigt lässt. Vor allem aber, dass das Herausstreichen bestimmter Aspekte der Vergan-

---

21 | Es sei am Rande angemerkt, dass die Vorstellung einer politisierten Natur dem vormodernen Konzept einer *lex naturalis* entspricht. Diese Art der Argumentation ist insofern bedeutsam, als damit suggeriert wird, dass der radikale Bruch zwischen Gegenwart und unmittelbarer Vergangenheit durchaus zu einer Neuauflage ganz alter Konzepte führen kann. Im ganz Neuen zeigt sich das ganz Alte, wohingegen das unmittelbar Vergangene restlos verschwindet. Dazu unten ausführlicher.

genheit nicht zufällig vor sich geht und auch nicht bloß der Unachtsamkeit des Autors zuzurechnen ist. Vielmehr soll nachgezeichnet werden, wie Beck mithilfe einer selektiven Beschreibung der Vergangenheit einen klaren, radikalen Bruch gesellschaftlicher Strukturen in der Gegenwart behaupten kann. Doch zunächst zu den Kritiken selbst.

Was die »neue« Unsichtbarkeit und die alte Sichtbarkeit von Risiken anbelangt, meint etwa Joas (1988, p. 5), dass es spätestens im Fall der Krankheitsrisiken nicht einleuchten mag, sie in der Vergangenheit als sichtbar und in der Gegenwart als unsichtbar darzustellen. Ein solches Bild entstünde nur durch allzu starke Kontrastierungen, die sich empirisch nicht überprüfen ließen. Darüber hinaus seien auch die »neuen« Gefährdungslagen nicht unspezifischer als die alten, wie Schumm (1986, p. 164) für Naturzerstörung und offensichtliche Gesundheitsgefährdungen aufzeigt. Darüber hinaus kann auch nicht behauptet werden, dass die Nebenfolgen industrieller Produktion früher nicht existiert hätten; im Gegenteil sei beispielsweise die Luftverschmutzung bis in die 1960er Jahre weitaus massiver gewesen als dies heute der Fall ist (Münch, 2002, p. 427). Auch ließe es sich nur schwer nachweisen, dass die neuen Risiken alleine der industriellen Produktion zuzuschreiben wären, wie Joas (1988, p. 5) für den Fall AIDS illustriert. Diese Kritik an Beck findet sich auch bei Nassehi (2000) und Japp (1990), denen zufolge die *Wahrnehmung* von Risiken in der modernen Gesellschaft vielmehr auf veränderte Gesellschaftsstrukturen zurückzuführen sei als auf eine real ansteigende Anzahl technisch induzierter Risiken. Viel genereller ist, bezogen auf das Wahrnehmungsproblem, die Kritik von Alexander/Smith (1996), welcher zufolge Beck eine *durchwegs widersprüchliche* These über den Unterschied von alter Sichtbarkeit und neuer Unsichtbarkeit von Risiken vorschlägt. Den Autoren zufolge laviere Beck nämlich zwischen der Beschreibung eines objektiven Ansteigens technischer Risiken und einer Wahrnehmungssteigerung von Risiken qua Wohlstand und massenmedialer Berichterstattung (Alexander/Smith, 1996, p. 254 f.).

Was das »neue« Verhältnis zwischen risikoproduzierender Industrie und Politik angeht, waren die Kritiken ebenfalls recht eindeutig. So meint Schumm (1986, p. 163), dass staatliche Abfangsmaßnahmen industrieller Risiken von Anfang an zentraler Bestandteil der Industrialisierung waren, also keineswegs ein neues Phänomen seien. Als Beispiele nennt Schumm Investitionen in Infrastruktur oder Urbanisierungspläne. Von einer Umstellung von Reichtums- auf Risikoproduktion kann daher nicht gesprochen werden, denn diese beiden Prozesse seien stets mit einander verwoben gewesen (Schumm, 1986, p. 163). Auch die These, dass die Wirtschaft qua Risikoproduktion zum ersten Male selbstreferentiell werde, lässt sich nicht halten, wenn damit gemeint sein soll, dass die Risikoproduktion eine inhärente Entwertungslogik in Gang setzte. Die Risikoproduktion sei dann lediglich ein *zusätzlicher* Aspekt der von Marx beschriebenen kapitalistischen Logik des selbstinduzierten Zirkels von Selbstzerstörung und Selbsterneuerung (Brock, 1991, p. 22).

Was die Globalisierung von neuen Risiken anbelangt, richten sich die Kritiken vor allem auf zwei Aspekte. Einerseits sei der grenzüberschreitende Aspekt von Risiken nicht neu, wenn damit tatsächliche industriell induzierte Gefahren bezeichnet werden sollen (Münch, 2002, p. 427). Wenn es aber andererseits um eine verstärkte Wahrnehmung von Risiken gehen soll, beschreibe Beck keine globalen Trends, sondern lediglich ein westliches (Wohlstands-) Phänomen. In den Ländern der dritten Welt würde demnach die klassische Reichtumsverteilung noch immer im Zentrum der politischen Debatte stehen (Schumm, 1986, p. 167). Aber man müsse gar nicht so weit gehen, denn auch in den USA, die in vielen Aspekten der politischen Kultur weitaus weniger traditionell sind als Deutschland, sei das Bewusstsein für Umweltrisiken im Vergleich eher gering (Münch, 2002, p. 433 ff.).

Diese kurze Darstellung sollte genügen um aufzuzeigen, dass Becks Darstellung der »industriegesellschaftlichen« Vergangenheit sehr kritisch aufgenommen wurde. Bemängelt wurde dabei vor allem Becks Bestreben, die Vergangenheit von der Gegenwart deutlich zu trennen und aus dem Grund die »alte Industriegesellschaft« unwidersprüchlich darstellen zu wollen. Die Sichtbarkeit der alten Risiken würden übertrieben, allzu unreguliert präsentiere Beck die alte Industrie, allzu neu Altbekanntes. Der Übergang zu einer neuen Gesellschaft gelänge Beck nur, und das ist die Lehre die man aus den Kritiken ziehen kann, indem er Ausschnitte der Vergangenheit als Gesamtbild einer vergangenen Gesellschaft ausflagge. Doch das Aufkommen neuer Risiken ist nur ein Aspekt der beckschen Analyse. Seine Darstellung der »traditionalen Großgruppengesellschaft« im Unterschied zu risikogesellschaftlicher Individualisierung ist nicht minder retrospektiv realistisch in dem Sinne, dass die Vergangenheit qua Selektion auf einen Typus reduziert und dadurch radikal von der Gegenwart unterschieden wird.

Bekanntermaßen stellt Beck nicht nur auf industriell induzierte Risiken ab, um einen klaren Unterschied zwischen Vergangenheit und Gegenwart darzustellen. Sehr umstritten waren in dieser Hinsicht seine Ausführungen zum Verschwinden »klassisch industriegesellschaftlicher« Großgruppen und dem Aufkommen einer neuen Individualisierung. Zunächst beschreibt Beck hierbei den Einfluss neuer Risiken auf die Klassenstruktur der Gesellschaft. Zugespitzt zusammenfassen lässt sich seine These derart, dass die neuen risikogesellschaftlichen Gefährdungslagen nicht mehr den »alten« Klassenlagen folgen. Vor dem Aufkommen der Risikogesellschaft sei es nämlich so gewesen, dass die Stellung im Schichtungssystem auch darüber entschied, wie sehr und von welchen Risiken man betroffen war. Die Annahme, dass neue technologische Risiken diese Ungleichheiten nur verstärken (indem sich die Oberschicht aus den neuen Risiken herauskaufen könne) ist in Becks Augen aber lediglich eine Illusion. Denn »schon bei der Wasserversorgung hängen alle sozialen Schichten an derselben Leitung; und spätestens beim Anblick »skelettierter Wälder« in industriefernen »ländlichen Idyllen« wird klar, dass auch vor dem Giftgehalt der Luft, die wir alle atmen, die klassenspezifischen Schranken fallen« (Beck, 1986, p. 47). Und daran anschließend der bekannte Satz »Not ist hierarchisch, Smog ist demokratisch« (Beck, 1986, p. 48).

Die These vom Verschwinden von Klassengrenzen in der Risikogesellschaft ist bei Beck aber nicht nur auf technologische Risiken beschränkt. Auch der sozialstaatlich induzierte »Fahrstuhleffekt« (Beck, 1986, p. 124 f. ff.) produziere einen »Kapitalismus *ohne* Klassen« (Beck, 1986, p. 134, kursiv im Original). Es gibt in dieser Gesellschaft zwar weiterhin Ungleichheit, doch diese beschränke sich auf verschiedene Lebensphasen einzelner Individuen, die mit neuen Risiken umzugehen lernen müssen, ohne dabei Rückhalt von einem Milieu, oder eben einer sozialen Klasse, zu bekommen. Die Individuen sind daher in ihrer Persönlichkeits- und Identitätsentwicklung auf sich alleine gestellt, müssen sich ihre eigene Biographie zurechtbasteln, was aufgrund der ständischen Struktur in der alten Industriegesellschaft völlig undenkbar war.

Becks Vorstellung zufolge ist Klasse in der Industriegesellschaft eine allumfassende Kategorie, denn die Menschen gingen bis zum Übergang zur Risikogesellschaft voll und ganz in ihrer Schichtzugehörigkeit auf. Diese Sicht, so die Kritik, sei jedoch nur vor dem Hintergrund einer ambivalenten Handhabung des Klassenbegriffs durchzuhalten. Beck schwanke, so die Kritik von Atkinson (2007, p. 358), zwischen mehreren Vorstellungen von Klasse: a) Klasse definiert als Einheit mit gleichen und geteilten Lebenserfahrungen, b) Klasse definiert durch das Einkommensniveau und c) Klasse definiert als Form der kollektiven Solidarität, Identität, Gemeinschaft und politischem Willen. Wenn aber letzteres gemeint sein soll, so Atkinson, sei Becks Darstellung eine reine Karikatur der Vergangenheit, denn, wie unterschiedliche Studien dazu zeigen[22], habe es eine homogene proletarische Solidaritätskultur ebensowenig gegeben wie eine einheitliche proletarische politische Linie. Eine solche Darstellung sei also historisch falsch und diene, wie Atkinson weiter ausführt, vor allem dazu, die Individualisierungsthese glaubhafter zu machen. Joas (1988, p. 2) stellt für Becks Sicht auf die Vergangenheit fest, dass hier die »Geschlossenheit und Bindungskraft des proletarischen Klassenmilieus der Arbeiterschaft (...) im Rückblick unhaltbar übertrieben« werde. In eine ähnliche Kerbe schlägt auch die Kritik von Brock (1991), dem zufolge Beck ein »künstlich stillgestellte(s) Bild der klassischen Industriegesellschaft« anfertige (Brock, 1991, p. 20). Münch (2002, p. 426) zufolge hat Beck schlicht »ein von Dynamiken, Umbrüchen, Verwerfungen und Konfliktvielfalt gereinigtes Bild gezeichnet«. Die Korrelation von Klassenlage und Interessenslage ist aus dieser Sicht höchstens ein erklärungsbedürftiger Spezialfall und es wäre daher trügerisch, den Niedergang dieser Korrelation als das Aufkommen eines neuen Zeitalters zu deuten (Esser, 1987, p. 808).

Vice versa spreche wenig dafür, dass klassen- oder milieuspezifische Gefährdungen in der Risikogesellschaft verschwinden. Die enorm ungleiche Verteilung arbeitsplatzspezifischer Risiken zeige das recht deutlich (Schumm, 1986, p. 164). Dieser Meinung ist auch Boyd (1993, p. 433) und meint, dass der Grund für diese irreführende Darstellung bei Becks Überbetonung von Mega-Gefahren, wie Atomunfällen, zu suchen sei. Zwar lasen andere Autoren Beck in dieser Hinsicht etwas weniger drastisch und interpretierten seine Analyse als die Feststellung einer Überlappung von Klassen- und Risikogesellschaft. Allerdings fehle für eine solche Lesart ein klarer empirischer Richtwert (Draper, 1993), der anzeigen könnte, wie stark, in welchen Bereichen und ab wann sich die beiden Phasen überlappen.

Retrospektiver Realismus beschränkt sich bei Beck allerdings nicht auf die allumfassende Bindungskraft der alten Klassen. Ein anderes Beispiel wäre Becks Umgang mit »standardisierter Erwerbsarbeit« und der »traditionalen Kernfamilie«. Ersteres betreffend ist Becks These, dass die frühere, industriegesellschaftliche Arbeitsplatzsicherheit angesichts eines flexibilisierten Arbeitsmarktes und dezentral organisier-

---

22 | Atkinson bezieht sich dabei auf Marshall et al. (1988) und Savage (2000).

ten Betrieben (Beck, 1986, p. 225) mehr oder minder dahin ist. Die industriegesellschaftliche Vergangenheit war im Unterschied zu heute demnach vor allem durch Sicherheit geprägt. Beruf und Familie bildeten ein »zweipoliges Koordinatensystem, in dem das Leben in dieser Epoche befestigt ist« (Beck, 1986, p. 220). Die Menschen definierten sich vor allem durch die Arbeit, während zu Hause Entspannung angesagt war – Familie und Beruf waren strikt getrennt. Das gesamte Leben eines industriegesellschaftlichen Menschen war um die Arbeit herum organisiert; die »Industriegesellschaft ist (...) *durch und durch Erwerbsarbeitsgesellschaft*« (Beck, 1986, p. 222, kursiv im Original). Man hat im Großen und Ganzen geregelte, lebenslängliche Arbeitszeiten und verbringt diese an einem Ort (Beck, 1986, p. 224). Wie bereits angedeutet, ist das in der Risikogesellschaft vollkommen anders. Obwohl Beck konzidiert, dass auch in der Gegenwart alte Formen der sicheren Beschäftigungsstruktur aufrecht bleiben, meint er eine eindeutige Ausweitung der neuen Formen auf Kosten der alten feststellen zu können (Beck, 1986, p. 228).

Auch hier wurde Becks Blick auf die Vergangenheit fachintern nur mit Vorbehalt aufgenommen und dies mit dem Argument, dass lebenslange, sichere Vollzeitbeschäftigung nicht für die »Industriegesellschaft« per se charakteristisch sei, sondern für eine kurze Phase wirtschaftlicher Blüte der Nachkriegszeit und auch da nur für eine bestimmte soziale Gruppe. Überdies scheint bei Beck die Große Depression der 1930er Jahre entweder unbeachtet oder eben nicht in einer Industriegesellschaft stattgefunden zu haben. Die neuen risikogesellschaftlichen Trends können also genausogut als ein »Zurück« zu altbekannten Risiken der Lohnabhängigkeit und Verteilungsungerechtigkeit gedeutet werden (Schumm, 1986, p. 167), die vor den fetten Jahrzehnten sozialstaatlicher Regulierung zum Alltag industrialisierter Lebensverhältnisse gehörten. Es entstehe somit der Eindruck, Beck idealisiere frühere Beschäftigungsverhältnisse, und betrachte die Vergangenheit mit den Augen lebenslang glücklich Vollzeitbeschäftigter (Münch, 2002, p. 432). Solchen Personen mögen zwar die neuen Herausforderungen des Arbeitsmarktes als gefährliche Risiken und als ein Bruch mit früherer Sicherheit erscheinen, doch seien diese lebenslang glücklich Beschäftigten eben nur *ein* Ausschnitt der sozialen Realität, welcher zudem auch diejenigen unberücksichtigt lasse, die in der Industriegesellschaft gar keine Chancen auf Beschäftigung hatten. Was einem Ausschnitt der Bevölkerung also als Risiko erscheint, ist für viele andere eine Chance (Münch, 2002, p. 432).

Risiken waren früher sichtbar, Klassen hatten allumfassende Bindungskraft, Arbeit war lebenslang sicher. Zu diesem Bild der alten Industriegesellschaft gehört für Beck auch die traditionale Kernfamilie, die seit kurzem ihren gesellschaftlichen Stabilisierungseffekt verliere. Hintergrund dieser These ist, dass die alte Industriegesellschaft eigentlich auf einer ständischen, also vormodernen Rollenzuweisung von Mann und Frau aufgebaut gewesen wäre. Verkürzt heißt das: der Mann arbeitet und lässt sich knechten, bekommt dafür zu Hause aber die Harmonie, die er benötigt, um das Leben erträglich zu finden. Die häusliche Eintracht wird gesichert durch die Hausfrauenrolle (Beck, 1986, p. 176 ff.). Bildungsbeteiligung, Empfängnisverhütung, lange kinderlose Phasen sowie hohe Scheidungsraten treiben nun aber Frauen in den Arbeitsmarkt und aus der zugewiesenen Hausfrauenrolle (Beck, 1986, p. 181 ff.). Das Eheglück und der häusliche Friede sind dadurch gestört und können auch nicht durch ein Zurück zu alten Rollen wiederhergestellt werden. Das Ergebnis sei eine Individualisierungsspirale (Beck, 1986, p. 184). Die aus klassischen Rollen herausgelösten Individuen wechseln Partner und Familien oft und haben dennoch nichts anderes an das sie sich halten können: Vereine, Klassen, oder religiösen Gemeinschaften geben ihnen nicht mehr den nötigen Halt (Beck, 1986, p. 187).

Diese Darstellungen fanden überraschenderweise recht wenig Beachtung in den Kritiken und die soziologische Community schien im Großen und Ganzen mit ihnen einverstanden zu sein. Was aber scharf kritisiert wurde, war die Darstellung, welcher zufolge der Niedergangs von Kernfamilie *und* Klassenstruktur ein synchroner Prozess seien. So merkt Brock (1991, p. 20) an, dass die Auflösung der Kernfamilie, der Niedergang geschlossener Klassenmilieus und das Aufkommen neuer Beschäftigungsverhältnisse nicht gleichzeitig aufgekommen waren, sondern unterschiedlichen Phasen der Industriegesellschaft zuzuordnen wären. Einen einheitlichen Individualisierungsschub, der alle drei Prozesse zusammenhält, gäbe es nicht. Auf denselben Punkt macht auch Joas (1988, p. 4 f.) aufmerksam, dessen Kritik sich so zusammenfassen ließe: Becks Behauptung eines vormodernen Kerns ist falsch, denn was Beck beschreibt, ist der Niedergang von Strukturen, die erst *in der Industriegesellschaft selbst* entstanden seien. Das Epitet »ständisch« führe Beck nur ein, um ein unwidersprüchliches und homogenes Bild der Industriegesellschaft zu malen, denn eigentlich beinhalte diese Phase Trends, die nicht unter eine Überschrift zu packen sind. Becks Konzept lasse es nicht zu, dass in der klassischen

Industriegesellschaft mehrere konkurrierende Trends gleichzeitig vorhanden sind und ist daher gezwungen, all diejenigen Aspekte, die nicht ins »klassische« Bild passen, zu einem Überbleibsel einer anderen historischen Phase, eben der ständischen Gesellschaft, zu erklären. Mit anderen Worten: »der Begriff Industriegesellschaft ist zu global, um die Dynamiken von Wirkungen und Gegenwirkungen in unserer Gegenwart analytisch sauber unterscheiden zu können« (Joas, 1988, p. 5).

Ähnlich auch die Kritik von Seiten der empirischen Sozialforschung, die weniger den unklaren und stilisierten Begriff der Industriegesellschaft, als vielmehr die Unschärfen des Individualisierungskonzepts selbst unter die Lupe nahm. Bemängelt wurde hier zweierlei: erstens, dass Becks Individualisierungsbegriff sowohl Freisetzung als auch Reintegration von Individuen aus sozialen Bindungen meine und daher analytisch unbrauchbar sei (Burkart, 1998). Zweitens, dass die beckschen Thesen den Ergebnissen der empirischen Lebenslaufforschung nicht gerecht werden (Dollinger, 2007, p. 80 ff.): noch immer sind Lebensläufe recht stabil (werden sogar bei Beschäftigten mittelständischer Betriebe immer stabiler!), noch immer wählen Personen lieber klassische Frauen- und Männerrollen als mit ihren Biographien zu experimentieren und sogar junge Menschen klammern ihre Identitäten an recht klassische Bilder von Beruf, Familie und Freizeit.

Die Kritiken in Bezug auf Becks Individualisierungsthese machen Parallelen zu seinem Bild der klassischen Industriegesellschaft deutlich. Wenige Kritiker konnten sich seiner Darstellung der Individualisierung anschließen und dies wiederum, weil seine Sicht in ihren Augen ein zu homogenes Bild der Vergangenheit und damit ein allzu schemenhaftes Bild der Gegenwart male. Die Selektion von Aspekten der Vergangenheit ist also weder ein Fehler Becks noch eine rein zufällige Auswahl. Der Zugriff auf die Vergangenheit ist vielmehr im oben dargestellten Sinne stilisiert. Er greift diejenigen Aspekte heraus, die ein passgenaues Kontrastbild zur Gegenwart darstellen: die frühere Sichtbarkeit und die gegenwärtige Unsichtbarkeit, die homogenen Klassen früher und die Erosion derselben heute, traditionelle Rollen damals, Patchworkfamilien jetzt. Vergangenheit und Gegenwart können bei Beck kein Kontinuum bilden, sondern sind nur in Begriffen von Opposition denkbar. Demgegenüber bevorzugten die meisten Kritiker eine inkrementelle Darstellung gesellschaftlichen Wandels. Aber auch diejenigen Kritiker, die sich eine diskontinuierliche Sicht auf sozialen Wandel vorstellen konnten, freundeten sich nur schwer mit Becks Sicht an, welcher zufolge all die beschriebenen Brüche zur gleichen Zeit, nämlich am Übergang von Vergangenheit und Gegenwart, stattfänden. Was hier kritisiert wurde, war weniger Retrospektiver Realismus als solcher, als vielmehr die sich daraus ergebende Phaseneinteilung. Mit anderen Worten: Beck beschreibe zwar die wichtigsten Brüche, aber nicht alle sind so neu, als dass man von einer neuen Gesellschaftsstruktur sprechen könne.

Zuletzt soll noch kurz dargestellt werden, ob und wie Beck im abschließenden Teil seines Buches stilisierend auf die Vergangenheit zugreift. Kurz deshalb, weil dieser Teil weniger explizit die Vergangenheit zum Thema macht. Hier spielen andere Topoi eine wichtigere Rolle, die weiter unten detailliert besprochen werden sollen. Becks letzter Thesenkorpus ist im Großen und Ganzen eine Entdifferenzierungstheorie, welche insbesondere auf drei Felder abstellt: Wissenschaft, Wirtschaft und Politik. Geht es um die Entwicklung der Wissenschaft, so behauptet Beck eine *sekundäre Verwissenschaftlichung* (Beck, 1986, p. 259 ff.). Was diese neue Phase auszeichne, sei eine Verwissenschaftlichung der Nebenfolgen und Auswirkungen der Verwissenschaftlichung selbst. Kurzum: Wissenschaft beschäftigt sich nicht mehr nur mit einer vorgefundenen (natürlichen oder menschlichen) Umwelt, sondern vermehrt auch mit ihrem eigenen Erfolgen und Nebenwirkungen und hinterfragt diese kritisch. Während Wissenschaft früher lediglich nach innen (also im Fachkollegenkreis) kritisch, nach außen hin (dem Laienpublikum und der Politik gegenüber) aber aufgrund professioneller Interessen dogmatisch war, ändert sich das im Zuge der sekundären Verwissenschaftlichung: die Wissenschaft wird auch nach außen hin »säkularisiert« oder entzaubert. Daher spreche in der Wissenschaft auch niemand mehr von »Fakten« oder von »der Wahrheit« (Beck, 1986, p. 271).

Im Zuge der Selbstkritik wird darüber hinaus die wissenschaftliche Erkenntnis »entmonopolisiert«: die alte Unterscheidung Experte/Laie greife nicht mehr, ebensowenig der generalisierte wissenschaftliche Geltungsanspruch. Es gehe dementsprechend in der Wissenschaft nicht mehr um Wahrheitsansprüche, sondern um soziale Akzeptanz (Beck, 1986, p. 275), was Laien dann noch mehr an wissenschaftlichen Aussagen zweifeln lässt. Die Wissenschaft kann und wird nämlich politisch »feudalisiert« (Beck, 1986, p. 275). Es komme zwangsweise zu einer Entgrenzung von Entdeckung und Verwertung und damit auch zum Niedergang des ehedem hierarchischen Verhältnisses zwischen abstrakter wissenschaftlicher Erkenntnis und Anwendung. Dadurch werde immer deutlicher, dass es schwieriger wird, mit Sachzwängen zu argumentieren und der Wissenschaft, wie früher, Irrtumslosigkeit zu unterstellen. Was man bräuchte (oder was sich anbahnt?) ist eine Wissenschaft, die sich lernbereit geben kann, also Irrtümer zuzugeben imstande ist, und vor allem, die fähig ist, mögliche Nebenfolgen ihres eigenen Tuns in ihre Forschungspraxis zu inkorporieren (Beck, 1986, p. 284 ff.).

Auch in dieser Darstellung musste sich Beck heftige Kritik gefallen lassen und auch hier war eine Argumentationslinie, dass Beck die neue »reflexive« Verwissenschaftlichung nur ausrufen konnte, indem er die »einfache« Verwissenschaftlichung eben zu einfach darstellte. So meint etwa Esser, dass Beck das Entstehen eines neuen (reflexiven) Wissenschaftsverständnisses nur behaupten kann, indem er das »alte« Wissenschaftsverständnis karikiert darstellt. Es sei in diesem Sinne nie Teil des Wissenschaftsauffassung gewesen, die eigenen Unsicherheiten nach außen hin als gesichert erscheinen zu lassen (Esser, 1987, p. 810). Das klassische Wissenschaftskonzept des kritischen Rationalismus legte es vielmehr nahe, bei Unsicherheiten einfach weiter nachzuforschen, jede vermeintliche »Sicherheit« nur als vorläufig anzusehen. Wissenschafter sprechen und sprachen von Fakten und Wahrheiten immer nur unter Anführungszeichen.

Wenn auch Beck also ein verzerrtes Bild des »überholten« Wissenschaftsverständnisses malt, so könnte man doch einwenden, dass in der Wissenschaft (vielleicht mehr als früher) strategisch bewusst die Unwahrheit gesagt und abhängig von politischen Präferenzen geforscht wird. Doch dann, so Esser (1987, p. 811), gäbe es keinen Anlass auf eine neue Epistemologie im Unterschied zur alten zu setzen, sondern die alten Normen zu bemühen, die einen Verstoß gegen diese überhaupt als Verstoß sichtbar werden lassen. Denn dass die wissenschaftlichen Normen aus politischem Opportunismus nicht befolgt werden, sagt über deren Relevanz wenig aus – schließlich gelten Normen ja kontrafaktisch. Und früher nicht weniger oder mehr als jetzt, so könnte man hinzufügen. Diese Art der Kritik ließe sich auch ohne Verweis auf Popper formulieren. Dann könnte man behaupten, dass die Wissenschaftsauffassung, die Beck vor Augen hat, in dieser Art nie gelebt wurde und dass es dementsprechend nicht korrekt sei, sie allein für die Gegenwart als überholt zu betrachten. Die politische Feudalisierung (Lyssenkoismus, »deutsche Physik« etc.) der Wissenschaft ist in diesem Kontext ebensowenig ein neues Phänomen wie Laienbeteiligung. Becks Sicht auf die Vergangenheit wäre dann ein Blick in eine bestimmte Wissenschaftstheorie und weniger in eine vergangene Realität.

Darüber hinaus, so die Einschätzung von Münch (2002, p. 436), sei Becks Darstellung der rasant steigenden Komplexität der Wissenschaft als eigentlicher Ursache der oben vorgestellten Veränderungen irreführend, da sie die Entwicklungsdynamik der alten, »einfachen« Verwissenschaftlichung stark unterschätze. So seien die wissenschaftlichen Entdeckungen der Zeit zwischen 1870 und 1970 weitaus massiver und folgenreicher gewesen als die nach 1970 (Münch, 2002, p. 436). Münchs Beispiel ist die rasant steigende Lebenserwartung durch medizinische Forschung. Da seien bis 1970 die relativ größten Erfolge erzielt worden. Seit den 1970er Jahren seien im Vergleich zu der Zeit davor die Zuwächse bei der Lebenserwartung in den Industriestaaten lediglich inkrementell. Ein radikaler Strukturwandel der Wissenschaft sei, anders ausgedrückt, weder qualitativ noch quantitativ zu beobachten.

Diese Art von Kritik richtete sich nun vor allem gegen die These der reflexiven Verwissenschaftlichung. Reflexive Modernisierung beinhaltet für Beck aber nicht nur Veränderungen der Wissenschaft, sondern auch einen massiven Strukturwandel der Politik. Hier ist die These, dass die in der alten Industriegesellschaft etablierte Trennung zwischen Politik auf der einen und Wissenschaft auf der anderen Seite nicht mehr vollzogen werden kann. Während es bis in die 1960er Jahre so war, dass der technologisch-wirtschaftliche Fortschritt mehr oder weniger Konsens und damit als unpolitisch behandelt wurde (Beck, 1986, p. 324 ff.), machen die neuartigen Risiken genau diesen riskanten Fortschritt zum Hauptthema der Politik (Beck, 1986, p. 301 ff.). Was früher stabil war, nämlich der Zusammenhang von Kultur und technischer Entwicklung (Fortschrittskonsens), wird in der Gegenwart zusehends infrage gestellt. Dadurch vollziehe sich der Gesellschaftswandel immer stärker im Bereich des früher Nichtpolitischen, wodurch der Eindruck einer machtlosen Politik entstünde (Beck, 1986, p. 303). Die Latenzen der Nebenfolgen technologischer Entwicklung werden manifest – die ökonomisch-technologische Entwicklung ist nicht mehr kultureller Konsens wie das in der Industriegesellschaft der Fall war (Beck, 1986, p. 328). Dieser Wechsel ist aber nicht bloß eine Veränderung unter vielen. Der Fortschrittsglaube der Industriegesellschaft war nämlich nicht nur Konsens, sondern eine Art »irdische Religion der Moderne« (Beck, 1986, p. 344). Der unhinterfragte Fortschrittsglaube war mit anderen Worten die unreflektierte »Gegenmoderne«, auf der die Industriegesellschaft aufgebaut war. Nur durch diesen blinden Fleck konnte technologischer Fortschritt überhaupt so glatt vonstatten gehen. Die massive Umwandlung dieses Konsenses in einen generellen Skeptizismus räumt mit diesem gegenmodernen Versatzstück auf: die Moderne kommt endlich zu sich selbst, entfaltet ihr kritisches Potential.

Der neue subpolitische Bereich wird darüber hinaus zum eigentlichen Zentrum der Politik. Bügerinitiativen und neue soziale Bewegungen stellen vermehrt Ansprüche auf direkte Partizipation. Es komme zu einer »Entgrenzung von Politik« (Beck, 1986, p. 306 ff.), wobei damit unterschiedliche Phänomene gemeint sind. Zunächst gemeint ist der Machtverlust des (Sozial-) Staates durch neue politische Akteure und die damit verbundene Schwächung des traditionellen institutionellen Gefüges der Politik. Parteien, Gewerkschaften, Interessensvertretungen von Berufsgruppen und Parlamente bilden, anders als früher, nicht mehr das Herz des politischen Systems. Neben Bürgerinitiativen besetzen diesen Platz die verwissenschaftlichte Expertise (Beck, 1986, p. 318 f.) und die neue Definitionsmacht der Massenmedien (Beck, 1986, p. 320). Ähnlich wie die politisierte Wissenschaft wird auch der Betrieb zur Zielscheibe der neuen »Subpolitisierung«. Betriebsinterne Organisationsformen, von hierarchisierter Arbeitsteilung bis zur Produktionstechnologie, werden vermehrt politisiert und moralisiert. Der Betrieb gilt dann nicht mehr als sachliches, unpolitisches Mittel der Wohlstandssteigerung, sondern wird in Bezug auf seine internen Produktionsweisen von unterschiedlichen Gruppen kritisiert: ob Bürgerinitiativen, Medienöffentlichkeit, Richter oder kritische Ingenieure – sie alle kritisieren technologische Herstellungsverfahren, wohlgemerkt nicht unter dem industriegesellschaftlichen Aspekt der Umverteilung und des Klassenkampfes, sondern vor dem Hintergrund der dadurch entstehenden Nebenfolgen selbst (Beck, 1986, p, 356 f).

Die These der reflexiven Modernisierung wurde von der Fachöffentlichkeit nicht wohlwollender rezipiert als die Beschreibung der neuen Risiken oder der neuen Individualisierung. Auch hier war der Grundtenor der fachinternen Kritik, dass das größte Problem der Theorie reflexiver Modernisierung ein allzu ausschnitthaftes Bild der »einfachen« Modernisierung sei. So merkt Münch (2002, p. 434 f.) an, dass das Aufkommen »neuer« politischer Akteure wie Bürgerinitiativen nur sehr schwer als Anzeichen einer »zweiten Moderne« gedeutet werden kann, wenn man sich die institutionelle Struktur anderer demokratischer Staaten ansehe, beispielsweise die der USA. Dort sei die

Beteiligung solcher »neuen« Akteure a) fast so alt wie das politische System selbst und b) auch in der Gegenwart weitaus pluraler als im deutschen System (Münch, 2002, p. 435). Oder anders gesagt: vom Übergang von einer einfachen zu einer reflexiven Moderne kann im Bereich der Politik nur dann gesprochen werden, wenn man *einen* Aspekt *eines* politischen Systems herausgreift, diesen dann für eine ganze Epoche gesellschaftlicher Entwicklung stehen und im Kontrast dazu eine neue Epoche entstehen lässt. Außerdem sei reflexive Modernisierung, verstanden als Behebung von Nebenfolgen des technischen Fortschritts genauso alt wie der technische Fortschritt selbst. Münch (2002, p. 439 f.) nennt als Beispiel die Entstehung von Institutionen zur Regelung des Klassenantagonismus, die weit ins 19. Jahrhundert zurückzuverfolgen sei. Ähnlich argumentiert auch Schumm (1986, p. 163). Technologische Innovation und der Versuch der Beseitigung ihrer Nebenfolgen gingen Hand in Hand und könnten historisch betrachtet nicht unterschiedlichen Phasen zugeordnet werden.

Am Ende dieser Darstellung sei noch ein Apekt erwähnt, der in der hier angesprochenen Kritik selbst nicht vorkam, für das Verständnis der beckschen Darstellung jedoch recht wichtig ist. Dieser betrifft Becks These vom Fortschrittskonsens in der Industriegesellschaft. Hier sei nur angemerkt, dass auch diese Darstellung all diejenigen Stimmen ungehört lässt, die sich seit Anbeginn der industriellen Produktionsweise gegen diese selbst gewandt hatten. Ob nun die Ludditen des frühen 19. Jahrhunderts (Binfield, 2004), der berüchtigte Antimodernismus diverser faschistischer Bewegungen der 1930er Jahre oder Mahatma Gandhis Idee eines nichtindustrialisierten Indien (Gandhi, 1997) – sie alle vollzogen sich, zumindest in der beckschen Terminologie, während der Hochblüte der alten Industriegesellschaft. Zwar gibt Beck zu, dass es Modernisierungskritik immer gegeben habe, diese aber in ihrem Glauben an die Beherrschbarkeit der Natur stets latent modernistisch gewesen sei (Beck, 1986, p. 324). Beck beschränkt seine Aussagen aber lediglich auf den Fortschrittsglauben der politischen Linken und lässt die eben genannten, radikal antiindustriellen und antimodernistischen Fortschrittsskeptizismen unbeachtet. Die Opposition zwischen einfacher und reflexiver Modernisierung ist historisch somit schwer durchzuhalten.

In Bezug auf den Retrospektiven Realismus habe ich einleitend erwähnt, dass die Stilisierung der Vergangenheit nicht unkontrolliert vonstatten geht. Zum einen werden Vergangenheit und Gegenwart passgenau auf einander abgestimmt und Becks Ausführungen sind hierfür ein recht anschauliches Beispiel. Die Gegenwart wird hier zum Negativbild der Vergangenheit. Zum anderen sind bei Retrospektivem Realismus die Beschreibungen der Vergangenheit anderen Theorien entlehnt, die als angemessene Beschreibungen einer vergangenen Realität dienen. Bei Beck zeigt sich dies gleich an mehreren Beispielen. Das Paradebeispiel hierfür sind Becks Ausführungen zur Bindungskraft industriegesellschaftlicher Klassen. Seiner Vorstellung entsprechend ist Marx' Konzept einer Klassengesellschaft die angemessene Beschreibung einer Vergangenheit, die sich heute in ihr Gegenteil verkehrt: die gemeinsame Erfahrung des Elends gäbe es heute qua Sozialstaat nicht mehr – sie werde ersetzt durch Individualisierung. Mit Verweis auf die oben erörterten Kritiken von klassentheoretischer Seite (Atkinson), ließe sich nun antworten, dass diese »gemeinsame Elendserfahrung« historisch betrachtet selten die politische Bindungskraft und Solidarisierung zur Folge hatte, die Beck ihr unterstellt[23]. Dementsprechend läge es näher, die Erosion von »Klassen für sich« als Falsifikation der marxistischen *Theorie* und weniger als Nachweis von Strukturveränderungen zu werten.

Selbiges gilt für Becks Vorstellung, wonach es bis vor kurzem einen gesellschaftsweiten Fortschrittskonsens gab, über den es nicht zu diskutieren galt, mit anderen Worten eine politisch/wissenschaftliche Technokratie. Hier ließe sich entweder argumentieren, dass Technokratie und Technokratiekritik nicht, wie Beck behauptet, für zwei aufeinander folgende Phasen gesellschaftlicher Entwicklung stehen, sondern einen synchronen Prozess bilden. In diesem Sinne gab es und gibt es in modernen Gesellschaften immer beides zugleich: die Verwaltung der Dinge und Ludditentum. Auf der anderen Seite ist auch das Gegenargument möglich, wonach die These von einer durchgesetzten, unhinterfragten Technokratie in der Soziologie nie mehr als eine umstrittene Theorie geblieben ist, die es gleich in mehreren Varianten (Saint-Simon, Veblen, Gehlen, Schelsky) und mit mehreren konzeptionellen Gegenangeboten (Frankfurter Schule, Habermas, *science and technology studies*) gab. Diese Kritik geht also einen Schritt weiter und kritisiert nicht die Phasentrennung allein, sondern die Gleichsetzung einer vergangenen Phase mit einer Diagnose, die stets ihre Gegendiagnosen hatte. Was aus fachgeschichtlicher Sicht zwei umstrittene Technokratiethesen waren, vornehmlich Schelskys »wissenschaftli-

---

23 | Man denke nur an die Marienthalstudie, der zufolge auch kollektiv erfahrenes Elend weniger Solidarität und politische Aktion, als vielmehr Apathie hervorruft (Jahoda/Lazarsfeld/Zeisel, 1975).

che Zivilisation« (Schelsky, 1961) und Gehlens »technisches Zeitalter« (Gehlen, 1957), wird bei Beck zu einer vergangenen Gegenwart, die von der gegenwärtigen aus den Angeln gehoben wird.

Die Darstellung der Vergangenheit in Begriffen einer verdinglichten Theorie findet sich auch bei Becks Ausführungen zur Transformation der politischen Kultur. Diese bestehe darin, dass das alte Zweck-Mittel-Modell der Politik ersetzt wird durch *Theorien* der Interdependenz von Entscheidungen, des Prozesscharakters der Entscheidungsfindung und der Einbindung unterschiedlicher politischer Akteure (Beck, 1986, p. 323). Nun kann aber argumentiert werden, dass beide Theorien des Politischen, die alte und die neue, eben nur Theorien sind und daher nicht zu einem Wechsel gesellschaftlicher Strukturen addiert werden können. Beck behauptet aber genau das: die Ablösung eines *Paradigmas* durch ein neues sei Anzeichen für einen gesellschaftlichen Wandel. Naheliegend wäre auch die Kritik, wonach die Kenntnis von informalen Strukturen und die Enttarnung der Zweck-Mittel-Konzeption als Selbstidealisierung der Politik älter ist als das Konzept der reflexive Modernisierung[24].

Angemerkt sei, dass Beck auch in Bezug auf die Veränderungen der betrieblichen Organisationsformen mit derselben Argumentationsfigur einen gesellschaftlichen Bruch zeichnet. So sei der neue Betrieb in der reflexiven Moderne nicht mehr zentral organisiert: es sei zum ersten Mal möglich zu entscheiden, ohne vorher die Zentrale zu konsultieren (Beck, 1986, p. 349 f.). Auch hier hat man den Eindruck, Beck beschreibe die Vergangenheit, indem er eine betriebswirtschaftliche *Theorie* des Unternehmens zur realen Vergangenheit, die chaotische, nicht-hierarchische Realität hingegen zur neuen Gegenwart erklärt.

Der Verweis auf die Kritiken sollte zeigen, dass Becks Thesen auf einer ganz bestimmten Stilisierung der Vergangenheit beruhen. Der radikale Bruch mit der Vergangenheit muss erst erzeugt werden, indem entweder widersprüchliche Aspekte der gesellschaftlichen Entwicklung vernachlässigt werden oder indem das Überholt-Sein theoretischer Annahmen als Evidenz für neue reale Strukturen gehandelt wird. Durch beide Argumentationsmuster entsteht nicht nur das Bild einer eindeutigen Vergangenheit, sondern auch ein klarer Epochenbruch. Beides schien für Becks Kritiker nicht sehr überzeugend. Damit soll nicht behauptet werden, dass die Kritik aus irgendeinem Grund immer im Recht sei und Beck daher stets die Unwahrheit schreibe. Vielmehr

---

24 | Zu diesem Fragenkomplex siehe Luhmann (1964); Luhmann (1999b).

zeigen die Kritiken und ihre Interpretation, dass Beck viele Aspekte der industriegesellschaftlichen Vergangenheit unberücksichtigt lässt und dass dies in seinem Werk deshalb nicht zufällig passiert, weil ihn seine Thesen über das Entstehen einer absolut neuen gesellschaftlichen Struktur gewissermaßen zu einer sauberen Trennung von Vergangenheit und Gegenwart zwingen. Ob dieses Vorgehen dem Autor oder der Person Beck bewusst war, sei dahingestellt.

Was aber deutlich werden sollte, ist dass hier Argumentationsgesichtspunkte fast untrennbar mit einander verzahnt sind. Letztlich ist der Retrospektive Realismus bei Beck darauf zurückzuführen, dass er nicht imstande ist, unterschiedliche Phasenbrüche differenziert zu behandeln. Wie im Kapitel über die Sachdimension dargestellt, ist Beck zufolge die Risikogesellschaft all das nicht, was die Industriegesellschaft war. Ein solches Konzept erlaubt es beispielsweise nicht, die Transformation von Semantiken (Klassensemantik versus Individualisierungssemantik) von der Transformation der Schichtungsstruktur zu unterscheiden. Auch ist es ausgeschlossen, mit einem solchen Beobachtungsschema die technische Produktion von Risiken von ihrer massenmedialen Beschreibung zu trennen. Becks Theorie könnte in diesem Sinne durchaus Epochen unterscheiden, allerdings wäre der Epochenbruch besser begründet, wenn man ihn als Kombination konzeptionell zunächst unabhängiger Brüche verstehen würde. Es gäbe dann eine Welt vor und nach der Atombombe, eine Welt vor und nach den Massenmedien, eine Welt vor und nach der Massenarbeitslosigkeit, eine Welt vor und nach Patchworkfamilien, eine Welt vor und nach den Grünen. Selbstredend wären dann allumfassende Globalbegriffe wie »Risikogesellschaft« oder »zweite Moderne« obsolet, denn es wäre sehr schwierig, all diese Brüche zu synchronisieren oder sachlich zu entdifferenzieren.

Retrospektiver Realismus verdinglicht nun nicht bloß eine Theorie zur real existierenden Vergangenheit, sondern schneidet eine dazu exakt passende *Gegen*-wart. Bei Beck wird in diesem Sinne besonders deutlich sichtbar, wie mithilfe reifizierter Theorien eine ganze gesellschaftliche Phase typenmäßig stilisiert wird und dies auf beiden Seiten der Unterscheidung früher/jetzt. Die ausgewählten Teilaspekte der Vergangenheit lassen fast zwangsweise eine stilisierte Gegenwart entstehen. Erst dadurch gelingt es Beck, der Vergangenheit und der Gegenwart einen Anstrich des Unwidersprüchlichen zu geben. Esser

(1987, p. 811) spricht in seiner Besprechung der *Risikogesellschaft* von der »auf den einen Begriff reduzierte(n) Wirklichkeit«[25].

Doch Beck geht in seiner Argumentation noch einen Schritt weiter als bloß einer konstruierten Phase ein Etikett zu verpassen. Durch selektiven Zugriff auf die Vergangenheit (ergo auch Gegenwart!) entstehen bei Beck ja nicht einfach zeitlich aufeinander folgende, sondern miteinander unverträgliche Epochen gesellschaftlicher Entwicklung. Was Beck behauptet, ist, dass die neue Phase (sei es Risikogesellschaft, Individualisierung oder reflexive Moderne) die Antithese oder Antwort auf die frühere Phase sei. In diesem Sinne sind Sach- und Zeitdimension in der Beschreibung sozialen Wandels bei Beck aufeinander angewiesen: die Gegenwart kann als Antithese der Vergangenheit stilisiert werden, indem der Zugriff auf Vergangenes durch verdinglichte Theorien in allzu geregelte Bahnen kanalisiert wird. Die industriegesellschaftliche Vergangenheit der Risikogesellschaft ist somit auf den zweiten Blick ein Pappkamerad.

Der Bruch zwischen Vergangenheit und Gegenwart kann bei Beck (wie auch bei anderen hier besprochenen Zeitdiagnostikern) trotz sauberer Phasentrennung nie abgeschlossen sein, denn dann wäre es ein Bruch zwischen unterschiedlichen Vergangenheiten. Demgegenüber vollzieht sich der Phasenbruch auch bei Beck »gerade eben«. Wir leben also noch nicht ganz in der Risikogesellschaft, sondern sind kurz davor. Daher auch die bemerkenswerte Selbstbeschreibung der Risikogesellschaft als Theorie die »gegen die noch vorherrschende Vergangenheit die sich heute schon abzeichnende Gegenwart ins Blickfeld heben« will (Beck, 1986, p. 12). Was man nun auf den ersten Blick als ein Argument für inkrementellen Wechsel sehen könnte, weil ja eigentlich die heutigen Entwicklungen in der Vergangenheit bereits angelegt waren, liest sich bei Beck aber ganz anders. Weil wir uns früher der Tragweite der Entwicklungen nicht bewusst waren, weil also das Potential der Moderne bis vor kurzem nicht voll ausgeschöpft war, traktierten wir unsere Gesellschaft bis zuletzt mit den falschen Begriffen, Vorstellungen und Regulationen. Die neue Gesellschaft braucht daher trotz ihres Angelegt-Seins in der Vergangenheit ein vollkommen neues Denken, vollkommen neue Steuerungsstrukturen, ein vollkommen neues Bewusstsein. Insofern ergibt sich für Beck die Möglichkeit bei-

---

25 | Esser bezeichnet an derselben Stelle dieses Vorgehen als ein argumentatives Verfahren, welches soziologisch eigentlich nie überzeugen kann und daher ganz andere Funktionen haben muss, als wissenschaftsintern für Anschlussfähigkeit zu sorgen.

des gleichzeitig zu tun: einerseits einen radikalen Bruch zu behaupten und andererseits den Bruch als Konsequenz früherer Entwicklungen darzustellen. Der Bruch ist dann radikal und erscheint dennoch nicht als *deus ex machina*. Mit Luhmann ausgedrückt, verhalten sich bei Beck die aufeinander folgenden Phasen zu einander wie »Schuld und Sühne« (Luhmann, 1985, p. 11). Der Nachteil einer solchen Argumentation zeigt sich bei Beck allerdings auch deutlich: die Beweislast drückt dann noch schwerwiegender als bei einem »einfachen« Epochenbruch. Der Vorteil liegt aber ebenso auf der Hand: indem Beck die Gegenwart gewissermaßen als *Antwort* auf die Fehler der Vergangenheit sieht, können beide nicht vermengt werden, denn die Antwort muss ja zuerst die Frage abwarten[26].

In diesem Sinne scheint es zweckdienlich, Becks Darstellung als idealtypisches Muster des Retrospektiven Realismus vorzustellen, zumal sein Werk all die Argumentationsschritte beinhaltet, die diesen Topos ausmachen: saubere Trennung von Vergangenheit und Gegenwart, Stilisierung der Vergangenheit durch verdinglichte Theorien und schließlich die Unverträglichkeit von Vergangenem und Gegenwärtigem. Beck ist daher im Vergleich zu den anderen hier besprochenen Zeitdiagnostikern besonders konsequent in seinem Umgang mit Phasenmodellen und deren Zugriff auf Vergangenheit. Argumentativ weniger radikale Formen des Topos finden sich aber durchaus bei anderen Autoren. Dies gilt es im Folgenden näher zu beleuchten.

6.3.2.2 Riesmans und Sennetts geduldige Puritaner

Retrospektiver Realismus charakterisiert nicht nur den beckschen Ansatz. David Riesmans 1950 erstmals erschienenes Buch *The Lonely Crowd*, bislang die wahrscheinlich meistrezipierte soziologische Zeitdiagnose, macht ebenfalls von diesem Topos Gebrauch – und dies nicht minder durchgängig als Beck. Ich werde daher wie im Falle der Risikogesellschaft versuchen, diese Darstellung so kompakt wie möglich und so ausführlich wie nötig zu halten. Ich habe am Beispiel der beckschen Risikogesellschaft zu zeigen versucht, dass der selektive Zugriff auf die Vergangenheit ein wirksames Mittel ist, um gesellschaftliche Phasen oder Epochen sauber, also mit möglichst wenig Überlappungen, voneinander zu trennen. Dieses Verfahren ist der Kern dessen, was Retrospektiven Realismus ausmacht. Dabei hat sich die Analyse

---

26 | Zur Struktur dieses »dialektischen« Argumentationsverfahrens bei Beck siehe Kuchler (2005).

von Sekundärmaterial als recht praktisch erwiesen. Im Falle Riesman soll daher genauso vorgegangen werden. Und auch hier stellt sich die Frage, ob die anfangs *lediglich gesetzten* Phasen durch Retrospektiven Realismus reifiziert werden, wie das bei Beck beobachtet werden konnte.

Hier muss zuallererst einschränkend angemerkt werden, dass, anders als bei Beck, die Rezeption des riesmanschen Werkes vor allem durch wohlwollende Übernahme der dargestellten Charaktertypologie gekennzeichnet ist. Diejenigen, die sich mit dem Ansatz auseinandersetzten, versuchten vor allem, Riesmans Kategorien quantitativ zu messen. So entstand vor allem in den 1960er Jahren fast schon ein kleines Forschungsfeld, das mit den Charaktertypen arbeitete und mit wechselndem Erfolg die Angemessenheit der Kategorien herauszustreichen versuchte (Centers, 1962; Kassarjian, 1962; Centers/Centers, 1963; Peterson, 1964; Williams, 1964; Zinkhan/Shermohamad, 1986)[27]. Spätestens seit den 1980er Jahren wurden diesbetreffend aber kaum weitere Forschungen unternommen und Riesmans Werk verschwand größtenteils auch aus den soziologischen Curricula (Zussman, 2001, p. 158 ff.). Diese anfängliche Euphorie über eine neue Kategorisierung, die vergleichsweise einfach in quantitative Indikatoren transferiert werden konnte, wurde jedoch von Anfang an von recht heftiger Kritik überschattet. Die Kritiker warfen Riesman dabei, grob zusammengefasst, drei konzeptionelle Schwächen vor. Erstens habe er weder eine klare theoretisch Begründung noch eine empirische Basis für die behauptete Korrelation zwischen Demographie und sozialem Charaktertypus vorzuweisen (Bain, 1951; Calhoun, 1951; Garvan, 1951; Mead, 1951; Mogey, 1952; Aydelotte, 1953; Heberle, 1956). Er könne das auch gar nicht, meint Goldsen (1951, p. 161), weil die vorgeschlagenen Kategorien dafür zu generell seien.

Der zweite Kritikstrang war hier etwas wohlwollender, kritisierte aber Riesmans Ausformulierung der sozialen Charaktertypen. Kernpunkt war, dass man zwar (idealtypisch) zwischen sozialen Charaktertypen unterscheiden könne, es aber nicht möglich wäre, Gruppen oder Milieus gewisse Charaktereigenschaften zuzuschreiben. So meinen etwa Berghorn/Steere (1966, p. 58) mit Verweis auf durchgeführte Befragungen, dass unterschiedliche soziale Charaktertypen nicht Menschen oder Gruppen von Menschen zugeschrieben werden können,

---

27 | Eine umfangreiche Darstellung empirischer Ausarbeitungen der riesmanschen Kategorien findet sich bei Peterson (1964, p. 195).

sondern vielmehr den Wertvorstellungen, die sie *Themen* gegenüber haben. Da es nun aber unendlich viele Themen gebe, über die man Menschen befragen kann, wird je nach abgefragtem Thema ein Bias entweder in Richtung inner- bzw. other-directedness zu erwarten sein. Rückschlüsse auf den sozialen Charakter ganzer Gruppen seien daher methodologisch äußerst fragwürdig, denn je nach Thema können die Meinungen ein und derselben Gruppe *inner-* oder *other directed* sein. In diese Richtung argumentieren auch Messinger/Clark (1961). Ihr Argument ist dabei, dass das, was Riesman beschreibt, eigentlich nicht Typen unterschiedlicher sozialer Charaktere seien, sondern institutionell den Personen abverlangte Eigenschaften von *Rollen*. Die unterschiedlichen Typen kämen also gewiss vor, aber nicht als Eigenschaften von Gruppen oder Personen, sondern als Eigenschaften von Verhaltensanforderungen (*conduct types*), die je nach Situation divergieren (Messinger/Clark, 1961, p. 82 ff.). Genau mit letzterem Argument versuchte Williams (1964) eine Reformulierung der Riesman-Typologie. So zeigten viele quantitative Studien, dass man durchaus mit den Kategorien »innengeleitet« versus »fremdgeleitet« arbeiten kann, sie aber wiederum nicht Menschen oder Gruppen global zuschreiben sollte. Eher würde sich andeuten, dass Menschen je nach *Situation* zwischen einem innengeleiteten und einem fremdgeleiteten Verhalten lavieren. Letzteres vor allem in Situationen, in denen klare Normvorgaben nicht vorhanden oder mehrdeutig sind (Williams, 1964, p. 214 ff.).

Im Kontext der vorliegenden Arbeit ist aber der dritte Kritikstrang sicherlich der wichtigste. Hierbei wurde Riesman vorgeworfen, die Vergangenheit *verzerrt* dargestellt zu haben. Die bereits erwähnte Studie von Berghorn/Steere (1966) ist, was diesen Kritikstrang betrifft, ausgesprochen deutlich. Dabei haben die Autoren versucht, den Wechsel der riesmanschen Charaktertypen in amerikanischen Erziehungsratgebern zwischen 1865 und 1929 nachzuweisen. Inhaltsanalytisch wurden Werke aus drei Perioden (1865-1874, 1905-1909 und 1925-1929) nach dem Kriterium untersucht, ob sich die darin vermittelten Werte im Sinne von Riesman von innengeleitet hin zu fremdgeleitet verschoben hätten. Dabei stellte sich heraus, dass mit den Kategorien von Riesman nicht gearbeitet werden konnte, da entweder innen- *und* fremdgeleitete Werte gleichzeitig vermittelt wurden oder aber die Klassifikation gar nicht möglich war. Die Autoren beobachteten eher einen Trend hin zu Verwissenschaftlichung und Säkularisierung der pädagogischen Schriften (Berghorn/Steere, 1966, p. 59 ff.). Es liege daher der

Schluss nahe, dass die Reduktion der (amerikanischen) Vergangenheit auf eine innengeleitete Werteordnung wenigstens im Bereich der Kindererziehung nicht zulässig oder jedenfalls eine grobe Vereinfachung ist.

Eine solche Bewertung wird auch durch eine Studie von Greenstein (1964) nahegelegt. Untersucht wurde hierbei ein lange unbeachtetes Sample von Interviews, die zwischen 1896 und 1910 mit Jugendlichen und Kindern geführt wurden und ihre Werte, Ideale und Idole zum Gegenstand hatten. Mit Riesman wäre also zu erwarten gewesen, dass dem damaligen Zeitgeist entsprechend klare innengeleitete Ansichten geäußert worden wären. Nun ist aber Greenstein zufolge das genaue Gegenteil der Fall gewesen. Zum einen zeige die Sekundärauswertung der Interviews nämlich, dass die Befragten keinem besonders ausgeprägten Aufstiegsethos anhingen, wie eigentlich für diese strenge und disziplinierte Zeit zu erwarten gewesen wäre (Greenstein, 1964, p. 448). Zum anderen zeige das Interviewmaterial, dass Kinder und Jugendliche ihre Idole durchaus aus Gründen bewunderten, die im riesmanschen Sinne klar als fremdgeleitet zu bezeichnen wären: sie sähen gut aus, begeisterten die Massen und müssten sich nicht besonders anstrengen, um erfolgreich zu sein (Greenstein, 1964, p. 450). In diesem Sinne handelte es sich Greenstein zufolge beim »innengeleiteten« Typus um eine idealisierte Darstellung des 19. Jahrhunderts in Amerika. So meint Greenstein dann auch generell: »...commentators on the present often find it tempting to idealize the past« (Greenstein, 1964, p. 450).

Der vielleicht einflussreichste Artikel, in welchem Riesman ein verzerrter Zugriff auf die Vergangenheit vorgeworfen wurde, ist ebenfalls eine empirische Korrektur des Bildes, welches in *The Lonely Crowd* vom puritanischen Amerikaner gemalt wird. In dieser Studie von Lipset (1961), die sich mit frühen Berichten europäischer Reisender in die USA beschäftigt, lautet das vorgebrachte Argument ebenfalls, dass ein »fremdgeleiteter« Charakter bereits im 19. Jahrhundert als Phänomen beobachtet wurde (Lipset, 1961, p. 141 ff.). Schon bei Tocqueville, Baedecker, Martineau oder Bryce (Lipset nennt darüber hinaus noch viele andere Autoren) wurde der amerikanische Charakter dargestellt als generelles Streben, anderen zu gefallen. Zurückzuführen sei dieser Wesenszug dementsprechend nicht auf eine Veränderung der Bevölkerungsdynamik und sei auch kein neues Phänomen. Vielmehr sei Riesmans Beschreibung ein typisches Beispiel dafür, dass das amerikanische Wertesystem stets zwischen Gleichheit und Meritokratie oszilliere und dementsprechend je nach Zeitgeist entweder das eine oder das andere betont werde (Lipset, 1961, p. 158 ff.).

Riesmans Werk sei daher vor allem als Antwort auf den radikalen Egalitarismus der 1930er Jahre zu verstehen, sei also mehr unter einem ideengeschichtlichen Blickwinkel zu analysieren und weniger als Bestandsaufnahme tatsächlicher Neuerungen, die empirisch ohnehin nicht zuträfen. Dies unter anderem auch deshalb, weil nicht nur die These vom Wandel des Sozialcharakters nicht stimme, sondern auch die zugrundeliegenden Strukturhypothesen keinen empirischen Halt hätten. Erstens stiegen die Bevölkerungszahlen in den USA entgegen Riesmans Diagnose gegenwärtig sogar an – von einem allmählichen Bevölkerungsrückgang könne also keine Rede sein. Zweitens seien die großen Unternehmen, die allmächtige Bürokratie und die massive Urbanisierung weder rein amerikanische Phänomene, noch in irgendeiner Weise neu. Es gäbe sie z. B. auch in Westeuropa (teilweise schon länger als in den USA), ohne dass behauptet würde, dies sei dort mit einem radikalen Wechsel des Sozialcharakters einhergegangen (Lipset, 1961, p. 156 ff.).

Während die bisher diskutierten Autoren vorwiegend die These vertraten, dass der fremdgeleitete Charakter nichts Neues sei, schlugen Parsons/White (1961) eine dazu komplementäre Sicht auf das Werk von Riesman vor. Ihnen zufolge *waren und sind* die USA von einem Wertesystem geprägt, das über die Jahrzehnte stabil und institutionalisiert geblieben ist: asketischer Protestantismus, instrumenteller Aktivismus und sekulärer Individualismus (Parsons/White, 1961, p. 100 ff.). Die USA sind und bleiben innengeleitet. Dass Riesman nun diesen »klassisch-puritanischen« Charaktertypus im Niedergang sehe, liege daran, dass die Konzeption des innengeleiteten Menschen bei Riesman einen wichtigen Punkt übersieht: auch der innengeleitete Mensch war massiv von institutionalisierten Richtlinien geleitet und in dem Sinne nie derart von der Gesellschaft unberührt wie Riesman es darstellt (Parsons/White, 1961, p. 104 f.). Gesellschaftliche Veränderungen gäbe es freilich, doch seien diese vor allem in der Differenzierungsstruktur zu suchen, die klassische Wertvorstellungen eher weiter *abstrahiere*, als sie abzuschaffen oder vollkommen umzukrempeln. Als Beispiel nennen Parsons und White den Untergang des Familienbetriebs, durch welchen der Profit als Indikator für persönlichen Erfolg abgelöst wird von firmeninternem Aufstieg in großen Korporationen.

Der Clou dabei ist aber, dass a) Profit und Aufstieg äquivalent sind[28] und b) dass firmeninterner Aufstieg problemlos mit den oben genannten, klassischen Wertvorstellungen vereinbar bleibt (Parsons/White, 1961, p. 106 ff.). Auch die vermeintlich neuen Phänomene wie die elterliche Identifikation mit den Aktivitäten des Kindes oder das Erstarken der *peer group* deuten Parsons und White nicht als den Beginn eines neuen Charaktertypus, sondern als Variation dessen, was früher die Großfamilie geleistet hatte: die Vorbereitung auf die Inklusion in den Arbeitsmarkt (Parsons/White, 1961, p. 118 ff.).

Riesmans Vorstellung des innengeleiteten Charaktertypus beschreibt all diesen Kritiken zufolge eine Vergangenheit, die es in dieser Reinform nie gab. Würde man all die hier besprochenen Kritiken zusammenfassen wollen, so ließe sich konstatieren, dass die beiden von Riesman getrennten Typen einander nicht widersprechen und auch nicht getrennten Phasen zugeordnet werden können.

Nun gilt es zu beachten, dass Riesman stets bedacht ist, die getrennten Phasen und die dazu gehörigen Charaktertypen als Idealtypen zu bezeichnen. Die Grenzen zwischen ihnen seien also absichtlich scharf gezogen. Ich habe zu Beginn jedoch darauf aufmerksam gemacht, dass zeitdiagnostische Phasentrennung nicht mit Idealtypisierung gleichzusetzen ist. Ist vor diesem Hintergrund Riesman also ein Zeitdiagnostiker oder doch, wie er sich vermutlich selbst beschrieben hätte, vielmehr Weberianer, der zum besseren Verständnis der Realität reine Typen und Phasen konstruiert? Läuft die Kritik an seiner überpointierten Darstellung der Vergangenheit also ins Leere oder ist sie berechtigt?

Bei der Interpretation des riesmanschen Werkes muss generell bedacht werden, dass die Darstellung des gesellschaftlichen Epochenbruchs hier weitaus vorsichtiger angelegt ist, als beispielsweise bei Beck. An etlichen Stellen spricht Riesman von der Gegenüberstellung der beiden Charaktertypen als einer bloß idealtypischen Vereinfachung, die nur der pointierten Darstellung halber eingeführt werde; die Realität sei in Wirklichkeit viel komplexer, der eigentliche Wechsel der Charaktertypen gradueller (Riesman, 1953, p. 23, p. 48, p. 135, p. 192, p. 241, p. 279). Inwiefern kann hier also überhaupt von einer Zeitdiagnose gesprochen werden, wenn doch eigentlich ganz alltäg-

---

28 | Äquivalent in Bezug auf den Mechanismus, welchem zufolge Leistung durch Anerkennung belohnt wird.

Kapitel 6. Zeitdiagnostisches Argumentieren

liche soziologische Typenbildung zum tragen kommt, die als solche vollkommen legitim ist?

Nun, die Antwort ist, dass Riesmans Idealtypen eigentlich gar keine sein können. Denn was in seinem Werk durchgängig behauptet wird, ist die sich *abzeichnende Dominanz eines Typs* auf Kosten des anderen. Seine These liest sich dementsprechend so: obwohl der innengeleitete Typus noch immer in der amerikanischen Gesellschaft dominiert (Riesman, 1953, p. 36), büßt er langsam seine Vormachtstellung ein. In der oberen Mittelschicht der urbanen Küstengebiete (Riesman, 1953, p. 34 f.) breitet sich ein neuer Charaktertypus aus. Eine solche Feststellung, die ja letzten Endes empirisch begründet sein will, verträgt sich aber nicht mit dem weberschen Idealtypus, der in keiner empirischen Realität vorkommen *kann*. Hier folgt Riesman konzeptionell zunächst ganz klar Weber, wenn er meint:

> »Let me repeat: the types of character and society dealt with in this book are *types*: they do not exist in reality, but are a construction, based on a selection of certain historical problems for investigation.« (Riesman, 1953, p. 48, kursiv im Original)

Wenn dem aber so ist, ließe sich fragen, wie es denn möglich ist, gewissen Phänomenen, die eigentlich in keiner Realität vorkommen, im Laufe der Gesellschaftsentwicklung eine steigende bzw. abnehmende Bedeutung beizumessen? Wie bereits erwähnt, stehen Idealtypen als heuristische Konstruktionen strenggenommen stets nebeneinander. Sobald nun aber Idealtypen auf einer Zeitachse gewissermaßen gegeneinander ausgespielt werden, ist der erste Schritt von der idealtypischen Konstruktion zur Zeitdiagnose vollzogen. Dies umso mehr, als Riesman die beschriebenen Charaktertypen durchaus nicht als nur gedanklich konstruierte Idealtypen, sondern, wie das Nachfolgewerk *Faces in the Crowd* (Riesman, 1952) verdeutlicht, vielmehr als empirische Gegebenheiten betrachtet.

Was Riesman hier beschreibt sind also weniger Idealtypen, als vielmehr Aggregationen von Beobachtungen. Dies ist auch der Grund, weshalb viele Kritiker Riesmans nicht ohne weiteres bereit waren, seine Diagnosen als Idealtypen zu betrachten und in Bezug auf ihre pointierte Darstellung Milde walten zu lassen[29]. Seine Darstellungen

---

29 | Das gilt selbstredend nicht für alle hier zurate gezogenen Besprechungen des riesmanschen Werkes. So lasen Bain (1951) und Aydelotte (1953) Riesmans

erschienen ihnen vielmehr übersimplifizierte *prima facie* Beobachtungen vermeintlich realer Veränderungen zu sein. In diesem Sinne lässt sich durchaus behaupten, dass Riesman das erste Kriterium des Retrospektiven Realismus erfüllt: typisierend-stilisierte Beschreibung der Vergangenheit als Grundlage eines beobachtbaren Wechsels. Die Idealtypen stehen somit nicht mehr nebeneinander, sondern erhalten *nach*einander ein je unterschiedliches Ausmaß an Dominanz in der Gesellschaft. Idealtypen werden dadurch zu Realtypen, die aber von allem gereinigt sind, was nicht gut zum beschriebenen Typus passt, beispielsweise »innengeleitetes« Interesse an der Meinung der Anderen.

Bemerkenswert ist, dass bei Riesman wie bei Beck der Wechsel der beiden Phasen in der Gegenwart vonstatten geht, diese Gegenwart allerdings unterschiedlich datiert wird. Während sich für Beck die Gegenwart »abzeichnet«, strenggenommen also in der Zukunft liegt, ist Riesmans fremdgeleiteter Mensch bereits Realität. Seine Dominanz lässt zwar noch auf sich warten, die veränderte Bevölkerungsdynamik macht sie aber unausweichlich. In diesem Sinne kann Beck vor den Auswirkungen der Risikogesellschaft warnen, während Riesman lediglich Vorschläge unterbreitet, wie man mit Fremdgeleitetheit als Datum umzugehen hat: bessere Massenkultur und Erziehung zu Autonomie sind keine Programme, die die Ausbreitung des fremdgeleiteten Charakters verhindern können, sondern Anpassungen an eine bereits installierte Struktur. Es gibt bei Riesman kein Zurück; die Gegenwart ist gerade eben Vergangenheit geworden. Im Vergleich dazu kann sich Beck aber durchaus einen solchen Rückwärtsgang vorstellen, denn die Risikogesellschaft beinhaltet schließlich alles Neue: sowohl unsichtbare, globalisierte Mammutgefahren als auch das Reflexivwerden technologischen Fortschritts, also das potentielle Vademecum für Mammutgefahren; sowohl Individualisierung als auch das Auffangen der Individualisierten in neue soziale Bewegungen.

Trotz unterschiedlicher Datierung der Gegenwart sind weder Beck noch Riesman Historiker und vergleichen dementsprechend nicht unterschiedliche Vergangenheiten. Die Vergangenheit wird in beiden Darstellungen lediglich als Kontrastbild zur Gegenwart gebraucht. Das

---

Typologie durchaus als idealtypische Darstellung. Diese Sichtweise kann aber aus den oben angeführten Gründen nicht überzeugen und ist vielleicht der Tatsache geschuldet, dass Riesman den empirischen Gehalt seiner Thesen erst später offenlegte und sein Buch deshalb vor allem den frühen Kommentatoren als idealtypische Konstruktion erschien.

zeigt sich bei Riesman unter anderem daran, dass er von vergangenen Phänomenen nur dann spricht, wenn er sie mit gegenwärtigen kontrastiert. Riesman scheint daher, ähnlich wie Beck, die Vergangenheit, bildlich gesprochen, bloß als Relief zu verwenden, in welches die Gegenwart gegossen wird. Das ist auch seinen Kritikern nicht entgangen. So meinte Margaret Mead in ihrer Besprechung des riesmanschen Werkes:

> »In this presentation the two ›earlier‹ types of character are backdrops for the descriptions of the ›other-directed‹ man with which Riesman's major field work has been concerned, and it had better be regarded as such.« (Mead, 1951, p. 496)

Genau dieselbe Wortwahl verwendet auch Aydelotte (1953, p. 182) wenn er meint, dass die riesmansche Darstellung der Vergangenheit nicht viel mehr als die Kulisse für die Darstellung der Gegenwart sei. Wie weiter unten zu zeigen sein wird, ergibt sich für Riesman wie für andere Zeitdiagnostiker dadurch die schwer zu lösende Aufgabe, den genauen Punkt anzugeben, der Vergangenheit und Gegenwart trennt. Obwohl die beiden bislang besprochenen Autoren hier offenbar unterschiedlicher Auffassung sind, so eint sie doch die Vorstellung, dass die Strukturen der Vergangenheit nicht in der Gegenwart vorkommen können. Stilisierte Aussagen über die Vergangenheit sind somit vor allem eine Vorbereitung für Aussagen über die Gegenwart, die sich stets davon zu unterscheiden hat. Im Sinne der oben erwähnten (modernen) Möglichkeit der reflexiven Modalisierung von Zeit (Luhmann, 2005f, p. 139 ff.) wird hier eine gegenwärtige Gegenwart bezeichnet, indem eine davon zu trennende gegenwärtige Vergangenheit als vergangene Gegenwart ausgeflaggt wird.

Retrospektiver Realismus erschöpft sich wohlgemerkt nicht in der Stilisierung der Vergangenheit zwecks einer klaren Unterscheidung von der Gegenwart. Im Sinne des Begriffes wäre zu erwarten gewesen, dass Riesman Vergangenheit und Gegenwart als einander ablösende Phasen begreift. Davon erfährt man bei Riesman aber auf den ersten Blick recht wenig, denn seine Analyse der Gegenwart scheint vor allem psychologisch fundiert zu sein. Weder spricht er global von einer neuen Moderne, noch gibt er der Gegenwart oder der Vergangenheit als Epoche einen eigenen Namen. Anders als bei Beck scheint die riesmansche Diagnose auch ohne einen Kollektivsingular auszukommen, um eine neue Phase gesellschaftlicher Entwicklung zu umreißen.

Riesman leistet dies eher durch die Anwendung zweier anderer Argumentationsverfahren. Einerseits durch den Topos *pars pro toto*, also die Behauptung, dass der Charaktertypus die Gesellschaft im Kleinen ist und somit der Wechsel der Typen die Verfasstheit der gesamten Gesellschaft ändert. Andererseits werden bei Riesman die auf einander folgenden Charaktertypen (und somit Gesellschaftstypen) durch Dominanzverhältnisse wechselseitig exklusiv gehalten. Dazu ist der Grundstein im stilisierenden Umgang mit der Vergangenheit gelegt. Ausgewählt werden bei Riesman ja nur ganz bestimmte Eigenschaften des Sozialcharakters, der einen innengeleiteten Menschen und die ihn umgebende Gesellschaft ausmacht. Wie viele Kritiker bemerkt haben, blieben gerade dadurch viele Aspekte der alten Charakterstruktur unbeachtet und, so lässt sich nun mutmaßen, geschah dies nicht irrtümlich oder zufällig. Vielmehr wird die »innengeleitete« puritanische Vergangenheit mit Blick auf die fremdgeleitete Gegenwart dargestellt und zwar in dem Sinne, dass letztere sich von der ersteren radikal unterscheiden, ihr diametral entgegengesetzt sein *sollte*.

Wie bei Beck reichen sich hier typenmäßige Stilisierung und wechselseitige Unverträglichkeit die Hand. Das wird an den harten Oppositionen klar, die Riesman verwendet, um die letzten zwei Phasen gesellschaftlicher Entwicklung zu beschreiben: früher Strenge, heute Permissivität in der Kindererziehung; früher Arbeit, heute Spiel; früher Material, heute Menschen; früher Moral, heute Mitläufertum; früher Selbstkontrolle, heute die kontrollierenden Anderen. Die Phasen, die hier verglichen werden, passen wie Schraube und Mutter oder Puzzlesteine in einander. Daher wäre es auch falsch, diese Form von Gegenüberstellung als Irrtum Riesmans zu deuten. Die polaren Dichotomien Riesmans, die Bain (1951, p. 270) scharf kritisiert, sind also eher Programm als Stilfehler. Sie ergeben sich fast zwangsläufig aus einem typisierenden Umgang mit der Vergangenheit und dem Anspruch, dem gegenüber Aussagen über die Gegenwart zu treffen.

Dieser letzte Punkt zeigt, dass in Riesmans Konzept die stilisierte Vergangenheit eine stilisierende Sicht auf die Gegenwart ermöglicht, ja geradezu erzwingt. Die beiden Gesellschaftstypen unterscheiden sich dann zwar radikal voneinander, sollen sich auch radikal unterscheiden, jedoch im Sinne einer abgestimmten Opposition: zusammen ergeben sie ein, zwar nur in Komplementärfarben gemaltes, dafür aber schillerndes Bild, in dessen Mitte die Gegenwart in ihrer geschichtlichen Sonderstellung strahlt. In dieser Hinsicht gleichen sich Beck und Riesman. Die Unterschiede treten aber ebenso deutlich hervor.

Die Opposition der beiden letzten Phasen ist bei Beck umrissen als dialektisches Frage- und Antwortspiel. Bei Riesman hingegen wird die Gegenüberstellung eher dadurch bewerkstelligt, dass Vergangenheit und Gegenwart in sehr detaillierter Weise passend zueinander modelliert werden. Somit ist Riesman weniger als Beck darauf angewiesen, Vergangenheit oder Gegenwart »auf den einen Begriff« zu bringen, sie als Epoche zu benennen. Anders als bei Beck präsentiert sich Riesmans Theorie auch nicht als Essayband, dessen Themen nur lose gekoppelt sind, sondern vielmehr als der Versuch, den Unterschied zwischen Gegenwart und Vergangenheit anhand der immer gleichen Themen durchzudeklinieren – die Opposition zwischen früher und jetzt ist anders als bei Beck nicht erratisch, sondern in höchstem Maße abgestimmt. Die abgestimmte Opposition erweckt gemeinsam mit einer *pars pro toto*-Beschreibung den Eindruck, dass von der Vergangenheit in der Gegenwart nichts mehr bleibt, außer ein dem Untergang geweihter Restposten am geographischen und sozialstrukturellen Rand der Gesellschaft.

Die Darstellung der Vergangenheit ist aber nicht nur stilisiert, sondern einer Theorie entnommen. Dabei deutet sich an mehreren Stellen an, dass Riesman beim innengeleiteten Charakter an den idealtypischen Träger der protestantischen Ethik denkt, wie Weber ihn im Sinne hat. Die Eigenschaften des innengeleiteten Menschen decken sich im weitesten Sinne mit der weberschen Beschreibung der Figur des Christian aus John Bunyans *Pilgrim's Progress* (Weber, 1920, p. 97). Ein Siedler mit unerschütterlichen Idealen und fast naivem Taten- und Expansionsdrang (Riesman, 1953, p. 87). Der »Kompass«, der das Individuum auf moralischem Kurs hält, ist ein anderer Ausdruck für die »individuelle Gewissenserforschung« (Weber, 1920, p. 158), deren Beschreibung Riesman oft bis ins kleinste Detail folgt, wie beispielsweise in seiner Darstellung des Tagebuches als Selbstdisziplinierungsmittel des innengeleiteten Kindes (Riesman, 1953, p. 62), die in derselben Version auch bei Weber (1920, p. 123) vorkommt. Riesmans innengeleiteten Arbeitern (Riesman, 1953, p. 135 ff.) sind die human relations das, was dem Puritaner der überflüssige *idle talk* ist (Weber, 1920, p. 187). Das Argument soll hier nicht überstrapaziert werden, denn schließlich ist für Riesman ein Aspekt des innengeleiteten Charakters der ostentative Konsum, also genau das, was dem asketischen Protestantismus zuwider ist (Weber, 1920, p. 178). Das bei Riesman tragende Konzept des Kompasses, welcher dem innengeleiteten Menschen die innere Führung gibt, kann aber durchaus als Reifizierung eines weberschen Idealtypus gewertet werden. Was bei Weber eine idealtypische Unterscheidung zwischen mittelalterlichen Laien und protestantischen Sektierern ist (Weber, 1920, p. 87), wird bei Riesman zu einer vergangenen Gegenwart.

Es ist bemerkenswert, dass die gut fünfzig Jahre nach Riesman verfasste Zeitdiagnose von Richard Sennett mit derselben Reifizierung weberscher Idealtypen arbeitet, um die unmittelbare Vergangenheit zu beschreiben. Kontrastiert werden die neuen flexibilisierten Arbeitsbiographien mit der Stabilität und Langfristigkeit, die das Leben früherer Jahrzehnte prägten. Für die Elterngeneration der heute Berufstätigen war Webers »stahlharte Gehäuse der Hörigkeit« alltägliche Realität (Sennett, 1998, p. 16). Die Menschen waren in streng hierarchischen Organisationen beschäftigt, die persönliche Entfaltung zwar konsequent zu unterbinden wussten, den Betroffenen aber zumindest eine langfristige Lebensplanung ermöglichten; vor allem aber war aus der Kontinuität der Arbeit eine Arbeitsethik ableitbar.

Der italienische Hausmeister und die griechischen Bäcker arbeiteten selbstdiszipliniert, verzichteten auf unmittelbare Belohnungen und definierten ihren eigenen Wert durch die Härte ihrer Arbeit. Auf lange Sicht würden sich die Mühen schon auszahlen. Mit anderen Worten: ihr Leben war geprägt durch das, was Max Weber »innerweltliche Askese« nannte (Sennett, 1998, p. 99 ff.). Die flexibilisierte Wirtschaft hat diese alte Arbeitsethik zerstört. Was jetzt zählt, sind zeitlich kurzfristige Gewinne, *soft skills*, Teamwork, Kooperationsfähigkeit und Einfühlungsvermögen für andere. Somit teilen Sennetts flexible und Riesmans fremdgeleitete Menschen nicht nur wesentliche Charaktereigenschaften, sie teilen auch dieselbe Vergangenheit: ihre Eltern waren geduldige Puritaner. Vergleicht man die beiden Werke, wird man also mit einiger Verwunderung feststellen, dass dieselbe gesellschaftliche Strukturveränderung offenbar zweimal im Abstand von mehreren Jahrzehnten vonstatten ging. Die Gegenwart der 1950er Jahre, für die Riesman den Untergang selbstdisziplinierter, protestantischer Arbeitsethik beschrieben hatte, wird bei Sennett zum Inbegriff derselben. Ein historisch derart unbekümmerter Umgang mit der Vergangenheit lässt sich auch hier dadurch erklären, dass diese lediglich als Kontrastfolie für gegenwärtige Trends dient. Auch bei Sennett wird eine Theorie zur angemessenen Beschreibung einer unmittelbaren Vergangenheit verdinglicht und führt zu denselben Problemen, die oben bereits für Riesmans *Lonely Crowd* beschrieben wurden.

In diesem Sinne war auch die Kritik an *The Corrosion of Character* inhaltlich mit der Kritik an *Lonely Crowd* vergleichbar. Es sei schlechterdings unmöglich, ganzen Epochen *eine* Arbeitsethik zuzuschreiben, denn es gibt erstens, sogar in Nationalstaaten mit einer sehr flexibilisierten Unternehmensstruktur, wenig statistisch signifikante Hinweise für ein Ansteigen schnell wechselnder Arbeitsverhältnisse (Webb, 2004, p. 726 ff.). Zweitens waren biographische Stabilität und Langfristigkeit, die Sennett als charakteristisch für eine ganze Epoche beschreibt, nur für Teile der Bevölkerung tatsächlich erfahrbar. Für bestimmte Bevölkerungsgruppen mögen lebenslange Beschäftigungsverhältnisse in fordistisch organisierten Behörden und Fabriken tatsächlich charakteristisch gewesen sein, doch schon ein Blick auf die Struktur der Frauenbeschäftigung zeigt, dass es sich hierbei nicht um ein generalisierbares Phänomen handelte. Selbst in den Goldenen Jahren des sozialstaatlich pazifizierten Kapitalismus war für die meisten Frauen langfristige, identifikationsstiftende, gewerkschaftlich regulierte Vollzeitarbeit eher die Ausnahme als die Regel. Die Erwerbsbiographie verheirateter Frauen war sozial als bloßer »Zuverdienst« normiert – gesellschaftlicher Status war für sie vorwiegend über die Ehe und die Arbeit in der Familie zu erlangen (Geissler, 2002).

Mit Sennetts Beispielen lassen sich also keine Phasen oder Epochen unterscheiden, sondern im besten Falle die Erfahrungen männlicher Arbeiter mit dem Schicksal ihrer Nachkommen kontrastieren. Aus einer soziologischen Perspektive ist es offenkundig, dass sich Fließband- und Kopfarbeit auch schon vor fünfzig Jahren unterscheiden ließen, immer gleichzeitig vorhanden waren und nicht im gleichen Maße routinisiert werden konnten. Indem Sennett diese stets gleichzeitig nebeneinander und sozialstrukturell übereinander existierenden Arten der Erwerbsarbeit verschiedenen Epochen zuordnet, entsteht der Eindruck einer Entwicklung von einem Typus zum anderen. Früher waren wir fleißige Routinemenschen, heute sind wir geschwätzige Unternehmensberater. Was sich als Beschreibung einer Zeitenwende präsentiert, ist im Grunde aber die Darstellung intergenerationaler sozialer Mobilität und hat gerade darum für ein Laienpublikum Suggestivkraft. Wenn Sennett (1998, p. 23) die Zeit von 1945 bis zum Ende der 1970er Jahre als *stable past* bezeichnet, dann beschreibt er damit nicht eine vergangene historische Phase, sondern die Väter von Aufsteigern aus dem unteren Einkommensdrittel. Teamwork und *human relations* erscheinen nur dann als neu, wenn man die Vergangenheit mit den Erfahrungen der kleinbürgerlichen Arbeiterschicht gleichsetzt. Glaubt man Riesman, entsprach der Alltag der Mittelschicht aber bereits in den 1950er Jahren der Beschreibung, die Sennett als genuin gegenwärtig darzustellen bemüht ist.

Durch den Vergleich retrospektiv realistischer Argumentation wird deutlich, wie komplex die Vorkehrungen sind, die getroffen werden müssen, um zeitdiagnostisches Argumentieren plausibel zu machen. Überdies veranschaulichen die bisher untersuchten Werke, dass das Aufzeigen der Besonderheit der Gegenwart vor allem einen gekonnten Umgang mit der Vergangenheit als Voraussetzung hat. All die Eigenschaften, die üblicherweise mit Zeitdiagnosen in Verbindung gebracht werden, sind ohne ausführliches Eingehen auf die Gesellschaft, wie sie im Kontrast zum Jetzt früher war, nicht möglich. Insofern sind Zeitdiagnosen nicht nur Theorien über die Gegenwart, sondern auch, vielleicht sogar vor allem, Theorien darüber, wie die Gesellschaft *nicht mehr* ist.

6.3.2.3 Daniel Bells Fabrik

The Coming of Post-industrial Society von Daniel Bell (1973) ist im Vergleich zu den bisher besprochenen Werken eher ein Beispiel für den zeitdiagnostischen Umgang mit der Zukunft als für Retrospektiven Realismus. Das hat mehrere Gründe. Zum einen sieht sich das Werk dezidiert als Voraussicht künftiger gesellschaftlicher Veränderungen. In diesem Sinne bezog sich die fachinterne Resonanz auch vor allem auf diesen Aspekt und bewertete das Buch mehr als Futurologie oder Trendforschung denn als Gegenwartsdiagnose (Bendix, 1974; Craig, 1974; Mayer, 1974; Bamber, 1980; Veysey, 1982; Wolfe, 1987). An dieser Stelle soll dem gegenüber lediglich dargestellt werden, inwiefern Bell ebenfalls Retrospektiven Realismus anwendet, um Gegenwart und Vergangenheit stimmig in Opposition zu bringen. Wie gesagt, erfährt man zu diesem Punkt in den relevanten Besprechungen relativ wenig und dies hat neben Bells eigener Vorliebe für Szenarienentwicklung noch einen anderen Grund. Dieser ist darin zu suchen, dass das Werk zwischen idealtypischen Aussagen und Beschreibungen aktueller Veränderungen schwankt. In den wenigen Besprechungen, die diesen Aspekt des bellschen Werkes überhaupt zur Kenntnis nahmen, finden sich dementsprechend beide Lesarten. Auf der einen Seite diejenige, die das Werk für eine klassisch weberianische Gegenüberstellung von Typen hielt (z.B. Scase, 1974) und auf der anderen die, welche Bell unterstellte, aktuelle, reale Strukturveränderungen zu beschreiben (z.B. Tilton, 1973). Wie im Folgenden zu zeigen sein wird, spricht vieles für diese zweite Deutung. In diesem Sinne ist also Bells Diagnose a) keine im strengen Sinne idealtypische und setzt b) ein äußerst selektives Bild der Vergangenheit, in diesem Fall der »Industriegesellschaft«, voraus.

Bells Trendaussagen basieren allesamt auf einer recht klaren Vorstellung davon, wie sich die Vergangenheit im Unterschied zur Gegenwart darstellt. Hier zeigt sich abermals das Muster, gesellschaftliche Entwicklung in Phasen zu ordnen, wobei sich der letzte Phasenumbruch in der Gegenwart abspielt oder genaugenommen abzuspielen *beginnt*. Bell unterscheidet im Prinzip drei Phasen: die vorindustrielle, die industrielle und die aufkommende postindustrielle. Die Brüche zwischen diesen Phasen sind so deutlich markiert, dass Bell sie sogar tabellarisch darstellen kann (Bell, 1973, p. 117, p. 359). Es ist daher auch recht einfach auszumachen, wie Bell sich die industrielle und vorindustrielle Vergangenheit im Vergleich zur postindustriellen Gegenwart vorstellt:

Die vorindustrielle Gesellschaft. Bell streicht für das Zeitalter vor der Industrialisierung die folgenden Eigenschaften hervor (Bell, 1973, p. 116 ff., pp. 126-129). Erstens arbeiten die meisten Menschen in den extraktiven Bereichen, sind also Bauern, Bergarbeiter, Jäger oder generell unterbeschäftigt. Zweitens ist das Leben der Menschen vorwiegend ein Spiel gegen die Natur. Die meisten verwendeten Technologien basieren auf der Verarbeitung von Rohmaterialien und dies nach Methoden, die aus der Erfahrung abgeleitet sind. Das Leben ist geprägt von Ressourcenknappheit und Traditionalismus. Man orientiert sich vor allem an der Vergangenheit, die einem solchen Weltbild entsprechend als Wegweiser für Gegenwart und Zukunft verstanden wird. Die wichtigste Produktionseinheit ist die erweiterte Familie und Wohlfahrt beschränkt sich auf das Bereitstellen von Nahrungsmitteln, wenn sie denn fehlen – was oft der Fall ist. Arbeitskraft ist billig und so besteht neben dem dominanten landwirtschaftlichen Sektor ein großer Dienstleistungsbereich, der sich aber meist auf Arbeiten im Haushalt beschränkt.

Die industrielle Gesellschaft. Hier, also in Westeuropa, den USA, Japan und der UdSSR, arbeiten die meisten Menschen in der herstellenden Industrie. Das Leben ist bestimmt durch ein Spiel gegen eine fabrizierte Natur, mit anderen Worten gegen die Maschine. Die Technologien basieren allesamt auf Energieextraktion und werden vor allem verwendet, um große Mengen Gebrauchsgüter herzustellen. Die Handwerker der vorindustriellen Epoche werden aufgrund immer kleinteiligerer Arbeitsschritte ersetzt durch den ungelernten Arbeiter und den planenden Ingenieur. Die Menschen finden sich wieder in einer minuziös geplanten Welt. Das Zeitverständnis ist mechanisch und die Welt dementsprechend eine der Zeitpläne, Termine und konditionalen Programmierungen. Die bestehende Technologie erlaubt im Umgang mit der Zeit lediglich nachträgliche *ad hoc*-Reparaturen von Missständen oder Projektionen bestehender Gegebenheiten. Darüber hinaus ist es eine Welt der Organisationen, in denen Menschen wie Gegenstände behandelt werden. Im Unterschied zur vorindustriellen Gesellschaft kann zwischen Personen und Rollen unterschieden werden. Das oberste Kriterium ist wirtschaftliche Effizienz, was im Grunde bedeutet, mit den geringsten Kosten die meiste Energie aus einer gegebenen Einheit natürlicher Ressourcen zu ziehen. Der Wohlstand einer Gesellschaft wird gemessen am Warenausstoß. Die Einheit ist nicht mehr die Großfamilie, sondern das Individuum. Dementsprechend ist die Gesellschaft auch die Summe individueller Entscheidungen, vermittelt durch den freien Markt. Traditionelle Muster bleiben bestehen (Gruppensolidaritäten und Verschwendung), allerdings bleiben die zentralen technischen Eigenschaften der Industriegesellschaft davon unberührt. Die zentralen Konfliktlinien sind die um Besitz, am deutlichsten personifiziert durch den Antagonismus zwischen Kapitalisten und Arbeitern.

Bell widmet sich in seinem Werk im Folgenden vor allem dem Übergang von einer industriellen zu einer postindustriellen Gesellschaft und dies in einer Weise, die den übrigen hier diskutieren Zeitdiagnosen sehr ähnlich ist. Zum einen unterscheidet Bell *Phasen* gesellschaftlicher Entwicklung, denen, im Sinne der bereits ausführlich beschriebenen Argumentation, globale Bezeichnungen zugewiesen werden. Was diese Überkategorien – vorindustriell, industriell und postindustriell – zu *pars-pro-toto*-Kategorien macht, sind die sogenannten »Axialprinzipien«. Gemeint sind damit Prinzipien (Bell nennt sie auch Institutionen oder *social frameworks* (Bell, 1973, p. 8 f.)), um die herum die wichtigsten anderen Institutionen einer Geselllschaft organisiert sind und die in ihrer Zentralität die wichtigsten Probleme einer gegebenen Gesellschaft formulieren (Bell, 1973, p. 115). Wie bereits angedeutet, sucht Bell genau darin die bedeutendsten Unterschiede zwischen den drei von ihm konstruierten Phasen. Diese zentralen Prinzipien seien im Endeffekt der Prüfstein für die Phasentrennung. Dabei ist Bell allerdings vorsichtiger als die meisten der bisher besprochenen Autoren, denn er verknüpft das Konzept der Axialprinzipien mit einer Differenzierungstheorie. Somit wäre es Bell im Grunde möglich, wie Luhmann es vorschlägt, Kombinationen zwischen unterschiedlichen Brüchen zuzulassen und ein Phasenmodell einzuführen, welches gerade *nicht* auf einem Nacheinander verschiedener Formen basierten müsste.

Trotz dieser Möglichkeit, wählt Bell einen anderen Weg und beschreitet diesen mithilfe dreier Argumentationslinien. Zwei wurden im Kapitel über die Sachdimension sozialen Wandels bereits genannt. Erstens durch Synchronisation, also den »Dreierpack«, der verhindert, dass sich die Axialprinzipien zeitlich unabhängig voneinander transformieren. Zweitens durch die gesellschaftsweite Politisierung, die die Axialprinzipien sachlich zusammenschweißt und die Differenzierung der Gesellschaftsbereiche in letzter Instanz außer Kraft setzt.

Die dritte Argumentationslinie beinhaltet nun das *Zerreißen von Kontinuitäten*. Es handelt sich dabei um einen weiteren Schritt, der es Bell ermöglicht, nicht nur von einer gleichzeitigen Synchronisation und gesellschaftsweit relevanten Transformation (Politisierung) zu sprechen, sondern überdies vom Aufkommen einer neuen Epoche, die von der alten so wenig wie möglich intakt lässt. Besonders deutlich wird das in Bereichen, in denen eine gewisse Konstanz gesellschaftlicher Strukturen sogar mit Bells eigenen Begriffen formulierbar wäre. Ein recht eingängiges Beispiel dafür ist Bells Umgang mit dem Begriff »Dienstleistungsgesellschaft« (service society). So meint er, dass zwar immer schon ein großer Teil der Erwerbsbevölkerung mit Dienstleistungen beschäftigt gewesen sei, die neuen postindustriellen Dienstleistungen sich aber massiv von den bisher bekannten unterscheiden würden. Die alten Dienstleistungsberufe wären entweder auf den Haushalt beschränkt geblieben oder seien als Unterstützung für den Produktionssektor gedacht gewesen, in diesem Sinne also *blue collar*-Dienste (Bell, 1973, p. 127 ff.). Die neuen Dienstleistungen sind demgegenüber *white collar*-Arbeit; ihr Ziel ist nicht die infrastrukturelle Unterstützung von Industrie oder Großfamilie, sondern die Erhöhung des generellen Wohlstandes, was als öffentliche Angelegenheit betrachtet werde (Bell, 1973, p. 127 ff.).

Ähnlich ist in diesem Sinne auch Bells Antwort auf das Problem, dass zum Zeitpunkt des Erscheinens seiner Zeitdiagnose die industriell Beschäftigten noch immer einen Großteil der Arbeitnehmer ausmachten. Das stimme zwar, so gibt Bell zu, aber auf das *Wachstum* von Beschäftigungssektoren komme es an und kein Bereich wachse so schnell wie der neue öffentliche Dienstleistungssektor (Bell, 1973, p. 131 ff.). In diesem Kontext recht aufschlussreich ist auch Bells Diagnose vom langsamen Untergang der großen tayloristischen Unternehmen. Diese Form industrieller Organisation sei noch immer *pre-*

eminent, aber nicht mehr *pervasive* (Bell, 1973, p. 162). An etlichen Stellen verwandelt Bell dementsprechend vermeintliche Kontinuitäten in substantielle Brüche zwischen Industriegesellschaft und postindustrieller Gesellschaft. Hier die vielleicht deutlichsten Versuche diesbetreffend:

- Schon früher gab es Voraussagen, heute arbeiten diese aber mit viel größeren Datenmengen (Computer) und mit dem Wissen um sehr komplexe Zusammenhänge mathematisch-statistischer Art (Bell, 1973, p. 196 ff.).

- Es gibt weiterhin Klassen, aber die neuen Klassen sind bestimmt durch Zugang zu Informationen und nicht durch (fehlenden) Besitz an Produktionsmitteln (Bell, 1973, p. 213 ff.).

- Bildungsexpansion ist zwar nichts Neues, aber nie zuvor wollten so viele junge Menschen an die Universität: die USA werden dementsprechend zu einer Massen-Wissensgesellschaft (Bell, 1973, p. 242).

- Sozialtechnologisch geplant wurde schon in der Industriegesellschaft, doch erst in der postindustriellen Gesellschaft wird das Einberechnen sozialer Nebenfolgen und das gezielte Planen von Technologien möglich (Bell, 1973, p. 284 ff.).

- Zwar sind in den USA die technischen Professionellen, wie auch schon früher, nur eine kleine Minderheit, doch sind sie die neue tragende Klasse der postindustriellen Gesellschaft. Eliten seien schließlich immer klein und ihre übersichtliche Größe sage daher nichts über ihre Macht aus (Bell, 1973, p. 344).

- Zwar spielt Eigentum nach wie vor eine wichtige Rolle, allerdings ändert sich seine Gestalt grundlegend. Es geht nicht mehr um persönlichen Besitz an Gütern, sondern a) um körperschaftlichen Besitz (verwaltet von Managern und nicht von den eigentlichen Besitzern, den Aktionären) und b) wird die Vorstellung von Besitz ausgeweitet auf Ansprüche, die die Individuen dem Staat gegenüber geltend machen (Bell, 1973, p. 362 f.).

All dies sind Formen der Darstellung, die es auch im Zweifelsfalle ermöglichen, die gesetzten Phasen zu trennen, letztlich mit dem Effekt, dass in der postindustriellen Gesellschaft wenig von den Strukturen der Industriegesellschaft übrig bleibt. Bell bringt diese Strategie auf den Punkt wenn er meint, dass die postindustrielle Gesellschaft nicht aus den Strukturen der Industriegesellschaft heraus enstünde, sondern aus den Strukturen der autonomen, vom kapitalistischen Industriesystem semi-unabhängigen, Wissenschaft heraus erwachse (Bell, 1973, p. 378). Die beiden Phasen gesellschaftlicher Entwicklung sind daher der Konzeption nach nicht nur zeitlich aufeinander folgend, sondern im Wesentlichen *unvereinbar*. Sie folgen radikal unterschiedlichen Logiken.

Dennoch bleiben die von Bell unterschiedenen Phasen in einem wichtigen Punkt aufeinander angewiesen. Die oben dargestellten Eigenschaften der letzten beiden Phasen zeigen nämlich recht anschaulich, dass auch Bell argumentativ auf die »Schraube-Mutter«-Konzeption von Vergangenheit und Gegenwart angewiesen ist. Die Vergangenheit war *blue collar*, die Gegenwart ist *white collar*; früher war man individualistisch, heute ist man kollektivistisch; früher privat, heute Staat; früher das Prinzip von Versuch und Irrtum, heute theoretisches Wissen; früher ein Spiel gegen Maschinen, heute ein Spiel mit Menschen. Auf beiden Seiten des Epochenbruchs finden sich dieselben Phänomene, was Bell dazu zwingt, den Bruch als Umkehrung der früheren Verhältnisse zu beschreiben. Es liegt daher auch hier der Verdacht nahe, dass die Auswahl der Aspekte der vergangenen Epoche vornehmlich den Zweck hat, die Charakteristika der neuen Gesellschaft hervorzuheben. Zu einem stimmigen Bild ergänzen sich die beiden Phasen durch eine Gegenüberstellung, die die Gegenwart als Inversion der Vergangenheit erscheinen lässt.

Inwiefern ist nun aber die bellsche Darstellung genuin retrospektiv realistisch und nicht bloß ein geschicktes Arrangement soziologischen Allgemeinwissens? Wie bereits angemerkt, gestaltete sich die Recherche über die Rezeption von Bells Umgang mit der industriegesellschaftlichen Vergangenheit insofern besonders schwierig, als sich die meisten Kritiker auf seinen Umgang mit der Vorausschau gesellschaftlicher Entwicklungen einschossen. Eine Ausnahme bildet hier die ideengeschichtliche Auseinandersetzung mit Postindustrialismusthesen von Krishan Kumar (1978). Seine Grundthese ist dabei, dass das Konzept des Postindustrialismus letztlich auf einer Vorstellung von Industrialismus aufbaut, die historisch nicht gedeckt ist. Im Kern von Marx und Engels geprägt, sei die Idee vom Industrialismus schon zum Zeitpunkt ihrer Formulierung eine ausschnitthafte Generalisierung gewesen:

6.3. Die Zeitdimension sozialen Wandels

»It is an exaggeration, but a pardonable one, to say that, in the sociologists' construction, ›industrialization‹ as a general and universal pattern of social change was a generalization from the experience of one country – England – at one time – the early nineteenth century – in one industry – cotton textiles – in one town – Manchester.« (Kumar, 1978, p. 162)

In Bezug auf Bell meint Kumar, dass dieser eigentlich in seiner Darstellung des Postindustrialismus eine moderne Form des *Manchestertums* (Kumar, 1978, p. 162) betreibe. So zeige ein genauer Blick auf die Beschäftigungsstrukturen westlicher Staaten[30], dass das Aufkommen der Industrie seit Beginn an begleitet wurde von einem Ansteigen der Beschäftigten im Dienstleistungsbereich. In diesem Sinne sei das Aufkommen einer »Dienstleistungsgesellschaft« mindestens genauso alt wie die Industrialisierung selbst (Kumar, 1978, p. 201 f.) und in diesem Sinne nicht zwei unterschiedlichen Phasen zuzuordnen. Nur mit Blick auf England mit seinem, auch für westliche Verhältnisse aufgeblasenen Industriesektor sei die Entwicklung von *white collar*-Berufen ein Bruch mit bisherigen Gegebenheiten (Kumar, 1978, p. 201 f.). Es sei daher recht gewagt, überhaupt von einem *industriellen Zeitalter* zu sprechen, wenn damit die Vorherrschaft eines Sektors gemeint sein soll, in welchem (außer in England) nie die meisten Erwerbstätigen beschäftigt gewesen sind.

Mit zahlreichen Verweisen auf andere Studien zeigt Kumar, dass viele der Aspekte, die Bell als typisch für die Industriegesellschaft beschreibt, nie von derart durchschlagender Bedeutung waren: die großen Unternehmen (Kumar, 1978, p. 205 f.), die nie die meisten Beschäftigten fassten und die *white collar*-Berufe, die sich heute wie früher meist in routineartiger, niedrig qualifizierter Frauenarbeit manifestieren (Kumar, 1978, p. 206 ff.). Die durchindustrialisierte Gesellschaft auf der einen und die saubere, hochqualifizierte Dienstleistungsgesellschaft auf der anderen Seite reichen sich in diesem Sinne die Hand: sie kommen in der drastischen Art entweder in Postindustrialismusthesen oder in den Romanen von Charles Dickens vor (Kumar, 1978, p. 209). Nur vor dem Hintergrund solch radikaler Oppositionen sei es Bell möglich, bestehende Kontinuitäten in substantielle Brüche zu verwandeln. So könne kaum vom Aufkommen einer neuen professionellen Klasse die Rede sein, wenn es sich hierbei meist um bloße Neubenennungen

---

30 | Kumar bezieht sich dabei auf Heilbroner (1974).

routinisierter, angelernter Arbeit handelt. Das Etikett »Heizungsingenieur« sei dann eben nur ein anderes Wort für Installateur (Kumar, 1978, p. 215). Die breite Verwendung computergestützter Systeme verstärke daher eher die Fragmentierung und De-Professionalisierung bislang prestigeträchtiger *white collar*-Berufe, wie den des Industriegraphikers.

Ähnliche Prozesse zeigten sich auch im Wissenschaftsbetrieb, wo eine Abwertung des Status von Wissenschaftern deutlich wird. Auch ihre Arbeit wird vorwiegend durch staatliche Behörden nach Maßgabe industrieller Effizienzstandards bewertet und finanziert. Die Autonomie in der Erstellung von Qualitätsstandards, üblicherweise als zentral für die Verfestigung eines professionellen Status angesehen, fehle hier also vollkommen. Ebensowenig sei mit Bell von einer neuen »Wissensgesellschaft« zu sprechen, wenn die Mittel, die für Forschung, Entwicklung und Ausbildung ausgegeben werden a) nicht direkt zu Produktivitätssteigerungen führen, b) meist dem Rüstungssektor zuzurechnen sind und c) obendrein selten theoretischen, sondern durchaus angewandten Forschungsaktivitäten zugutekommen (Kumar, 1978, pp. 219-230). Von einer neuen Wissensklasse könne Bell, wie andere Postindustrialisten, nur sprechen, indem er die Schichtungsstruktur der »alten« Industriegesellschaft auf den marxschen Klassenantagonismus reduziert. Genau das ist aber nicht haltbar und dementsprechend eine Stereotypisierung der Industriegesellschaft, die neben rauchenden Fabrikschloten und Massenverelendung auch Professionelle hervorbrachte, von Planung und Bürokratie Gebrauch machte und theoretisches Wissen im Innovationsprozess anwandte (Kumar, 1978, p. 233).

Kumar bietet demnach eine Erklärung für den Eindruck, den viele Kritiker bei Bell teilen; dass nämlich radikale Brüche auf Kosten von Kontinuitäten betont werden und dementsprechend vieles als neu und genuin postindustriell beschrieben wird, was der Soziologie längt bekannt war. Für Etzioni (1974, p. 106) beschreibt Bell mit dem Untergang des Großunternehmens, der sozialen Fragmentierung und der Bedeutung kollektiver Entscheidungen zwar bedeutende, aber eben nicht neue Trends. Janowitz/Olsen (1974, p. 232) deuten in ähnlicher Weise darauf hin, dass Bells Analyse stark technikzentriert argumentiere und daher weder sehen könne, welchen Einfluss politische Entscheidungen *seit langem* auf Beschäftigungsstruktur und Schichtung haben (dazu auch Tilton, 1973), noch zuzugeben bereit sei, dass auch unter modernen Verhältnissen die alltägliche Arbeit für die meisten

Menschen ihren repetitiven Charakter beibehält. Ähnlich in dieser Hinsicht sind z. B. Argumente, die, anders als Bell, neue Wissensformen nicht als unabhängig von bisherigen Formen sozialer Schichtung sehen (Straussman, 1975).

Bell kann somit Kontinuitäten zwischen Vergangenheit und Gegenwart zerreißen, da sein Blick in die Vergangenheit im Grunde der Blick in eine Theorie ist. Vor dem Hintergrund der stilisierten Vergangenheit bleibt der Gegenwart wenig mehr übrig, als sich davon zu unterscheiden. Allerdings betont Bell an mehreren Stellen ausdrücklich, dass es sich bei der Phasenunterscheidung lediglich um eine idealtypische Trennung handeln würde (Bell, 1973, p. 9, p. 116). Dem kann freilich entgegengesetzt werden, dass bei Bell Industrialismus und Postindustrialismus nie als Heuristiken nebeneinander stehen, sondern durch Verzeitlichung reifiziert werden. Im Laufe der Zeit gewinnen postindustrielle Strukturen gegenüber den industriellen an Realität. Am Beispiel Bell zeigt sich recht eindrucksvoll, dass zeitdiagnostische Trendforschung schlichtweg unverträglich ist mit idealtypischen Gegenüberstellungen. Was hier beschrieben wird, ist nämlich eine substantielle Strukturveränderung der modernen Gesellschaft und nicht die Veränderung eines gedanklichen Modells. Das zeigt sich nicht nur an den hier vorgestellten Kritiken, die ja allesamt substanzlos wären, hätte Bell die postindustrielle Gesellschaft tatsächlich als Idealtyp beschrieben. Auch an der Form seiner eigenen Beweisführung ist abzulesen, dass man es hier nicht mit einem bloß heuristischen Typus zu tun hat.

Zum einen argumentiert Bell nämlich mit Ergebnissen empirischer Sozialforschung (Beschäftigung nach Sektoren, Anteil der Bevölkerung in Ausbildung, Ausgaben für Forschung und Entwicklung usw.), die suggerieren sollen, dass sich in der Gesellschaft tatsächlich etwas bewegt und man es nicht nur mit abstrakten Analyseschemata zu tun hat, wenn man Phasen gesellschaftlicher Entwicklung trennt. Zum anderen macht Bell eben Trendaussagen. Spätestens hier wird aus dem letzten Rest von Idealtyp eine Zeitdiagnose, denn Aussagen darüber wie die Gesellschaft demnächst sein wird, basieren bei Bell stets auf Aussagen darüber, wie die Gesellschaft tatsächlich momentan *ist*. Genau das war aber nicht Webers Vorstellung von der Konstruktion von Idealtypen; diese sollten sich um die Realität nicht direkt kümmern, ja sogar absichtlich realitätsfremd konstruiert sein. Genau von einer veränderten Realität will Bell seiner Leserschaft aber überzeugen.

Obwohl also wenig dafür spricht, dass Bells Phasentrennung idealtypisch gelesen werden kann, interpretierten einige Autoren die Postindustrialismusthese genau in diesem Sinne (Mayer, 1974; Scase, 1974). Diese Lesart ist etwas wohlwollender und kann sich zumindest darauf berufen, dass Bell seine Phasen als Idealtypisierungen *bezeichnet*. Allerdings birgt auch die idealtypische Trennung von Phasen bei Bell die Gefahr, in eine tautologische Argumentation abzudriften. Die neuen Entwicklungen führten dann sinngemäß in ein postindustrielles Zeitalter, welches aber durch eben diese Entwicklungen definiert wird. In diesem Sinne wäre es dann auch möglich, allen gegenwärtigen Trends, die nicht in ein postindustrielles Schema passen (*blue collar*-Arbeit, tayloristische Fabriken, *laissez-faire*-Beziehung zwischen Staat und Wirtschaft etc.), schlicht das Merkmal »postindustriell« abzusprechen und die Diagnose trotz gegenteiliger Evidenzen aufrecht zu erhalten (Tilton, 1973, p. 730).

Es soll an dieser Stelle nicht das Argument vorgebracht werden, dass die bislang besprochenen Autoren in gleicher Weise mit Retrospektivem Realismus umgehen. Man hat es hier mit Ansätzen zu tun, die konzeptionell recht weit von einander entfernt sind und deren Analyse der vergangenen Gegenwarten vor dem Hintergrund unterschiedlicher gegenwärtiger Gegenwarten formuliert ist. Bell nimmt hier aber insofern eine Sonderstellung ein, als seine Theorie im Prinzip differenzierungstheoretisch ist. Anders als bei Beck oder Riesman verfügt die bellsche Theorie prinzipiell über zahlreiche Möglichkeiten, die Auswirkungen unterschiedlicher Epochenschwellen sachlich und zeitlich zu kombinieren. Doch genau diese Möglichkeit nutzt Bell nicht. Durch Retrospektiven Realismus reduziert er nicht nur die Vergangenheit auf einen Typ, sondern nimmt der Gegenwart die Vielfalt, welcher seine Theorie mithilfe der Differenzierung von Axialprinzipien im Grunde problemlos gerecht werden könnte. Aus vielen unterschiedlichen Trends bleibt jedoch nicht mehr als der Bruch mit einem *Bild* von Industriegesellschaft. Die unterschiedlichen Axialprinzipien werden nach Phasen synchronisiert – aus vielen Brüchen wird ein einziger, der dann die unterschiedlichen Brüche inkorporiert.

Neben der Dominanz politischer Entscheidung ist bei Bell der Retrospektive Realismus ein weiteres Mittel zur Entdifferenzierung bereichsspezifischer Trends. Gleichwohl gilt es darauf hinzuweisen, dass Bells Ansatz weniger ob seines Umgang mit der Vergangenheit als vielmehr aufgrund seiner Trendaussagen Beachtung gefunden hat. Bells Umgang mit der Zukunft wird weiter unten noch eine Rolle spielen, wenn es um die Frage geht, welche Argumentationsmuster als funktionales Äquivalent zu Retrospektivem Realismus in Frage kommen.

Vorerst soll aber in aller Kürze dargestellt werden, ob und in welcher Form die stilisierte Vergangenheit in den übrigen hier besprochenen Zeitdiagnosen eine Rolle spielt.

6.3.2.4 Die Welt vor der neuen Technologie

Wie im Kapitel über die Sachdimension sozialen Wandels gezeigt wurde, transformieren technikbasierte Zeitdiagnosen mithilfe des Zugriffs auf eine undifferenzierte Analyseebene (Kultur, Diskurs etc.) technologische Innovationen in gesamtgesellschaftlichen Strukturwandel. Dieser Argumentationsfigur nach können Gesellschaften also anhand *einzelner* evolutionärer Errungenschaften unterschieden werden: eine Gesellschaft vor und nach dem Fernsehen, eine Gesellschaft vor und nach dem Computer. Es ist diese Reduktion sozialen Wandels auf *eine* Innovation, die Retrospektiven Realismus hier besonders deutlich sichtbar macht.

Die vielleicht radikalste Anwendung des Retrospektiven Realismus unter den hier analysierten Zeitdiagnosen findet sich bei Neil Postman. Die Vergangenheit, das »typographische« Amerika, war rational und ermöglichte ernsthafte, inhaltliche Diskussionen, die nach Kriterien der Wahrheit geführt werden konnten. Es liegt nun aus zwei Gründen nahe, diese Sicht als retrospektiv realistisch zu deuten. Zum einen wird hier für die Vergangenheit eine Situation beschrieben, die im besten Falle eine Idealisierung ist. So meint (Mendelsohn, 1987), dass vor dem Hintergrund populistischer Politik, hysterischer Nationalismen, Sklavenmärkten, den Auftritten von Wunderheilern, Hahnenkämpfen sowie Saloon- und Bordellbesuchen das 19. Jahrhundert kaum als der Ort rationaler Diskurse zu bezeichnen sei. Das Bild des Farmerjungen, der hinter dem Pflug seinen Seneca liest, ist nichts weiter als Romantizismus (Mendelsohn, 1987, p. 555). Doch auch wenn Postmans Sicht auf die Vergangenheit sich auf die Rationalität des öffentlichen politischen *Diskurses* beschränkt, bleibt aus medienhistorischer Sicht zu bezweifeln, dass sich das Zeitungswesen des typographischen Amerika inhaltlich wesentlich vom heutigen Fernsehen unterschied[31].

Zum anderen basiert Postmans Sicht auf die typographische Vergangenheit implizit auf der holzschnittartigen Darstellung einer Theorie: der These vom Strukturwandel der Öffentlichkeit wie sie bei Habermas (1990) zu finden ist. Sowohl Habermas als auch Postman sehen das Aufkommen elektronischer Medien als einen Niedergang der zu

---

[31] | Sie dazu Hartley (1996), zitiert nach Simons (2003, p. 178).

rationalem Diskurs fähigen Öffentlichkeit. Bei Habermas wird der modernen Kulturindustrie jedoch das kulturräsonierende Publikum entgegensetzt (Habermas, 1990, p. 248 ff.), also nur ein ganz bestimmter Teil der Lesenden und nur eine ganz bestimmte Form des Umgangs mit Schriftsprache. Für ihn ist dementsprechend auch die *yellow press* des 19. Jahrhunderts, also eine rein typographische Kommunikationsform, bereits eine reine Verfallserscheinung, die an die Salons und den literaturfähigen Briefverkehr (von bildungsbürgerlichen Romanen ganz abgesehen) nicht herankommt (Habermas, 1990, p. 257 ff.). Bei Postman hingegen wird aus diesem Argument die Gleichsetzung von dem, was Habermas *literarische Öffentlichkeit* nennen würde und Schriftsprache schlechthin. Würde man Postman mit Habermas gegen den Strich lesen, käme man zwar zum gleichen Ergebnis, nämlich der zerstörerischen Wirkung der Kulturindustrie, aber es wäre schwierig, dieses Ergebnis dem verminderten Gebrauch von Schriftsprache allein zuzuschreiben. Mehr noch findet sich bei Habermas die These, dass gerade die massenhafte Alphabetisierung zu einer Entpolitisierung der Presse geführt hat (Habermas, 1990, p. 259), während bei Postman das massenhafte Lesen *allein* Ernsthaftigeit, Räson und rationalen Diskurs zu gewährleisten scheint.

Wie auch in den oben besprochenen Werken, so lässt sich auch hier beobachten, wie eine andere *Theorie* zur angemessenen Beschreibung einer unmittelbaren Vergangenheit stilisiert wird. Der Unterschied zu den bisher analysierten Werken besteht jedoch darin, dass Postman nicht behauptet, dass die Gegenwartsbeschreibung dieser anderen Theorie inaktuell geworden sei. Postman würde also nicht behaupten, dass Habermas bis vor kurzem recht hatte. Vielmehr vollzieht er die Krisendiagnose mit, »borgt« sich die (ausschnitthaft rezipierte) habermassche Vergangenheit aus und reduziert den Übergang zur Gegenwart auf einen Faktor. Während bei Habermas viele unterschiedliche Faktoren zum Strukturwandel der Öffentlichkeit beitragen, ist die Unterscheidung Vergangenheit/Gegenwart bei Postman gleichzusetzen mit der Unterscheidung schriftlich/fernsehbasiert. Die Epochen können dadurch auch hier gegeneinander abgedichtet werden, wohlgemerkt zum Preis der Nichtbeachtung von Faktoren, die nicht auf die technische Basis von Verbreitungsmedien reduziert werden können. Dies brachte Postman die Kritik ein, die idealisierten Eigenschaften von Elitendiskursen zu Eigenschaften einer ganzen Epoche hochzustilisieren (Tichi, 1991, p. 185).

Obwohl der Zugriff auf eine Theorie als angemessene Beschreibung der Vergangenheit hier anders funktioniert, als in den bislang besprochenen Zeitdiagnosen, so sind doch die Auswirkungen durchaus vergleichbar. Epochen werden auf »den einen Begriff« reduziert und dadurch sauber voneinander getrennt. Vergangenheit und Gegenwart können auch hier in der Sprache von Gegensatzpaaren kontrastiert und unvereinbar gemacht werden: früher schriftlich, heute fernsehtechnisch; früher ernst, heute unterhaltend; früher sequentiell, heute dekontextualisiert, früher geschichtsträchtig, heute geschichtslos; früher rational, heute *nonsense*. Die Darstellung der Vergangenheit wird demnach auch hier so stilisiert, dass sie möglichst schlecht zur Gegenwart passt – das Prinzip Schraube-Mutter kommt hier besonders deutlich zum Tragen.

6.3.3 Social forecasting

Retrospektiver Realismus scheint ein nahezu durchgängiges argumentatives Moment derjenigen Zeitdiagnosen zu sein, die hier untersucht wurden. Das darf aber nicht die Sicht darauf verstellen, dass es das vornehmliche Anliegen einer funktionalistischen Genreanalyse ist, nicht nach den immer gleichen Strukturen zu suchen, sondern nach Alternativen. Interessant ist in dieser Hinsicht weniger, dass Retrospektiver Realismus »überall« in Zeitdiagnosen vorkommt, als vielmehr a) welche funktionalen Äquivalente es zu einer stilisierten Vergangenheit gibt und b) unter welchem Gesichtspunkt unterschiedliche Argumentationsmuster der Zeitdimension austauschbar erscheinen. Wie schon angemerkt, scheint in der Zeitdimension die Variabilität der angewandten Argumentationsmuster durch das abstraktere Schema Vergangenheit/Gegenwart/Zukunft stärker eingeschränkt zu sein, als dies in der Sachdimension der Fall war. Funktionale Äquivalente zu einer stilisierten Vergangenheit finden sich demnach am ehesten in der Behandlung von Zukunft und Gegenwart. Wie bereits gezeigt wurde, lässt die stilisierte Vergangenheit eine stilisierte Gegenwart entstehen und findet in der Unterscheidung dieser beiden Phasen ihr zeitdiagnostisches Potential: Das Jetzt ist etwas radikal Anderes als das Früher und nur in diesem Sinne von Neuheitswert. Das Gegenwärtige ist neu, weil nichts Altes in ihm vorkommen kann.

Wie steht es aber mit der Zukunft? Es soll hier die These vertreten werden, dass in der zeitdiagnostischen Behandlung von Zukunft das funktionale Äquivalent zur Stilisierung der Vergangenheit gefunden werden kann. Die hier untersuchten Werke beschränkten sich nämlich in der Regel nicht auf die passgenaue Stilisierung von Vergangenheit und Gegenwart, sondern beinhalteten auch Aussagen darüber, was die Gesellschaft demnächst zu erwarten hat. Mehr noch, Aussagen über eine gegenwärtige Zukunft können in Zeitdiagnosen oft nicht von Aussagen über die gegenwärtige Gegenwart unterschieden werden. In diesem Sinne spielt der Zugriff auf eine *gegenwärtige Zukunft* in Zeitdiagnosen eine weitaus tragendere Rolle als bloße Trends zu beschreiben. Der folgende Abschnitt soll einerseits darstellen, welche Eigenheiten die analysierten Werke diesbetreffend aufweisen und andererseits, in welcher Hinsicht der zeitdiagnostische Umgang mit Zukunft allgemein über Extrapolation und *science fiction* hinausgeht.

Liest man Ulrich Becks *Risikogesellschaft*, so stellt sich fast zwangsläufig die Frage, wie der Übergang zwischen erster und zweiter Moderne datiert wird. Leben wir schon in der Risikogesellschaft oder droht uns die Risikogesellschaft, wenn wir nichts gegen aktuelle Trends unternehmen? Diese Frage stellt sich deshalb, weil Beck sie sehr undeutlich behandelt. Im Grunde ist seine Diagnose beides: Bestandsaufnahme und Prognose in einem. In diesem Sinne aufschlussreich ist die programmatische Klammer des Werkes, die Beck selbst vorschlägt:

> »Sie (die Ausführungen Becks, Anm. F.O.) verfolgen einen anderen Anspruch: gegen die *noch* vorherrschende Vergangenheit die sich heute schon *abzeichnende Zukunft* ins Blickfeld zu heben. Sie sind in der Einstellung geschrieben, mit der – im historischen Vergleich gesprochen – ein Beobachter der gesellschaftlichen Szene zu Beginn des 19. Jahrhunderts hinter den Fassaden des ausklingenden, feudalen Zeitalters nach den bereits überall hervorblitzenden Konturen des noch unbekannten Industriezeitalters Ausschau hält. In Zeiten strukturellen Wandels geht Repräsentativität ein Bündnis mit der Vergangenheit ein und verstellt den Blick auf die Spitzen der Zukunft, die von allen Seiten in den Horizont der Gegenwart hineinragen.« (Beck, 1986, p. 12 f., kursiv im Original)

Die Strukturveränderungen, die Beck im Blick hat, sind also nicht durch eine empirische Datenbasis gedeckt, ja sollen das auch nicht sein, denn empirische Daten wären bloß die Beschreibung einer bereits *vergangenen* Gegenwart. Wenn sich alles schnell verändert, sind Aussagen über das Hier und Jetzt Beck zufolge eigentlich Aussagen über ein überholtes Früher. In einer sich radikal wandelnden Gesellschaft könne demgegenüber eine sinnvolle Gegenwartsdiagnose nur als Prognose funktionieren. Es verwundert daher nicht, dass Beck an vielen Stellen Szenarien entwirft. Die Risikogesellschaft produziert neue Gefährdungslagen, mit denen man abseits alter geographischer und sozialstruktureller Grenzen erst umzugehen lernen muss (Beck, 1986, p. 61 ff.), für die Entstandardisierung von Lebensläufen müssen Lösungen erst noch gefunden werden (Beck, 1986, p. 151 ff., p. 194 ff., p. 220 ff.), das neue Verhältnis zwischen Politik und Wissenschaft muss seinen institutionelle Rahmen erst noch suchen (Beck, 1986, p. 357 ff.). Zurzeit, also in der gegenwärtigen Gegenwart, deuten sich lediglich unterschiedliche Alternativen an.

Es läge somit zunächst nahe, Beck mehr als Trendforscher denn als Gegenwartsdiagnostiker zu lesen. Allerdings ist seine Diagnose zugleich auch Bestandsaufnahme. Neben zahlreicher Stellen, an denen Szenarien entwickelt werden, spricht Beck von der Risikogesellschaft im Präsens. Seit Tschernobyl sei die Risikogesellschaft eine »platte Beschreibung der Gegenwart« (Beck, 1986, p. 11). Dem Dilemma, zwischen Trendforschung und Zeitdiagnose nicht klar unterscheiden zu können, entgeht nun Beck insofern, als er »Ursache« und »Wirkung« der Risikogesellschaft trennt. Die neuen Gefährdungslagen sind bereits da, die Lebensläufe sind bereits entstandardisiert, Wissenschaft und Politik sind bereits entdifferenziert. Man lebt also schon in der Risikogesellschaft, aber die Konsequenzen in all ihren Härten und Potentialen werden sich erst in naher Zukunft zeigen. Ursache und Wirkung werden verzeitlicht und die Risikogesellschaft kann somit gleichzeitig sein und nicht sein. Dadurch gelingt es Beck, die Grenzen zwischen Diagnose und Prognose vollends zu verwischen.

Mit diesem Kunstgriff wird es möglich, die Risikogesellschaft als Faktum zu diagnostizieren und gleichzeitig vor ihr zu warnen. Die Risiken der neuen Gesellschaft – z. B. das Weginterpretieren von neuen Gefährdungslagen – können mit den Mitteln der neuen Gesellschaft – neuen sozialen Bewegungen und der Entdifferenzierung von Politik und Wissenschaft – behoben werden. Erst in der zukünftigen Wirkung käme die Ursache zu sich selbst und so lange dem nicht so ist, lebten wir nur mit einem Bein in der Risikogesellschaft. *Wann* aber die Konsequenzen der Risikogesellschaft diese zur vollen Blüte bringen werden, bleibt bei Beck unklar. Beck prognostiziert streng genommen also gar nichts: Die Auswirkungen der Risikogesellschaft können morgen, in drei Jahren, in der nächsten Generation oder gar nicht eintreffen.

Letzteres bleibt ob der Ignoranz der Technokraten und Sozialwissenschafter immer eine Möglichkeit, die im Sinne von Günther Anders irgendwann aber zur plötzlichen Auslöschung allen Lebens auf der Erde führen wird. Verabschieden würde sich in diesem Fall die erste Moderne durchaus mit einem lauten Knall, den zu hören jedoch niemandem die Zeit bliebe.

Die Gegenwart bleibt bei Beck leer, denn erst in der Zukunft werden die Halbierungen der Vergangenheit endgültig Geschichte sein. Was hier beschrieben wird, ist ein typisch modernes Paradoxon: gegenwärtige Trends, also die Gegenwart, die nur unter Gesichtspunkten ihrer eigenen Zukunft interessant ist.

In eine ähnliche Kerbe schlägt Bell. Allerdings ist hier die Argumentation weitaus expliziter als bei Beck. Die Postindustrialismusthese versteht Bell nämlich als *social forecasting* und bringt damit die leere Gegenwart auf einen Begriff. Bell unterscheidet dabei *forecasting* von Prognose, wobei für ihn der Unterschied darin besteht, dass Prognosen Ereignisse voraussagen wollen, während es bei *forecasting* um die Analyse von Trends geht, die aufgrund heutiger Strukturen morgen akut werden könnten (Bell, 1973, p. 3 ff.)[32]. Der Begriff *forecasting* meint also vor allem eine Klammer, die Gegenwart und Zukunft zusammenhält. Es geht also weniger um zukünftige Zustände als vielmehr um die Analyse von Strukturänderungen, die gerade eben im Entstehen begriffen sind.

> »When such changes are under way, they allow us not to predict the future but to identify an agenda of questions that will confront the society and have to be solved.« (Bell, 1973, p. 9)

Wie bei Beck geht es auch bei Bell um Veränderungen, die jetzt zwar schon da sind, deren Zukunft aber von zentralem Interesse ist. Die postindustrielle Gesellschaft ist auch hier eine Gesellschaft, die gleichzeitig ist und erst sein wird. Sie zeichnet sich ab, wobei die Gegenwart dabei lediglich die Rolle eines *Interregnums* spiele (Bell, 1973, p. 51). Auch hier führt diese Doppelgleisigkeit zu teils schwer nachvollziehbaren Thesen. Leben wir schon in der postindustriellen Gesellschaft und wenn nicht, wann wird es soweit sein? Zum einen sind die USA ja bereits eine »white collar«-Gesellschaft, aber erst in der Zukunft

---

32 | Ich werde dementsprechend Bells Originalbegriff verwenden, da die deutschen Begriffe Prognose oder Voraussicht in diesem Kontext begrifflich zu unscharf sind.

wird daraus ein neues Schichtungssystem, die *scientific city* (Bell, 1973, p. 213). Einerseits greift der Staat bereits jetzt durch Finanzierung von Großforschung in die Organisation von Wissenschaft ein, aber in Zukunft wird das in noch massiverem, bislang ungeahntem Ausmaße geschehen (Bell, 1973, p. 263). Schon jetzt gibt es *affirmative action*, doch erst in naher Zukunft wird die Semantik der Fairness endgültig mit Meritokratie brechen und zu einer konfliktträchtigen Gruppenideologie führen (Bell, 1973, p. 445). Von solchen konkreten Beispielen abgesehen, entsprechen diesem Umgang mit der Zukunft im Übrigen stets Formulierungen wie »zunehmend«, »auf dem Weg in...«, »immer bedeutender« u.ä. Das vielleicht beste Beispiel ist Bells These von der Politisierung der gesamten Gesellschaft, auf die bereits im Kapitel zur Sachdimension hingewiesen wurde. Schon jetzt sehe man Tendenzen, aber es sei noch viel mehr zu erwarten.

Ähnlich wie Beck klärt auch Bell nicht eindeutig, ob man sich jetzt schon in einer neuen Gesellschaft befindet oder nicht. Dies bemerkenswerterweise trotz der Tatsache, dass hier, anders als bei Beck, Trends durchaus zeitlich exakt datiert werden. So finden sich bei Bell einige Angaben über das Beschäftigungssystem des Jahres 1980 (Bell, 1973, p. 133) oder den in den 1980er/1990er Jahren zu erwartenden Akademikeranteil an der Gesamtbevölkerung (Bell, 1973, p. 235 f.). Doch so genau Tendenzen bei Bell auch datiert sein mögen – er schlägt keine Schwelle vor, ab der solche Kennzahlen für die Durchsetzung einer postindustriellen Sozialstruktur sprechen würden. Wieviele Akademiker braucht es um von einer *scientific city* zu sprechen? Wie viele Unternehmen müssen auf einen soziologisierenden Modus umsteigen, um ein Ende des kapitalistischen Unternehmertums zu diagnostizieren? Welche Bereiche müssen von Quotenregelungen erfasst sein, um die Meritokratie zu Grabe zu tragen? Antworten auf solche Fragen sucht man bei Bell vergeblich und so scheinen sich die Konturen der postindustriellen Gesellschaft in einem generellen »Vermehrt« zu verflüchtigen.

Gleichwohl passiert das Umschlagen von Diagnose zu Prognose bei Bell, anders als bei Beck, theoretisch kontrolliert. Wie bereits angedeutet, beinhaltet Bells Ansatz ja eine Theorie der Beschleunigung. Die Grundaussage ist, dass sich sozialer Wandel früher inkrementell abgespielt habe, während heute die Geschwindigkeit des Wandels so schnell geworden sei, dass man gesellschaftsweite Transformationen in Realzeit beobachten könne (Bell, 1973, p. 345 f.). Bell nennt das *the speeding up of the time machine*: zwischen Innovationen und deren

Anwendungen vergehe heute weitaus weniger Zeit als früher[33]. Aus sozialstruktureller Sicht ist die Auswirkung eine Veränderung des gesellschaftlichen Umgangs mit Zeitlichkeit. Während man sich früher ad hoc auf Veränderungen einzustellen versuchte, *nachdem* sie bereits eingetroffen waren, versucht man heute durch technokratische Planung *antizipierend* einzugreifen. Das zeige sich beispielsweise im Willen zu langfristiger Steuerung von Wissenschaft (Bell, 1973, p. 262) oder im Bildungssystem, welches Kindern nicht wie früher beibringen müsse, wie sie in die Fußstapfen ihrer Eltern treten, sondern wie sie mit einer unbekannten Zukunft umzugehen haben (Bell, 1973, p. 170 f.). In diesem Sinne ist Bells prognostische Diagnostik in der Selbstbeschreibung lediglich die angemessene Theorie für eine zukunftsorientierte Gesellschaft. Man könne über eine solche Gesellschaft nur in Begriffen von Postismen und *forecasting* reden. Beck argumentiert im Grunde nicht unähnlich (s.o.), entwirft selbst aber keine eigene Theorie der Zeit. Im Gegensatz dazu kann Bell die Beschleunigungsthese aus seinem eigenen Ansatz heraus entwickeln und begründet sie letzten Endes technologisch. Die Gegenwart schaut permanent in die Zukunft, weil Computer schnell rechnen und extrapolieren können. Für die Soziologie liege es in einer solchen Situation ebenso nahe, in die Zukunft zu blicken. *Social forecasting* ist dann nicht eine Methode unter vielen, sondern die der neuen Gesellschaftsstruktur entsprechende sozialwissenschaftliche Heuristik.

Sowohl bei Beck als auch bei Bell ist die Gegenwart somit nur unter dem Aspekt der gegenwärtigen Zukunft interessant. Man sei *auf dem Weg* in eine neue Gesellschaft – die Reise hat soeben angefangen. Genau in dieser Hinsicht sind beide Autoren weder Futurologen noch Seher. Die gegenwärtige Gegenwart bleibt in beiden Ansätzen erhalten, aber eben lediglich als Umbruch zu dem, was uns noch erwartet.

Es handelt sich hier im Übrigen um einen sehr alten Topos, welcher der Rolle der Menschwerdung Gottes in der christlichen Eschatologie entspricht. Jesus ist bereits der Christus, aber das Gottesreich lässt bis auf weiteres noch auf sich warten: »die Zeit ist schon erfüllt, aber noch nicht vollendet«, wie Karl Löwith (2004, p. 201) es ausdrückt. Die Gegenwart ist die geschlagene Entscheidungsschlacht, deren entscheidender Charakter zwar feststeht, deren Vollendung aber in eine unbestimmte Ferne rückt. Schließlich kann niemand voraussagen,

---

[33] | Der Topos von der sich beschleunigenden Geschichte geht vermutlich auf Kant zurück. Siehe dazu Van der Pot (1999, p. 744).

»welche Anstrengungen der Feind noch machen mag, um seine endgültige Niederlage hinauszuschieben« (Löwith, 2004, p. 202). Freilich gibt es zu diesem Umgang mit einer gegenwärtigen Zukunft eine Alternative, die sich prominent bei Riesman oder Postman finden lässt. Dieser Fassung zufolge ist die neue Struktur bereits jetzt Realität. Der Umbruch zur neuen Gesellschaft hat sich bereits vollzogen und es gilt dann, mit den Folgen zu leben.

6.3.4 Mit den Folgen leben lernen

Wenn Bell oder Beck über das Hier und Heute reden, meinen sie de facto eine gegenwärtige Zukunft. Das ist freilich nicht in allen hier analysierten Zeitdiagnosen der Fall. Vielmehr scheint es im zeitdiagnostischen Zugriff auf Zukunft eine Alternative zu *social forecasting* zu geben, die am ehesten als soziale *Folgenabschätzung* beschrieben werden kann. David Riesmans Diagnose ist nun das anschaulichste Beispiel dafür, wie sich in der Beschreibung von Folgen eine Diagnose selbst voraussetzt.

Zunächst verwendet Riesman durchaus Formulierungen, die an die Beschreibung einer gegenwärtigen Zukunft erinnern. So meint er, dass der Übergang zwischen innen- und fremdgeleitetem Charakter noch immer im Gange ist und, wenn überhaupt, erst in der Zukunft abgeschlossen sein wird (Riesman, 1953, p. 29). Die Dominanz des neuen Typus zeichne sich erst ab und noch sind die alten Charaktertypen die zahlenmäßig stärkere Fraktion (Riesman, 1953, p. 36). Auf der anderen Seite ist Riesman im Vergleich zu Bell und Beck aber weitaus expliziter, wenn es um die *Folgen des Wandels* geht. Riesman hat, anders als die bereits besprochenen Ansätze, eine ganz klare Vorstellung davon, wie die Nebenfolgen des Wandels behandelt werden können. Seine größte Sorge gilt hierbei der fehlenden persönlichen Autonomie in einer fremdgeleiteten Gesellschaft.

Generell repräsentiert für Riesman der neue Charaktertypus *noch nicht* die perfekte Anpassung an die Sozialstruktur. Der fremdgeleitete Charakter ist in seiner gegenwärtigen Form eher eine Pathologie. Er produziert überangepasste Mitläufer auf der einen und Anomie auf der anderen Seite (Riesman, 1953, p. 275 f.). Daneben gibt es in allen Gesellschaften, so auch in einer fremdgeleiteten, diejenigen, die *autonom* sind. Sie können zwar mit den Normen der gegebenen Gesellschaft konform gehen, tun dies aber nicht automatisch, sondern können zwischen Konformismus und Auflehnung situationsabhängig wählen (Riesman, 1953, p. 278). Die autonome Persönlichkeit ist in diesem Sinne eine »gesunde« Anpassung des Sozialcharakters an die jeweiligen demographisch-sozialstrukturellen Anforderungen. Riesman zufolge ist nun die Ausbildung einer autonomen Persönlichkeit in einer fremdgeleiteten Umgebung besonders schwierig, denn das angepasste Gegenüber ist verständnisvoll und nett, bietet also denjenigen, die ihre Autonomie wahren wollen, recht wenig Angriffsfläche (Riesman, 1953, p. 293 ff.). Aus diesem Grund müsse man mit verschiedenen Strategien nachhelfen, die die Folgen der durchgesetzten angepassten Fremdgeleitetheit abmildern könnten.

Zunächst gilt es im Bereich der Arbeit gegen *Überpersonalisierung* vorzugehen. Mit Überpersonalisierung ist gemeint, dass sich fremdgeleitete Menschen in ihrer Arbeit weniger mit den konkreten Aufgaben beschäftigen als vielmehr mit dem persönlichen Umgang mit ihren Kollegen (Riesman, 1953, p. 302 ff.). Das ziehe emotionale Reserven von der Freizeit ab und mache die Arbeit zu einer Art Spiel – freilich mit der Konsequenz, dass zwischen Arbeit und Freizeit gar nicht mehr unterschieden werden kann und jene dadurch den Menschen vollkommen ausfüllt (Riesman, 1953, p. 304). Die Selbstentfaltung wird dann nur noch im Beruf gesucht, obgleich es die moderne Wirtschaftsstruktur erlauben würde, so wenig zu arbeiten, wie nie zuvor in der Menschheitsgeschichte. Was man demnach bräuchte, wäre eine radikale Automatisierung sämtlicher Produktionsprozesse. Die Menschen könnten sich dann effektiver ihren eigenen Bedürfnissen widmen, könnten endlich wieder in sich selbst schauen, anstatt die Arbeit zu ihrem Leben zu machen. Die technisch induzierte Entpersonalisierung ist ein möglicher Weg zu mehr Autonomie (Riesman, 1953, p. 308).

Es gilt also nicht die Arbeit zu personalisieren, wie dies die fremdgeleitete Gesellschaft tut, sondern Arbeit und Freizeit klar zu trennen. Arbeiten soll man, um sich ein erfülltes und autonomes Leben *außerhalb* der Arbeit leisten zu können und nicht versuchen, die Arbeit zu einer Ersatzfreizeit zu machen (Riesman, 1953, p. 310). Um falschen Personalisierungen von Arbeit vorzubeugen, bräuchte man z. B. vollautomatische Fabriken, aber auch vollautomatische Dienstleistungen, wie Selbstbedienungstankstellen (Riesman, 1953, p. 312). Riesman spricht in dieser Hinsicht aber auch von den Nebenfolgen solcher Entpersonalisierungen. Man müsse sich um Arbeitslose kümmern, aber auch um solche, die nichts mit der neuen Freizeit anzufangen wissen. Gegen Schuldgefühle oder die Angst vor Nutzlosigkeit in einer vollautomatisierten Gesellschaft würden beispielsweise freiwillige Arbeitsbrigaden helfen (Riesman, 1953, p. 313). All das erfordert jedoch ein generelles Umdenken was die Wichtigkeit der Arbeit anbelangt. Man müsse sich vom Ideal der Vollbeschäftigung genauso lösen wie von der Ideologie, dass nur diejenigen ein Anrecht auf Freizeit haben, die einer geregelten Arbeit nachgehen (Riesman, 1953, p. 329).

Abgesehen vom Bereich der Arbeit, sieht Riesman auch die Freizeit des fremdgeleiteten Menschen als potentiell reformbedürftig. Das Problem ist hier, dass die Menschen die Kompetenzen als Spieler verloren haben – sie wissen nicht mehr, was sie in der Freizeit tun sollen. Das hängt zum einen damit zusammen, dass sie in den Massenmedien lediglich Virtuosität sehen – großartige Musiker, beeindruckende Schauspieler und Spitzensportler – und es dann gar nicht mehr selbst versuchen wollen (Riesman, 1953, p. 97, p. 329). Will man autonome Persönlichkeiten fördern, muss man den Menschen diese verlorenen Kompetenzen zurückgeben; man muss ihnen zeigen, wie sie ihre eigene Freizeit nutzen können, ohne dabei stets auf den Geschmack und die Leistung der Anderen zu schielen.

Dies werde den Menschen bereits in Filmen vermittelt, die vermehrt die autonome, exzentrische und nonkonformistische Persönlichkeit in einem positiven Lichte erscheinen lassen. Teile der *populären* Massenmedien sind für Riesman also durchaus vorbildliche *liberating agents*, die imstande sind, abseits intellektueller Kritik auf der einen und der Macht der *peers* auf der anderen Seite, eine autonome Persönlichkeit hervorzubringen (Riesman, 1953, p. 332). Solche Bemühungen gelte es weiter zu unterstützen. Ein weiteres positives Beispiel sei in dieser Hinsicht auch der Jazz, also eine Massenkultur, die sich standhaft Standardisierungsversuchen widersetzt (Riesman, 1953, p. 340 f.). Andere Wege sieht Riesman in der Förderung von Handwerk und Bastelei, wodurch Menschen die Freiheit zum Eigenbrötlertum zurückgegeben werden könne. Hier bestünde allerdings stets die Gefahr, dass auch das Ausüben des Hobbys nur zum Zwecke der marginalen Differenzierung zu den Anderen betrieben wird – man bastelt, um sein Auto noch besser herzurichten als der Nachbar. Eine andere Gefahr, die durch solche Korrekturmaßnahmen hervorgebracht werden könnte, ist, dass die Menschen zu Neo-Konservativen werden und ihren Lebenssinn zunehmend in weltabgewandtem Traditionalismus oder Extremsituationen wie Kriegen finden (Riesman, 1953, p. 336).

Der fremdgeleitete Charakter brauche in diesem Sinne Berater, die ihm bei der Suche nach autonomer Sinnerfüllung helfen. Es ist der vielleicht ungewöhnlichste Vorschlag Riesmans, dass man dafür *avocational counselors* einführen müsste, also Konsumberater, die ihren Kunden dabei helfen, in Geschmacksfragen nicht nur der *peer group* zu folgen (Riesman, 1953, p. 341). Riesman denkt dabei zunächst an Berufsgruppen wie Innenarchitekten oder an Reisefachleute. Bislang ging es diesen Berufsgruppen lediglich darum, ihren Kunden dabei zu helfen, eine äußere Fassade aufzubauen. In einer fremdgeleiteten Gesellschaft hingegen müssten diese Berater ihrer Klientel vielmehr dabei helfen, *eigene* Präferenzen aufzubauen, indem sie ihnen Konsummöglichkeiten abseits oktroyierten Gruppengeschmacks aufzeigen. Da diese Berater aber stets dazu neigen, den Menschen ihren eigenen Geschmack aufzudrücken, wäre es am besten, wenn man schon bei der Kindererziehung auf Autonomie der Persönlichkeit achten würde. Möglich wären dann Modellsupermärkte, in denen Kindern unter Aufsicht von Marktforschern die Möglichkeit geboten wird, in relativer Privatheit Konsumgegenstände zu erleben und sich abseits von Gruppen- oder Klassennormen ein Geschmacksurteil zu bilden (Riesman, 1953, p. 343 ff.).

Obwohl sich nun keiner dieser Vorschläge als konkrete Handlungsanleitung lesen lässt, so ist der Umgang mit den Folgen sozialen Wandels in zeitlicher Hinsicht ein Umgang mit *bereits Geschehenem*. Wenn Riesman vorschlägt, was zu tun ist, um mit den Nebenfolgen fremdgeleiteten Verhaltens umzugehen, so reifiziert er in der Zeitdimension die in der Sachdimension vorgeschlagene Diagnose. Seine Vorschläge zur Förderung einer autonomen Persönlichkeitsstruktur sind also nicht nur sozialreformerische Utopie, sondern auch ein Mittel um aus einer Theorie eine (potentiell bedrohliche) soziale Realität zu machen. Der Gesellschaft hat sich bereits gewandelt und es bleibt uns lediglich die Beseitigung der schlimmsten Kollateralschäden. Der Blick auf die Folgen lenkt die Betrachtung weg vom theoretischen Fundament der Diagnose. Die Gegenwart ist dann lediglich der Ort, an dem man lernen muss, mit den Folgen *bereits durchgesetzter* Veränderungen zu leben.

Der Topos der sozialen Folgenabschätzung findet sich auch bei Richard Sennett. Auch hier ist der soziale Transformationsprozess hin zu einer dysfunktionalen Flexibilisierung im Grunde bereits abgeschlossen. Es scheint sich um einen beinahe unumkehrbaren Prozess zu handeln (Leana, 2000). Den Betroffenen bleibt einzig, die Tragik ihrer Situation zu erkennen und sich etwaiges Scheitern unter Bedingungen des neuen Regimes nicht mehr persönlich zuzuschreiben. Gefragt wäre eine neue Art der gegenseitigen Verantwortung, jedoch nicht im Sinne eines kommunitaristischen Einverständnisses über geteilte Werte, sondern eher in der Fähigkeit zuzugestehen, dass man andere Menschen braucht und sich diese auf einen verlassen können (Sennett, 1998, p. 136 ff.). Anstatt den Menschen oberflächliche Kooperation in Form von Teamwork abzuverlangen (man fühlt sich an Riesmans »antagonistische Kooperation« und *false personalization* erinnert), wäre man besser damit beraten, betriebsinterne Konflikte als soziale Kohäsionsquelle zu nutzen und divergierende Meinungen zuzulassen. Welche konkreten politischen Programme dafür notwendig seien, lässt Sennett mit dem Zusatz offen, dass es so auf keinen Fall mehr weitergehen könne (Sennett, 1998, p. 148). Das flexible Regime hat sich zwar durchgesetzt, könne aber keine nachhaltige Legitimität aufbauen. Die Zeitenwende ist vollzogen, schließt aber Alternativen nicht aus – die Folgenabschätzung, die der Diagnose zu Aktualität verhilft, hält sich eine Tür in die Zukunft offen. Die Lage ist dramatisch, die letzte Schlacht aber noch nicht geschlagen.

Es ist nicht ganz einfach, die Diagnose von Neil Postman diesem Schema unterzuordnen. Zum einen bedient sich Postman ausdrücklich nicht des *social forecasting*. Seine Diagnose sei jetzt bereits Realität, der Umbruch zur fernsehbasierten Kultur ist bereits vollzogen – öffentliche Diskurse sind jetzt schon *dangerous nonsense* (Postman, 1985, p. 16). Auf der anderen Seite entwirft Postman keine daraus resultierenden Handlungsanleitungen wie Riesman. Postman ist dezidierter Pessimist und glaubt nicht an das friedliche Zusammenleben von Ratio und Fernsehen. Es gäbe vor den zerstörerischen Auswirkungen des Fernsehens wahrscheinlich keinen Schutz – selbstauferlegte Fernsehverbote könnten an diesem genauso wenig ändern wie intellektuell »anspruchsvolles« Fernsehen (Postman, 1985, p. 163 ff.). Letzteres sei eigentlich noch weitaus gefährlicher als die übliche Fernsehunterhaltung, da es unter dem Mantel der Seriosität den üblichen Schund ausstrahlen kann, ohne jedoch dafür direkt kritisierbar zu sein. Selbiges gelte auch für Parodien auf das Fernsehen, solange sie im Fernsehen gesendet werden (Postman, 1985, p. 167).

Den einzigen *potentiellen* Ausweg sieht Postman in einer Demythologisierung des Fernsehens als Teil des schulischen Curriculums, wobei er fast im gleichen Atemzug zugibt, dass diese Form der oktroyierten *media-awareness* wahrscheinlich nicht von Erfolg gekrönt sein wird (Postman, 1985, p. 167). Schließlich gäbe es bislang kein Beispiel für erfolgreich institutionalisierte Medienkritik im schulischen

Bereich. Immerhin werde aber vermehrt über die Auswirkungen des Fernsehens diskutiert und darin liege noch ein Fünkchen Hoffnung (Postman, 1985, p. 168). Auch Postman macht also nicht den letzten Schritt hin zum hermetischen Fatalismus. Zumindest ist *Amusing Ourselves to Death* ein Anschauungsbeispiel dafür, dass auch die düsterste Gegenwart zeitlich und sachlich nicht so stabil gehalten werden kann, um den Blick in die gegenwärtige Zukunft vollkommen obsolet zu machen. Trotz tragischer Aussicht und fehlender Handlungsanleitung gilt dann auch hier: »culture death is a clear *possibility*« (Postman, 1985, p. 161, kursiv F.O.).

Der zeitdiagnostische Blick in die Zukunft kann also zweierlei bedeuten. Entweder *forecasting* im Sinne der Vorstellung, dass man sich auf dem Weg in eine neue Gesellschaft befände oder als (wie auch immer resignative) Anleitung zum Umgang mit zukünftigen Folgen bereits eingetretener Transformationen. Die hier besprochenen Zeitdiagnosen zeigen, dass diese zwei Alternativen des Zugriffs auf Zukunft unterschiedliche Vor- und Nachteile aufweisen. *Social forecasting* überlässt die Validierung der Diagnose der Zukunft. Diese Variante des Zugriffs auf die Zukunft ist im Prinzip die zeitliche Lösung dessen, was ich weiter unten als *Latenzbereich* sozialen Wandels fassen werde: die Suche nach Gründen für die Unsichtbarkeit der gesellschaftlichen Transformation. *Noch* kann man die Veränderungen zwar nicht sehen, aber demnächst wird man sie in all ihrer Tragweite sehen können. Das mögliche Ausbleiben der Folgen kann dann immer der Langsamkeit des Wandels zugerechnet und an der Diagnose als solcher kann festgehalten werden. Freilich beraubt eine solche Argumentation die Transformation ihrer aktuellen Brisanz.

Die Alternative dazu ist, dass die Aktualität der Veränderung vorausgesetzt wird. Der Zugriff auf Transformationsfolgen in der gegenwärtigen Zukunft setzt dann die Transformationsursachen in der vergangenen Gegenwart voraus. Der Vorteil dieses Argumentationsmusters ist die Reifizierung der Diagnose – sie kann ihre Angemessenheit voraussetzen. Der Nachteil ist, dass man dabei in viel stärkerem Ausmaße auf Zusatzargumente zurückgreifen muss, die erklären, wieso gesamtgesellschaftliche Transformationen, die im Grunde bereits in der Vergangenheit liegen, von anderen Beobachtern *nicht* als Ursache der vermeintlichen Folgen beschrieben worden sind. Schließlich beanspruchen die hier diskutierten Ansätze, sogar wenn sie auf die Zukunft im Sinne von Folgenabschätzung zugreifen, auch für die Ursachen Neuheitswert. Es geht hier nämlich nicht allein um neue Folgen alter

Phänomene, sondern um neue Folgen von Phänomenen, die bereits allgegenwärtig, aber noch nicht als allgegenwärtig akzeptiert sind. Der Latenzbereich kann hier, anders als bei *social forecasting*, nicht durch Verzeitlichung allein erklärt werden, sondern muss zurückgreifen auf Theorien, die die bisherige Unsichtbarkeit des Allgegenwärtigen plausibilisieren.

6.3.5 Topoi der Zeitdimension im Vergleich

Man hat es in der Zeitdimension zusammenfassend mit drei Topoi zu tun, deren Ausgestaltung auf der zeitlichen Schematisierung Vergangenheit/Gegenwart/Zukunft aufbaut. *Retrospektiver Realismus*, *social forecasting* und *Folgenabschätzung* sind allesamt der oben vorgeschlagenen Definition von Topos entsprechend abstrakte Argumentationsgesichtspunkte, die mit thematisch verschiedenartigen Argumenten gefüllt werden können. Wie auch in der Sachdimension gilt auch hier, dass die analysierten Topoi nur einen Ausschnitt aus der Menge potentiell möglicher Argumentationsgesichtspunkte bilden. Allerdings ist anzunehmen, dass auch alternative Topoi der Zeitdimension auf die eine oder andere Weise mit der modernen Schematisierung Vergangenheit/Gegenwart/Zukunft umgehen müssten. Darüber hinaus liegt auch der Verdacht nahe, dass Argumentationsgesichtspunkte, die die Gegenwart in ihrer Besonderheit zu fassen versuchen, stets auf Phasenmodelle gesellschaftlicher Entwicklung angewiesen bleiben, die den Wechsel von Vergangenheit zu Gegenwart zu Zukunft als Nacheinander von verschiedenen Formen beschreiben.

Von diesen abstrakten Fundamenten abgesehen, gilt es nun erstens den Blick dafür zu schärfen, inwieweit die drei genannten Topoi funktional äquivalent sind und zweitens, ob sich die Nebenfolgen der jeweiligen Topoi unterscheiden.

Äquivalent sind sie zunächst insofern, als sie alle die Gegenwart zum Verschwinden bringen. Dies geschieht zum einen in Form des Retrospektiven Realismus, welcher, der modernen Zeitauffassung entsprechend, die Vergangenheit radikal von der Gegenwart zu trennen gezwungen ist. Die Vergangenheit wird zur Geschichte, die durch Stilisierungen symbolisiert wird, aus der man aber für die Gegenwart lediglich lernen kann, dass sie anders ist, als ihre Vorgängerin. Die Vergangenheit in Zeitdiagnosen wird nicht verstanden als *magistra vitae*, sondern lediglich als Anschauungsbeispiel dafür, dass es heute ganz anders ist. Das Verhältnis zwischen Vergangenheit und Gegenwart, wie es sich in Zeitdiagnosen darstellt, kann nicht gedacht werden als kontinuierlicher Wechsel, sondern als Bruch mit dem Alten. Die Gegenwart als Phase ist dann weder im Sinne von Fortschrittstheorien besser als die Vergangenheit, noch per se schlechter, sondern lediglich mit ihr unvergleichbar. Fragt man da genauer nach, antworten die Zeitdiagnosen zum anderen mit Zugriffen auf die Zukunft. Dies geschieht entweder mit dem Sparprogramm des *social forecasting*, welches die Gegenwart als *Quellpunkt des Neuen* beschreibt, oder in Form der Folgenabschätzung, welche die *Gegenwart als Entscheidung* versteht (Luhmann, 1997, p. 1009 f.). Im zweiten Falle handelt es sich um einen Versuch, die selektiv gezeichnete Vergangenheit mit einer selektiv projektierten Zukunft zu verbinden: die Vergangenheit entwirft Alternativen, die nur deshalb in eine unbekannte Zukunft führen, weil noch nicht entschieden wurde. In beiden Fällen werden die Probleme der Gegenwart in der Zukunft deponiert (Luhmann, 1997, p. 1007). Dabei illustriert insbesondere Postmans Diagnose, dass auch die Darstellung vermeintlich unlösbarer Probleme ohne die Hintertür dieser offenen Zukunft nicht auszukommen scheint.

Retrospektiver Realismus einerseits und die unterschiedlichen Zugriffe auf die Zukunft andererseits stehen damit im Einklang mit der im ersten Teil beschriebenen modernen europäischen Zeitsemantik, die sich die Gegenwart nur als *Differenz von Vergangenheit und Zukunft* vorstellen kann. Man erfährt in den hier besprochenen Zeitdiagnosen viel über die inaktuelle Vergangenheit und die mögliche Zukunft – die Gegenwart wird in diesem Modell zum *blinden Fleck* (Luhmann, 1997, p. 1008), der nur die Nichtübereinstimmung von Vergangenheit und Zukunft bezeichnet. Aus der altertümlichen Vorstellung, welcher zufolge die Gegenwart durch die räumliche Gegenwärtigkeit von Objekten als Dauer sichergestellt werden konnte (Luhmann, 1980a, p. 262), wird in der modernen, und so auch zeitdiagnostischen Fassung, die Vorstellung der *Gegenwart als Neuheit*. Mit allen hier besprochenen Topoi der Zeitdimension kann über die Gegenwart gesprochen werden, ohne sie zu benennen. Hier hat man die freie Wahl: die Gegenwart ist entweder nicht mehr die Vergangenheit oder bereitet das vor, was demnächst zu erwarten ist. Manchmal ist sie auch beides, wie das Beispiel Beck zeigt. Es reicht mit anderen Worten aus, für die Gegenwart Neuheit zu behaupten, wenn sie denn schon keinen Zeitraum, sondern nur eine Differenz bezeichnen kann. Vor diesem Hintergrund sind Zeitdiagnosen gerade *keine* Beschreibungen der Besonderheiten der Gegenwartsgesellschaft.

Fasst man Gegenwart im oben erläuterten Sinne als Neuheit, ergeben sich unterschiedliche Nebenfolgen. Ich will hier zwei Ebenen von Nebenfolgen unterscheiden. Erstens diejenige, die Auswirkungen auf die zeitdiagnostischen Phasenmodelle hat. Hier sind die drei Topoi der Zeitdimension zunächst insofern funktional äquivalent, als sie die Gegenwart zum *Ort des Strukturwandels* machen. Die Gegenwart trennt Phasen, ohne selbst eine zu sein. Sozialer Wandel kann als Ereignis dargestellt werden, was mithin die Paradoxie verdeckt, dass die Gegenwart gleichzeitig Phase und Nicht-Phase ist. Dies ist insofern von Relevanz, als die Thematisierung von Gegenwart in dieser Form den Blick auf phasenübergreifende Strukturen verschleiert. Hierbei ist daran zu erinnern, dass nur historische Mehrphasenmodelle, also Theorien, die zumindest drei Phasen und zwei Brüche gesellschaftlicher Entwicklung kennen, prinzipiell imstande sind, historische Prozesse zu beschreiben. Nur wenn es zumindest zwei Brüche gibt, kann nach Zusammenhängen zwischen den Brüchen gesucht werden (Luhmann, 1985, p. 11). Tatsächlich sind die hier analysierten Zeitdiagnosen stets Mehrphasenmodelle, allerdings *ohne* Zusammenhänge zwischen den beschriebenen Brüchen zu thematisieren. Die Gegenwart als Ereignis unterscheidet in Zeitdiagnosen eher mehrere Vergangenheiten von einer sich abzeichnenden Zukunft. Das heißt aber, dass die in der Vergangenheit liegenden Phasen nur insofern interessant sind, als sie sich von der Zukunft unterscheiden. Aus einem Mehrphasenmodell wird dann ein Umbruchsmodell mit zwei Phasen – Vergangenhei*ten* vs. Zukunft – und einem sie trennenden Ereignis. Die Nebenfolge für die Struktur von Phasenmodellen ist also, dass man für die Beschreibung der Gegenwart als Ort des Strukturwandels im Grunde kein Mehrphasenmodell braucht und dementsprechend mit dem Problem der überschüssigen Phase umgehen muss.

Das kann man sich daran klarmachen, wie sich in den hier analysierten Zeitdiagnosen die unterschiedenen Phasen zueinander verhalten. Wie bereits angedeutet, gibt es hierbei die Vorstellung einer Vor-Vergangenheit oder Phase 1 (ständische Gesellschaft, orale Kultur, traditioneller Charaktertypus, vorindustrielle Gesellschaft usw.), eine unmittelbare Vergangenheit oder Phase 2 (erste Moderne, innengeleiteter Charakter, Schriftkultur, Industriegesellschaft usw.) und eine Phase 3, die die eigentliche Zeitdiagnose bildet. Der für Zeitdiagnosen interessante Bruch ist nun der zwischen Phase 2 und 3 – hier ist der Ort der Strukturänderung. Im Vergleich dazu bleiben aber die Brüche zwischen Phase 1 und 2 in der Regel unterbelichtet. Sie werden bisweilen zwar formuliert, allerdings nicht um sie mit dem aktuellen Bruch zu vergleichen. Vielmehr dient die Formulierung einer vor-vergangenen Phase der klareren Trennung von Phase 2 und 3. Die Phase 3 sei dann, wenn überhaupt mit älteren Formen vergleichbar, am ehesten eine neue Art der Phase 1.

Die zweite Moderne breche, so Beck, zwar mit allen Strukturen der ersten, sei aber ein »modernes Mittelalter der Gefahren« (Beck, 1986, p. 8). Die neuen risikogesellschaftlichen Konflikte seinen zwar sicher keine Klassenkonflikte mehr, ähnelten aber altertümlichen Glaubenskonflikten (Beck, 1986, p. 53). Riesmans fremdgeleitete Charaktere sind keine Puritaner, aber in ihrer Sucht nach Gemeinschaft und in ihrer Unfähigkeit alleine zu sein, ähnelten sie noch am ehesten den traditionellen Menschen (Riesman, 1953, p. 41). Sennetts flexibler Kapitalismus breche zwar mit seiner sozialstaatlich pazifizierten Vergangenheit, ähnle aber, wenn überhaupt irgendeiner Vorform, am ehestem dem ungezügelten Hasardeur- Kapitalismus des 19. Jahrhunderts (Sennett, 1998, p. 23). Variationen dieses Themas finden sich auch in Zeitdiagnosen, die im Zuge dieser Arbeit nicht gesondert analysiert wurden. So ist beispielsweise Dirk Baecker (2007, p. 9) zufolge die durch Computer und informale Netzwerke gekennzeichnete »Nächste Gesellschaft« am ehesten als eine neue Form der Oralität beschreibbar.

Dass die gegenwärtige Zukunft eine neue Form der Vor-Vergangenheit ist, findet sich freilich nicht durchgängig als Argument in Zeitdiagnosen. Wichtig ist lediglich, dass die Darstellung der Gegenwart als Nichtübereinstimmung von Vergangenheit und Zukunft die generelle Nebenfolge hat, für Mehrphasenmodelle und somit auch für Prozesstheorien keinen Gebrauch mehr zu haben. Das ändert die Funktion der Mehrphasenmodelle. Nicht die Vergleichbarkeit zwischen Brüchen steht im Vordergrund, sondern die Trennung der letzten beiden Phasen gesellschaftlicher Entwicklung. Das Motto lautet dann: die Gegenwart kann einem Altertum ähnln, aber unter keinen Umständen der *unmittelbaren* Vergangenheit! Es stellt sich somit die Frage, wieso in Zeitdiagnosen überhaupt Mehrphasenmodelle verwendet werden, wenn zwei Phasen und ein Bruch im Grunde ausreichen, um das Neue an der Gegenwart darzustellen. Tatsächlich ließen sich die hier analysierten Zeitdiagnosen durchaus als Zweiphasentheorien mit einem Bruch lesen: die Gesellschaft vor und nach globalen

Gefährdungslagen, die Welt vor und nach der Veränderung der Bevölkerungskurve, die Welt vor und nach neuen Medien etc.

In der Zeitdiagnose von Daniel Bell wird am deutlichsten sichtbar, dass kompliziertere Mehrphasenmodelle bestimmte argumentativen Vorteile gegenüber einfachen *Big-Bang*-Theorien mit bloß zwei Phasen und einem Bruch haben. Seinem Modell zufolge liege die Vergleichbarkeit der zwei Brüche (industrielle Revolution und Übergang zur postindustriellen Gesellschaft) in der Unvergleichbarkeit mit der jeweils vorhergehenden Phase. Die neue Gesellschaft entstand und entsteht heute wieder außerhalb der Strukturen der alten (Bell, 1973, p. 378). Der Vergleich zwischen den Brüchen ist also gerade nicht an der Formulierung eines historischen Prozesses interessiert. Der gegenwärtige Bruch braucht in diesem Sinne den ersten nur zum Zwecke des *Vergleichs unter Radikalitätsgesichtspunkten*. Die gegenwärtige Diskontinuität wird erst dadurch zur Epochenschwelle historischen Ausmaßes: mit dem ersten Bruch zwar inhaltlich unvergleichbar, aber genauso weitreichend. Dieses Verfahren funktioniert im Übrigen nur dann, wenn der erste Bruch als bekannt vorausgesetzt werden kann. Die industrielle Revolution, der Aufstieg der bürgerlichen Gesellschaft, die Entstehung der Schriftkultur oder die protestantische Ethik gehören zum Standardrepertoire der Soziologie. Der Vergleich unter Radikalitätsgesichtspunkten ist also vor allem dann effektiv, wenn solche als bekannt voraussetzbaren Brüche als Vorlage für den gegenwärtigen Epochenbruch dienen. Der Übergang zur Risikogesellschaft oder zur postindustriellen Gesellschaft sei vergleichbar mit dem Übergang von Agrar- zu Industriegesellschaft; das Aufkommen von Fremdgeleitetheit sei vergleichbar mit dem Aufkommen von Zweckrationalität, der Fernseher transformiere die Gesellschaft genauso, wie es einst die Erfindung der Schrift tat.

Auf der zweiten Ebene können nun die Nebenfolgen der einzelnen Topoi gesondert behandelt werden. Die Nebenfolge des Retrospektiven Realismus wurde bereits eingehend besprochen. Die Formulierung eines empirisch beobachtbaren Wechsels verunmöglicht die Verwendung von Idealtypen, was dazu führt, dass die typisierte Vergangenheit zu einer Karikatur ihrer selbst wird. Den Autoren kann die Stilisierung vergangener Gegenwarten als historisch unzutreffend vorgeworfen werden. Ein wesentlicher Vorteil des Retrospektiven Realismus ist nun neben der Möglichkeit, historische Phasen klar zu trennen auch darin zu sehen, dass damit Versöhnungsangebote für Dogmatiker bereitgestellt werden. Wer krude an Marx, Weber oder Schelsky festhält, dem wird mit einer Zeitdiagnose suggeriert, dass er damit im Grunde Recht hatte, aber eben nur bis vor kurzem. Das Dogma als solches bleibt unverändert, nur bringt man es mit der Zeitdiagnose auf den neuesten Stand. Retrospektiver Realismus lässt alte Theorien respektvoll unangetastet und genau darin unterscheiden sich Zeitdiagnosen, wie noch zu zeigen sein wird, am deutlichsten von Gesellschaftstheorien.

Wer sich auf Retrospektiven Realismus nicht zur Gänze verlassen will, dem bleibt als Alternative das *social forecasting*. Dann verlagert man sein Interesse von der Unterscheidung zwischen gegenwärtiger Vergangenheit und gegenwärtiger Gegenwart auf die Unterscheidung von gegenwärtiger Gegenwart und gegenwärtiger Zukunft. Gerade eben stünden Entscheidungen an, die demnächst in die eigentlich neue Gesellschaft führen werden oder ihre schlimmsten Auswirkungen verhindern könnten. Die Nebenfolge hier ist, dass unbekannt bleiben muss, wie in Zukunft anhand von Folgen solcher Entscheidungen entschieden werden wird (Luhmann, 1997, p. 1010). Prognosefähigkeit kann nur gewährleistet werden, wenn nach dem Schema von Ursache und Wirkung von Nebenfolgen (und Nebenursachen) gegenwärtiger Entscheidungen abgesehen wird. Die Vorstellung, sozialer Wandel vollziehe sich nach dem Schema Ursache (Gegenwart) und Wirkung (gewollte Zukunft) überzeugt nur, solange man sich nicht die Frage stellt, was denn geschieht, wenn die Wirkung eingetroffen ist und selbst zur Ursache wird[34]. Dies trifft im Übrigen insbesondere für Zeitdiagnosen zu, die in Form von Folgenabschätzungen auf die gegenwärtige Zukunft zugreifen. In der riesmanschen Darstellung sollte Arbeit mechanisiert werden, um Überpersonalisierungen vorzubeugen. Dies hätte zwar Arbeitslosigkeit zur Folge, könnte aber durch Arbeitsbrigaden aufgefangen werden. Ob nun als Folge dessen die Politik als Beschäftigungstherapeutin nicht noch wichtiger werden würde, als es Riesman ohnehin schon bedauert, ist eine Frage, die die Kapazitätsgrenzen der Theorie sprengt und sich genau deshalb aufdrängt.

Für all diese Argumentationsmuster gilt nun gleichermaßen, dass sie *als Topoi* und das heißt *als Möglichkeiten mit Alternativen* latent bleiben. Dies schließt schon der gemeinsame Bezugspunkt aus. Die Gegenwart als Ort der Strukturänderung zu beschreiben setzt voraus,

---

34 | Zur Vorstellung von Ursache und Wirkung als Schema der Komplexitätsreduktion in sozialen Systemen siehe Luhmann (1999b, p. 266 ff.).

dass man es hier mit Neuheiten zu tun hat, die bereits zur Verfügung stehende Informationen über sozialen Wandel nur noch als Nicht-Information benützen können. Nur das Neue interessiert am Neuen und nicht beispielsweise neue Lesarten des Alten (Luhmann, 1997, p. 1002). Die angewandten Topoi der Zeitdimension bleiben latent, weil sich schon der Vergleich mit anderen Beschreibungen verbietet, es sei denn als Beschreibung anderer Theorien als überholt oder, diagnoseintern, als Bezeichnung des früheren Zustandes als vergangen oder gerade eben vergehend.

Selbstredend kommen die Topoi der Zeitdimension in den hier analysierten Zeitdiagnosen stets in Kombinationen vor und es würde eine eigene Untersuchung lohnen, etwaige *Kombinationsschranken* solcher Topoi zu untersuchen. Dies würde jedoch hier zu weit führen. Stattdessen will ich mich im Folgenden der dritten Sinndimension der Beschreibung sozialen Wandels widmen: der Sozialdimension. Die Heuristik bleibt auch hier dieselbe wie bei den beiden bereits besprochenen Sinndimensionen: welche Topoi kommen vor, in welcher Weise und vor welchem Argumentationsgesichtspunkt erscheinen sie als austauschbar und inwiefern produzieren sie unterschiedliche Nebenfolgen?

6.4 DIE SOZIALDIMENSION SOZIALEN WANDELS

Ich habe in den zwei vorigen Kapitel dargestellt, dass in der Sach- und Zeitdimension die zeitdiagnostischen Topoi über gemeinsame Bezugspunkte verfügen, vor deren Hintergrund Alternativen der Argumentation äquivalent erscheinen. In der Sachdimension hat sich gezeigt, dass es viele argumentative Alternativen gibt, um aus bereichsspezifischen Veränderungen Makrotransformationen zu konstruieren. In der Zeitdimension war die Variabilität der angewandten Topoi zwar etwas geringer als in der Sachdimension, doch auch hier konnten unterschiedliche Argumentationslinien auf denselben Bezugspunkt zurückgeführt werden. Ob nun Retrospektiver Realismus oder zeitlich unbestimmte Prognose: in beiden Fällen wird die Gegenwart zum Ort des gesamtgesellschaftlichen Strukturwechsels, jedoch ohne genau angeben zu müssen, wie weit diese gegenwärtige Gegenwart zeitlich nach vorne oder nach hinten reicht. In der alten Gesellschaft ist man nicht mehr, die neue deutet sich erst an. Die Veränderung ist also groß, geschieht »gerade eben«, bricht mit allem Alten, eröffnet neue Möglichkeiten und Gefahren – sozialer Wandel wird zur Nachricht mit *Neuigkeitswert*.

Nun beobachten Zeitdiagnosen, wie andere soziologische Theorien auch, die Gesellschaft und ihre Transformation nicht nur als Objekte. Vielmehr inkorporieren sie in ihren Analysen die Vorstellung, dass es in der Gesellschaft, die sie beobachten, andere Beobachter gibt, die die Transformationen anders beobachten als sie selbst. Diese Idee wird in der luhmannschen Systemtheorie als Ausdifferenzierung einer eigenständigen *Sozialdimension* beschrieben (Luhmann, 2004, p. 241 ff.)[35]. Ideengeschichtlich gesprochen kommt es im Zuge gesellschaftlicher Evolution erst dann zu einer ausdifferenzierten Sozialdimension des Sinns, wenn es nicht mehr möglich ist, andere Personen bloß als Dinge zu beobachten, sondern damit begonnen wird, sich andere Beobachter als *alter ego* vorzustellen. Wichtig ist in diesem Kontext aber vornehmlich, dass es ab einem bestimmten historischen Punkt möglich wird, *allen* Sinn danach zu befragen, ob ihn andere genauso erleben wie man selbst und welche Gründe es für etwaige Abweichungen zwischen meiner Sicht und der Sicht des/der Anderen gibt (Luhmann, 1984, p. 119).

Für Zeitdiagnosen bedeutet das, dass die Gesellschaft dort nicht nur als Objekt (Thema) vorkommt, sondern auch als Produzentin von Selbstbeschreibungen, welche mit den Analysen der Zeitdiagnose zunächst nicht in Einklang stehen müssen. Etwas radikaler ausgedrückt, wird die Frage nach Auffassungsunterschieden dann relevant, wenn besonders oft mit Dissens zu rechnen ist, man also davon ausgehen kann, dass meine Perspektive in der Regel nicht die der/des Anderen ist (Luhmann, 1984, p. 121). Genau dieses Phänomen lässt sich wiederum anhand zeitdiagnostischer Argumentation nachzeichnen. Sie beschreiben eine Gesellschaft, die sich selbst anders beschreibt, wofür mit den Mitteln der Zeitdiagnosen selbst Gründe angeführt werden müssen. Die Zeitdiagnosen verfügen also in der Regel über Theorien, die erklären, weshalb man ihren Analysen nicht glaubt, weshalb der Epochenbruch von anderen Beobachtern nicht wahrgenommen wird.

Im Grunde handelt es sich hier um eine Variante der Erklärung von Auffassungsunterschieden. Die Ausdifferenzierung der Sozialdimension ermöglicht zunächst die Zurechnung von Beobachtungsdifferenzen auf Personen (Luhmann, 1984, p. 125) und die ihnen zugeschrie-

---

35 | Siehe auch z. B. Luhmann (1981c) und Luhmann (1984, p. 119 ff.).

benen Handlungsmotive (Luhmann, 2004, p. 243 f.). Schematismen dieser Art gibt es vice versa auch für die anderen beiden Sinndimensionen: das Dingschema in der Sachdimension und das vorher/nachher Schema in der Zeitdimension. Wie im Falle der Zeitdimension, scheint auch für den Bereich der Sozialdimension sozialen Wandels die Reichhaltigkeit der zeitdiagnostischen Topoi durch Schematismen dieser Art begrenzt zu sein. Allerdings ist es bei zeitdiagnostischer Argumentation weniger die Zuschreibung von Motiven, die die Handhabung von Sinn erleichtert, als vielmehr eine abstraktere Ebene der Erklärung von Auffassungsunterschieden, die man am ehesten als *Latenzbereich* sozialen Wandels bezeichnen könnte. Gemeint ist damit, dass die hier untersuchten Zeitdiagnosen recht einhellig unterstellen, dass die von ihnen behaupteten epochalen Makrotransformationen für andere Beobachter unsichtbar bleiben – der Wandel ist gesellschaftsweit und gegenwärtig, aber eben latent.

Auch hier gilt, dass im Sinne der oben vorgeschlagenen funktionalen Genreanalyse nicht nach Wesenseigenschaften gesucht werden soll, sondern nach funktionalen Äquivalenten. Selbstredend muss auf Ähnlichkeiten auch hier hingewiesen werden, allerdings nicht um den Preis, die Variabilität der Argumentation unter den Tisch fallen zu lassen. Schließlich ist die Annahme von Latenzbereichen sozialen Wandels lediglich der gemeinsame Hintergrund, vor dem die konkreten Argumente ausformuliert werden. Im Folgenden soll es demnach darum gehen, welche Alternativen zur Verfügung stehen, wenn die Latenz von gesellschaftsweiten Epochenbrüchen erklärt werden soll. Hierbei scheint es im Groben zwei Alternativen zu geben. Die eine besteht darin zu behaupten, dass für die Gesellschaft epochale Veränderungen latent bleiben müssen, weil diese mit veralteten Begriffen traktiert werden. Das *Beobachtungsschema der Beobachter* ist unzeitgemäß oder passt aus anderen Gründen nicht zur neuen Gesellschaftsstruktur. Alternativ dazu kann die Unsichtbarkeit *dem Objekt selbst* zugeschrieben werden. Dieser Argumentation zufolge sind die Makrotransformationen so alltäglich geworden, dass sie als solche gar nicht auffallen. Ich will im Folgenden anhand der bekannten Beispiele diese beiden Alternativen im Detail vorstellen.

6.4.1 Latenz als Folge falscher Begriffe

Ulrich Becks Zeitdiagnose ist vielleicht das beste Beispiel dafür, wie die Latenz der epochalen Transformation durch die Unzulänglichkeit alter Begriffe erklärt wird. Die Grundthese ist, dass die Risikogesellschaft nicht durch einen lauten Knall entsteht, sondern dadurch dass sich die Industriegesellschaft »*auf den leisen Sohlen der Normalität, über die Hintertreppe der Nebenfolgen von der Bühne der Weltgeschichte verabschiedet*« (Beck, 1986, p. 15, kursiv im Original). Wie kann es aber sein, so könnte man fragen, dass die epochalen Veränderungen, die ja mit allem Alten brechen (s.o.), auf leisen Sohlen daherkommen?

Becks Antwort ist, dass der epochale Bruch von denjenigen, die für dessen Beschreibung eigentlich zuständig wären, gar nicht wahrgenommen werden kann, wenn sie versuchen, die Konturen der neuen Gesellschaft mit Begriffen aus dem 19. Jahrhundert zu analysieren. Genau das mache die gegenwärtige Soziologie aber, wenn sie die Moderne per Definition als industriellen Kapitalismus fasse. Es gäbe für Soziologen, die die Risikogesellschaft nicht kennen, folglich nur veraltete Analyseschemata wie Familie, Beruf, Betrieb, Klasse, Lohnarbeit, Wissenschaft und dergleichen (Beck, 1986, p. 16). Alles was sich damit nicht analysieren lässt, falle für traditionelle Soziologen eben nicht unter die Rubrik »Moderne«. Genau das sei der Kardinalfehler der Soziologie, die mit einer solchen begrifflichen Engführung nicht sehen könne, dass sich die Moderne in sich selbst gegen sich selbst wendet, ohne dabei antimodern zu sein – vielmehr komme sie zu sich selbst und breche mit ständischen Halbierungen, wie oben bereits ausführlich dargestellt.

Die Quintessenz des Ansatzes ist es folglich, dass *neue Phänomene neue Begriffe brauchen*. Mit den alten Begriffen werde man immer nur Altes sehen und genau das passiere gegenwärtig in der Soziologie. Man müsse demgegenüber »das uns überrollende Neue neu denken« (Beck, 1986, p. 16). Bemerkenswert ist hierbei, dass bei Beck Sozial- und Sachdimension auf eine eigentümliche Weise gekoppelt werden. Die Behandlung des Neuen in Begriffen des Alten scheint nicht nur blind zu machen, sondern das Neue wuchern zu lassen. Ein Beispiel wäre die Beck zufolge technik- und naturzentrierte Risikokalkulation, die die politischen und kulturellen Auswirkungen von Umweltbelastung nicht zu fassen imstande sei. Die Folge eines begrifflich verkürzten Risikokonzepts sei nun, dass die Risiken sich qua Nichtbeachtung verschlimmerten: »die Unbedenklichkeiten summieren sich bedenk-

6.4. Die Sozialdimension sozialen Wandels

lich« (Beck, 1986, p. 34 f.). Das Denken in alten Kategorien, z. B. nach althergebrachten Standards der Wissenschaftlichkeit, potenziere demnach Risiken (Beck, 1986, p. 82). Es ist die oben bereits besprochene »Wissensabhängigkeit« von Risiken welche dieses Phänomen akut werden lasse, denn, so der Umkehrschluss, die alten, sichtbaren Risiken produzierten schlicht ob ihrer Dramatik die passenden Begriffe für ihre Beschreibung. Neue Begriffe für neue Phänomene zu finden ist in einer Gesellschaft, in der das Bewusstsein das Sein bestimmt, wichtiger als in der Vergangenheit, wo das Gegenteil der Fall war (Beck, 1986, p. 31). Solange jedoch neue Modernisierungsrisiken mit industriegesellschaftlichen Konzepten traktiert werden, vollzieht sich der Wandel hin zur Risikogesellschaft als *stille Revolution* (Beck, 1986, p. 105)[36].

Der soziologische Klassenbegriff ist ein anderes Beispiel für eine solche stille Revolution. Die Soziologie hat ihn aus einer industriegesellschaftlichen Vergangenheit, die mit der Struktur der heutigen Gesellschaft nichts gemein hat (Beck, 1986, p. 140). Durch diesen Begriffskonservativismus versperre man sich die Sicht auf eine neue individualisierte Realität. Selbiges gilt für Becks Vorstellung, wonach sich die eigentlich wichtigen Veränderungen in Bereichen abspielen, die in der alten Begrifflichkeit unpolitisch und somit soziologisch uninteressant seien. Das Subpolitische ist der zentrale Veränderungsmotor, wird aber gleichwohl von all denen ignoriert, die in strengen Kategorien wie Technik und Politik denken (Beck, 1986, p. 304). Auch hier kommt es also zu einer »*Revolution im Gewande der Normalität*« (Beck, 1986, p. 305, kursiv im Original).

Gleichwohl kann sich Beck vorstellen, dass all diese unsichtbaren Transformationen zu einem gewissen Zeitpunkt ihre Latenz verlieren und damit eine »beispiellose politische Dynamik« in Gang setzen (Beck, 1986, p. 103). Dass sich Beck eine solche Manifestation des Latenten vorstellen kann liegt nun daran, dass er nicht der Gesamtgesellschaft die Verwendung veralteter Begriffe vorhält, sondern nur Teilen. Soziologie und Technikfolgenabschätzung versagen zwar, nicht aber die Auffassungsgabe derjenigen, die sich durch die neuen Modernisierungsrisiken direkt bedroht fühlen müssen. Wie im Kapitel über die Sachdimension bereits angedeutet, *asymmetrisiert* Beck gesellschaftliche Selbstbeobachtungsschemata nach dem Kriterium der

---

36 | Der Begriff *silent revolution* stammt bezeichnenderweise von Inglehart (1977), der für seine Analyse der »postmodernen Politik« im Grunde dieselbe Argumentationslinie verfolgt: ein unsichtbarer Epochenbruch, der dort aber auf nur ein Funktionssystem bezogen wird.

Nähe zu den realen Problemen. In diesem Sinne gibt es dann einerseits Protestbewegungen, besorgte Eltern, die die Sache selbst in die Hand nehmen und bis zu einem gewissen Grad auch die Massenmedien, die sich alle in Fortschrittskritik üben und andererseits die (Sozial-)Wissenschaft, die entweder »selbstgenügsam und borniert in Fortschrittsgläubigkeit befangen« ist (Beck, 1986, p. 77) oder aber die Moderne mithilfe alter Konzepte (wie Klasse) kritisiert. Hier stehen also nicht zwei Beobachtungen gleichberechtigt neben einander, sondern können danach unterschieden werden, inwiefern ihre Konzepte zu den neuen Gesellschaftsstrukturen passen. Es handelt sich demnach um eine sachliche Asymmetrisierung von Beobachtungen eines alter ego. Gewisse Teile des gesellschaftlichen Ganzen haben eine *privilegierte* Sicht auf das Ganze.

Hinzu kommt, dass Beck die Selbstbeschreibungen von Gesellschaft auch *zeitlich asymmetrisiert*. Das bedeutet, dass zwar in der Risikogesellschaft die alten Begriffe nicht mehr greifen, davor aber durchaus eine angemessene Beschreibung der Sachlage waren. In der Sozialdimension wiederholt sich also das, was oben als Retrospektiver Realismus behandelt wurde. Die alten Kategorien sind nur in der gegenwärtigen Gegenwart falsch. So habe Marx durchaus recht gehabt mit dem Solidarisierungseffekt von Armut, aber eben nur bis zur Überwindung des Massenelends durch den sozialstaatlich induzierten Fahrstuhleffekt (Beck, 1986, p. 132 f.). Die webersche Trennung sozialer Kreise war eine angemessene Beobachtungskategorie der Soziologie, aber eben nur bis in die 1950er Jahre (Beck, 1986, p. 137). Das falsche Bewusstsein der Soziologen ist somit ein *neues* Phänomen – die Gesellschaft konnte sich also früher selbst in einer Weise verstehen, die ihren tatsächlichen Strukturen entsprach. Heute finden die eigentlich verantwortlichen Beobachter keine richtigen Worte mehr, denn die Strukturen laufen ihnen davon. Dieselben Kategorien sind richtige oder falsche Beschreibungen der Realität, je nachdem in welcher Phase, vor allem aber von wem sie angefertigt werden.

Becks Umgang mit der Sozialdimension sozialen Wandels hat die Besonderheit, dass die Asymmetrisierung von Beobachtungen die Grundlage gesellschaftsinterner *Konflikte* bildet. Die Angemessenheit der Beobachtungsschemata neuer sozialer Bewegungen rückt diese nicht nur näher an die Realität, sondern lässt auch eine neue Konfliktlinie entstehen. Es geht dann nicht mehr um Forderungen nach mehr Umverteilung oder der Repräsentation bislang unberücksichtigter Partikularinteressen, sondern um die Akzeptanz einer neuen

Sozialstruktur. In diesem Konflikt zwischen Protestbewegungen und fortschrittsgläubigen Technokraten stehen sich nicht bloß »neue« *pressure groups* gegenüber (wie beispielsweise bei Bell oder Riesman), sondern zwei Lager, von denen das eine unbelehrbar am Alten festhält, während das andere die Zeichen der Zeit erkannt hat. In diesem Sinne ist dieser Konflikt im Grunde ein Scheinkonflikt. Als Vorhut der sich abzeichnenden Risikogesellschaft haben neue soziale Bewegungen eigentlich kaum eine andere Wahl, als den Konflikt für sich zu entscheiden. Die Alternative scheint in Atomkrieg zu münden. Becks Beschreibung geht also weit über eine bloße Umbesetzung alter Konflikte durch neue Trägergruppen hinaus. Das wird im Vergleich zu Riesman und Bell besonders deutlich, deren Diagnosen zum Teil ebenfalls Konflikttheorien sind. Vorerst reicht es aber zu klären, wie die anderen hier besprochenen Autoren gesellschaftsinterne Beobachter beobachten.

Den Übergang zu einer neuen Gesellschaftsstruktur kann man nur erkennen, wenn man mit alten Begriffen bricht und neue einführt. Solange das nicht geschieht, sieht man den Wandel nicht, sondern operiert mit »Zombie-Begriffen«, um das becksche Diktum zu bemühen. Daniel Bell bringt diese Argumentationsform auf den Punkt, wenn er meint:

> »Unhappy is a society that has run out of words to describe what is going on.« (Bell, 1973, p. 294)

Wie auch bei Beck sind es Ideologien, die eine zeitgemäße Sicht auf die neue Gesellschaft versperren. Anders als Beck wirft Bell die altertümliche Sicht auf neue Phänomene aber nicht nur Soziologen und Technokraten vor, sondern genereller all denjenigen wissenschaftlichen Disziplinen, die soziale Strukturen beschreiben. Da wäre zum einen die Betriebswirtschaftslehre und ihre Vorstellung vom privaten Besitz an Unternehmen, welche ob der staatlichen Eingriffe in die Wirtschaft und des Streubesitzes von Aktien an Realitätsnähe einbüßt (Bell, 1973, p. 293 ff.). Es sind die Manager und Planer, die die Unternehmen führen und nicht mehr die eigentlichen Besitzer. Zum anderen entsprechen die Grundsätze der politischen Philosophie nicht mehr den neuen sozialen Strukturen. Die von Locke inspirierte Vorstellung der politischen Gemeinschaft als aggregierter Nutzen der Individuen entspricht nicht mehr einer Gesellschaft, die auf soziale Entscheidungen und das Beachten von Externalitäten persönlicher Entscheidungen angewiesen ist (Bell, 1973, p. 303 ff.). Interessant ist Bells Lösungsvorschlag. Man sollte nicht die alte Ideologie durch komplizierte Berechnung einer sozialen Wohlfahrtsfunktion zu retten versuchen, um zu rationalen Entscheidungen zu kommen. Vielmehr sollte man sich darauf einstellen, dass es die Politik sein wird, die soziale Prioritäten pragmatisch, um nicht zu sagen, opportunistisch setzt (Bell, 1973, p. 306 f.). Politische Entscheidungen nützen dann bestimmten Gruppen und schaden anderen – auf rationalem Wege ist keine Entscheidung zu finden, die den Nutzen aller steigert. Die Politik fungiert dabei aber nicht, wie früher gedacht, als Broker zwischen Interessensgruppen, sondern eher als zentralisierte Exekutive. Um das einzusehen, muss man sich von alten Vorstellungen lösen und zu verhindern versuchen, dass die Politik zu mächtig wird. Die neue starke Exekutive braucht neue Kontrollmechanismen (Bell, 1973, p. 312).

Es ist nun nicht nur die fehlende Adäquatheit der politischen Philosophie, sondern auch die fehlende Adäquatheit der politischen Strukturen, die Bell kritisiert. Eine Politik, die zum ersten Mal in ihrer Geschichte nationale Angelegenheiten antizipierend steuern muss, kann das nicht mit einer Verwaltung tun, deren Grundlagen wie in den USA über 200 Jahre alt sind (Bell, 1973, p. 320). Die Größe der Bundesstaaten entspricht der administrativen Kapazität des 18. und 19. Jahrhunderts – die meisten von ihnen sind zu klein, während die administrativen Grenzen der Städte viel zu eng gezogen sind. Um sich von solchen Atavismen zu lösen, braucht man eine ganz neue Verwaltungsstruktur, die den neuen technischen und politischen Kapazitäten angepasst ist: eine Doppelstruktur aus Zentralstaat und metropolitanischen Großregionen (Bell, 1973, p. 321). Die Liste ließe sich fortführen. So sei das hierarchische Organisationsmodell, das Bell mit Max Weber assoziiert, nicht kompatibel mit weiten Teilen des neuen Dienstleistungssektors, vor allem dem wissensbasierten Technologiebereich. Statt strenger hierarchischer Befehlsketten bräuchte man hier flexiblere Modelle der Organisation (Bell, 1973, p. 324). All das geschehe zurzeit noch nicht und anstatt konzeptionell völlig neue Wege zu gehen, versuchte man sich in Kleinstreformen oder orientiert sich schlichtweg noch immer an den alten Modellen.

Bemerkenswert ist, dass auch bei Bell diejenige Argumentationsform zum tragen kommt, die schon bei Beck beobachtet werden konnte und am ehesten mit zeitlicher Asymmetrisierung zu umschreiben ist. Auch Bell kann sich vorstellen, dass die heute unzeitgemäßen Begriffe früher einmal den gesellschaftlichen Strukturen entsprochen haben. Früher entsprach Webers Idealtyp der Bürokratie den realen

Verhältnissen (Bell, 1973, p. 324), früher war die administrative Struktur an die Verhältnisse einer vorwiegend lokal organisierten Gesellschaft angepasst, die alten Formen der Betriebsführung spiegelten die Strukturen des unternehmerischen Kapitalismus alter Prägung wider (Bell, 1973, p. 293). Solche Analysen sind bei Bell aber nicht ad hoc formuliert. Vielmehr ist er mit seiner Theorie imstande, zu behaupten, dass es in der postindustriellen Gesellschaft ein *generelles* Weniger an Übereinstimmung zwischen Sozialstruktur und Kultur gäbe. Die Latenz der neuen Strukturen ist also nicht bloß auf veraltete Begriffe zurückzuführen, sondern auch darauf, dass gesellschaftsinterne Beobachtungen der Gesellschaft immer weniger den Strukturen folgen. War die bürgerliche Gesellschaft des 19. Jahrhunderts ein integriertes Ganzes, in welchem Kultur, Charakterstruktur und Wirtschaft mehr oder minder durch ein kapitalistisches Wertesystem zusammengehalten wurden, so klaffen heute technokratische Planung und hedonistische Kultur auseinander (Bell, 1973, p. 477 ff.).

Es handelt sich hier auf den ersten Blick um ein inhaltlich anderes Argument als im Falle der veralteten Begriffe. Die hedonistische Elite traktiere die Gesellschaft nicht mit alten Begriffen, sondern lehne sich zur Gänze gegen die technokratisch-rationale Gesellschaft auf. Anstatt der neuen Gesellschaft zu einem passenden Überbau zu verhelfen, begnügt sie sich mit »radikalem Autismus« (Bell, 1973, p. 480). Die Ursachen sieht Bell vor allem im Erfolg des Kapitalismus selbst. Einerseits ermöglicht Massenproduktion automatischen Wohlstand auch ohne protestantische Ethik. Andererseits sorgt die Bildungsexpansion dafür, dass die neue intellektuelle Klasse an Universitäten beschäftigt werde und sich dadurch wirtschaftlich unabhängig machen könne. Die anti-institutionelle Kultur kann sich gesellschaftsweit ausbreiten, weil Kritiker in großer Zahl dafür bezahlt werden, zu kritisieren ohne daneben einem Brotberuf nachgehen zu müssen. Die postindustrielle Gesellschaft habe aus strukturellen Gründen *noch* keinen eigenen Überbau.

Bells Theorie legt es somit nicht nahe, dass die intensive Beschäftigung mit seiner Postindustrialismusthese der Gesellschaft zu den strukturell passenden Selbstbeschreibungen verhelfen könnte. Die strukturelle Erklärung der Latenz postindustrieller Transformationen würde es demgegenüber viel eher nahelegen, dass auch Bells eigene Diagnose von antinomischen Eliten abgelehnt werden würde. Latenzen, die sich aus den neuen Strukturen selbst ergeben, sind in diesem Sinne weitreichender als die Unterstellung konservativer begrifflicher

Ignoranz. Anders als bei Beck lässt sich mit Argumentationen dieser Art nämlich überdies erklären, *wieso* das Bewusstsein von den neuen Strukturen falsch ist. Im Folgenden gilt es daher nachzuzeichnen, wie in anderen Zeitdiagnosen die Latenz der neuen Gesellschaftsstrukturen mithilfe der beschriebenen Strukturen selbst erklärt wird.

6.4.2 Latenz als Folge der Alltäglichkeit des Neuen

Armselig ist die Gesellschaft, die sich selbst nicht angemessen beschreiben kann. Das suggerieren die Zeitdiagnosen, die die Latenz der Makroveränderungen schlecht informierten Beobachtern zuschreiben. Alte Konzeptionen verdecken hier die neue Struktur. Es scheint allerdings zu dieser Behandlung der Sozialdimension sozialen Wandels eine Alternative zu geben. Diese besteht nicht in der Unterstellung eines wie auch immer gearteten »falschen Bewusstseins« anderer Beobachter, sondern vielmehr darin, dass die neuen Strukturen so alltäglich und durchgreifend geworden sind, dass man sie gar nicht als Neuheiten beobachten *kann*.

Das Paradebeispiel dieser Form der Konstruktion von Latenzbereichen sozialen Wandels findet sich bei Neil Postman. In seiner Diagnose ist das Fernsehen, wie bereits ausgeführt, eine Art Kommandozentrale der Selbstbeschreibung der modernen Gesellschaft. Allerdings ist es eine »subtile« Kommandozentrale: ihre Macht erschließe sich nicht auf den ersten Blick (Postman, 1985, p. 79 f.). Sie sei im Sinne von Roland Barthes ein *Mythos*, also ein Verständnis über die Welt, dessen sich die Gesellschaft nicht bewusst ist. Den Grund für diese Unsichtbarkeit des eigentlich epochal Neuen sieht Postman in dessen Alltäglichkeit begründet. Die Gesellschaft hat sich derart an das Fernsehen gewöhnt, dass ihr sein transformierendes Potential gar nicht mehr auffallen mag (Postman, 1985, p. 80). Das Fernsehen sei gar nicht mehr als besonderes technologisches Artefakt beschreibbar; es sei vollkommen in die Kultur integriert oder, noch radikaler, es sei die Kultur schlechthin geworden. Die Epistemologie des Fernsehens wird durch täglichen Konsum zum unbeobachtbaren Zentrum der Gesellschaft – Fernsehen gilt fortan als »normal« (Postman, 1985, p. 81). Es ist zu alltäglich geworden, um es in seinen Konsequenzen für die Kultur abschätzen zu können.

Das Argument, dass das Neue durch seine ubiquitäre Ausbreitung strukturell unsichtbar bleibt, findet man auch bei David Riesman.

6.4. Die Sozialdimension sozialen Wandels

Dieser setzt sich in einem der letzten Kapitel von *The Lonely Crowd* damit auseinander, dass selbst seinen eigenen Studierenden das Bild vom fremdgeleiteten Amerika unrealistisch erscheine (Riesman, 1953, p. 260 ff.). Riesman schildert diesbetreffend folgendes Experiment. Er gab seinen Studierenden eine ethnologische Studie zu lesen, in welcher die Charaktertypen dreier unterschiedlicher Stammesgesellschaften dargestellt wurden. Die Aufgabe bestand darin, diejenige Stammesgesellschaft zu nennen, welche der gegenwärtigen amerikanischen Gesellschaft am ehesten gleiche. Zur Auswahl standen erstens die friedfertigen, bescheidenen und kooperierenden Zuni, zweitens die paranoiden Dobu, deren Alltag aus gegenseitiger Täuschung, Diebstahl und brutal durchgesetzten Besitzansprüchen besteht, sowie drittens die Kwakiutls, deren Sozialstruktur ebenfalls von harter Konkurrenz geprägt ist, allerdings erweitert um den Aspekt des verschwenderischen Konsums, durch welchen insbesondere Häuptlinge ihre soziale Stellung zu demonstrieren pflegen (Riesman, 1953, p. 261 f.).

Die Studierenden meinten mit überwältigender Mehrheit, dass die amerikanische Gesellschaft am ehesten den Kwakiutls ähnle. Die amerikanische Gesellschaft sei aus Sicht der Studierenden nach wie vor von Individualismus, ostentativem Konsum und erbarmungslosem Aufstiegsstreben gekennzeichnet, in den Worten Riesmans also noch immer von einem innengeleiteten Charakter. Das bemerkenswerte daran sei, so Riesman, dass die wenigsten Studierenden selbst diesen Bildern entsprachen (Riesman, 1953, p. 262 f.). Sie selbst waren weder raffgierig, noch wollten sie ihre Kommilitonen durch Leistungen oder durch das Anhäufen von Besitztümern übertrumpfen. Ihre Ideale waren die der Kooperation und sie sahen sich selbst nicht als materialistisch. Es seien in ihren Augen eben all die anderen Amerikaner, die dem Bild der Kwakiutls entsprächen.

Riesmans Argument ist nun, dass die Studierenden so denken, weil die Bilder, die sie von der Gesellschaft haben, gar nicht der erlebten Realität, sondern den Massenmedien und intellektualistischen Vorurteilen entnommen seien. Der Grund warum nun aber die Studierenden den *Bildern* der amerikanischen Gesellschaft mehr vertrauen als ihren eigenen Erfahrungen ist, dass sie fremdgeleitete Charaktere sind.

»It is the other-directedness of Americans that has prevented their realizing this; between advertisers on the one hand and the novelists and intellectuals on the other, they have assumed that other Americans were materialistic, while not giving sufficient credence to their own feelings. Indeed, the paradoxical situation in a stratum which is other-directed is that people constantly make grave misjudgments as to what others, at least those with whom they are not in peer-group contact, but often also those with whom they spend much time, feel and think.« (Riesman, 1953, p. 265)

Was also die jungen Amerikaner davon abhält ihre Gesellschaft als fremdgeleitet wahrzunehmen, ist, dass sie selbst fremdgeleitet sind. Sie vertrauen eher dem Urteil, das andere *für sie* über die Gesellschaft fällen. Dabei sind dies nur Zerrbilder. Die massenmediale Werbung produziert das Bild des raffgierigen Amerikaners, der eigentlich längst keiner mehr ist, die Unternehmer reden über freien und harten Wettbewerb, machen de facto aber etwas ganz anderes (Riesman, 1953, p. 265). Das wird in den Sozialwissenschaften aber wenig reflektiert. Eher kopierten Soziologen und Ökonomen diese Zerrbilder und geben sie an ihre Studierenden weiter. Letztere sehen ihre Vorurteile über die amerikanische Gesellschaft also auch durch sozialwissenschaftliche Lehrbücher bestätigt (Riesman, 1953, p. 266). All das führe in letzter Instanz zu einem Kreislauf selbsterfüllender Prophezeiungen. Denn im Glauben an eine erbarmungslose Wirtschaft streben die sensiblen, fremdgeleiteten Amerikaner immer seltener Berufe in der freien Wirtschaft an und sehen ihre Karriere vermehrt im öffentlichen Dienst. Dadurch zieht aber die freie Wirtschaft genau diejenigen an, die vielleicht noch am ehesten den Zerrbildern des unbarmherzigen Geschäftsmannes entsprechen. Die Wirtschaft sieht sich daher gezwungen, die am wenigsten begabten und sensiblen Personen zu rekrutieren, wodurch sich die Zerrbilder abermals bestätigt fänden (Riesman, 1953, p. 267).

Riesman inkorporiert in seine Theorie also ebenfalls eine Erklärung für falsches Bewusstsein. Anders als bei Beck oder Bell handelt es sich aber nicht bloß um eine Kritik veralteter Beobachtungsschemata, derer man durch eine intensive Beschäftigung mit der neuen Zeitdiagnose habhaft werden könnte. Vielmehr wird die Latenz sozialen Wandels dadurch erklärt, dass die neuen Strukturen allzu selbstverständlich geworden sind, um sie zu erkennen. Der Wandel des Charaktertypus ist bereits vollzogen, die Menschen können nicht anders, als sich an anderen zu orientieren und dabei verfremdeten Beschreibungen zu glauben. Die Dominanz des fremdgeleiteten Menschen bedeutet demnach eine Gesellschaft, die sich selbst nicht sehen kann. Die Latenz der neuen Struktur liegt also in der Struktur selbst und nicht in der falschen Beobachtung der Struktur. Doch auch wenn man akzeptiert, dass fremdgeleitete Charaktere stets verzerrten Bildern glauben, stellt sich die Frage, wieso die Bilder selbst verzerrt sind. Wieso malen denn die Massenmedien die Gesellschaft in innengeleiteten Farben?

Die Massenmedien sind bei Riesman auf den ersten Blick tatsächlich eine Art Nachlassverwalter des innengeleiteten Charakters. Dies nicht nur durch die Werbung und den damit entstehenden Eindruck einer konsumbesessenen Gesellschaft, sondern auch in ihrer Überbetonung des Politischen. Über Politik wird in Massenmedien auf eine moralisierende und verurteilende Art gesprochen, die dem fremdgeleiteten, toleranten Menschen aufgrund des Fehlens eigener Überzeugungen im Grunde unverständlich ist (Riesman, 1953, p. 229 ff.). Obwohl der fremdgeleitete Mensch Politik eigentlich mehr als Thema netter Unterhaltungen denn als relevante Interessensvertretung versteht (Riesman, 1953, p. 220 ff.), zementieren die Massenmedien ein altertümliches Bild, in welchem die Politik noch immer als wichtigste Machtsphäre der Gesellschaft erscheint und unter Gesichtspunkten der Entrüstung kritisiert werden kann. Der springende Punkt ist aber, dass auch in den Massenmedien innengeleitete Beobachtungsschemata Ausdruck einer fremdgeleiteten Struktur sind. Die Zeitungsredakteure sind nichts weiter als fremdgeleitete Menschen, deren hypersensitiver Radar aber nicht nur auf die alltägliche Massenleserschaft ausgerichtet ist, sondern auch auf die intellektuellen Eliten (Riesman, 1953, p. 230). Politik gilt ihnen als ernsthafteres und somit prestigeträchtigeres Thema als Popkultur oder Sex. Politische Berichterstattung ist für Redakteure und Journalisten eine Art thematischer sozialer Aufstieg, dessen Regeln aber von Intellektuellenhand geschrieben wurden. Die massenmediale Überbetonung der Politik ist eine Anbiederung an bildungsbürgerliche Ideale der »seriösen« Berichterstattung. Die Massenmedien berichten also in einem innengeleiteten Ton, weil sie fremdgeleitet sind, was wiederum die breite Bevölkerung glauben lässt, dass die Welt tatsächlich innengeleitet sei. So meint Riesman, nicht ohne Selbstironie:

> »The media, far from being a conspiracy to dull the political sense of the people, could be viewed as a conspiracy

to disguise the extent of political indifference.« (Riesman, 1953, p. 229)

Was den Studierenden die Massenmedien, sind den Massenmedien die intellektuellen Ressentiments gegen Massenunterhaltung. Allesamt sind sie fremdgeleitete Menschen und als solche können sie nicht anders, als in ihrer Umgebung nur Puritaner zu sehen. Dies auch deshalb, weil die massenmedial aufgebauschte Bedeutung der Politik denjenigen, die noch nicht fremdgeleitet sind, eine Stimme gibt. Insbesondere das Zeitungswesen trage maßgeblich dazu bei, dass die Politik als Betätigungsfeld für innengeleitete Menschen mit ideologisch-moralischen Grundüberzeugungen attraktiver wirke als für politisch indifferente oder fremdgeleitete Personen. Die eigentlich bereits marginalisierten Reste innengeleiteter Moralisierer fühlen sich wohl in einem politischen Diskurs, welcher von den Massenmedien zur Kampfarena der großen Ideen hochstilisiert wurde. Für den zeitgemäßen Charaktertypus ist Politik demgegenüber nicht viel mehr als Unterhaltung. Es komme daher auf politischer Ebene zu einem *Nebeneinander* von innengeleiteten und fremdgeleiteten Einstellungen, wobei die fremdgeleitete Avantgarde der innengeleiteten Entrüstung wenig mehr entgegenzusetzen hat als ihre indifferente Toleranz (Riesman, 1953, p. 234 f.).

Diese Ungleichzeitigkeit des Gleichzeitigen hindert den neuen Charaktertypus daran, seine Dominanz zu behaupten und der neuen Gesellschaft endlich die Sichtweise auf Politik zu liefern, die sie aufgrund der neuen Struktur eigentlich bräuchte. Der fremdgeleitete Charakter wird damit trotz seiner Rolle als Vorhut der neuen Gesellschaftsstruktur eigentümlich in der Schwebe gehalten. Ob nun für die Ursache, also die Überbetonung der Politik, oder für die Wirkung, also die relative politische Macht des alten Charaktertyps: in beiden Fällen gilt, dass die Latenz der Struktur *Teil der Struktur selbst* ist und nicht bloß der Effekt veralteter Begriffe.

Es sind jedoch nicht nur die Massenmedien und ihre intellektuellen Prätentionen, die den neuen Sozialcharakter unterrepräsentiert erscheinen lassen. Ein weiterer Faktor ist Immigration. Hier ist Riesmans These, dass der Übergang vom traditionellen zum innengeleiteten und dann zum fremdgeleiteten Typus meist nicht in einem Menschenleben passiert, sondern ein *intergenerationaler* Wechsel ist. In den USA sind Teile der jüngeren Generation bereits eindeutig fremdgeleitet, was aber nicht in gleicher Weise für alle Staaten der Welt gilt. Vor allem in den Teilen der Welt, aus denen die USA ihre Immigranten rekrutieren, herrschen in der Regel traditioneller und innengeleiteter Typus noch vor (Riesman, 1953, p. 49 ff.). Dort ist das Bevölkerungswachstum noch recht hoch und der damit verbundene Charaktertypus ist daher an eine Gesellschaftsstruktur angepasst, die nicht mehr die US-amerikanische ist. Somit versorgt die Einwanderung dieser Menschen in die USA das Reservoir der älteren Sozialcharaktere ständig mit neuem Nachschub. Wären Nationalstaaten nicht in diesem Sinne kommunizierende Gefäße, würden in Nordamerika traditionelle und innengeleitete Typen binnen weniger Generationen aussterben. Die USA als Einwanderungsland bekommen aber vorerst nicht den Charaktertypus, den sie aufgrund ihrer demographischen Entwicklung eigentlich haben müssten (Riesman, 1953, p. 53).

Dieser Schwebezustand des neuen Charaktertyps ist bei Riesman trotzdem nicht permanent. Eher überlässt Riesman die Sichtbarkeit der neuen Struktur der Zukunft. Besonders deutlich wird dies darin, dass ältere Typen in Begriffen der Schichtungsstruktur schon am absteigenden Ast sitzen. Die neue Elite beginnt erst damit, die geographischen und wirtschaftlichen Zentren zu besetzen, während ältere Charaktertypen zunehmend in sozialstrukturelle Randbereiche abgedrängt werden. Sowohl traditionelle als auch innengeleitete Sozialcharaktere finden sich dann vornehmlich bei Schwarzen, Immigranten, armen weißen Südstaatenbewohnern, Kleinstädtern und dem männlichen Proletariat (Riesman, 1953, p. 49 ff.). Was einmal die psychologische Grundlage der amerikanischen Elite war, nämlich die strebsame Selbstkontrolle, wird in der Gegenwart zum Ressentiment derjenigen, denen die verweichlichten Sitten der urbanen Mittelschichten zuwider sind. Der neue Typ bleibt demnach in der Gegenwart eine Gruppe unter vielen, weil ihm erst die Zukunft zur Gänze gehört. Dies nicht zuletzt deshalb, weil die USA seit der großen Depression der 1930er Jahre angefangen haben, restriktiver mit Einwanderung umzugehen und die *upward mobility* der heimischen Unterschicht auf lange Sicht auch diejenigen fremdgeleitet werden lässt, die einem innengeleiteten Milieu entstammen. Die Zukunft der Gesellschaft ist die Manifestation einer gegenwärtig noch latenten und versteckten Strukturänderung.

Die Latenz des neuen Charaktertyps wird bei Riesman zusätzlich durch einen abstrakteren Argumentationszug erklärt. Dieser besteht in der Behauptung einer generellen *Umweltoffenheit* des fremdgeleiteten Charakters. Der fremdgeleitete Mensch bildet sich seine Meinung vor allem durch Sondierung der Meinung Anderer. So lange es in seiner

Umwelt also Bereiche gibt, in denen andere Charaktertypen dominant sind, wird der fremdgeleitete Mensch versuchen, es ihnen gleichzutun (Riesman, 1953, p. 236). Die Politik wird von Moralisierern regiert, also moralisiert der fremdgeleitete Mensch mit. Wenn er über Politik spricht, bezieht er ideologisch Stellung, bleibt dabei aber stets ein Heuchler. Die bereichsspezifische Dominanz älterer Sozialcharaktere ist somit nur eine oberflächliche. Die innengeleitete Entrüstung über politische Themen ist dann weniger ein Abbild realer Dominanzverhältnisse, als vielmehr ein Mittel zum Durchbrechen doppelter Kontingenz[37]. Die fremdgeleiteten Menschen folgen dann aus Ermangelung eigener Standpunkte schlicht der am lautesten geäußerten Meinung. Sein Charaktertypus kann, jedenfalls bis zur endgültigen Dominanz in allen Bereichen der Gesellschaft, nur latent bleiben.

Des Topos der alltäglichen Latenz des Neuen bedient sich schließlich auch Richard Sennett. Wie schon im Kapitel über die Sachdimension sozialen Wandels ausführlich dargestellt, argumentiert er mit *actual types*, appelliert also an milieuspezifische Alltagserfahrungen eines Laienpublikums, um diese in ihrer Bedeutung zu verändern: Man kennt die Typen, aber nicht deren ganze tragische Geschichte. Der soziale Wandel spielt sich im Latenzbereich des Alltags ab. Aus Sennetts Sicht ist das Grundmuster des neuen flexiblen Regimes, dass es Strukturtransformationen positiv besetzt. Auf den ersten Blick scheint alles besser, weil weniger rigide als noch in unserer Elterngeneration zu sein. Das sei aber eine perfide Illusion, die sich auf den zweiten, Latenzen aufdeckenden Blick am deutlichsten in neuen Formen der formalen Struktur der Unternehmen zeige. Auf der manifesten Ebene wird in den neuen flexiblen Unternehmen die strenge arbeitsteilige Hierarchie von Netzwerken gleichberechtigter Gruppen abgelöst. Was zunächst wie die Dezentralisierung innerbetrieblicher Befehlsgewalt aussieht, ist aber nur die Verwandlung einer formalen Machtstruktur in eine *unsichtbare* (Sennett, 1998, p. 55 ff.). Die kleinen Gruppen können, der Ideologie der *human relations* zum Trotz, ihre Ziele nicht selbst wählen; von Seiten der Unternehmensführung rechnet man den vermeintlich »autonomen« Subeinheiten zwar Versagen zu, Erfolge verbucht das Unternehmen aber als ganzes; flexible Arbeitszeiten bedeuten, dass die Betroffenen aufgrund permanenter elektronischer Überwachbarkeit mehr arbeiten als je zuvor.

---

37 | Zum Begriff der doppelten Kontingenz siehe z. B. Luhmann (1984, p. 148 ff.).

Der soziale Wandel bleibt latent, weil Macht konzentriert wird, ohne sie sichtbar zu zentralisieren. Die Dominanz der Führungsetagen ist »strong and shapeless« (Sennett, 1998, p. 57), die neue Freiheit somit eine Täuschung. Anders als in den bisher besprochenen Fällen, steht für Sennett hinter dieser alltäglich spürbaren, unsichtbaren Hand der sozialen Transformation aber eine klar definierbare Gruppe: die Manager multinationaler Konzerne und die Vertreter des Finanzkapitalismus, die sich alljährlich zum Weltwirtschaftsgipfel in Davos treffen (Sennett, 1998, p. 60 ff.). Anders als die Kapitalisten früherer Zeiten seien diese aber nicht mehr im üblichen Sinne raffgierig. Die neuen flexiblen Herren wollen nicht besitzen, sondern sich schnell der gegenwärtigen Marktlage anpassen – wenn nötig auch dadurch, dass sie sich von großen Teilen ihrer Unternehmen trennen. Die Latenz der sozialen Transformation wird also dadurch gewährleistet, dass die Transformatoren unsichtbar sind oder zumindest harmlos wirken. Auch in der Sozialdimension verzichtet Sennett nicht auf die Verwendung von *actual types*: für die Unsichtbarkeit der alltäglichen Herrschaft steht die harmlose Oberfläche von Bill Gates.

6.4.3 Topoi der Sozialdimension im Vergleich

Man hat es in der Sozialdimension zeitdiagnostischen Argumentierens also mit zwei Topoi zu tun. Zum einen kann man anderen Beobachtern *falsches Bewusstsein* unterstellen, um die Unsichtbarkeit der neuen Strukturen zu beschreiben. Zum anderen ist es möglich, theorieinterne Kriterien dafür zu finden, wieso eine strukturadäquate Beschreibung der neuen Gesellschaft nicht möglich ist. Hier setzt der Topos der *strukturellen Latenz neuer Phänomene* ein und bezeichnet, dass das Neue zu selbstverständlich geworden sei, um es als neu markieren zu können, weshalb es andere Beobachter notgedrungen bei den alten Beschreibung belassen würden.

Beide Topoi sind auf eine abstraktere Argumentationsfigur angewiesen, die als *Ungleichzeitigkeit des Gleichzeitigen* bekannt ist. Dieser Figur zufolge gibt es in einer gegebenen Gegenwart *gleichzeitig* Beschreibungen, die aus unterschiedlichen Epochen stammen. Das Konzept taucht in dieser Form zum ersten Mal bei Wilhelm Pinder (1926) auf und wurde für die Soziologie vor allem durch Karl Mannheims

Generationenkonzept fruchtbar gemacht (Mannheim, 1964)[38]. Im Falle der hier besprochenen Werke bedeutet die Ungleichzeitigkeit des Gleichzeitigen die Unterscheidung zwischen gegenwartsadäquaten und gegenwartsinadäquaten Beschreibungen. In der Gegenwart gibt es also Beschreibungen, die »von gestern« seien. Hierbei ergibt sich nun das Problem, dass die Unterscheidung von gegenwartsadäquat und gegenwartsinadäquat auf die Formulierung eines Beobachtungsstandpunktes angewiesen ist, von dem aus das Ungleichzeitige des gleichzeitig Vorhandenen bezeichnet werden kann (Luhmann, 2005d, p. 207). Die Bezeichnung eines solchen Beobachtungsstandpunktes fehlt in den hier analysierten Zeitdiagnosen. Es wird also nicht klar, wie es den Diagnostikern gegenüber allen anderen Beobachtern gelingt, das Falsche am falschen Bewusstsein und das Inadäquate an den gegenwartsinadäquaten Beschreibungen zu sehen.

Die Kreation von Latenzbereichen sozialen Wandels, egal ob sie sich auf konkurrierende Beobachter oder auf das Beobachtete selbst erstrecken, verstellt die Sicht auf die Bedingungen der Möglichkeit, Latenzen überhaupt als Latenzen zu beobachten. Genau in dieser Hinsicht sind die beiden Topoi der Sozialdimension funktional äquivalent. Die Beschäftigung mit den (zwingenden) Gründen für die Unsichtbarkeit des Neuen kompensiert die Schwächen der eigenen Theoriebildung im Bereich der Selbstreflexion – ein Phänomen, das in inhaltlich abgewandelter Form am Beispiel der »kritischen« Theorie oft diskutiert wurde (z.B. Luhmann, 1997, p. 1116). Mit beiden Topoi katapultiert sich der zeitdiagnostische Beobachter aus der Gesellschaft hinaus, ohne sagen zu müssen, an welchen Ort es ihn denn hin verschlagen hat, wenn er von dort aus die Selbsttäuschungen der Gesellschaft beschreibt. Sowohl er selbst als auch der Ort werden unsichtbar.

Der Zeitdiagnostiker kann damit sozialen Wandel aus der Perspektive des Beobachters erster Ordnung beschreiben – oder wie Georg Lohmann (1994, p. 267) es ausdrückt: die Beschreibung einer »Weltlage aus der Perspektive einer ersten Person«. Das gibt ihm die Möglichkeit, die in der Diagnose verwendeten Unterscheidungen – hier die Unterscheidung gegenwartsadäquat/gegenwartsinadäquat – als Tatsachen und nicht selbst als beobachtungsabhängig zu beschreiben. Die der Beobachtung zugrundeliegenden Unterscheidungen können somit als *alternativlos* stilisiert werden. Nun könnte man einwenden,

---

38 | Für die Verwendung des Konzepts in der Philosophie siehe z. B. Blumenberg (1981, p. 66 ff.).

dass jede Aussage, die wahrheitsfähig sein will, die Angemessenheit ihres eigenen Beobachtungsschemas postulieren oder zumindest verteidigen muss. Genau vor diesem Hintergrund wird jedoch deutlich, dass die zeitdiagnostische Konstruktion von Latenzbereichen über die Behauptung *sachlicher* Adäquatheit hinausgeht. Alternative Beschreibungen der Gegenwart werden hier nämlich nicht abgelehnt als irrige Schlüsse, sondern vielmehr auf der Grundlage ihrer *zeitlichen Distanz* zu den beschriebenen Objekten. Möglich wird diese argumentative Konstruktion durch die postulierte Neuheit sozialen Wandels. Weil der beschriebene Wechsel in ein neuartiges Zeitalter führt, stehen konzeptionelle Alternativen nicht bloß als inhaltlich falsche Beschreibungen neben der Diagnose, sondern kommen ob ihrer Altertümlichkeit gar nicht als Alternativen infrage.

Die Invisibilisierung des Beobachters führt so über Umwege zur Konsequenz, dass eine *neue Gesellschaft* eine *neue Soziologie* bräuchte[39] – die Konkurrenten liegen nicht falsch, sondern beschreiben, was eine viel radikalere Kritik ist, ein vergangenes Zeitalter und haben gar keine Worte für das neue. Damit wäre man auch schon bei den unterschiedlichen Nebenfolgen der beiden Topoi der Sozialdimension. Die Forderung nach einem neuen soziologischen Vokabular ist lediglich möglich, wenn die Latenz des Wechsels den veralteten Kategorien *prinzipiell belehrbarer* Beobachter zugeschrieben wird. Diesen kann dann ans Herz gelegt werden, anstatt der alten doch lieber die neuen, von der jeweiligen Zeitdiagnose vorgeschlagenen Kategorien zu verwenden. Diese belehrbaren Beobachter müssen aber bereit sein, das Neue nur noch mit den neuen Begriffen zu beschreiben und ihre bisherigen Beobachtungsschemata der Ideengeschichte zu überlassen. Da die neuen Phänomene nur mit neuen Begriffen fassbar sind, ist Theorievielfalt strenggenommen ausgeschlossen. Der Preis für das Erkennen des Neuen ist bei diesem Topos also recht hoch; er besteht in der *Forderung nach Amnesie*.

Schreibt man andererseits die Latenz dem Beobachteten selbst zu, so kommt man zwar ohne die Unterstellung falschen Bewusstseins aus, jedoch stellt sich dann umso akuter die Frage, wie eine Diagnose überhaupt noch möglich ist. Dies zeigt sich besonders deutlich bei Konzepten wie dem fremdgeleiteten Sozialcharakter bei Riesman oder der Fernsehkultur bei Postman. In beiden Fällen ist der naheliegende

---

39 | Bezeichnenderweise arbeitet ein aktuelles Werk Bruno Latours in der deutschen Übersetzung genau mit diesem Topos. Siehe Latour (2007).

Schluss, dass das Neue am Neuen gar nicht gesehen werden kann – weder mit den veralteten Konzepten noch mithilfe von neuen. Die Nebenfolgen der beiden Topoi unterscheiden sich also insofern, als im Falle der Zurechnung der Latenz auf veraltete Beobachtungskategorien dem Zeitdiagnostiker ein *privilegierter* Beobachtungsstandpunkt zugewiesen wird, im anderen Fall ein *unmöglicher*.

Darüber hinaus sei darauf hingewiesen, dass die Fassung der hier analysierten Argumente als Topoi insofern angebracht ist, als sie erstens keine inhaltliche Verfestigung präjudiziert. Auch im Falle der Sozialdimension sind viele inhaltlich unterschiedliche Argumente möglich, die den beiden Topoi zugeschrieben werden können. Zweitens zeigt die fehlende Reflexion des eigenen Beobachtungsstatus in Zeitdiagnosen, dass der Zugriff auf Topoi nur Beobachtern zweiter Ordnung möglich ist: die Unterstellung von Latenzbereichen sozialen Wandels ist in den Werken selbst latent.

Mit der Analyse der Topoi der Sozialdimension ist die konzeptionelle Klammer nun geschlossen, die durch die Unterscheidung der drei Sinndimensionen und der ihnen jeweils zuordenbaren Argumentationsgesichtspunkte geöffnet wurde. Im nun folgenden Teil der Arbeit werden demnach zwei noch offene Fragen zu klären sein. Erstens inwiefern sich die gemeinsamen Bezugspunkte der drei Sinndimensionen wiederum vergleichen lassen. Zweitens in welcher Weise es dieses Verfahren erlaubt, die Ebene des Textvergleichs zu verlassen und die hier analysierten Zeitdiagnosen einer wissenssoziologischen Analyse zuzuführen.

Teil III

Wissenssoziologie der Zeitdiagnostik

7 Zeitdiagnosen und Gesellschaftstheorien

7.1 Zwei Genres, zwei Sprachen

Das Ziel der vorliegenden Arbeit ist eine Wissenssoziologie der Zeitdiagnostik. Wie eingangs bereits dargestellt, meint der Begriff Wissenssoziologie hier nicht die Soziologie alltäglichen Gebrauchswissens, sondern eine Soziologie anspruchsvollen, kodifizierten Wissens. Unabhängig davon, mit welchem wissenssoziologischen Paradigma man arbeitet, verpflichtet diese Herangehensweise zur Suche nach außertextuellen Faktoren, die die Struktur von Schriftsprache beeinflussen. Bislang bewegte sich die Analyse jedoch lediglich auf der textuellen Ebene oder, wie es in der Terminologie der Genreanalyse heißt, der *Binnenstruktur*. Eine wissenssoziologische Analyse kann an diesem Punkt nicht stehen bleiben, sondern muss, bildlich gesprochen, nach der Gesellschaftsstruktur im Text suchen. Die in der Soziologie übliche Fassung der Genreanalyse nennt diese Analyseebene die Suche nach der *Außenstruktur* einer kommunikativen Gattung. Gedacht wird dabei an Akteursgruppen, Milieus oder Institutionen, aber auch an technische Hilfsmittel, die die Struktur eines Genres prägen. All das sind Faktoren, an die man plausiblerweise bei einer wissenssoziologischen Fassung von Genres denken kann. Allerdings muss im vorliegenden Fall zunächst der Teil der Außenstruktur bedacht werden, der ansonsten in Analysen kommunikativer Gattungen als gegeben vorausgesetzt wird: die Unterscheidbarkeit von anderen Genres. Genau darin lag der Ausgangspunkt für die vorliegende Reformulierung der in der Soziologie üblichen Genreanalyse. Deren Erkenntnisinteresse gilt ja gerade nicht den unklaren Grenzen von Genres, sondern vielmehr der detaillierten Analyse und *Sichtbarmachung* institutionalisierter Verfestigungen der Alltagssprache. Wenn jedoch die Verfestigung der Kommunikation in Form von generischen Strukturen das Explanandum ist, muss die Grenze zu anderen (bekannten) Genres Teil der Analyse sein.

In der bisherigen Analyse wurde die Unterscheidbarkeit zu anderen Genres zwar stets latent mitgeführt, aber nie voll explizit. Das Genre

Zeitdiagnostik wurde von anderen Genres letzten Endes nur pragmatisch abgegrenzt, und zwar durch die in Teil I. dargestellten Kriterien der Fallauswahl. Diese Kriterien waren ein Kondensat der gegenwärtigen fachinternen Diskussion um Zeitdiagnosen und in diesem Sinne eine vorläufige Komplexitätsreduktion, ein letztendlich ungeprüftes Vorverständnis, welches eine erste Annäherung an das Phänomen ermöglichen sollte. Was lässt sich nach kontrollierter Analyse nun über die Grenzen des Genres sagen? Zunächst einmal, dass Zeitdiagnosen von anderen Genres nicht auf der Ebene von Monographien unterschieden werden können. Mit der Festlegung auf eine Analyse von Topoi der Argumentationsführung sind Aussagen über ganze Werke prinzipiell nicht möglich. Es bliebe zwar die Möglichkeit, auf die Häufigkeit des Vorkommens bestimmter Topoi abzustellen und Werke danach zu sortieren, ob sie »oft« oder »eher selten« zeitdiagnostisch argumentieren. Am Erkenntnisgewinn einer solchen Herangehensweise lässt sich aber zweifeln und zwar deshalb, weil auch sie sich der Frage stellen müsste, wovon man zeitdiagnostische Argumente eigentlich unterscheidet, bevor man sie zählt. Mit Blick auf die bislang angewandte Heuristik, müsste man strenggenommen die Verwendung des Begriffes Zeitdiagnose *zunächst* vermeiden und von *zeitdiagnostischen Argumenten im Unterschied zu anderen* sprechen. Die Frage der Grenzziehung zu anderen Genres stellt sich jedoch nur dort, wo Verwechslungspotential besteht. Es gilt daher, etwas mehr Komplexität zuzulassen und in einer Gegenüberstellung genau das wieder einzuführen, was zu Beginn der vorliegenden Überlegungen als Teil des Samples ausgeschlossen wurde: soziologische Gesellschaftstheorie.

Warum sollte man sich aber um einen derartigen Vergleich überhaupt bemühen? Letztlich deshalb, weil die Geschichte der Soziologie eine Unterscheidung der Genres nahelegt. Die Geschichte der soziologischen Zeitdiagnostik ist, wie eingangs angedeutet wurde, dabei (unter anderem) interpretierbar vor dem Hintergrund der internen Differenzierung des Faches. Mehr noch, die interne Differenzierung des Faches machte zeitdiagnostisches Argumentieren zu einem Problemfall, denn es wurde gegen Mitte des 20. Jahrhunderts zunehmend unklar, wie man sich fachintern zu Aussagen verhalten soll, die sowohl Wissenschaft als auch Mitvollzug öffentlicher Krisendebatten sein wollten. Der Streitpunkt war dabei nie, ob Zeitdiagnostik angemessene Verfahren der empirischen Sozialforschung anzuwenden wusste – schließlich war die frühe Zeitdiagnostik, wie sie Kruse beschreibt, sogar in ihrem Selbstverständnis nie die bessere Methodik gewesen.

7.1. Zwei Genres, zwei Sprachen

Vielmehr wollte man ein alternatives Theorieprogramm vorschlagen. Als Alternative konnte die historisch-zeitdiagnostische Soziologie der Zwischenkriegszeit aber nur so lange überzeugen, als auch der Rest des Faches keine vollends alltagsferne, abstrahierte Theoriesprache entwickelt hatte. Auch die historisch und begrifflich generalisierende Soziologie der damaligen Zeit, also die paradigmatische Konkurrentin der Zeitdiagnostik – neben Simmel ließen sich auch Durkheim, Spencer oder Tarde nennen – konnte von einem gebildeten Laienpublikum gelesen werden. Der Unterschied zwischen historisch-zeitdiagnostischer Soziologie und anderen Ansätzen musste zu dem Zeitpunkt also nicht auf die Trennung unterschiedlicher Publika bezogen werden, sondern funktionierte noch als sozial sehr inklusiver Paradigmenstreit zwischen Intellektuellen. Darum ist es auch kein Kategorienfehler, diese Frühform zeitdiagnostischen Argumentierens als *Theorie*alternative darzustellen, wie Kruse (1994) das tut.

Problematisch wurde es für zeitdiagnostisches Argumentieren erst zu dem Zeitpunkt, als klar wurde, dass die Soziologie mit Strukturfunktionalismus und elaborierten Methoden der empirischen Sozialforschung eine theoretische Abstraktheit und eine verklausulierte Ausdrucksform angenommen hatte, die einem nichtwissenschaftlichen Publikum kaum noch verständlich war. Soziologische Theorie taugte ab dem Zeitpunkt nicht mehr zum Mitvollzug öffentlicher Kultur- und Krisendebatten – sie war zu voraussetzungsvoll geworden, um irgendwo anders diskutiert zu werden, als an Universitäten. Dabei handelte es sich wohlgemerkt nicht um eine theoriespezifische Besonderheit. Vielmehr musste die Distanzierung von Alltagserfahrungen (und man müsste hinzufügen: Alltagsforderungen) als Grundvoraussetzung theoretischer Aussagen in der Soziologie allgemein akzeptiert werden. Dies galt auch und gerade für Ansätze, die sich als Gegenprogramm zum Strukturfunktionalismus und als Methodenkritik verstanden wissen wollten. So liest sich beispielsweise in *Soziologie als Beruf*:

> »Die Sprache der Soziologie, die selbst bei kontrolliertem Gebrauch immer auf – wenn auch in einer strengen und systematischen Bedeutung genommen – Wörter aus dem Alltags-Wortschatz zurückgreift und aus diesem Grund sofort mehrdeutig wird, sobald sie sich nicht mehr nur an Fachwissenschaftler richtet, bietet sich mehr als andere für betrügerische Verwendungen an: Das Spiel mit der Vieldeutigkeit, das durch die unterschwellige Affini-

> tät noch der weitestgehend gereinigten Begriffe mit den alltagspraktischen Schemata ermöglicht wird, begünstigt die Doppeldeutigkeiten und gewollten Mißverständnisse, welche dem sich prophetisch gebenden Falschspiel vielfältige und zuweilen widersprüchliche Zuhörerschaft sichert. Wenn nach Bachelard ›jeder Chemiker den Alchimisten in sich bekämpfen muß‹, so jeder Soziologe in sich den Sozialpropheten, den er nach Meinung seines Publikums verkörpern soll.« (Bourdieu/Chamboredon/Passeron, 1991, p. 30)

Das Überschreiten der Grenze zu öffentlichen (d. h. auch intellektuellen!) Debatten muss sich ab dem Zeitpunkt den Vorwurf gefallen lassen, begrifflich überformte Belletristik, oder schlimmer noch, die Reproduktion von *common sense* zu sein (Bourdieu/Chamboredon/Passeron, 1991, p. 30). Genau aus dem Grund fasst man in der gegenwärtigen Debatte Zeitdiagnostik als Genre und nicht als theoretische Schule oder Paradigma. Genau aus dem Grund hat es wenig Sinn, die Analyse von Argumentationsstrukturen wissenschaftlicher Kommunikation auf Aussagen zu beschränken, die an Alltagserfahrungen appellieren, wie dies beispielsweise Edmondson (1984) vorschlägt. Und dennoch: Zeitdiagnosen sind als Phänomen unklar definiert, der Begriff ist außerhalb eines deutschsprachigen Spezialdiskurses in der Soziologie fast unbekannt und ein kurzer Blick auf universitäre Curricula zeigt, dass die Trennung von Zeitdiagnostik und soziologischer Theorie nicht überall unmittelbar überzeugt. Ganz zu schweigen von der wissenschaftsinternen Anschlussfähigkeit zeitdiagnostischer Argumente: »zweite Moderne«, »Informationsgesellschaft« oder »Fremdgeleitetheit« sind oder waren *wissenschaftliche* Forschungsprogramme!

Nach dem Herausarbeiten zeitdiagnostischer Topoi und ihrer Zuordnung nach Sinndimensionen ist es nun möglich zu analysieren, ob und wie die Thematisierung sozialen Wandels in soziologischen Theorien anders funktioniert. Die Grenzen des Genres sollen im Vergleich zu einem anderen ausgelotet werden. Zu einem solchen Vergleich eignen sich jedoch nur solche soziologischen Theorien, die dasselbe Interesse bedienen wie Zeitdiagnosen: eine zeitlich weit gefasste, diachrone Darstellung sozialer Makrotransformationen, oder anders ausgedrückt, eine *soziologische Interpretation des Geschichtsprozesses*. Wenn Zeitdiagnosen ein Pendant haben, so können das nur Gesellschaftstheorien sein. Es würde nämlich keinen Sinn ergeben, Zeitdiagnostik mit Theorien zu vergleichen, die nur als Handlungstheorien funktionieren oder deren Terminologie auf Subsysteme der Gesellschaft abzielt. Das Verwechslungspotential wäre hier ohnehin niedrig.

Die Auswahl fiel demnach auf die zwei wichtigsten Vertreter zeitgenössischer Gesellschaftstheorie: Jürgen Habermas und Niklas Luhmann. Ähnlich wie im Falle der Auswahl des zeitdiagnostischen Materials muss auch hier darauf hingewiesen werden, dass andere Autoren als Beispiele hätten fungieren können – Talcott Parsons wäre ein solches Beispiel. Zudem wurden genau diese beiden Gesellschaftstheorien auch darum ausgewählt, weil es sich um konkurrierende Theorieangebote handelt. Ähnlich wie im Falle der Auswahl der zeitdiagnostischen Werke, sollte auch hier eine möglichst hohe strukturelle Variation gewährleistet werden. Die Unterscheidung von zeitdiagnostischem und gesellschaftstheoretischem Argumentieren sollte also möglichst nicht zu einer Unterscheidung von einem Genre und *einer* theoretischen Perspektive führen, sondern zu einer Unterscheidung von zwei Genres befähigen. Die zentrale Frage in der folgenden Gegenüberstellung lautet: funktioniert gesellschaftstheoretische Argumentation wirklich anders als zeitdiagnostische?

Es bietet sich an, hier mit derselben Heuristik zu arbeiten, die sich in der Analyse zeitdiagnostischer Argumentation bereits bewährt hat: der Behandlung sozialen Wandels entlang von Sach-, Zeit- und Sozialdimension. Die Frage nach der Unterscheidbarkeit von zeitdiagnostischem und gesellschaftstheoretischem Argumentieren lässt sich demnach auf die Frage einschränken, ob hier wie dort dieselben Topoi und deren Bezugspunkte zum Tragen kommen oder nicht. Ein solcher Vergleich muss sich zwangsweise auf Aussagen beschränken, die *thematisch* ähnlich sind. Für den hier analysierten Fall reicht es also, die Gesellschaftstheorien von Habermas und Luhmann sehr selektiv zu behandeln, nämlich nur diejenigen Aspekte der besagten Theorien unter die Lupe zu nehmen, die eine diachrone Sicht sozialen Wandels auf Makroniveau ausarbeiten. Als Grundlage dienen hier Habermas' Interpretation der Menschheitsgeschichte als Trennung von System und Lebenswelt (Habermas, 1981b, p. 229 ff.) sowie Luhmanns Interpretation der Geschichte als Formwandel der Systemdifferenzierungsprinzipien von Gesellschaften (Luhmann, 1997, p. 595 ff.). Der Übersicht halber werde ich dabei mit der Zeitdimension beginnen, da sich dort die Unterschiede zwischen den beiden Genres am deutlichsten zu manifestieren scheinen.

7.2 Partikularistisches und generalisiertes Interesse am Neuen

Gehen wir zunächst von der Arbeitshypothese aus, dass es sich sowohl bei zeitdiagnostischem als auch bei gesellschaftstheoretischem Argumentieren um prinzipiell wissenschaftliche Argumentationsverfahren handeln könnte. Der Begriff Genre würde dann lediglich stilistische Unterschiede zwischen den beiden Formen bezeichnen. In diesem Fall müsste für beide das gelten, was für neuzeitliche Wissenschaft im Allgemeinen gilt: dass sie sich nämlich für Neues interessieren. Dem ist auch so, allerdings mit dem Zusatz, dass dieses wissenschaftliche Interesse am Neuen ein extrem generalisiertes Interesse ist. Es beschränkt sich nicht auf sachliche Abweichungen im Sinne von neuen Planeten oder neuen Inseln, von deren Existenz davor nichts bekannt war, sondern wird auch temporal verstanden als Unterschied zu früheren Sichtweisen oder Erfahrungen (Luhmann, 1992b, p. 216 f.). Mit anderen Worten: ein generalisiertes Interesse am Neuen kann auch bedeuten, bereits verfügbares Wissen um Phänomene durch eine neue Brille zu betrachten. Diese Möglichkeit schließt zwar das Finden gänzlich neuer Phänomene nicht aus, drängt es aber in der Hintergrund. Ab dem 17. Jahrhundert lassen sich semantische Entwicklungen beobachten, die Wissenschaft nicht länger als Suche nach neuen Tatsachen, sondern als Innovation bereits vorhandenen Wissens verstehen (Luhmann, 1992b, p. 217).

Eine so verstandene Wissenschaft kümmert sich immer weniger um die Außenwelt, als vielmehr um einen innovativen (also auch: radikal ablehnenden) Umgang mit bereits Festgestelltem. Wissenschaft zu betreiben heißt dann vor allem kritisch zu analysieren, was an wissenschaftlichen Aussagen über ein Phänomen schon zur Verfügung steht. Von Außenweltbeobachtungen wird auf Selbstbeobachtung umgestellt (Luhmann, 1992b, p. 297 f.). Genau das ist systemtheoretisch gesprochen mit Selbstreferentialität der Wissenschaft gemeint.

Dass es nicht neue Phänomene sein müssen, um von wissenschaftlich neuem Wissen zu sprechen, wird aber auch aus einer anderen Perspektive deutlich. So kann man mit Thomas Kuhn argumentieren, dass sich epochale wissenschaftliche Innovationen nicht im kumulativen Anhäufen neuer Tatsachen erschöpfen, sondern vielmehr als *Paradigmenwechsel* beginnen. Für Kuhn entsteht neues wissenschaftliches Wissen ja gerade nicht durch das Finden sachlicher Neuheiten –

7.2. Partikularistisches und generalisiertes Interesse am Neuen

diese können auch durch das heuristische Instrumentarium einer stabilisierten *normal science* gefunden werden, die fundamental Neues ja per Definition auszuschließen versucht. Normal science ermöglicht also im besten Falle die Generierung neuer und genauerer *Daten*, die vor dem Hintergrund des Paradigmas aber wenig überraschen – sie bilden die Grundlage für das berüchtigte normalwissenschaftliche *puzzle solving* (Kuhn, 1976, p. 49). Die Regeln des Spiels müssen dabei unverändert bleiben, um überhaupt von einer Lösung eines Rätsels sprechen zu können. Nur wenn sich die Spielregeln selbst ändern, kommt es zu Neuerungen im eigentlichen Sinne – zu wissenschaftlichen Revolutionen. Dann aber kommen nicht neue Tatsachen zu alten hinzu, sondern das Paradigma der Interpretation ändert sich: nach einem Paradigmenwechsel findet sich die jeweilige Wissenschaft nicht mit neuen Phänomenen konfrontiert, sondern mit einer neuen *Welt* (Kuhn, 1976, p. 123 ff.). Das heißt zuallererst, dass der bisherige Forschungsstand vollkommen neu durchdacht wird. Was für Aristoteles gehemmter Fall war, ist für Galilei ein Pendel (Kuhn, 1976, p. 133). Einen Paradigmenwechsel zeichnet also aus, dass nach ihm *Altes und Neues* neu gedacht werden muss.

Was bedeutet das für den Unterschied von zeitdiagnostischer und gesellschaftstheoretischer Behandlung der Zeitdimension sozialen Wandels? Es wurde bereits darauf hingewiesen, dass der gemeinsame Bezugspunkt zeitdiagnostischer Topoi in der Zeitdimension die Fassung der *Gegenwart als Ort der Strukturänderung* ist. In dieser Fassung ist die Gegenwart ein Ereignis ohne Dauer, phasentrennend ohne selbst Phase zu sein und vor allem eine Neuheit. Die Gegenwart führe in eine neue Gesellschaft oder ist diese neue Gesellschaft selbst. Was unterscheidet diese Fassung vom oben dargestellten generalisiertem Interesse an Neuheit? Vor allem, dass die neue Gesellschaft allein unter sachlichen Gesichtspunkten als neues Phänomen erscheint. Begriffe wie der fremdgeleitete Mensch, Risikogesellschaft, postindustrielle Gesellschaft usw. beziehen sich also *ausschließlich* auf sachlich Neues, also auf Phänomene, die es vorher nicht gegeben habe. Indem sie ausschließlich auf Neuheiten angewandt werden können, eignen sich solche Begriffe nicht für eine Neukonzeption bereits bekannter Tatsachen, im konkreten Fall für die Beschreibung vergangener Phasen der Geschichte. Dabei handelt es sich wohlgemerkt nicht um Konstruktionsfehler der Argumentation. Die Neukonzeption bereits bekannter Tatschen ins Zentrum der Analyse zu stellen würde im Gegenteil der Selbstbeschreibung der hier untersuchten Zeitdiagnosen widersprechen. Mit den neuen Diagnosen soll ja gerade exklusiv Neues beschrieben werden. Das zeigt sich schon im Umgang mit der Vergangenheit, die retrospektiv realistisch behandelt wird. Was also nicht versucht wird, ist die Neufassung alter Konzepte im Lichte der neuen Diagnose. Eher verdinglicht man ältere Beschreibungen als adäquate Beschreibungen *des Alten*, das durch die neue Gesellschaft abgelöst wird. Die Gegenwart als Ort des Strukturwandels hin zu einer neuen Gesellschaft zu beschreiben heißt dann, dass für das Alte alte Begriffe verwendet werden müssten, für das Neue (und nur für das Neue) die Begriffe der jeweiligen Zeitdiagnose. Weber, Marx, Schelsky usw. seien also nur deshalb obsolet geworden, weil man ein bislang nicht vorhandenes Phänomen entdeckt habe – die Vergangenheit kann aus der Perspektive der Beschreibung der damaligen Zeitgenossen überlassen werden.

Wie funktioniert nun die gesellschaftstheoretische Beschreibung sozialen Wandels aus der Zeitperspektive? Nehmen wir als Beispiel die habermassche Unterscheidung von System und Lebenswelt. Hierbei handelt es sich dezidiert um ein Begriffspaar, mit welchem die gesamte bekannte Menschheitsgeschichte interpretiert werden kann. Habermas beginnt dabei mit der Analyse von *Stammesgesellschaften*. Hier sind Lebenswelt und System nicht zu trennen. Alle möglichen Interaktionen spielen sich in einer gemeinsam erlebten sozialen Welt ab und der Umgang mit Verwandten erfüllt die Voraussetzungen kommunikativen Handelns (Habermas, 1981b, p. 234 f.). Religiosität und frühe Formen der Kosmologie sind mehr oder minder den Strukturen des Verwandtschaftssystems entlehnt; zwischen Interpretation der Welt und Realität kann nur schwer unterschieden werden. Es gibt nur rudimentäre Formen der Arbeitsteilung, die entlang von Alter und Geschlecht organisiert sind. Komplexer werden solche Stammesgesellschaften vor allem durch tauschförmige Beziehungen zur Außenwelt und durch die Entstehung von Delegationsmacht, die sich herausbildet, wenn die Arbeitsteilung koordiniert wird (Habermas, 1981b, p. 239). Damit verbunden sind erste Formen von Organisation und Schichtung.

Dennoch fallen auf dieser Stufe systemische Mechanismen (Delegationsmacht und Tausch) und sozialintegrative Institutionen (Verwandtschaft und Abstammung) nicht auseinander. So ist der Tausch vor allem kultisch motiviert oder beschränkt sich auf Frauentausch zwischen Clans und ist damit ein Abbild des Verwandtschaftssystems (Habermas, 1981b, p. 244). System und Lebenswelt beginnen sich erst

7.2. Partikularistisches und generalisiertes Interesse am Neuen

dann deutlich zu trennen, wenn politische Macht nicht mehr auf dem höheren Prestige bestimmter Abstammungsgruppen basiert, sondern auf richterlichen Sanktionsmöglichkeiten, also der Macht eines Amtes. Was dann entsteht ist *staatliche Organisation* aus der mit der Zeit die Ökonomie ausgegliedert werden kann und das Steuerungsmedium *Geld* hervorbringt (Habermas, 1981b, p. 247). Jeder neu auftretende Mechanismus bringt dabei so genannte Institutionenkomplexe hervor, die ihn in der Lebenswelt verankern. Für archaische Gesellschaften ist das die Rolle (nach Alter und Geschlecht differenziere Arbeitsteilung), für hierarchisierte Stammesgesellschaften ist es der Status (Prestige aufgrund von Abstammung), für politisch stratifizierte Klassengesellschaften, wie bereits angedeutet, die Amtsautorität und schließlich für ökonomisch konstituierte Klassengesellschaften das Formalrecht, welches den privaten, entpolitisierten Geschäftsverkehr regelt (Habermas, 1981b, p. 248 ff.).

Diese gesamte Entwicklung interpretiert Habermas als Komplexitätssteigerung qua zunehmender Differenzierung von System und Lebenswelt. Die Amtsautorität ist nicht mehr die Kopie des Verwandtschaftssystems, die modernen Gesellschaften sind nicht mehr die Konzentration der Handlungsfähigkeit eines Kollektivs – der Staat ist keine Organisation mehr. Solange er das war, musste er die gesamte Gesellschaft strukturieren und knüpfte dabei an die gewachsenen Lebenswelten der stratifizierten Klassengesellschaft an. Demgegenüber entwickeln ökonomisch strukturierte Klassengesellschaften kapitalistische Betriebe und moderne Verwaltungsapparate, die von lebensweltlichen Zusammenhängen weitgehend autonom sind: sie sind verselbständigte Einheiten normfreier Subsysteme (Habermas, 1981b, p. 257). Aus der Perspektive der kommunikativen Alltagspraxis lässt sich dieses Gesellschaftssystem dementsprechend nicht mehr verstehen.

Die Geschichte der Differenzierung von System und Lebenswelt lässt sich auch als Verkleinerung der Lebenswelt lesen; was früher die Gesellschaftsstruktur per se war, wird zu einem Subsystem neben anderen. Nun ist es aber nicht so, dass die Lebenswelt einseitig durch Differenzierungsmechanismen zum Subsystem degradiert wird. Vielmehr sind es Entwicklungen *in* der Lebenswelt selbst, die gesellschaftliche Komplexitätssteigerungen qua Differenzierung überhaupt erst ermöglichen. Für Habermas stellen sich diese lebensweltlichen Voraussetzungen der gesamtgesellschaftlichen Komplexitätssteigerung als *Rationalisierung* dar. Habermas denkt dabei zunächst an die Abstrahierung des Rechts. Ausgehend von archaischen Vorstellungen eines offenbarten Rechts, entwickeln Gesellschaften schriftlich kodifiziertes und nicht änderbares »traditionales« Recht, welches in modernen Gesellschaften durch formales, »posttraditionales« Recht ersetzt wird (Habermas, 1981b, p. 259 ff.). Auch diese Entwicklung bedeutet eine Spezifikation dessen, was als Lebenswelt aufgefasst werden kann. Ist die Geltung rechtlicher Normen in Stammesgesellschaften unmittelbar in rituellen Handlungen verwurzelt, so wird sie in staatlich organisierten Gesellschaften dahingehend abstrahiert, dass es um die Einhaltung intersubjektiv anerkannter Normen geht. Der Richter verdankt seine mächtige Position dann nicht mehr seiner edlen Abstammung, sondern der Legitimität der gesatzten Rechtsordnung selbst. Die politische Ordnung funktioniert zwar als Rechtsordnung, doch der alltägliche Umgang der Menschen ist noch nicht unmittelbar durch diese Rechtsordnung strukturiert; hier herrschen noch altertümliche Vorstellungen von Sittlichkeit vor. Das ändert sich in modernen Gesellschaften durch die Vorstellung eines von sittlichen Motiven unabhängigen Rechts, das nicht mehr auf Normvorstellungen der Lebenswelt angewiesen ist.

All diese Entwicklungen sind als *Voraussetzungen* der Entstehung neuer institutioneller Strukturen zu verstehen: traditionales Recht ermöglicht politische, posttraditionales Recht ökonomisch basierte Klassengesellschaften. Diesen Prozess versteht Habermas deshalb als Rationalisierung, weil sich darin ein Wandel hin zu einem immer abstrakteren Rechtsgehorsam zeigt: die dem Recht zugrundeliegenden Werte haben immer weniger mit überliefertem religiösem Konsens und überlieferten Traditionen und immer mehr mit verständigungsorientiertem Handeln zu tun (Habermas, 1981b, p. 268 f.). Erst die Rationalisierung der Lebenswelt lässt Lebenswelt und System auseinanderdriften und führt in modernen Gesellschaften erstmals zu einer prinzipiellen Unterscheidbarkeit von verständigungs- und erfolgsorientiertem Handeln.

Diesen beiden Arten des Handelns ordnet Habermas die entsprechenden Medien zu. Geht es um erfolgsorientiertes Handeln, so manifestiert sich dieses in Form der beiden *Steuerungsmedien* Macht und Geld, die der Lebenswelt gegenüber verselbstständigt, weitestgehend entsprachlicht und für die Alltagskommunikation undurchsichtig sind (Habermas, 1981b, p. 273). Was das verständigungsorientierte Handeln anbelangt, so entstehen hier Medien sui generis, nämlich die Kommunikationsmedien *wissenschaftliche Reputation* und *moralische Autorität*. Diese Medien können sich nicht von der Lebenswelt abkoppeln,

7.2. Partikularistisches und generalisiertes Interesse am Neuen

denn sie sind auf sprachliche Konsensbildung angewiesen und richten sich mithilfe von Kommunikationstechnologien (Schrift, Buchdruck, elektronische Medien) an die Öffentlichkeit. Dadurch wird es möglich, im Gegensatz zu den unüberschaubaren und unverantwortlichen Steuerungsmedien, Kommunikationen an kulturelle Überlieferungen anzuschließen – Verständigungsprozesse werden durch Kommunikationsmedien und Kommunikationstechnologien stark kondensiert, aber eben nicht ersetzt (Habermas, 1981b, p. 275). System- und Sozialintegration sind auf dieser Stufe perfekt entkoppelt.

Freilich bleibt Habermas nicht bei der Feststellung einer bloßen Differenzierung im Sinne von *cuius regio eius religio*. Vielmehr analysiert er die wechselseitigen Einflussnahmen von System und Lebenswelt und kommt dabei zu einem grundsätzlich asymmetrischen Verhältnis der beiden. Es handelt sich um ein Konkurrenzverhältnis zwischen Ungleichen, das unter modernen Bedingungen nicht mehr durch religiöse Weltdeutungen legitimiert werden kann. Das ungleiche Verhältnis von System- und Sozialintegration wird in modernen Gesellschaften zunehmend sichtbar als strukturelle Gewalt von Systemimperativen oder, um den bekannteren Terminus zu verwenden, als *Kolonialisierung der Lebenswelt* durch das System (Habermas, 1981b, p. 293).

Kolonialisiert wird die Lebenswelt durch das System dort, wo systemische Mechanismen verständigungsorientiertes Handeln verdrängen, ohne dass dieses von jenem tatsächlich ersetzt werden könnte. Für Habermas handelt es sich dabei um eine pathologische Entwicklung (Schneider, 2000, p. 226). Die moderne Gesellschaft deformiert kommunikative Verständigung nicht mehr durch (religiöse) Ideologie, sondern zerstört sie durch Ausweitung der Steuerungsmedien auf Bereiche, die dafür eigentlich gar nicht vorgesehen sind. Wirtschaft und Staat dringen in die »symbolische Reproduktion der Lebenswelt ein« (Habermas, 1981b, p. 539). Das zeigt sich in Bereichen wie dem Familienrecht, das zwar die Auflösung patriarchaler Herrschaftsverhältnisse vorantreibt, die Familienmitglieder aber in eine neue Abhängigkeit bringt: die zum Staat. Familiäre Konflikte versucht man nicht mehr kommunikativ durch Aushandlungen zu lösen, sondern reguliert sie rechtlich. Die Folge ist die Zersetzung traditioneller Formen menschlicher Solidarität – man entzieht den direkt Beteiligten die Verantwortung für eine konsensuale Form der Konfliktlösung (Habermas, 1981b, p. 542 ff.). Ähnliche Tendenzen sieht Habermas auch in der Pädagogik. Die Verrechtlichung (bei Habermas oft auch Bürokratisierung genannt) ist aber nur die eine Seite der Kolonialisierung.

Die andere Seite der Kolonialisierung bildet die Monetarisierung lebensweltlicher Zusammenhänge in Form staatlicher Transferleistungen. Auch hier werden subsidiäre Solidaritätsbeziehungen durch ein Steuerungsmedium, in dem Falle Geld, ersetzt. Für den Fall staatlicher Sozialversicherungen heißt das beispielsweise, dass aufgrund bürokratischer Zwänge nicht mehr die konkrete, individuell spezifische Notsituation zählt, sondern nur noch Konditionalprogramme als Grundlage des Leistungstransfers herangezogen werden (Habermas, 1981b, p. 532). Sowohl Verrechtlichung als auch Monetarisierung kommen also in Kombination vor und sind als solche Nebenfolgen der Entwicklung des modernen Sozialstaates, verstanden als politisch pazifizierter Kapitalismus. Solchen Entwicklungen gelte es entgegenzuwirken, z. B. durch eine Entjustizialisierung, durch die die Verfahren zwischenmenschlicher Konfliktregelung wieder der Lebenswelt allein überlassen werden könnten. Statt die Sozialintegration rechtlich zu regulieren, bräuchte man »diskursive Willensbildungsprozesse und konsensorientierte Verhandlungs- und Entscheidungsverfahren« (Habermas, 1981b, p. 544).

Diese extrem geraffte und der Komplexität des Entwurfes nicht gerecht werdende Darstellung muss an dieser Stelle genügen, um die Unterschiede gesellschaftstheoretischen und zeitdiagnostischen Argumentierens zu skizzieren. Zunächst wird dabei deutlich, dass Habermas sowohl für die Gegenwart als auch für zeitlich extrem weit zurückliegende gesellschaftliche Phänomene denselben Begriffsapparat verwendet. Das neue Begriffspaar System/Lebenswelt wird als Analyseschema eines Geschichtsprozesses herangezogen, der von Jäger- und Sammlergesellschaften bishin zu Legitimationsproblemen moderner Sozialstaaten reicht. Die neue Sichtweise beschränkt sich nicht auf neue Phänomene, sondern lässt eine neue Sicht auf die gesamte, für Sozialwissenschaften interessante Geschichte zu. Das bedeutet gleichzeitig, dass es in der Gesellschaftstheorie von Habermas keinen Platz für retrospektiven Realismus gibt. Genausowenig wie sich seine Theorie auf Neues oder Gegenwärtiges beschränkt, muss sie die Adäquatheit alter Theorien für alte Phänomene hypostasieren. Mehr noch, sie darf es nicht. Dementsprechend ist Habermas sogar gezwungen, alte Theorien im Lichte seiner Theorie gegen den Strich zu lesen.

An zwei Beispielen lässt sich das besonders gut verdeutlichen: erstens an Habermas' Umgang mit dem weberschen Rationalisierungsbegriff und zweitens an seiner Kritik des Marxismus. Wie bereits erwähnt,

7.2. Partikularistisches und generalisiertes Interesse am Neuen

kann sich Habermas eine Rationalisierung der Lebenswelt vorstellen. Im Laufe der Erosion mythischer Weltbilder, der Differenzierung von Institution und Religion, der Positivierung des Rechts etc. ähneln Interaktionszusammenhänge immer mehr einer Konsensbildung im Sinne des zwanglosen Zwangs des besseren Arguments – eine Entwicklung von normativ-religiös begründeten Interpretationen hin zu rationaler Verständigung (Habermas (1981a, p. 456 ff.), Habermas (1981b, p. 218 ff.)). Damit baut Habermas aber das Rationalitätskonzept von Weber von Grund auf um. Rationalität meint dann nicht mehr Zweckrationalität allein, sondern umfasst für Habermas instrumentelles/strategisches *und* kommunikatives, also verständigungsorientiertes Handeln (Habermas, 1981a, p. 384 ff.) – der Rationalitätsbegriff wird so abstrakt, dass er zwei komplementäre Entwicklungen gleichzeitig fassen kann und, anders als Weber, Modernität nicht mit der Entwicklung formaler Bürokratien und zweckrationaler Betriebsführung gleichsetzen muss. Damit verschiebt sich, wie an der Kolonialisierungsthese leicht abzulesen ist, auch die Pathologiediagnose, die ohne die Behauptung der gleichzeitigen Rationalisierung von Lebenswelt und System gar nicht als Kritik einer modernen Gesellschaft formulierbar wäre (Van Reijen, 1988, p. 87).

In ähnlich kritischer Weise geht Habermas mit dem Marxismus um. Auch hier verlässt sich die Theorie kommunikativen Handels nicht darauf, für die Vergangenheit die Angemessenheit einer alten Theorie zu unterstellen. Aus Habermas' Perspektive war die marxistische Theorie schon zum Zeitpunkt ihrer Formulierung keine angemessene Theorie der Gesellschaft. Sie vernachlässigte systematisch die evolutionären Vorteile der Ausdifferenzierung von Staatsapparat und Wirtschaft und war demnach auch nicht imstande zu sehen, dass es genau dieser Differenzierungsprozess war, der sozialstaatliche Steuerungsmöglichkeiten erst zur Verfügung stellte (Habermas, 1981b, p. 499). Aus dieser Perspektive muss die marxistische Kritik umformuliert werden: das Problem ist nicht Lohnarbeit allein, sondern formal organisierte Handlungszusammenhänge generell. Es sind die Steuerungsmedien Geld *und* Macht, die die kommunikativen Lebenszusammenhänge in sich aufsaugen. Die marxistische Theorie erscheint vor diesem Hintergrund als ökonomisch verkürzte Interpretation, die sich nicht vorstellen kann, dass neben Privatkapital auch die Bürokratisierung Verdinglichungseffekte sui generis zeitigen kann (Habermas, 1981b, p. 503 f.).

All das sind für Habermas keine neuen Phänomene, sondern neue

Interpretationen alten Wissens. Würde Habermas die Theorie kommunikativen Handelns als Zeitdiagnose formulieren, müsste er beispielsweise behaupten, dass Webers Konzept der Zweckrationalität bis vor kurzem die angemessene Theorie der Gesellschaft gewesen sei und *jetzt* auch noch die Lebenswelt rationalisiert werde. Oder er müsste behaupten, dass Marx' Ansatz bis vor kurzem die angemessene Beschreibung der kapitalistischen Gesellschaft gewesen sei, *jetzt* aber auch noch die Bürokratisierung zu Entfremdungs- und Verdinglichungsprozessen führe. Kurz gesagt: er müsste seinen neuen Begriffsapparat auf sachlich neues beschränken und die Vergangenheit den Alten überlassen.

Dass der Unterschied zwischen Zeitdiagnosen und Gesellschaftstheorien in der Zeitdimension vor allem daran abzulesen ist, wie man mit bereits bestehendem Wissen umgeht, zeigt auch die Interpretation des Geschichtsprozesses von Niklas Luhmann. Ich werde aus Platzgründen an dieser Stelle davon absehen, seine Theorie im Detail nachzuzeichnen und verweise hier lediglich auf die Teile des Ansatzes, die eine soziologische Interpretation des Geschichtsprozesses zum Thema haben (Luhmann (1997, pp. 413-865), Luhmann (2005a, pp. 181-285)). Wichtig ist zunächst, dass wie für die Theorie kommunikativen Handelns auch für die luhmannsche Theorie gilt, dass der verwendete Begriffsapparat sich nicht auf sachlich Neues allein anwenden lässt. Luhmann interpretiert den Geschichtsverlauf von segmentären, über stratifizierte Gesellschaften, bis zur modernen, funktional differenzierten Gesellschaft als wechselseitiges Steigerungsverhältnis von Evolution und Differenzierung. Dabei sind weder der eine noch der andere Begriff exklusiv einer der analysierten Phasen alleine zuzuschreiben. Stattdessen deutet Luhmann sowohl Differenzierung als auch Evolution neu und analysiert mit dieser Neufassung zeitlich weit zurückliegende und neue Phänomene anders als das bislang getan wurde. Das bedeutet zunächst, dass bisherige Annahmen revidiert werden.

Zwei Beispiele verdeutlichen diesen Punkt. Erstens impliziert für Luhmann Evolution weder Fortschritt noch bessere Anpassung an die Umwelt – die erst in der funktional differenzierten Gesellschaft akut werdenden Umweltprobleme fungieren dabei als Anschauungsbeispiel dafür, dass die klassische, auf Kontinuität, Gerichtetheit und Adaption setzende Lesart der Evolutionstheorie des 19. Jahrhunderts schon zum Zeitpunkt ihrer Formulierung keine angemessene Theorie der Gesellschaft tragen konnte (Luhmann, 2005a, p. 194 ff.). Dem-

7.2. Partikularistisches und generalisiertes Interesse am Neuen

gegenüber setzt Luhmann auf ein Evolutionskonzept, das Diskontinuitäten, Kontingenzen, Ungerichtetheit und Zufall inkorporiert. Das zweite Beispiel betrifft Luhmanns Überarbeitung des soziologischen Differenzierungsbegriffes. Hier abstrahiert er von der klassischen soziologischen Vorstellung, die soziale Differenzierung vor allem mit Rollendifferenzierung gleichsetzte (Luhmann, 2005a, p. 236 ff.). Vom Teil-Ganzes-Schema stellt die luhmannsche Systemtheorie bekanntermaßen auf eine generelle System/Umwelt-Unterscheidung um. Die drei vorgeschlagenen Differenzierungsformen unterscheiden sich dann danach, wie Teilsysteme einer Gesellschaft zu ihrer Umwelt in Beziehung zu setzen sind: als Nebeneinander gleicher Teile (segmentär differenzierte Gesellschaften), als Hierarchie ungleicher Teile (stratifizierte Gesellschaften oder nach Zentrum und Peripherie organisierte Großreiche) und schließlich als Neben- und Miteinander ungleicher Teile (funktional differenzierte Gesellschaft).

Sowohl für die Neufassung des Evolutionskonzepts als auch für die Neufassung der Differenzierungstheorie gilt, dass es keine postulierten sachlichen Neuheiten sind, die die theoretischen Überarbeitungen evozieren. Auch hier ließe sich mit dem Gedankenexperiment argumentieren, welches ich für den Fall Habermas bereits durchgespielt habe: wäre Luhmann ein Zeitdiagnostiker, müsste er behaupten, dass bis vor kurzem soziale Evolution gerichtet und kontinuierlich gewesen sei, *jetzt* aber Zufall und Kontingenz den Evolutionsprozess zu bestimmen beginnen. Oder er müsste behaupten, dass gesellschaftliche Differenzierungsprozesse bis vor kurzem nur Rollensettings betrafen, in der funktional differenzierten Gesellschaft sich nun auch Funktionssysteme auszudifferenzieren beginnen.

Wie die Theorie kommunikativen Handelns, so ist auch Luhmanns Ansatz demgegenüber als *Paradigmenwechsel* konstruiert. Das impliziert vor allem Distanz zu bereits vorhandenem Wissen: weder Luhmann noch Habermas sind bereit, den Zeitgenossen früherer Epochen Glauben zu schenken, also retrospektiv realistisch zu argumentieren. Das heißt nun nicht, dass altes Wissen bedeutungslos für die jeweilige Gesellschaftstheorie wäre. Luhmanns Wissenssoziologie ist neben seiner Evolutions- und Differenzierungstheorie ein gutes Beispiel dafür, dass man sich aus gesellschaftstheoretischer Perspektive durchaus zu altem Wissen verhalten kann. Dies geschieht dann aber als soziologisierte Ideengeschichte. Es überrascht daher nicht, dass sich Luhmann in seinen Ausführungen zu vergangenen Selbstbeschreibungen der Gesellschaft der Basis/Überbau-Unterscheidung bedient, also eines ideologiekritischen Programms. Alte Theorien über die Gesellschaft sind keine angemessenen Beschreibungen der damaligen Lage, sondern Semantiken, die in ihrem Auflösevermögen mit der Komplexitätsgrad einer Gesellschaft korrelieren (Luhmann, 1980d, p. 15).

Mit Blick auf die beiden Gesellschaftstheorien ließe sich in der Zeitdimension der Unterschied zwischen Zeitdiagnosen und Gesellschaftstheorien formulieren als Unterschied zwischen einem *partikularistischen* und einem *generalisierten* Interesse am Neuen. Die hier analysierten Zeitdiagnosen interessieren sich für soziale Wandlungsprozesse ausschließlich unter dem Gesichtspunkt ihrer sachlichen Neuheit. Die Neuheitsbehauptungen haben also eine beschränkte Geltung. Die neuen Gegenwarten treten in Erscheinung als neue Phänomene – man entdeckt sie wie neue Inseln, neue Tierarten oder neue Galaxien, freilich mit dem Unterschied, dass bei solchen Entdeckungen der Verdacht nahe liegt, dass die Phänomene schon vorher da waren und das Neue im Grunde die Entdeckung selbst ist. Zeitdiagnosen gehen einen Schritt weiter und bezeichnen auch das Phänomen als neu, im Sinne von früher nicht existent. Ob nun als Entdeckung neuer Phänomene der natürlichen Umwelt oder als Entdeckung neuer Gesellschaften: in beiden Fällen ist der Modus der Erkenntnis die Fremdreferenz, was vor allem bedeutet, dass die Auseinandersetzung mit bestehendem Wissen in den Hintergrund gedrängt wird. Die Entdeckung eines neuen Planeten ändert nichts am kopernikanischen Weltbild – sie bestätigt es vielmehr. Die Entdeckung einer neuen Gesellschaft ändert nichts an alten Theorien über frühere Gesellschaften – sie verdinglicht diese Theorien vielmehr und nichts anderes ist mit Retrospektivem Realismus gemeint. Demgegenüber ist das generalisierende Interesse am Neuen am ehesten mit dem zu vergleichen, was Kuhn mit Paradigmenwechsel meint. Die gesamte Welt, im hier analysierten Falle die soziologische Interpretation des Geschichtsprozesses, ist danach eine andere. Der Erkenntnismodus ist in diesem Fall zu weiten Teilen selbstreferentiell – man deutet vor allem alte Theorien neu, was das Interesse an sachlich Neuem im Vergleich zu Zeitdiagnosen zwar deutlich dämpft, aber nicht vollkommen ausschließt.

Zumindest die Gesellschaftstheorien von Habermas und Luhmann sind neben der Neufassung alten Wissens auch imstande, sachlich Neues zu beschreiben. Würde man zeitdiagnostische Argumentation auf soziologische Aussagen über die Gegenwart beschränken, so könnte man den beiden hier diskutierten Gesellschaftstheorien durchaus ein zeitdiagnostisches Potential zubilligen. Bei Habermas lautet die

Formel für die Gegenwartsbeschreibung, wie bereits dargestellt, Kolonialisierung der Lebenswelt durch das System. Bei Luhmann findet sich zwar keine damit vergleichbare Globalformel für genuin gegenwärtige Entwicklungen, dafür aber ein Bündel an Beschreibungen, die die Folgen funktionaler Differenzierung aufzeigen (Luhmann, 1997, p. 801 ff.). Dazu gehören zum einen Selbstüberlastungen von Funktionssystemen wie die Unfähigkeit des Weltwirtschaftssystems, Ressourcen gerecht zu verteilen, übersteigerte Erwartungen an Liebesbeziehungen oder die schier unendlich ausdehnbaren Ausbildungszeiten, die ein funktional ausdifferenziertes Erziehungssystem für möglich hält. All das sind letztlich Sychronisationsprobleme einer Gesellschaft, welche Funktionssysteme ausbildet, die gleichzeitig selbstbezüglich und auf die Leistungen anderer Funktionssysteme angewiesen sind. Zum anderen fehlt es der modernen Gesellschaft an der Fähigkeit, Umweltprobleme zentral zu behandeln. Individualitätsprobleme und ökologische Gefahren können und werden verstärkt in Massenmedien und Protestbewegungen kommuniziert, jedoch ohne dass klar wird, wer in einer funktional differenzierten Gesellschaft der entscheidungsrelevante Adressat dieser Kommunikationen sein könnte.

Gesellschaftstheorien haben also ein generalisiertes Interesse am Neuen, weil sie sachlich Altes und Neues gleichermaßen neu fassen können. Gleichwohl tritt sachlich Neues dadurch in den Hintergrund, was daran abzulesen ist, dass sich der zeitdiagnostische Gehalt der beiden hier analysierten Gesellschaftstheorien nicht auf erst seit kurzem erkennbare Trends bezieht. Sowohl funktionale Differenzierung als auch die Trennung von System und Lebenswelt sind Entwicklungen, die seit mehreren Jahrhunderten zu beobachten sind. Differenzierungsfolgen und Kolonialisierungstendenzen sind eher zugespitzte Auswirkungen längst vergangenen sozialen Wandels. Der eigentliche Wandel der Sozialstruktur, die eigentliche Katastrophe und *Krise* jeder Gesellschaft, ist sowohl bei Habermas als auch bei Luhmann schon hinter uns.

Offenbar reduziert der Modus der Selbstreferentialität, in dem die Gesellschaftstheorien operieren, die Bereitschaft, sachlich Neuem eine wissenschaftliche Relevanz zuzuschreiben. Die Gegenwart erscheint dann als bloße Folge eines bedeutenderen, vergangenen Wechsels. In gewisser Weise erinnert diese Argumentationsfigur an diejenige, die ich für die Fälle Riesman und Postman beschrieben habe: der Bruch ist vollzogen und nun gelte es, mit den Folgen leben zu lernen. Der Unterschied besteht freilich darin, dass in den gesellschaftstheoretischen

Fassungen der sozialstrukturell relevante Bruch so weit zurückliegt, dass auch die Durchsetzung der diagnostizierten Folgen nicht in eine neue Phase führt, sondern nur die in der Vergangenheit wurzelnde Entwicklungen deutlicher hervortreten lässt. Im Übrigen behaupten weder Luhmann noch Habermas für diese Trends sachlichen Neuheitswert. Ob es sich nun um globale Verteilungsfragen, scheiternde Ehen, Ökologieproblematik oder Verrechtlichungstendenzen handelt: sie alle gehören zum Standardrepertoire soziologischer Forschung und sind gut dokumentiert, was weder Habermas noch Luhmann dementieren würden.

Was die beiden Gesellschaftstheorien in ihrer zeitdiagnostischen Wendung leisten ist also vornehmlich als Syntheseversuch gegenwärtiger soziologischer Fragestellungen zu verstehen, denn als die Beschreibung vorher unbekannter Trends. Mit anderen Worten: die Trends selbst sind bekannt und die zeitdiagnostische Wendung der Gesellschaftstheorie beschränkt sich darauf, diese gegenwärtigen Entwicklungen mit denselben Konzepten zu fassen, mit denen der Geschichtsprozess allgemein analysiert wurde. Zeitdiagnostische Argumentation ist hier also nur rudimentär vorhanden und dann eher farblos und von wenig Überraschungswert – jedenfalls im Vergleich zu zeitdiagnostischer Argumentation, die sowohl für Ursachen als auch für die Folgen gegenwärtiger Brüche sachliche Neuheitswerte postuliert.

Abgesehen von der Tatsache, dass auch Gesellschaftstheorien – wenn auch mit Vorbehalt – über die Gegenwart sprechen können, gibt es noch einen weiteren Gesichtspunkt, bei welchem man auf den ersten Blick an einer klaren Unterscheidung der beiden Genres in der Zeitdimension zweifeln könnte. Dieser betrifft die Einteilung der Geschichte in Phasen. Die Periodisierung der Geschichte ist, wie bereits angedeutet wurde, als Idee viel älter als Zeitdiagnostik oder Gesellschaftstheorie (Van der Pot, 1999). Keinem der beiden Genres ist sie exklusiv zuzurechnen und es erscheint durchaus plausibel, in der Soziologie ganz allgemein mit der Vorstellung eines diskontinuierlichen Geschichtsprozesses zu arbeiten. Dennoch gibt es im Umgang mit der Phasen*unterscheidung* einen ganz deutlichen Unterschied zwischen den beiden Genres. Ich habe im Kapitel über Epochenschwellen und Idealtypisierungen in Zeitdiagnosen bereits darauf aufmerksam gemacht, dass in Zeitdiagnosen der Übergang von einer Phase zur nächsten gedacht wird als *Nacheinander verschiedener Formen*. In der zeitlich jeweils späteren Phase bleibt von der alten wenig bis gar nichts

7.2. Partikularistisches und generalisiertes Interesse am Neuen

übrig. Eine Form wird im zeitlichen Nacheinander von der anderen abgelöst oder, um den Titel eines populären Songs aus den 1980er Jahren zu zitieren: *Video killed the Radio Star*.

Mit Blick auf die beiden Gesellschaftstheorien lässt sich das Unterscheidungsmerkmal zwischen den Genres nun deutlicher formulieren. Der Unterschied besteht nicht darin, dass Gesellschaftstheorien einen kontinuierlichen Wandel beschreiben und Zeitdiagnosen einen abrupten, sondern darin, dass erstere den Bruch im *Funktionswandel älterer Formen vor dem Hintergrund neuer Möglichkeiten* sehen. Bei Luhmann wird dieser Punkt explizit gemacht durch die Vorstellung der funktionalen Spezifikation: neue Möglichkeiten kommen hinzu und die alten bekommen speziellere Aufgaben. In der funktional differenzierten Gesellschaft gibt es weiterhin segmentäre Differenzierung, dies jedoch nicht als primäre Differenzierungsform der Gesellschaft schlechthin, sondern z. B. als Differenzierung des politischen Systems in nebeneinander existierende Nationalstaaten (Luhmann, 1985, p. 20). Selbiges gilt für die Entwicklung neuer Kommunikationsmedien: sie bewirken neue Möglichkeiten und die Spezifikation bereits vorhandener Medien (Luhmann, 1997, p. 286 ff.), Luhmann (2005a, p. 128 ff.)). Eine ähnliche Vorstellung findet sich auch bei Habermas, wenn er für die Umwandlung traditioneller Tausch- und Machtbeziehungen (Frauentausch und auf Prestige aufbauende Stratifikation) in moderne Sozialstrukturen (Steuerungsmedium und Organisationsmacht) meint:

> »Jede neue Ebene der Systemdifferenzierung öffnet einen Spielraum für weitere Komplexitätssteigerungen, d. h. für weitere funktionale Spezifikationen und eine entsprechend abstraktere Integration der eingetretenen Differenzierungen.« (Habermas, 1981b, p. 247)

Sowohl für Habermas als auch für Luhmann gilt darüber hinaus, dass der Übergang von einer Phase zur anderen nicht unifaktoriell gedacht wird. Luhmann denkt, wie bereits erörtert, an zwei Faktoren: Differenzierungsform und Kommunikationsmedium. Bei Habermas sind es drei in einander verwobene Faktoren, die berücksichtigt werden müssen: Tauschmechanismen, Machtmechanismen sowie die »Institutionenkomplexe«, die neu auftretende Mechanismen in der Lebenswelt verankern – seien das Rollen, Amtsautorität oder, in der modernen Gesellschaft, das Formalrecht (Habermas, 1981b, p. 249 f.). Ohne hier ins Detail gehen zu wollen, wird klar, dass beide Gesellschaftstheorien, anders als Zeitdiagnosen, nicht imstande sind, auf einander folgende Phasen hermetisch gegeneinander abzudichten. Die Phasen können getrennt werden, bleiben aber ineinander verschränkt. Es gibt also in Gesellschaftstheorien kein Äquivalent für das zeitdiagnostische Nacheinander verschiedener Formen. Neues kommt hinzu, löscht das Alte aber nicht aus – im Übrigen auch nicht in einer gegenwärtigen Zukunft. Gesellschaftstheorien sind darum außerstande, die Abfolge von Phasen nach dem »Schraube-Mutter«-Prinzip darzustellen. Die jeweils nachfolgende Phase kann aus dieser Perspektive keine reine Inversion früherer Verhältnisse sein.

7.3 Sachlicher Partikularismus und sachliche Generalisierung

So einfach es ist, die beiden Genres in der Zeitdimension klar voneinander zu trennen, so schwierig ist es, selbiges für die anderen beiden Sinndimensionen zu tun. Hier sind die Grenzen deutlich fließender, lassen sich aber dennoch ansatzweise formulieren. Was die Sachdimension betrifft, so ist der gemeinsame Bezugspunkt zeitdiagnostischer Topoi die Lokalisierbarkeit von Makrotransformationen: man sucht nach »Nussschalen«, die im kleinen vormachen, was auf gesamtgesellschaftlicher Ebene zu beobachten ist. In einem Teil der Gesellschaft – sei es ein Funktionssystem, eine Kommunikationstechnologie, die Persönlichkeitsstruktur etc. – gibt es Transformationen, die *pars pro toto* oder im Sinne des *primus inter pares* für die Gesellschaft im Ganzen stehen. Bernhard Peters (2007, p. 169) bezeichnet dieses Argumentationsmuster als Suche nach »Syndromen«.

Hält man sich die Gesellschaftstheorien von Habermas und Luhmann vor Augen, so fällt auf, dass hier eine andere Argumentationsfigur zum Tragen kommt. Weder in der einen, noch in der anderen Theorie entspringt der phasentrennende soziale Wandel *einem* Teil der Gesellschaft. Eher werden abstraktere Prinzipien formuliert, die die gesamte Gesellschaft erfassen, keinem ihrer Teile aber exklusiv zuordenbar sind. Anders ausgedrückt, sucht man in Gesellschaftstheorien nach Perspektiven, aus denen unterschiedliche »Syndrome« gleichwertig erscheinen; man versucht, Syndrome zu *synthetisieren*. Weder die Differenzierungstheorie, noch die Unterscheidung von System und Lebenswelt eignen sich aus der Perspektive für Thesen, die einzelnen Funktionssystemen, Sozialisationsmustern, Organisationen oder Gruppen Führungs- oder Repräsentationsrollen zuschreiben könnten. Für den Fall der luhmannschen Differenzierungstheorie gilt das schon aufgrund der theoretischen Vorannahmen. Doch auch für die Kolonialisierungsthese gilt, dass damit gerade nicht ein Teil der Gesellschaft gemeint ist, der über den Rest zu regieren beginnt, sondern ein allgemeines *Prinzip*, das verständigungsorientiertes Handeln in den Hintergrund drängt.

Sowohl System als auch Lebenswelt sind Kollektivsingulare, die es der Soziologie sehr schwer machen, den kritischen Finger auf einen verursachenden Teil, sei es Monetarisierung oder Verrechtlichung, alleine zu richten. Man beachte hierbei die zeitdiagnostischen Wendungen der Kolonialisierungsthese, wie sie bei Bell oder Sennett zu finden sind. Für Bell ist es, trotz ausformulierter Vorbehalte, letztlich die *Politik als Cockpit der Gesellschaft* auf die es ankommt. Für Sennett ist es die flexibilisierte Wirtschaft, die in die Köpfe und Lebensläufe dringt – die routinisierte Bürokratie kommt nicht einmal ansatzweise zur Sprache. Gesellschaftstheorien, so könnte man schlussfolgern, unterscheiden sich von Zeitdiagnosen also nicht nur in ihrem universalistischen Interesse am Neuen, sondern auch darin, dass sie *sachlich generalisierend* argumentieren. Zeitdiagnosen konzentrieren sich demgegenüber auf Beschreibungen von partikularen Transformationen, die qua Ausdehnung oder Dominanz den Keim der Globaltransformation in sich tragen. Dies gilt auch für die Zeitdiagnose »Risikogesellschaft«, die im strengen Sinne zwar keine Dominanzverhältnisse postuliert, aber eben auch kein aussagekräftiges, generelles Transformationsprinzip formulieren kann – die Formeln »Reflexivität« oder »zweite Moderne« integrieren partikulare Trends ja lediglich durch die Behauptung, dass sich darin die Freisetzung früherer Möglichkeiten manifestiert.

Ein berechtigter Einwand gegen diese Unterscheidung in der Sachdimension könnte nun lauten, dass damit nicht zwei Genres getrennt werden, sondern lediglich festgestellt wird, dass Zeitdiagnosen keine Differenzierungstheorien sind. Dieser Einwand muss ernst genommen werden und könnte am ehesten dann entkräftet werden, wenn man die Anzahl der untersuchten Gesellschaftstheorien vergrößern würde. Allerdings stellt sich hier die Frage, welche heute diskutierten Gesellschaftstheorien sachlich partikularistische Dominanzverhältnisse postulieren? Zu denken wäre zunächst einmal an Rehabilitierungsversuche des Marxismus, allerdings mit der Einschränkung, dass auch aus dieser Perspektive die gesellschaftsweite Dominanz der kapitalistischen Produktionsverhältnisse und der sie tragenden Klassen nichts Neues ist und auch neue globale Verteilungskämpfe nur Anschauungsbeispiele eines historisch generalisierten Klassenkampfes sind. Ein weiterer Kandidat wäre Bourdieu. Auch wenn dieser keine soziologische Interpretation des gesamten Geschichtsprozesses von archaischen bis zu modernen Gesellschaften vorschlägt, so müsste dieser Großentwurf an dem Punkt berücksichtigt werden, an welchem er als Dominanzthese gelesen werden *könnte*: mit Bezug auf das Feld der Macht, in welchem die »Umrechnungskurse« zwischen den übrigen Kapitalsorten austariert werden, mit Bezug auf das ökonomische Feld, welchem Bourdieu wichtige Teile seiner Terminologie entnimmt und schließlich mit Bezug auf die Klassentheorie, die sich herrschende und beherrschte Strata vorstellen kann.

Auch mit Blick auf diese potentiell dominanten Kandidaten gibt es gute Gründe anzunehmen, dass die parallele Handhabung von Klassen- und Feldtheorie bei Bourdieu jede Möglichkeit konterkariert, an ein dominantes Feld oder eine dominante Klasse zu denken, die die Gesellschaft quasi in sich repräsentiere (Kieserling, 2008). Es gibt bei Bourdieu zwar die Vorstellung, dass bestimmte Felder gegenüber der Schichtungsstruktur *autonomer* seien als andere. Allerdings denkt Bourdieu dabei an die Felder, bei denen besonders wenig Laienbeteiligung vorgesehen ist, also Wissenschaft und abstrakte Kunst. Das wissenschaftliche und künstlerische Spitzenpersonal kann somit die Gesellschaft in ihrer Gesamtheit eher repräsentieren, als beispielsweise Manager, Politiker oder Journalisten und ist deshalb auch eher dazu prädestiniert, sich in Intellektuellenrollen an die breite Öffentlichkeit zu wenden (Bourdieu, 1991). Von da aus kommt man aber nicht zu einem gegenwärtig sich vollziehenden Wechsel oder einer gerade ablaufenden Inversion früherer Dominanzverhältnisse – ob sie nun Klassen betreffen oder Felder. Auch bei Bourdieu findet sich, jedenfalls auf den ersten Blick, keine zeitdiagnostische Nussschale sozialen Wandels. Am ehesten finden sich Aussagen dieser Art im Spätwerk *Das Elend der Welt* (Bourdieu et al., 2005). Allerdings ist die hier anzutreffende zeitdiagnostische Neoliberalismuskritik zumindest zum Teil auch dem Format geschuldet, dessen expliziter Anspruch es war, eine außerakademisch breit verständliche Analyse anzufertigen.

Dies miteingerechnet, scheint es sich bei Bourdieus Œuvre um ein zweispuriges Unterfangen zu handeln, in welchem Zeitdiagnose und Gesellschaftstheorie zwar beide ihren Platz finden, aber je nach Werken unterschieden. Eine ähnliche Struktur scheint sich auch bei Ha-

7.3. Sachlicher Partikularismus und sachliche Generalisierung

bermas anzudeuten. Auch hier gibt es eigene zeitdiagnostische Werke, die dem Komplexitätsgrad der Theorie im Übrigen nicht folgen und explizit als gesondertes Format – beispielsweise als Essay – markiert werden (z.B. Habermas, 2003). Georg Lohmann (1994, p. 285 ff.) spricht im Zusammenhang mit Habermas auch von einer »indirekten« Zeitdiagnose. All dies ändert an der grundsätzlichen Differenzierung der Genres nichts, denn zwischen Gesellschaftstheorie und Zeitdiagnostik unterscheiden zu können impliziert nicht, dass den jeweiligen Genres auch Autoren *exklusiv* zuordenbar sind.

Undeutlicher ist die Lage zugegebenermaßen beim foucaultschen Gouvernmentalitätskonzept, welches aus der Vogelperspektive sowohl als (soziologische?) Interpretation des Geschichtsprozesses als auch als These eines gegenwärtig neuen Dominanzverhältnisses, in diesem Fall eines Disziplinierungs- und Regierungstyps, interpretierbar wäre (Foucault, 2004a; Foucault, 2004b). Der Begriff ist bekanntlich »neoliberale Gouvernementalität«. Liest man Foucault aber als Zeitdiagnostiker, muss man sich zwangsweise die Frage stellen, wie man sich die Gegenwart überhaupt als Bruch mit Vergangenem vorstellen kann, wenn die gesamte Geschichte lediglich als Abfolge arbiträrer Diskurse verstanden wird, zwischen denen kein erkennbarer Zusammenhang besteht, außer die Unterstellung eines generellen macchiavellistischen Willens zur Macht (Habermas, 1986). All das sind aber lediglich oberflächliche Sondierungen, die zwar die Frage nach einem klaren Unterscheidungskriterium in der Sachdimension nicht klären, aber zumindest andeuten, welche Schritte diesbetreffend noch zu unternehmen sind.

Am schwierigsten ist aber die Benennung eines klaren Unterscheidungskriteriums zwischen den beiden Genres in der Sozialdimension. Hier habe ich vorgeschlagen, den gemeinsamen Bezugspunkt unterschiedlicher zeitdiagnostischer Topoi als Invisibilisierung des Beobachters zu fassen, der die Ungleichzeitigkeit gleichzeitig vorhandener Beobachtungen beobachtet. Vor diesem Hintergrund erscheinen zwei Topoi als funktional äquivalent: Man kann anderen Beobachtern die Verwendung veralteter Begriffe vorwerfen oder unterstellen, dass es die neuen Strukturen selbst sind, die ihre eigene Sichtbarkeit verschleiern. Bei beiden Topoi geht es um Latenzbehauptungen und genau darin liegt das Problem in der Unterscheidung der beiden Genres. Es ist nämlich durchaus plausibel, das sozialwissenschaftliche Erkenntnisinteresse generell auf latente Strukturen zu beziehen. Was an Strukturen manifest ist, bedarf einer weiteren Behandlung nur dann, wenn inkongruente Perspektiven eröffnet werden. Bourdieus oben bereits dargestellte Vorbehalte gegen Spontansoziologie explizieren diesen Punkt recht deutlich. Es überrascht daher wenig, dass auch Habermas und Luhmann ihre Thesen mit Latenzbehauptungen spicken, ja sogar von denselben Topoi Gebrauch machen, die bei zeitdiagnostischer Argumentation zum Tragen kamen.

Bei Habermas ist der dafür verwendete Begriff die »Fragmentierung des Alltagsbewußtseins« (Habermas, 1981b, p. 521 f.). Die Grundthese ist dabei, dass die von Kolonialisierung durch das System bedrohte Lebenswelt diese Pathologie aus strukturellen Gründen nicht sehen oder zumindest nicht wirksam bekämpfen kann. Die Rationalisierung der Lebenswelt bewirkt nämlich die Ausdifferenzierung von Wissenschaft, Moral und Kunst, die allesamt dem natürlichen Traditionsstrom der Alltagserfahrung entfremdet sind. Was bleibt sind zersplitterte Expertenkulturen, die zu einer im Alltag anschlussfähigen Kritik moderner Pathologien gar nicht mehr fähig sind. Die Wissenschaft entfernt sich von den großen kosmologischen Fragen, die Philosophie beschränkt sich auf verallgemeinerungsfähige Aspekte – von praktischen Fragen nach der Möglichkeit eines guten und erfüllten Lebens stellt diese auf abstraktere Probleme wie Gerechtigkeit um. Die Kunst schließlich entfernt sich von allen alltäglichen Nützlichkeits- und Schönheitsvorstellungen und feiert eine räumlich und zeitlich ungebundene Subjektivität.

Die Weltabgewandtheit von ausdifferenzierter Wissenschaft, Philosophie und Kunst verhindert somit, dass die Lebenswelt einen schützenden Panzer gegen systemische Imperative aufbaut. Wie bei Postman oder Riesman gilt auch hier, dass die neue Struktur sich selbst verschleiert. Von da aus kann Habermas für eine doppelte Kritik plädieren. Die kritische Soziologie muss neben dem Aufdecken von Kolonialisierungstendenzen auch diejenigen Strukturen kritisieren, die diese Kolonialisierungstendenzen verdecken, vornehmlich also diejenigen sozialwissenschaftlichen Paradigmen, die »komplexe Gesellschaftssysteme nur unter jeweils einem abstrakten Aspekt zum Gegenstand erheben, ohne sich (...) über die geschichtliche Konstitution ihres Gegenstandsbereichs Rechenschaft abzugeben« (Habermas, 1981b, p. 550). Auch hier scheinen neuere Entwicklungen eine neue Soziologie zu brauchen – »nicht-objektivistische« humanwissenschaftliche Forschungsansätze, die Wahrheitsansprüche mit moralisch-ästhetischer Kritik kombinieren können (Habermas, 1981b, p. 585).

7.3. Sachlicher Partikularismus und sachliche Generalisierung

Die luhmannsche Latenzbehauptung baut, anders als die von Habermas, nicht auf der strukturellen Unsichtbarkeit der Strukturen, sondern auf der Kritik veralteter Beobachtungsschemata auf – der Begriff ist »alteuropäische Semantik«. Der Topos findet sich verstreut an vielen Stellen der Theorie, weshalb ich hier lediglich auf die kompakteste Behandlung verweisen will (Luhmann, 1997, p. 893 ff.). Die Grundüberlegung ist dabei, dass sich die funktional differenzierte Gesellschaft mit Begriffen beschreibt, die eigentlich nicht mehr zu ihrer Struktur passen. Ob es das Denken in Ontologien, das Teil-Ganzes-Schema, die Ethik, den Subjekt- oder Kulturbegriff, die Vorstellung der Zeit als Bewegung, das Zweck-Mittel Denken o.ä. betrifft: die moderne Gesellschaft nutzt das begriffliche Potential nicht, welches ihre Struktur bereits zur Verfügung stellt. Wenn Luhmann von alteuropäischen Semantiken spricht, dann ist damit also keine rein historische Beschreibung intendiert, sondern vorrangig eine Kritik am Begriffskonservativismus moderner Sozialwissenschaft, die sich von ihrem überlieferten Erbe nicht trennen kann, weil sie, sei es auch nur in der Negation der alten Vorstellungen, ständig mit ihnen arbeitet (Luhmann, 1997, p. 894). Auch bei Luhmann lautet der Vorschlag: eine neue Soziologie muss her! Eine, die mit hergebrachten Selbstverständlichkeiten bricht, absichtlich mit Paradoxierungen operiert, um zu neuartigen Lösungen zu kommen und dabei radikal konstruktivistisch ist (Luhmann, 1997, p. 1133 ff.). Und letztlich, wie bei Habermas, dass eine solche Soziologie reflexiv ausformuliert sein muss: dass sie also ihre eigene Dekonstruierbarkeit mitreflektieren können muss. Die daran folgenden Ausführungen machen klar, dass mit dieser neuen Soziologie nur die eigene Theorie gemeint sein kann. Für die Moderne fehlen bis auf weiteres die ihrer Komplexität entsprechenden Konzepte, denn:

> »Strukturelle Umbrüche des Ausmaßes, das wir hinter uns haben, sind nie im Vollzuge beobachtet und beschrieben worden; es sei denn unter völlig inadäquaten Begriffen und im Rückblick auf eine zerfallende Tradition.« (Luhmann, 1997, p. 1142)

Die beiden hier diskutiertes Ansätze arbeiten also in ihren Beschreibungen in ähnlicher Weise mit der Konstruktion von Latenzbereichen sozialen Wandels und bedienen sich dabei derselben Topoi, wie ich sie für zeitdiagnostisches Argumentieren herausgearbeitet habe. Gleichwohl ließen sich auch in diesem Punkt einige Unterschiede zwischen den beiden Genres bezeichnen. Wenn man an die Latenzunterstellungen der Zeitdiagnosen denkt, so deutet sich an, dass die dahinterstehende Ungleichzeitigkeit des Gleichzeitigen als Anlassfall für gesellschaftsinterne *Konflikte* herangezogen wird. Es gibt dann nicht nur Theorien, die in der Gegenwart nicht zur Gegenwart passen, sondern auch Gruppen, die »von gestern« sind und mit neuen Gruppen kämpfen, die die Zeichen der Zeit bereits erkannt haben.

Recht deutlich ist dieses Argumentationsschema bei Beck zu beobachten, der sich eine risikogesellschaftliche Avantgarde in Form von neuen sozialen Bewegungen vorstellen kann, die gegen die ewig gestrigen Technokraten zu Felde zieht. Auch bei Riesman gibt es Gruppen, die eher zur Gegenwart passen als andere – ihr Verhältnis zu einander ist eines der Unter- und Überordnung, also zumindest konflikt*trächtig*. Ob es sich dabei um einen einheitlich interpretierbaren Konflikt handelt ist aber schwer zu sagen, denn mal sind die fremdgeleiteten Menschen den innengeleiteten überlegen (v.a. bezüglich ihrer Stellung im Schichtungsgefüge), mal sind es die innengeleiteten, die die Regeln vorgeben (Politik, Massenmedien). Abgesehen davon kämpfen fremdgeleitete Menschen generell ungern mit anderen und passen sich gerne auch innengeleitetem Moralisieren an. Es handelt sich also um einen sehr pazifizierten Konflikt, der, gesetzt den Fall es kommt weder zu Massenimmigration noch zum Anstieg der Bevölkerungskurve, mit der Zeit vollends auskühlen wird. Einige Stellen bei Bell sind ebenfalls als Konflikt gleichzeitig vorhandener, aber aus unterschiedlichen Zeiten stammender Gruppen interpretierbar. Zu denken wäre an Konflikte zwischen meritokratisch argumentierenden Eliten und auf Fairness pochenden *pressure groups*, wobei letztere die neue Politisierung der Gesellschaft idealtypisch verkörpern. Ein anderes Beispiel wären Konflikte zwischen traditionellen Gewerkschaften und den neuen *white collar*-Beschäftigten, die sich durch erstere nicht mehr vertreten fühlen. Doch schon bei Postman ist dieser Zug zeitdiagnostischen Argumentierens nicht mehr so deutlich erkennbar, denn erstens wurde in seinem Konzept die Schriftkultur von der neuen Fernsehkultur bereits hinweggefegt und zweitens deutet Postman nicht an, dass diesem Sieg ein Konflikt zwischen Trägergruppen vorausgegangen wäre. Auch mit Sennett lässt sich nur bei einer sehr phantasievollen Interpretation von einem Konflikt alter und neuer Gruppen sprechen. Der Konflikt spielt sich hier eher in den Persönlichkeitsstrukturen von Individuen ab, die auf Flexibilisierungsansprüche

7.3. Sachlicher Partikularismus und sachliche Generalisierung

mit einer Art Neo-Koservativismus oder Betroffenheitssolidarität antworten.

Aussagen über einen klaren Unterschied der beiden Genres sind in der Sozialdimension also nur mit Vorbehalten formulierbar. Eine Hypothese könnte aber sein, dass Gesellschaftstheorien davon absehen, den von ihnen unterstellen Latenzbereichen sozialen Wandels ein gesellschaftsinternes Korrelat in Form von Konflikten zuzuschreiben. Wäre Habermas in dieser Hinsicht Zeitdiagnostiker, müsste er behaupten, dass es in der Gesellschaft Gruppen oder Klassen gäbe, die Pathologien richtigerweise als Kolonialisierung der Lebenswelt durch das System sehen und solche, die bei alten Formen der Gesellschaftskritik, beispielsweise dem Marxismus, bleiben. Das Aufeinanderprallen dieser beiden Kritikformen wäre dann ein Konflikt zwischen gleichzeitig vorhandenen, aber aus unterschiedlichen Zeiten stammenden Selbstthematisierungen der Gesellschaft. Bezeichnenderweise argumentiert Habermas anders. Zwar lassen sich neue Protestformen (Ökologie, Feminismus) und damit verbundene Konflikte als Widerstand gegen Kolonialisierungstendenzen lesen, entstehen also, um mit Habermas zu sprechen, »an den Nahtstellen zwischen System und Lebenswelt« (Habermas, 1981b, p. 581), doch entspricht diese Deutung weder dem Selbstverständnis der Beteiligten, noch dem Selbstverständnis ihrer Gegner. Wenn man so will, gehen die Demonstranten zwar mit den richtigen Themen auf die Straße, doch ihre Parolen sind von (vor)gestern. Neue Formen des Protestes werden also mit Argumenten geführt, die mit der Theorie kommunikativen Handelns nichts zu tun haben. Kritisiert wird bürokratische und ökonomische Rationalität ohne die dadurch ermöglichten Komplexitätssteigerungen mitzureflektieren (Habermas, 1981b, p. 583) und, so müsste man hinzufügen, ohne mitzureflektieren, dass sowohl »Neoliberalismus« als auch sozialstaatlich dirigierte Umverteilung lediglich zwei Seiten ein- und derselben Medaille sind.

Auch Luhmann findet, seine eigene Theorie ausgenommen, in der Gesellschaft kein konfliktfähiges Bollwerk gegen die Semantik Alteuropas. Mir ist jedenfalls keine Stelle der Theorie bekannt, an der ein *gesellschaftsweiter* Konflikt zwischen systemtheoretisch reflektierten und alteuropäisch denkenden Gruppen, Organisationen oder Reflexionstheorien behauptet würde. Und selbst wenn sich die Selbstthematisierung der Gesellschaft in ferner Zukunft ihrer überkommenen Wurzeln entledigen könnte, hätte man dadurch zunächst nur eine neue Basis sozialwissenschaftlichen Denkens, die sich gegen wissenschaftli-

Kapitel 7. Zeitdiagnosen und Gesellschaftstheorien

che Alternativen durchsetzen müsste – daraus abgeleitete außerwissenschaftliche Konflikte wären aus differenzierungstheoretischer Sicht purer Zufall oder zumindest sehr unwahrscheinlich.

In diesem Sinne verweisen die Latenzbehauptungen bei Habermas und Luhmann nicht auf eine Invisibilisierung ihres Beobachtungsstatus. Ich hatte oben bereits festgestellt, dass die Behauptung von Latenzbereichen in Zeitdiagnosen stets die Frage unbeantwortet lässt, aus welcher Perspektive gleichzeitig Vorhandenes als ungleichzeitig erscheint. Der Schluss von Latenzen auf Konflikte ist dabei eine Art Ersatz für die Explizierung des eigenen Beobachtungsstatus: Dass unterschiedliche Gruppen oder Persönlichkeitsstrukturen aus unterschiedlichen Zeiten kommen, sähe man daran, dass sie sich gegenwärtig nicht vertragen. Gesellschaftstheorien scheinen auf solche *prima facie*-Absicherungen nicht zurückzugreifen. Die Ungleichzeitigkeit des Gleichzeitigen beschränkt sich hier auf den Unterschied zwischen bislang üblichen (sozialwissenschaftlichen oder alltäglichen) Gesellschaftsbeschreibungen und den neuen Theorien selbst. Sie haben *als Theorien* in der Gegenwart die *gesamte alte Welt* gegen sich.

Der gesellschaftstheoretische Beobachter macht seine Position dadurch recht klar: er stellt die Welt auf den Kopf, muss dann aber auf Verbündete verzichten, die im Kampf mit alten Strukturen die Theorie plausibilisieren. Die Ungleichzeitigkeit des Gleichzeitigen heißt dann lediglich, dass die Rezeption einer Theorie von morgen heute sehr unwahrscheinlich ist. Das scheint der Preis eines Paradigmenwechsels zu sein. Dennoch bleibt festzustellen, dass all diese Unterscheidungskriterien nicht bruchlos durchgehalten werden können. Allein schon deshalb nicht, weil nicht einmal die wenigen hier analysierten Zeitdiagnosen Latenzen sozialen Wandels durchgängig zu Konflikten addieren. Aus diesem Grund scheint es sinnvoller, den Unterschied zwischen den beiden Genres in der Sozialdimension nicht allein textintern nachzuweisen, sondern mit einem Modell der Systemdifferenzierung zu arbeiten. Damit komme ich zurück an den Ausgangspunkt der Arbeit, also zur Frage, ob öffentliche Soziologie nicht vornehmlich durch den Bezug zu Massenmedien definiert werden sollte.

8 Zeitdiagnosen als medialisierte Intellektuellendiskurse

8.1 Zeitdiagnosen und die Selektionskriterien der Massenmedien

Mit der textimmanenten Unterscheidung zwischen Gesellschaftstheorien und Zeitdiagnosen ist ein erster Schritt in Richtung einer wissenssoziologischen Analyse von Zeitdiagnostik getan. Eine solche Analyse muss aber nach sozialstrukturellen Gründen dieser Unterscheidung fragen. Wir können hierfür zunächst die beiden Arten der Selbstthematisierung der Gesellschaft vergleichen und sehen am klarsten in der Zeitdimension, aber ansatzweise auch in der Sachdimension große Unterschiede. Geht es aber um die Sozialdimension, lässt sich eine eindeutige Unterscheidung nicht mehr bruchlos durchhalten. Doch auch wenn man nur die beiden anderen Sinndimensionen vergleicht, kann der zweite Analyseschritt getan werden. Die Sozialdimension verschwindet dann nicht als Analyseinstrumentarium, sondern bekommt im Schema eine neue Bedeutung. Sie dient dann als Beobachtungsstandpunkt, von dem aus die Zeit- und die Sachdimension miteinander verglichen werden. Es geht dann um die Frage, ob sich Zeitdiagnose und Gesellschaftstheorie anhand des *System- und Publikumsbezugs* unterscheiden lassen können. Dies ist der Kern des im ersten Teils der Arbeit kurz erläuterten Vorschlags von Peters und Kieserling, der darin besteht, Zeitdiagnosen einerseits durch ihre Distanz zu wissenschaftlicher und andererseits durch ihre *Nähe* zu massenmedialer Argumentationsführung zu definieren. Es bestünden *Ähnlichkeiten* zwischen zeitdiagnostischen Krisen- bzw. Schwellendebatten und den Nachrichtenwerten der Massenmedien[1].

Tatsächlich lässt sich mit Blick auf die zeitdiagnostischen Topoi der Zeit- und Sachdimension bestätigen, dass sie funktional äquivalent im Bezug auf ihren Nachrichtenwert sind. Für die Zeitdimension ist das evident: Die Gegenwart als Ort des Strukturwandels zu fas-

---

1 | Zur Nachrichtenwerttheorie siehe als Standardwerk z. B. Galtung/Ruge (1965).

sen, ist hier die Grundlage für ein partikularistisches Interesse am Neuen. Der Zeitaspekt sozialen Wandels kommt in Zeitdiagnosen als *Diskontinuität* vor und entspricht somit dem auch ansonsten in den Massenmedien üblichen Interesse am Überraschungswert einer Information (Luhmann, 1996, p. 58 f.). Altes aus neuen Blickwinkeln zu untersuchen, reicht hier nicht aus: das Phänomen selbst muss neu sein. Für die Sachdimension ließe sich aus der Perspektive dasselbe Kopieren massenmedialer Selektionskriterien erwarten. Man könnte dementsprechend bei Zeitdiagnosen in der Sachdimension das Betonen von *Negativitäten* annehmen. Beck, Postman und Sennett sind sicherlich gute Beispiele für Alarmismus, doch schon bei Riesman und Bell zeigt sich, dass Zeitdiagnosen neuen Trends durchaus auch Positives abgewinnen können.

Die Übernahme massenmedialer Selektionskriterien geschieht in der Sachdimension also nicht zwangsweise durch apokalyptische Szenarien, sondern eher dadurch, dass hier kleinteilige Trends als Belege für gesamtgesellschaftliche Umbrüche beschrieben werden. Die Trends können *unverbunden* nebeneinander stehen und zeigen in einigen wenigen Teilen, was für das Ganze gilt. Genau das charakterisiert Peters (2007, p. 169) als den eigentümlichen »Syndrom«-Stil der Zeitdiagnosen: die bloße Bündelung von Phänomenen, die keiner Kohärenzprüfung unterzogen werden müssen. Dadurch ist es möglich, Zeitdiagnosen entlang *aktueller öffentlicher Debatten* zu entwerfen. Wie für den Fall der »Risikogesellschaft« gezeigt wurde, kann jeder Trend inkorporiert werden, solange er nur neu ist. Es ist dann zweitrangig, ob das generelle Argumentationsmuster nach dem Prinzip *primus inter pares* oder *pars pro toto* läuft. Denn auch wenn Trends beschrieben werden, die dem Grundkonzept zuwiderlaufen, kann immer noch behauptet werden, dass beides gleichzeitig zutrifft: einerseits so, aber andererseits auch ganz anders.

In der Sachdimension werden die Selektionskriterien der Massenmedien also weniger durch die Beschreibung gesamtgesellschaftlichen Unheils und Normverletzungen kopiert, als vielmehr durch die Möglichkeit, qua Bezeichnung von unverbundenen Syndromen schnell auf Aktuelles reagieren zu können. Es ist also nicht weiter verwunderlich, dass Becks *Risikogesellschaft* in der Selbstbeschreibung »aus gegebenem Anlaß« formuliert wurde (Beck, 1986, p. 7). Um es mit Kieserling (2004, p. 39 f.) auszudrücken: da Zeitdiagnosen nicht bereit sind, Negativismus in Form kritischer Theorien zu betreiben, müssen Diskontinuitäten umso stärker hervorgehoben werden. Es handelt sich aber nicht zur Gänze um ein Zeitproblem, denn von der Lokalisierbarkeit der Makrotrends in besonders bezeichnenden aktuellen Syndromen ist es nicht weit zu dem, was in der Nachrichtenwerttheorie »lokaler Bezug einer Information« genannt wird (Luhmann, 1996, p. 60). Die Fremdgeleitetheit kann man an der eigenen Erziehung oder der Erziehung der eigenen Kinder ablesen; dass es auf *blue collar*-Arbeit nicht mehr ankommt, sieht man an der eigenen Karriere; die Risikogesellschaft lauert in Form des nahegelegenen Kernkraftwerks quasi um die Ecke; das Fernsehzeitalter sieht man in jeder Talkshow; die Flexibilisierung des Lebenslaufs zeigt sich jeden Tag im Büro. Das Erkennen von Neuheiten erfordert also auch hier vertraute Kontexte (Luhmann, 1996, p. 59).

In diesem Sinne ist es nicht weiter überraschend, dass in den hier analysierten Werken betont wird, dass man nicht über globale Transformationen, sondern über »speziell amerikanische« oder »speziell deutsche« Trends spricht, die aber wiederum als Anzeichen überregionaler Strukturveränderungen herangezogen werden (z. B. Riesman (1953, p. 35), Bell (1973, p. 15 ff.), Postman (1985, p. 8), Beck (1986, p. 12)[2]). Trotz der Gefahr, hiermit allzusehr in einfache Gattungslogiken zurückzufallen, fällt doch auf, dass solche Syndrome zugleich Lokales beschreiben und als eine Art »Avantgarde«-Trend gelten können: bislang nur in kalifornischen Mittelschichtenhaushalten oder bei deutschen Anti-Atom-Kundgebungen zu beobachten, aber demnächst auch in Ihrer Nähe! Es wäre in diesem Kontext nicht ganz abwegig an den lokalen Bezügen der Diagnosen gleichzeitig ihren Milieubezug ablesen zu wollen. All das darf jedoch nicht darüber hinwegtäuschen, dass der lokale Bezug nur in Relation zur gesellschaftstheoretischen Selbstthematisierung von Gesellschaft besonders hervorsticht. Im Vergleich zu tagesaktuellen Meldungen einer Regionalzeitung handelt es sich bei Zeitdiagnosen um hochabstrakte Analysen.

Der These von der Übernahme massenmedialer Selektionskriterien müssen nun einige wichtige Klarstellungen hinzugefügt werden. *Erstens* muss betont werden, dass mit Blick auf die Nachrichtenwerttheorie in der Sozialdimension eigentlich von einer Betonung von Konflikten ausgegangen werden müsste (Kieserling, 2004, p. 40). Dies spielte zumindest in den hier analysierten Werken aber eine eher untergeordnete Rolle – es sei denn, man fasst jede Form von Ungleichzei-

---

2 | Sennett behandelt diese Frage zwar nicht gesondert, doch beinahe alle Flexibilitätssyndrome, die er im Sinne hat, werden anhand persönlicher amerikanischer Karrieregeschichten der 1990er Jahre illustriert.

tigkeit des Gleichzeitigen als potentiell konflikträchtig im Sinne eines drohenden Kampfes zwischen neuen und alten Trägergruppen auf. Auch die für massenmediale Kommunikation charakteristische Betonung von Quantitäten war kein herausstechendes Merkmal der hier diskutierten Zeitdiagnosen. Am ehesten kam dieser Aspekt bei Bell zum Tragen – in den anderen Fällen beschränkte sich das Argumentieren in Quantitäten eher auf relative Bedeutungszunahmen einzelner Syndrome im Sinne eines »mehr als je zuvor«. In diesen, wie in den Fällen anderer massenmedialer Selektionskriterien gilt jedoch, dass nicht *alle* potentiell infrage kommenden *news values* durchgespielt werden müssen, um einer Nachricht Informationswert zu verleihen. Im Gegenteil: Eine Nachricht, die nach Maßgabe aller verfügbaren Nachrichtenwerte ausgewählt würde, bekäme einen Zug ins Groteske. Man ist in der Analyse besser damit beraten, einzelne Nachrichtenwerte als funktionale Äquivalente mit unterschiedlichen Folgen zu betrachten.

Zweitens ist mit Nachdruck darauf hinzuweisen, dass das Bedienen massenmedialer Selektionskriterien zur Beschreibung gesellschaftlicher Strukturbrüche nichts über die massenmediale Rezeption der Zeitdiagnosen aussagt. Ob eine Zeitdiagnose tatsächlich weite öffentliche Verbreitung erlangt, liegt nämlich nicht nur an der gekonnten Verwendung bestimmter Argumentationsmuster. Was genau den Erfolg solcher Werke ausmacht, muss stets mit einer hohen Sensibilität für den konkreten Fall beantwortet werden. Vergleichsstudien wie McLaughlins Gegenüberstellung des Aufstiegs von Derrida mit dem Fall des Erich Fromm deuten aber einige, wenn auch schwer operationalisierbare, so doch ansatzweise generalisierbare Faktoren für den öffentlichen Erfolg von Intellektuellendiskursen an (McLaughlin, 1998). Zu denken wäre an Faktoren wie das generelle kulturelle Klima einer bestimmten Zeit, den Habitus der kulturkonsumierenden Schichten, die Rezeption der jeweiligen Diagnose an prestigeträchtigen Universitäten sowie persönliche Netzwerke zwischen Intellektuellen, dem akademischen Spitzenpersonal, Redakteuren und Verlegern. Persönliche Eigenschaften, z. B. in Form von Starallüren dürfen in diesem Kontext genausowenig übersehen werden wie eine gewisse Portion Glück, die beispielsweise die Katastrophe von Tschernobyl im selben Jahr passieren ließ wie die Erstausgabe der *Risikogesellschaft* oder die erste Ölkrise im selben Jahr wie die Erstausgabe von Bells postindustrieller Gesellschaft.

Drittens muss die Struktur unterschiedlicher Formate beachtet wer-

8.1. ZEITDIAGNOSEN UND DIE SELEKTIONSKRITERIEN DER MASSENMEDIEN

den. Klar ist, dass wenn Zeitdiagnosen in Massenmedien breit diskutiert werden, dies meist in Form des Feuilletonartikels geschieht und nicht im serienmäßigen Abdruck der ursprünglichen Monographie. Zwischen diesen beiden Formaten ist ein Komplexitätsgefälle zu erwarten, dass hier aber nicht gesondert behandelt wurde. Dies deshalb nicht, weil allein anhand des Feuilletons Grenzen zwischen Genres gar nicht herausgearbeitet werden können. Im Feuilleton kann sowohl über soziale Probleme, als auch über Zeitdiagnosen, ja sogar über Gesellschaftstheorien so diskutiert werden, als handele es sich in jedem dieser Fälle um Nachrichten mit Informationswert[3].

Der springende Punkt der vorangegangenen Überlegungen war aber, dass in Zeitdiagnosen die Selektionskriterien der Massenmedien als Grundlage der *primären* Wissensproduktion dienen oder, um es in der Sprache des Medialisierungsansatzes zu sagen: nur hier kann zwischen esoterischem Kern der Wissensproduktion und den Programmen massenmedialer Kommunikation nicht prinzipiell unterschieden werden. Dies erfährt man aber nur durch den Blick in die Monographie. Mit dem Blick in den Feuilleton erfährt man lediglich, dass Massenmedien so selegieren, wie man es von ihnen auch erwartet hätte. In diesem Fall kann man »Distanzverluste« zwischen Herstellung und massenmedialer Darstellung wissenschaftlichen Wissens messen – genau das Fehlen dieser Distanz macht aber Zeitdiagnosen aus, genau das definiert sie aus einer wissenssoziologischen Perspektive. Dies verbietet natürlich nicht, dass man auch in diesem Fall das Verhältnis von ursprünglicher Publikation und massenmedialer Aufarbeitung untersucht. Dafür wird man aber erstens andere Begriffe brauchen als »medialisierte Wissenschaft« und zweitens werden sich hier Fallstudien eher als Analyseinstrument eignen, als generalisierende Vergleiche. Dieser Schritt muss an der Stelle jedoch Folgestudien überlassen werden.

Eine Wissenssoziologie, die nach Funktionssystembezügen der Selbstthematisierung von Gesellschaft fragt, ist keine Rezeptionsforschung und kann also auch nicht den Erfolg konkreter Zeitdiagnosen klären. Kausalurteile wären hier fehl am Platz und aus methodischen Gründen auch kaum formulierbar. Was aber gezeigt werden kann, ist dass das Kopieren massenmedialer Selektionskriterien die *Bedingung der Möglichkeit* einer Teilnahme an öffentlichen Debatten darstellt –

---

[3] Für den massenmedialen Umgang mit Gesellschaftstheorien siehe z. B. den Bericht über die Luhmann-Habermas Debatte im Spiegel (1971).

zumindest wenn die Autonomie der Massenmedien durch ausdifferenzierte Produzentenrollen gesichert ist. Zeitdiagnosen sind dann ein Beispiel dafür, dass es sich in Teilen der Soziologie nicht bloß um Darstellungsprobleme handelt, sondern um das Anwenden massenmedialer Selektionskriterien im Zuge der *Herstellung* von Wissen. Wenn dem so ist, dann sind Zeitdiagnosen weder medialisierte noch schlechte Wissenschaft. Diese Fassung wäre ein Kategorienfehler. Sie sind öffentliche Debatten mit einem exotischen Thema – der Gesellschaft in ihrer Gesamtheit – und einem noch *relativ* exklusiven Publikum – der Leserschaft mit tertiärer Ausbildung. Über den Erfolg der Zeitdiagnosen entscheiden in diesem Fall die Massenmedien und sind dabei von wissenschaftlich formulierbaren (und, wie oben an unterschiedlichen Fällen gezeigt wurde, deutlich *formulierten*) Einsprüchen weitestgehend unabhängig.

Der kritische Stachel einer solchen Wissenssoziologie besteht nicht in der Aufdeckung von Normverstößen durch Distanzverluste zu anderen Funktionssystemen, sondern darin, dass die Unterscheidung zwischen Zeitdiagnose und Gesellschaftstheorien in der Soziologie selbst nicht auffällt. Die daran anschließenden Fragen wären dann, wieso dem so ist und ob die fachinterne Parallelführung von gesellschaftstheoretischer und zeitdiagnostischer Selbstthematisierung der Gesellschaft nicht selbst wiederum funktionalisiert werden kann. Ich werde im folgenden Kapitel diesbetreffend drei Analyseebenen vorschlagen. Erstens, welche Leistungsbeziehungen zwischen Zeitdiagnosen und Gesellschaftstheorien vorliegen, zweitens, welche Leistung Zeitdiagnosen für die Soziologie als Fach haben könnten und schließlich drittens, ob man sich eine gesamtgesellschaftliche Leistung von Zeitdiagnostik vorstellen könnte.

8.2 Zur Leistung der Zeitdiagnosen

So wie die Rolle des öffentlichen Intellektuellen eine Option für die Selbstbeschreibung von Soziologen ist, so können und werden Zeitdiagnosen fachintern als Beiträge zur Soziologie gehandelt. Obwohl die Wissenssoziologie eine klare Differenzierung nahelegt, können Zeitdiagnosen nicht als massenmediale Selbstthematisierung der Gesellschaft gehandelt werden, ohne zu klären, wieso diese Fassung in der Soziologie noch relativ unüblich ist. Ein wichtiger Grund ist, dass das Fach noch immer *multiparadigmatisch* ist und auf lange Sicht auch bleiben wird. Dadurch kann die Differenzierung unterschiedlicher theoretischer Strömungen die Differenzierung von Systembezügen überschatten: Ob man sich zu zeitdiagnostischem Argumentieren hingezogen fühlt oder nicht, lässt sich in der Soziologie noch immer als Wahl zwischen unterschiedlichen wissenschaftlichen Paradigmen darstellen. Der Unterschied zwischen diametral entgegengesetzten Gesellschaftstheorien scheint nicht kleiner zu sein als der Unterschied zwischen Gesellschaftstheorien und Zeitdiagnostik. Wenn schon im Fach gleichzeitig Platz ist für Bourdieu, Habermas, *rational choice*, Systemtheorie, Foucault und *identity studies* – um nur einige wenige Angebote zu nennen, die in der Soziologie als »Theorien der Gesellschaft« gehandelt werden –, dann gibt es keine institutionellen Möglichkeiten, Riesman, Beck oder Sennett auszuschließen. Das riesige Angebot an Paradigmen führt also zu Insensibilitäten bezüglich Unterscheidungen, die sich nicht allein durch den Vergleich von Thesen treffen lassen. So stehen diverse zeitdiagnostische Deutungsangebote lediglich *neben* dutzenden anderen Theorien. Die Folge ist, dass man sich in der Soziologie auch dann zu anderen Deutungsangeboten verhalten muss, wenn sie streng genommen ein anderes Genre bilden und, wie in unserem Falle, systemexterne Selektionskriterien bedienen.

Was es der Soziologie zusätzlich schwer macht, Zeitdiagnostik von Gesellschaftstheorie zu unterscheiden ist der *Strukturwandel der Intellektuellenrolle*. Hier wird seit einiger Zeit ein Trend konstatiert, dem zufolge der institutionell ungebundene öffentliche Intellektuelle, grob gesagt also der gesellschaftskritische Feuilletonist und Literaturkritiker, vermehrt an Universitäten sein Auskommen findet (Jacoby, 1987; Michael, 2000; Posner, 2001; Joffe, 2003). Die zunehmende Expansion der Universitäten seit der Mitte des 20. Jahrhunderts ermöglichte Personen mit intellektuellen Aspirationen geregelte Einkünfte und vorhersehbare Karrierewege, die die Meinungspresse im Vergleich recht unattraktiv erscheinen ließen (Coser, 1965, p. 263 ff.). Der öffentliche Intellektuelle von ehedem, der, wie sein Publikum zwar gebildet, aber meist ohne formalen Bildungsabschluss war, verwandelte sich in den *akademischen Intellektuellen* mit Doktortitel und Professur. Dies führte jedoch nicht zu einer Entdifferenzierung der Rollen. Im Gegenteil: sie treten deutlicher hervor als noch zu der Zeit, als es zwischen akademischen und gebildeten öffentlichen Debatten noch einen fließenden Übergang gab (siehe Kap. 4.1.). Der akademische Intellektuelle muss also zwei unvereinbaren Rollensettings entsprechen. Er muss spezialisierter Fachmensch sein und gleichzeitig ein Laienpublikum mit thematisch breit angelegten Diagnosen versorgen:

> »The modern academic intellectual usually cannot, as earlier generations of intellectuals could and did, pitch his writing at a level accessible to a general audience yet does not strike the author's peers as lacking in rigor – he needs two styles of writing, one for the public and one for his peers. Tenure and the sheer size of an academic community have liberated academics from having to learn to communicate with anyone outside their ingroup. If they want to reach a broader audience, they must make an extra effort to do so.« (Posner, 2001, p. 53)

Für die Soziologie heißt das, dass der Zeitdiagnostiker im Grunde ein *Nebenerwerbsintellektueller* ist. Das Verwechslungspotential zwischen Zeitdiagnostik und anderen Genres entsteht somit auch deshalb, weil der Zeitdiagnostiker neben seinem Bestreben um öffentliche Aufmerksamkeit auch ein Fachkollege ist, der hochspezialisiertes, esoterisches Wissen produziert. Schon allein deshalb muss man ihn ernst nehmen, auch wenn es nur darum geht, sein öffentliches Engagement von seinen wissenschaftlichen Beiträgen zu unterscheiden. Dies ist – z. B. mit Blick auf Habermas, Bourdieu und Foucault – oft schwerer, als es der hier favorisierte Idealtyp nahelegt.

Die These von der Akademisierung der Intellektuellen ist vor allem auf den US-amerikanischen Kontext bezogen. In Europa mag das noch anders sein und hier gibt es sicherlich noch Reste des institutionell ungebundenen Intellektuellen, meist in der Person prominenter Kunstschaffender und betagter Ex-Politiker. Die hier diskutierten Zeitdiagnosen entsprechen dem Muster aber durchaus: die Autoren sind oder waren allesamt spezialisierte Professoren und Zeitdiagnostiker in einem[4]. Kurzum, es reicht nicht, Zeitdiagnosen einfach eine Nähe zu den Massenmedien und eine Distanz zur Wissenschaft zu attestieren. Massenmediale und wissenschaftliche Selbstbeschreibungen der Gesellschaft sind gezwungen aufeinander zu reagieren, weil auch erstere von einem Fachpersonal produziert werden. In diesem Sinne

---

4 | Dass der Trend zur Akademisierung der Intellektuellenrolle zunimmt, je mehr man sich dem 21. Jahrhundert nähert, zeigt das Faktum, dass Riesman als einziger der hier diskutierten Zeitdiagnostiker keine Dissertation geschrieben hatte. Siehe dazu auch Posner (2001, p. 30).

scheint sich die Frage aufzudrängen, ob man mit dem Wissen um Genre- und Systemgrenzen die Beziehung zwischen Zeitdiagnostik und Gesellschaftstheorie unter funktionalen Gesichtspunkten fassen kann.

Ein Vorschlag diesbetreffend lautet, dass es der Vorteil von Zeitdiagnostik sei, dass sie ein »besonders empfindliches Organ für die *Probleme* der modernen Gesellschaft besitzt, daß man aber die Gesellschaftstheorie braucht, wenn man angeben will, inwiefern es sich um die Probleme *der modernen Gesellschaft* selbst handelt« (Kieserling, 2004, p. 42, kursiv im Original). Dies scheint eine angemessene Beschreibung des Verhältnisses zu sein, wenn man sich vor Augen führt, dass wissenschaftliche Theorien, also auch Gesellschaftstheorien, eine selbstreferentielle Angelegenheit sind (siehe Kap. 7.). Sie interessieren sich vor allem dafür, was andere vor ihnen bereits an Wissen angehäuft haben und stellen dieses vor dem Hintergrund neuer Einsichten auf den Kopf. Sachlich Neues, also Neuheiten mit Informationswert, fallen da leicht unter den Tisch.

Zeitdiagnosen können also eine Art Korrektiv für die Selbstreferentialität von Gesellschaftstheorien sein. Die *Leistung* der Zeitdiagnostik für Gesellschaftstheorie wäre dann eine gesteigerte *Synchronisation* zwischen Soziologie als Wissenschaft und ihrer innergesellschaftlichen Umwelt. Dies kann über direkte Rezeption geschehen, wie beispielsweise dann, wenn sich Parsons über C. Wright Mills äußert (Parsons, 1957) oder Luhmann über die Postmoderne (Luhmann, 1997, p. 1143). Es kann aber auch dadurch geschehen, dass nicht die eigentliche Zeitdiagnose im Sinne einer abwägenden Umformulierung rezipiert wird, sondern Folgestudien ausgearbeitet werden. Was den *fachinternen* Erfolg von Zeitdiagnostik ausmacht, sind ja meist nicht die pointierten Thesen selbst, sondern der Umstand, dass man damit empirisch arbeiten kann. Riesman und Beck sind aus dem Bündel der hier diskutierten Werke sicherlich die besten Beispiele dafür, wie aus Zeitdiagnosen durchaus langjährige Forschungsprogramme entstehen können. Fremdgeleitetheit und Wertewandel kann man genauso methodologisch detailliert untersuchen, wie den Zerfall der Kernfamilie und Protestbewegungen. Von der eigentlichen Zeitdiagnose bleiben dann meist nur wenige einleitende Bemerkungen, aber es entstehen wahrheitsfähige Aussagen, die in Gesellschaftstheorien auch als solche verarbeitet werden können.

Ein funktionales Äquivalent zur Synchronisationsleistung ist somit, dass an Zeitdiagnosen orientierte Forschung Gesellschaftstheorien als

Empirieersatz dienen kann. Solange Gesellschaftstheorien nicht zu rein formalen Begriffsuniversen werden wollen, also eine empirische Plausibilität brauchen und sich ihre Thesen auch auf die moderne Gesellschaft beziehen müssen, können sie auf den methodologisch fassbaren Aspekt der Zeitdiagnosen nicht verzichten.

All dies ändert im Übrigen nichts daran, dass über den Erfolg von Zeitdiagnosen nur in Massenmedien entschieden werden kann. Es muss aber deutlich betont werden, dass Gesellschaftstheorien Massenmedien selbst nicht als funktionales Äquivalent für Zeitdiagnosen heranziehen können. Zeitdiagnostische Argumente eignen sich nämlich, im Unterschied zu Nachrichten, wenigstens im Prinzip für die Formulierung wahrheitsfähiger Aussagen. Soweit die Rolle des Wissenschafters und die des Zeitdiagnostikers noch in einer Art Personalunion vorkommen, sind Fragen nach der empirischen Überprüfbarkeit und der begrifflichen Klarheit berechtigt und von den Akteuren nicht mit dem Verweis auf den massenmedialen Erfolg abweisbar. Zeitdiagnostiker müssen damit rechnen, dass Kollegen vorbeikommen und genauer nachfragen. Zeitdiagnosen sind also, wie Peters (2007, p. 166 f.) betont, zwar ein Genre öffentlicher Deliberation, aber sie sind vergleichsweise quellengesättigt, vergleichsweise wenig sensationalistisch und sie werden Rede und Antwort stehen müssen, wenn fachinterne Kritik kommt. Ihre Betonung des Neuen und ihr Gespür für Syndrome muss stets vorsichtig genug formuliert sein, um die eigene akademische Reputation nicht vollkommen zu verspielen. Beispielhaft für diese zeitdiagnostische Vorsicht sind die oben besprochenen Versuche, die Behauptungen von Strukturbrüchen als Idealtypisierungen darzustellen. In diesem Sinne sind Zeitdiagnosen als Tastorgane für Gesellschaftstheorien weitaus vertrauenswürdiger und berechenbarer als Massenmedien.

Nun kann man auch vice versa fragen, welche Leistungen Gesellschaftstheorien für Zeitdiagnosen erfüllen und welche funktionalen Äquivalente aus dieser Richtung infrage kommen. Naheliegend ist, dass Gesellschaftstheorien von Zeitdiagnosen rezipiert werden, um an der *Selbstbeschreibung als Wissenschaft* partizipieren zu können. Wie sie das tun, habe ich für den Fall des Retrospektiven Realismus bereits ausführlich dargestellt. Um einem Laienpublikum zu suggerieren, dass es bei einer Zeitdiagnose um mehr als bloß Meinungswissen geht, reicht es zu behaupten, dass Marx, Weber, Luhmann oder Parsons nicht mehr so aktuell sind, wie noch vor 30 Jahren. Der gesellschaftstheoretische Beobachter kann da seine Zweifel haben, aber die Mitteilung, dass man sich auf eine fachliche Tradition bezieht, ist unmissverständlich. Genau das evoziert zum einen Seriositätszuschreibungen seitens des breiten Publikums und provoziert zum anderen auch eine fachinterne Reaktion. Auch hier könnte man an funktionale Äquivalente denken, wie an die Verwendung empirischer Daten zur Untermauerung neuer Syndrome. Allerdings sind Zahlenkolonnen sperrig; sie zwingen zu sehr genauem Hinsehen, zerreißen den Textfluss und setzen ein Interpretationsvermögen voraus, das der suggestiven Wirkung lokal erfahrbarer Syndrome eher abträglich ist.

Dies fällt am deutlichsten im Vergleich der Zeitdiagnosen von Riesman, Bell und Sennett auf. Während Bell seine Umbruchsthesen mit viel Datenmaterial spickt, verbannte Sennett seine Daten in den Appendix, Riesman gar in ein zweites Buch. Beide steigerten damit die Lesbarkeit und die Schlagfertigkeit ihrer Diagnosen, im Vergleich zu welchen Bells Thesen doch sehr zaudernd, ja fast schon akademisch wirken. Nacherzählbares qualitatives Datenmaterial ist hier sicherlich einfacher zu handhaben, jedoch nur unter der Voraussetzung, dass Methodenfragen nicht angesprochen werden: *The Lonely Crowd* hat selbstverständlich kein Methodenkapitel. Der Vorteil einer mit quantitativem Material argumentierenden Zeitdiagnose ist wiederum, dass Quantitäten unmittelbaren Nachrichtenwert haben (Luhmann, 1996, p. 59), wie man an der Beliebtheit von Deutungsangeboten wie der »Zweidrittelgesellschaft« leicht sehen kann. Moralische Qualifikationen solcher Verteilungen sind in diesem Kontext sicherlich nicht von Nachteil, weil dafür, im Unterschied zur Statistik, in der modernen Gesellschaft kein Spezialistenwissen ausdifferenziert wurde – öffentliches Moralisieren ist sozial sehr inklusiv (Peters, 2007, p. 169).

Die Partizipation an der Selbstbeschreibung des Wissenschaftssystems bindet Zeitdiagnosen wohlgemerkt nicht an soziologische Gesellschaftstheorien. Hier kann man sich funktionale Äquivalente in Form der Rezeption von Gesellschaftsbeschreibungen vorstellen, die aus *anderen Wissenschaften* kommen. Allerdings muss in diesem Falle mit der Nebenfolge gerechnet werden, dass man sich auf Partner einlässt, die keine Theorien über die gesamte Gesellschaft anstellen können. Eine Zeitdiagnose, die an der Selbstbeschreibung der Politikwissenschaft, der Ökonomie, der Psychologie, der Ökologie usw. partizipieren will und mit deren Begriffen nach Zeitenwenden fragt, wird zu einer Zeitdiagnose von Teilen der Gesellschaft. Dass wir unfähig sind zu trauern, sagt nichts darüber aus, wie neue Formen der Betriebsführung aussehen; dass der Nationalstaat von der weltgeschichtlichen

Bühne abtritt, sagt uns nichts über heutige Kindererziehung, von der drohenden Klimakatastrophe kann man nur schwer auf die neue Rolle der Universitäten schließen, der Niedergang des Finanzkapitalismus ist keine These, die neue Formen der Ästhetik fassen könnte. Sich an Gesellschaftstheorien in zeitdiagnostischer Weise abzuarbeiten hat demgegenüber den Vorteil, dass man das Themenspektrum sehr weit halten kann. Dazu ein funktionales Äquivalent zu finden, wird vermutlich nur denjenigen Zeitdiagnosen gelingen, die an humanwissenschaftlichen Selbstbeschreibungen teilhaben wollen. Philosophie und Geschichtswissenschaft sind aussichtsreiche Kandidaten. Allerdings besteht hier die Nebenfolge darin, dass solche Deutungsangebote stets den Beigeschmack von bloßer Meinung und Schöngeistigkeit haben.

Abgesehen von solchen reziproken Leistungsbeziehungen ließe sich fragen, ob Zeitdiagnostik denn nicht auch eine *Leistung für die Soziologie* als Fach in seiner Gesamtheit erfüllen kann. Glaubt man dem in Kap. 2.1. kurz besprochenen Medialisierungsansatz, so kann sich das bloße Vorkommen einer Wissenschaft in den Massenmedien finanziell und reputationstechnisch durchaus auszahlen. Zeitdiagnosen wären dann ein ausgesprochen gutes Vehikel, um die Sichtbarkeit des Faches im Ganzen zu steigern, gesetzt den Fall, sie werden überhaupt rezipiert, was, wie bereits angedeutet, nicht allein durch die gekonnte Kombination massenmedial anschlussfähiger Argumentationsmuster bewerkstelligt werden kann. Auch hier muss man nach funktionalen Äquivalenten suchen.

Infrage kommt zunächst medialisierte soziologische Forschung. Dafür eignen sich alle fachintern diskutierten Themen, die massenmedial verarbeitbar sind, vor allem also konfliktträchtige soziale Probleme. Der Vorteil dieser Form der Medienpräsenz ist, dass damit auch andere Formen der Popularisierung möglich sind, wie z. B. interdisziplinäre Kooperation. Die Massenmedien können hier eine Vermittlerrolle einnehmen zwischen Forschern, die aufgrund der internen Differenzierung des Wissenschaftssystems einander womöglich nie begegnet wären. Zeitdiagnostische Aussagen können das nicht leisten, weil sie zu breit und zu sozial inklusiv sind, um *direkt* als Forschungsprogramme oder »Ergebnisse« dargestellt zu werden. Die Medienpräsenz durch medialisierte Wissenschaft sicherzustellen hat aber die Nebenfolge, dass man damit keine Meinungsführerschaft über neuartige Trends erreichen kann. Wenn es nämlich um völlig neue Syndrome handelt, hat die Forschung darüber meist wenig zu sagen und auch dem Wissenschaftsjournalisten bleibt nicht viel mehr, als zu berichten, dass das Thema noch intensiv diskutiert wird (Posner, 2001, p. 45). In solchen Fällen bietet es sich für die Massenmedien an, den öffentlichen Intellektuellen selbst zu fragen und das neue unbekannte Ding aus erster Hand zu bekommen. Man verschiebt damit die Darstellung von inhaltlichen Kontroversen auf die Darstellung von Personen.

Man kann mit Oevermann (2003) sagen, dass der öffentliche Intellektuelle nicht nur die neuesten Krisen diagnostizieren, sondern dies auch in einer Weise tun muss, die jeden Verdacht einer routinisierten Krisenproduktion vermeidet. Es ist eine durchwegs *charismatische* Rolle, die ohne Vorstellungen von Originalität und Genie nicht auskommt (Shils, 1958, p. 19). Dies ist Wasser auf die Mühlen der massenmedialen Selektionskriterien, denn hier treffen sich die Vorliebe für informative Neuigkeiten mit der *Zurechnung auf Handelnde* (Luhmann, 1996, p. 65). Soziologische Forschung kann natürlich auch durch die massenmediale Inszenierung von Personen popularisiert werden, Zeitdiagnosen haben fast keine andere Wahl. Nur hier hat der personalisierende Geniekult medialisierter Naturwissenschaften seine Entsprechung auch in der Soziologie. Mit der Person des intellektuellen Zeitdiagnostikers kann man sich leichter identifizieren, als mit dem Bericht über die neueste Ungleichheitsstudie.

Schließlich bleibt noch die Frage zu beantworten, ob Zeitdiagnosen eine Leistung für die *Gesellschaft* in ihrer Gesamtheit erbringen. Manche Autoren neigen hier zu einer positiven Antwort: Zeitdiagnosen stellen der Gesellschaft »Orientierungswissen« zur Verfügung und sorgen somit dafür, dass »gesellschaftliche Selbstverständigung darüber, wo wir mittlerweile angekommen sind und wohin es mit uns noch führen kann, nicht abreißt« (Schimank, 2000, p. 17).

Die vorangegangenen Analysen legen einen solchen Schluss nicht nahe. Dies liegt wohlgemerkt nicht daran, dass Zeitdiagnosen eine relativ exotische Form von öffentlicher Deliberation sind und nicht so breit diskutiert werden wie Tagespolitik oder Sport. Es liegt auch nicht daran, dass sich Zeitdiagnosen mit einer historischen Distanz oft als falsch herausstellen. Der Grund ist vielmehr im *gleichzeitigen* Erfolg *mehrerer* Zeitdiagnosen zu suchen. Eine, wie auch immer rudimentäre, Selbstverständigung über den gegenwärtigen Zustand der Gesellschaft ist allein schon deshalb nicht möglich, weil wir uns offenbar gleichzeitig in vielen neuen Gesellschaften befinden. Zeitdiagnosen sind nämlich nicht nur mit Moden vergleichbar, wie Lichtblau (1991) und Noro (2000) betonen, sie kursieren zudem synchron. Somit ist es nicht möglich, sich auch nur für den Zeitraum einer einzigen intellektuellen Saison an einer von ihnen exklusiv zu orientieren – neben Risikogesellschaft gibt es auch Netzwerkgesellschaft, Erlebnisgesellschaft, Wissensgesellschaft usw. Sie alle postulieren *andere* Neuheiten, *andere* Brüche, das Obsoletwerden *anderer* Vergangenheiten. Es gibt zwischen ihnen somit massive Kompatibilitätsschranken, was bei einem Laienpublikum (im besten Falle) eher für Verwirrung als für Orientierung sorgt.

Zudem besitzt eine funktional differenzierte Gesellschaft keinen gesamtgesellschaftlichen Adressaten. Die Frage wäre also zuallererst, *wer* sich überhaupt an zeitdiagnostischen Selbstthematisierungen der Gesamtgesellschaft orientieren müsste? Wenn die Antwort darin besteht, dass man der »Öffentlichkeit« ein solches Interesse unterstellt, muss man sich die Gegenfrage gefallen lassen, ob man damit die massenmediale, die wissenschaftliche oder die interaktionsnahe Öffentlichkeit des Rokoko-Salons meint. Zeitdiagnosen sind keine gepflegten Semantiken im Sinne »bewahrenswerter Kommunikation« (Luhmann, 1980a, p. 19), denn sie kopieren die Selektionsmechanismen desjenigen Funktionssystems, welches wiederholte Thematisierungen gerade ausschließt. Je erfolgreicher sie sich der massenmedialen Rezeption zur Verfügung stellen, desto weniger können sie als Orientierungshilfe dienen – hier veralten sie am schnellsten, hier müssen sie permanent ausgetauscht werden, um berichtenswert zu bleiben. Die *Soziologie* kann an ihnen aber gerade deshalb ablesen, dass die Selbstthematisierung der Gesellschaft durch die Massenmedien nicht mit einer wissenschaftlichen zur Deckung gebracht werden kann. Sie kann an der Zeitdiagnostik ferner sehen, dass die moderne Gesellschaft inkohärente Selbstthematisierungen gleichzeitig für plausibel hält. Diesen fehlt darum genau das, was Luhmann (1980a, p. 49) als zentrale Eigenschaft einer Semantik definiert: *Evidenz*. Zeitdiagnosen sind zwar alle mehr oder minder plausibel, aber der Ausschluss von Alternativen leuchtet nicht ein.

Die Struktur der modernen Gesellschaft erschließt sich somit weniger aus der primären Lektüre zeitdiagnostischer Argumente, als vielmehr aus dem Faktum, dass sie gleichzeitig in großer Stückzahl und ohne Kompatibilitätsansprüche produziert und konsumiert werden können. Orientierungsleistungen im weitesten Sinne sind also durchaus möglich, werden aber von der Wissenssoziologie der Zeitdiagnostik bereitgestellt und nicht von den Zeitdiagnosen selbst. Vor diesem Hintergrund spricht auch wenig dafür, dass die zeitdiagnostische Selbstthematisierung der Gesellschaft abreißen könnte, mit der

Gefahr, dass dann »die gesellschaftliche Dynamik allenfalls noch einem kurzsichtigen und scheuklappenbehafteten Inkrementalismus des Sich-Durchwurstelns« (Schimank, 2000, p. 17) unterläge. Sobald die moderne Gesellschaft nämlich über eine temporalisierte Zeitvorstellung verfügt, schaut sie zwangsweise in die Zukunft, unterscheidet sie sich zwangsweise von ihrer Vergangenheit, deutet sie zwangsweise ihre eigene Gegenwart. Selbstdeutungen dieser Art müssen nicht erst durch ein bestimmtes Genre sichergestellt werden. Gesamtgesellschaftliche Selbstdeutungsangebote sind, historisch leicht nachweisbar (Kap. 3.1.), älter als die Soziologie und älter als Zeitdiagnostik. Das Problem in einer modernen Gesellschaft ist nicht der potentielle Mangel an Zeitdiagnosen, sondern ihr inflationärer Gebrauch und die damit einhergehende Folgenlosigkeit der Thesen.

8.3 Die Medienintellektuellen und ihr Publikum

Der Unterschied zwischen Zeitdiagnose und Gesellschaftstheorie lässt sich darstellen als interner Differenzierungsprozess der Soziologie. Man kann dann vor dem Hintergrund unterschiedlicher Funktionssystembezüge nach wechselseitigen Leistungen fragen. Dazu gibt es aber auch einen komplementären Prozess, der die Ausdifferenzierung von Zeitdiagnostik als Effekt eines *Strukturwandels des Publikums* gesamtgesellschaftlicher Selbstthematisierungen erscheinen lässt. Das Schlagwort ist selbst als Zeitdiagnose formuliert: die Entstehung einer *Massengesellschaft*.

Die These von der Massengesellschaft wurde vor allem in den 1950er und 1960er Jahren intensiv diskutiert und meint letztlich einen generellen Inklusionsprozess breiter Bevölkerungsschichten in die Gesellschaft. Das bezieht sich auf politische Partizipation, Rechtsfähigkeit der Person, das Verfügen über Geld usw. – die vormals exkludierte Masse bekommt in den Funktionssystemen Publikumsrollen zugewiesen. Diese These wurde vor allem von Edward Shils (1964) auch auf kulturellen Konsum ausgeweitet. Massenalphabetisierung, höheres verfügbares Einkommen, kürzere Arbeitszeiten und mehr Freizeit ermöglichen es in den USA und Westeuropa bis dato ausgeschlossenen sozialen Schichten auch solche Kulturgüter zu konsumieren, die nicht nur lokale, religiöse und folkloristische Traditionen enger sozialer Kreise widerspiegeln. Man entdeckt die gesamte Bevölkerung als potenziell kulturinteressiert und dies mit weitreichenden Folgen.

Zum einen muss man sich in der massenmedialen Diffusion von Kultur auf ein im Detail unbekanntes Publikum einstellen; dies deutete sich bei der Massenpresse des 19. Jahrhunderts bereits an, wurde bei elektronischen Medien wie Radio und Fernsehen aber unausweichlich. In Folge verliert die bürgerliche Hochkultur ihr Monopol auf Transmission kultureller Inhalte (Shils, 1964, p. 8). Die Massenmedien haben von nun an ein Interesse an der stetigen Ausweitung des Publikums und dies geht so weit, dass selbst »Qualitätsmedien« in der Form der Berichterstattung auf soziale Inklusivität achten müssen. Mit anderen Worten: So viele Menschen wie nie zuvor können über den Kanal der Massenmedien kulturelle Inhalte konsumieren, aber nicht mit dem Effekt, dass bildungsbürgerlicher Kulturkonsum universalisiert wird[5]. Es deutet sich demgegenüber eher eine soziale Diversifizierung der Medienlandschaft an.

Eine der wichtigsten Auswirkungen dieser Entwicklung ist, dass die Kulturvorlieben der Unter- und Mittelschichten erstmals öffentlich sichtbar und vermarktbar werden. Zum anderen beherrscht ein wachsender Anteil der Gesamtbevölkerung nicht nur das Alphabet und kann sich Kinobesuche und Kriminalromane leisten, sondern genießt zudem auch eine tertiäre Ausbildung. Aus dieser Sicht wäre eigentlich zu erwarten, dass auch hochkultureller Kulturkonsum zumindest anteilsmäßig breiteren Bevölkerungsgruppen zugänglich würde. Dem sei aber nicht so. Die Expansion der amerikanischen und westeuropäischen Universitäten folge nämlich der internen Differenzierung des Wissenschaftssystems. Die Folge ist, dass bessere Ausbildung mit höherer Spezialisierung einhergeht. Die am besten ausgebildeten Personen, also diejenigen mit postgradualer Ausbildung und, um es mit Bourdieu zu sagen, dem höchsten kulturellen Kapital, sind in einer Massengesellschaft keine Bildungsbürger mehr.

---

5 | Shils betont im Übrigen, dass dies auch ein Effekt der *Verfügbarkeit* voraussetzungsloser Kulturinhalte ist. Wenn rudimentäre Bildung, Kaufkraft und Zeit vorhanden sind, das Angebot aber auf hochkulturelle Inhalte beschränkt bleibt, dann haben auch Unter- und Mittelschichten keine andere Wahl, als eben diese zu konsumieren. Ob sie eine Freude daran haben und ob das den Geschmack des breiten Publikums »verbessert«, stehe auf einem anderen Blatt. Als Beispiele für eine solche Konstellation nennt Shils (1964, p. 19 f.) die damalige Sowjetunion sowie Großbritannien bis zum ersten Weltkrieg.

8.3. Die Medienintellektuellen und ihr Publikum

»The product of these educational and scientific developments has been the specialist who is uncultivated outside his own specialty. Except for those strong and expansive personalities whose curiosity and sensitivity lead them to the experience of what their education has failed to give them, even the creative American scientist, scholar, or technologist often possesses only a narrow range of mediocre culture.« (Shils, 1964, p. 23)

Damit zerfällt die generell gebildete Öffentlichkeit, wie sie Habermas noch für das 18. und 19. Jahrhundert beschrieben hatte. Breite Bildungsbeteiligung macht es zwar riesigen Bevölkerungsschichten möglich, Wissen auf einem vorher ungeahnten Spezialisierungsgrad zu erwerben, bietet ihnen jedoch weder die institutionellen Voraussetzungen noch eine Allgemeinbildung, die nötig wäre, um Hochkultur nach inhaltlichen Kriterien kritisch bewerten zu können. Kohärente Urteile über kulturelle Objekte, auf die man nicht von berufswegen spezialisiert ist, sind gerade den am besten Gebildeten nicht mehr möglich. Die Spezialisierung des kulturellen Spitzenpersonals ist neben der breiten Verfügbarkeit die zweite wichtige Ursache für den vermehrten Konsum dessen, was Shils »brutale« oder »mittelmäßige« Kultur nennt.

Auf dieser Grundlage entwickelte Lewis Coser seine Variante der Intellektuellensoziologie. Die These lässt sich im Grunde auf die Formel »Akademisierung der Intellektuellenrolle« reduzieren. Der kritische Bohèmien von ehedem findet sich heute an universitären Instituten und selbst kleine intellektuelle Blätter werden vermehrt von Universitätsverlagen herausgegeben (Coser, 1965, p. 267). Die institutionelle Ungebundenheit der Intellektuellen verschwindet, denn die karrieretechnisch vergleichsweise attraktive Universität ist kein Ort der intellektuellen Allgemeinbildung, sondern ein Ort professionalisierter Spezialisierung und eng umrissener Forschungsprogramme (Coser, 1965, p. 295 ff.).

Der springende Punkt ist nun, dass der Intellektuelle nicht nur zu einem akademischen Spezialisten wird, sondern auch sein Publikum *außerhalb* der Universität aus Spezialisten besteht. Solange es nicht um deren eigenes Spezialgebiet geht, können sie die Aussagen öffentlicher Intellektueller nicht nach *inhaltlichen* Kriterien bewerten. Wenn die Rolle des öffentlichen Intellektuellen aber genau darin besteht, dass er sich an ein möglichst *breites* Publikum zu Themen möglichst *breiten* Interesses äußern soll, dann gibt es in einer Massengesellschaft auf den ersten Blick so gut wie keine soziale Kontrolle für intellektuelle Diskurse (Coser, 2006, p. 228). Auf den zweiten Blick lässt sich aber erkennen, dass die soziale Kontrolle nicht vollends verschwindet, sondern lediglich ihre Form ändert. Inhaltliche Kriterien werden durch *appeal qualities* ersetzt: wenn es nicht mehr möglich ist, inhaltlich zu Intellektuellendiskursen Stellung zu beziehen, beurteilt sie das Publikum allein nach Maßgabe von *Neuigkeitswert* und *persönlicher Brillanz*. Der Intellektuelle muss dann vor allem über bislang Unbekanntes sprechen und dies in einer Weise, die schockieren und erregen kann. Aus dem öffentlichen Intellektuellen und seinem bildungsbürgerlichen Publikum ist der *celebrity intellectual*, der *prominente Intellektuelle* geworden, dessen Publikum über den vorgebrachten Inhalt zwar wenig sagen kann, aber über ausreichend Bildung verfügt, um die Aussagen nach stilistischen Oberflächenmerkmalen bewerten zu können.

> »In otherwise heterogeneous audiences, only the new and the brilliant can provide suitable conversation pieces, allowing everyone to display his recently acquired knowledge as a badge of status.« (Coser, 2006, p. 230 f.)

Für Coser handelt es sich bei der Entwicklung des prominenten Intellektuellen um eine graduelle Entwicklung. Neuigkeit und Brillianz waren zwar auch im Salon des Rokoko Eigenschaften, die dem Intellektuellen abverlangt und an ihm geschätzt wurden, allerdings wurde diese *Neophilie* durch geteilte inhaltliche Standards geschlossener bürgerlicher Kreise in Zaum gehalten. Der neuen Intellektuellenrolle fehlen diese korrektiven Standards aber nicht nur aufgrund der fehlenden Allgemeinbildung des Publikums, sondern auch dadurch, dass sie sich ausschließlich in den Massenmedien vollzieht. Auch wenn das Publikum kritisch antworten wollen würde, fehlen dafür die institutionalisierten Kommunikationskanäle. Der prominente Intellektuelle hat, anders als sein bürgerlicher Vorgänger, keinen direkten Publikumsbezug. Die Massenmedien spielen dabei die Rolle des *gatekeepers*, der nur solchen Intellektuellen Zutritt gewährt, die ihrer Meinung nach für ein heterogenes Publikum annehmbar erscheinen – sie verstärken mit anderen Worten die Eliminierung inhaltlicher Bewertungskriterien für Intellektuellendiskurse (Coser, 2006, p. 231). Folglich veralten intellektuelle Debatten ähnlich wie Nachrichten sehr schnell, was Intellektuelle unter einen enormen Zeitdruck setzt. Um nicht zu schnell

8.3. Die Medienintellektuellen und ihr Publikum

von der massenmedialen Bühne zu verschwinden, präsentieren sie denselben Gedanken in immer neuen Variationen. Wie der Prominente, so ist auch der neue Intellektuelle vor allem dafür bekannt, dass er bekannt ist.

Das Kopieren massenmedialer Selektionsmechanismen, so kann aus dem Vorangegangenen geschlossen werden, ist für Zeitdiagnosen deshalb unumgänglich, weil außerhalb akademischer Diskurse keine anderen Bewertungskriterien für Intellektuellendiskurse vorherrschen. Ganz in diesem Sinne ist Cosers Paradebeispiel für die Rolle des prominenten Intellektuellen und die Struktur massenmedialer Intellektuellendiskurse Marshall McLuhans *Gutenberg-Galaxis* (Coser, 2006, p. 236 ff.) – eine technikzentrierte Zeitdiagnose in beinahe idealtypischer Vollendung. Die Vorstellung, dass die Rolle des öffentlichen Intellektuellen für den Soziologen bedeutet, die Enge der akademischen Welt verlassen und sich ungebunden an eine breite Öffentlichkeit wenden zu können (*public sociology*), erweist sich somit als Illusion. Zeitdiagnosen sind der Beweis dafür, dass im Engagement um öffentliche intellektuelle Meinungsführerschaft die Enge eines Funktionssystembezugs durch die Enge eines anderen ausgetauscht wird.

In der Diskussion um die Rolle des öffentlichen Intellektuellen wird bisweilen darauf hingewiesen, dass diese nicht unabhängig vom jeweiligen nationalstaatlichen Kontext analysiert werden könne (Kurzman/Owens, 2002). Nicht in allen Staaten der Welt könnten akademische und intellektuelle Diskurse klar voneinander getrennt werden, nicht überall wurde der frei schwebende Kritiker in die Universität integriert, nicht überall sei das Publikum der Intellektuellen dermaßen spezialisiert bzw. entbürgerlicht und vor allem nicht überall haben Intellektuelle die Möglichkeit, sich an ein breites Publikum zu richten. Mit Blick auf unterschiedliche Universitätssysteme, unterschiedliche Traditionen öffentlicher Meinungsbildung und nicht zuletzt mit Blick auf die verbleibenden totalitären Regime in der Weltgesellschaft sind solche Argumente nicht von der Hand zu weisen. Zumindest aber handelt es sich beim Verhältnis von Intellektuellen und Massenmedien nicht um eine rein amerikanische Debatte. So sieht auch Pierre Bourdieu die Autonomie der Rolle des öffentlichen Intellektuellen dadurch gefährdet, dass Intellektuellendiskurse immer seltener nach feldinternen und vermehrt nach den Normen der »kulturellen Bürokratie« bewertet werden (Bourdieu, 1991, p. 664 ff.). Mit einer gewissen zeitlichen

Kapitel 8. Zeitdiagnosen als medialisierte Intellektuellendiskurse

Verzögerung ist die Diskussion spätestens durch Ulrich Oevermann auch in der deutschsprachigen Soziologie angekommen.

Das Schlagwort ist auch hier die Entstehung des *Medienintellektuellen* (Oevermann, 2003, p. 71 ff.). Auch hier wird beobachtet, dass der Strukturwandel der Öffentlichkeit einen Intellektuellentypus hervorbringt, der vor allem hohe Aufmerksamkeitswerte zu produzieren versucht. Auch hier scheinen elektronische Medien maßgeblich zur Transformation der Rolle beigetragen zu haben. Auch hier unterscheidet sich die neue Rolle vor allem durch die fehlende Kritikfähigkeit des Publikums von ihren älteren Vorgängerinnnen. Es kommt jedoch ein zusätzlicher Aspekt hinzu, der hier, wenn auch nur kurz, erwähnt werden sollte.

Wie bereits angemerkt, handelt es sich für Oevermann beim idealtypischen öffentlichen Intellektuellen (z. B. Zola) um eine Rolle, die nicht routinisierbar ist. Der Intellektuelle ist eine charismatische Rolle, die nicht auf Dauer gestellt werden kann, sondern sich ausschließlich situativ und außeralltäglich vollzieht. Ein Intellektueller, der sein Charisma auf Dauer sicherstellen wollen würde, wäre kein Intellektueller mehr, sondern bloß *Prominenter* (Oevermann, 2003, p. 47). Genau das geschieht im Falle des Medienintellektuellen und den Zeitdiagnosen als dazugehörigem Genre. In ihrem Selbstverständnis liefern sie Einblicke in vollkommen neue gesamtgesellschaftliche Trends, sie liefern das, was Oevermann (2003, p. 48) »antezipatorische« oder »prophylaktische« Krisendiagnostik nennt. Wenn sich nun im Vergleich unterschiedlicher Zeitdiagnosen herausstellt, dass die dahinterstehenden Argumentationsverfahren funktional äquivalent, also unter einem gemeinsamen Bezugspunkt *austauschbar* sind, verlieren sie den Anstrich von Außeralltäglichkeit. Sie werden vorhersehbar und ihr Überraschungswert sinkt, jedenfalls für den soziologischen Beobachter, dementsprechend. Man könnte es auch so ausdrücken, dass in der Transformation zum Medienintellektuellen die Zeitdiagnostik zu einem routinisierten oder zumindest *routinisierbaren* Handeln wird. Die Rolle des Medienintellektuellen kann man deshalb, zumindest für eine kurze Zeit, als Beruf ausüben – und sägt damit aus der Sicht der Rollentheorie am eigenen Ast, denn schließlich ist man Intellektueller um überraschend Neues an der Gesellschaft zu beschreiben.

Kann aus dieser Sicht ein Ausblick auf mögliche Entwicklungen der Zeitdiagnostik gewagt werden? Prognosen sind in den Sozialwissenschaften bekanntlich sehr schwer, besonders dann, wenn nicht kausal argumentiert werden kann. Zumindest aber liegt die Vermutung nahe, dass es zu einer Entdifferenzierung von Zeitdiagnostik und Gesellschaftstheorie so bald nicht kommen wird. Nicht weiter überraschend wäre aus dieser Perspektive, dass sich Zeitdiagnosen als ausdifferenziertes Genre vollkommen von gesellschaftstheoretischen Bezügen befreien. Ich habe oben darauf hingewiesen, dass Gesellschaftstheorien für Zeitdiagnosen die Leistung erbringen, an der Selbstbeschreibung als Wissenschaft partizipieren zu können. Das ist aber nicht zwingend vonnöten. Denkbar wäre, dass Zeitdiagnosen gesamtgesellschaftliche Brüche mit Blick auf rein *massenmedial* konstruierte Ereignisse formulieren. Die Selbstbeschreibung als wissenschaftlich anspruchsvolle Kommunikation wäre dann zwar gefährdet, vielleicht auch gänzlich verspielt, aber ob das die Breitenwirksamkeit einschränken würde, ist vor dem Hintergrund eines extrem heterogenen Publikums nicht einfach zu beantworten.

Beispielhaft für diese Entwicklung sind zum einen die seit den 1990er Jahren sehr populären Zeitdiagnosen, die die Entstehung eines »neo-liberalen« Zeitalters konstatieren. Solche Diagnosen gibt es mittlerweile in unzähligen Varianten, auf die ich hier nicht im Detail eingehen will. Wichtig ist, dass Zeitenwenden hier massenmedial kolportierten Ereignissen oder prominenten Personen zugeschrieben werden können: der Fall des eisernen Vorhangs, der europäische Einigungsprozess, Margaret Thatcher, Ronald Reagan oder ein geheimes Abkommen zwischen politischen Entscheidungsträgern und der Wirtschaft. Zum anderen lassen sich auch konservative Äquivalente für diese Form von Zeitdiagnostik finden. Es handelt sich dabei um Gegenwartsdeutungen, die vor den vermeintlich negativen Auswirkungen neuer sozialer Bewegungen, der postmodernen Beliebigkeit oder der »permissiven« Einwanderungspolitik warnen (z.B. Sarrazin, 2010).

Um solche Diagnosen zu konsumieren, braucht man nicht einmal rudimentäres sozialwissenschaftliches Hintergrundwissen. Es reicht, dass man die Massenmedien entlang eigener *ideologischer* Präferenzen beobachtet. Zeitdiagnosen dieser Art sind dem Vokabular und den Thesen nach dem politischen Spektrum entlehnt und eignen sich dementsprechend gut als theoretische Fundierung für Protestbewegungen. Der gesamtgesellschaftliche Bruch wird nicht durch den Verweis auf überkommene Gesellschaftstheorien plausibilisiert, sondern ausschließlich durch vermeintliche Übereinstimmung mit Alltagserfahrungen. Intellektuelle, die solche Deutungen bereitwillig anbieten, sind in der Tat »organisch«, müssen aber gänzlich auf innerwissenschaftliche Anschlussfähigkeit verzichten. Dass es weiterhin marginale Publikationsorgane gibt, die einen fließenden Übergang von »kritischen« Gesellschaftstheorien und aktivistischer Praxis simulieren, ändert wenig an diesem Faktum. Von Gesellschaftstheorien vollends entkoppelte Zeitdiagnosen müssen sich aber nicht zwangsweise auf politische Präferenzen beziehen, sondern können auch die Milieuzugehörigkeit der anvisierten Leserschaft zum Thema haben. Beispiele für diese Art von Zeitdiagnostik sind Modelle des Generationenwandels: *Generation X, Generation Golf, Generation Praktikum, Generation Hartz IV, Generation Web 2.0*. In all diesen Beispielen handelt es sich um Zeitdiagnosen, die von investigativem Journalismus kaum noch zu unterscheiden sind. Je heterogener und spezialisierter der Bildungshintergrund des Publikums zeitdiagnostischer Intellektuellendiskurse wird, desto eher ist mit Zeitdiagnosen dieser Art zu rechnen.

Ein anderer Aspekt des Publikumsbezugs von Zeitdiagnosen betrifft die Art der technischen Diffusion. Hier wird seit einiger Zeit die Frage diskutiert, in welcher Weise *Internetblogs* die Rolle des öffentlichen Intellektuellen verändern. Die Diskussion ist aufgrund noch ausstehender empirischer Untersuchungen noch rein spekulativ, bietet aber zumindest zwei Interpretationsangebote an. In einem Fall erhofft man sich durch Blogs eine Demokratisierung der Intellektuellendiskurse. Intellektuellen, die dort ihre Meinung öffentlich zur Verfügung stellen, kann, anders als im Fall von Fernsehauftritten, Feuilletonartikeln oder Monographien, leichter geantwortet werden. Kritisches Hinterfragen werde für die Öffentlichkeit einfacher und die Qualitätskontrolle dementsprechend effizienter (z.B. Drezner, 2009). Der eher skeptische Strang der Diskussion gibt demgegenüber zu denken, dass Blogs im Vergleich zu Printmedien und TV die Veröffentlichung von Meinungen zwar extrem einfach machen, aber gerade deshalb noch strengeren Regeln der Aufmerksamkeitsproduktion unterliegen. Intellektuelle, die sich durch Blogs um öffentliche Aufmerksamkeit bemühen, befinden sich dementsprechend in einer extremen Konkurrenzsituation: wenn ihr Blog nicht nur von ihren Freunden und Sympathisanten gelesen werden soll, werden sie noch pointierter, noch polemischer und, vor allem, noch geraffter schreiben müssen, als in den »klassischen« Massenmedien (Freese, 2009, p. 46).

Zu dieser Konstellation kommt hinzu, dass der durch das Internet extrem diversifizierte Meinungsmarkt dem Publikum die Möglichkeit gibt, sich genau die Kommentare und Blogs auszusuchen, die seinen politischen Präferenzen am ehesten entsprechen. Dies war immer

8.3. Die Medienintellektuellen und ihr Publikum

auch ein Charakteristikum der klassischen Meinungspresse, doch der Beilagenteil einer Sonntagszeitung barg zumindest ein gewisses Überraschungspotential. Man stimmte der Diagnose des Intellektuellen zwar nicht unbedingt zu, aber da man die Zeitschrift schon einmal abonniert hatte, las man sie zumindest (Freese, 2009, p. 47). Der Konsum von Blogs kann demgegenüber *zielgenau* auf die Bestätigung der eigenen Meinung ausgerichtet sein. Dieses Phänomen wurde bereits an engen politischen, wirtschaftlichen und technologischen Expertenkreisen beobachtet und wird unter dem Begriff *information cocooning* oder *ideological cocooning* verhandelt (z.B. Sunstein, 2006).

Wenn der Erfolg einer Zeitdiagnose künftig vor allem im Internet entschieden werden sollte, so könnte das den Effekt haben, dass als Grundlage einer behaupteten Zeitenwende nur noch solche Phänomene infrage kommen, über die es beim Publikum bereits ausgeprägte vorgefertigte Meinungen gibt, die sich lediglich bestätigt finden wollen. Intellektuellendiskurse würden dann ausschließlich als ein *preaching to the converted* funktionieren. Neben ideologische Debatten (zu viel Staat oder zu wenig Staat, zu viel oder zu wenig Immigration) und Milieutransformationen (Generation XYZ) eignen sich dafür auch Kriege, Naturkatastrophen, Fragen moralisch-ethischer Natur – kurzum all das, worüber die Massenmedien auch sonst gerne berichten.

Neben der Heterogenisierung und Spezialisierung des Publikums würde in diesem Fall auch das Internet maßgeblich dazu beitragen, dass Intellektuellendiskurse, und somit auch Zeitdiagnosen, nur noch als Reflexion massenmedialer Berichterstattung funktionieren. Damit wäre der Differenzierungsprozess zwischen Soziologie und öffentlicher Deliberation endgültig vollzogen und ein Verwechslungspotential zwischen Zeitdiagnostik und Gesellschaftstheorie nicht mehr vorhanden. Die Selbstthematisierung der Gesellschaft würden dann in rein akademische Debatten auf der einen und medialisierte Intellektuellendiskurse, oder besser gesagt, intellektualisierte Berichterstattung zerfallen. In einer solchen Konstellation wird die Soziologie präzisieren müssen, was das spezifisch intellektuelle Rollenhandeln ausmacht, wenn von Außeralltäglichkeit, Charismatisierung und einem inhaltlich diskriminierenden Publikum nicht mehr die Rede sein kann. Was macht einen öffentlichen Intellektuellen aus, wenn aus seiner Aufgabe, systematisch Neues zu produzieren und die Gesellschaft mit antezipatorischer Krisendiagnostik zu provozieren, nicht mehr bleibt als nachträglicher Aktualitätsbezug und sprachlich elaborierter Aktivismus?

9 Die Diagnosegesellschaft

Vor dem Hintergrund der vorangegangenen Analyse stellt sich abschließend die eingangs aufgeworfene Frage von neuem: in welcher Gesellschaft leben wir eigentlich und wie kann sich eine Wissenssoziologie zu den Selbstthematisierungen der Gesellschaft verhalten? Die plausibelste Antwort wäre: Wir leben in einer *Diagnosegesellschaft*, die sich vor allem dadurch auszeichnet, dass sie sich permanent mit neuen Selbstthematisierungen überzieht (Lucke, 2000; Kieserling, 2002). Seitdem in der frühen Neuzeit die Gegenwart punktualisiert wurde, beschäftigt sich die Gesellschaft damit, diese ihr nicht mehr zugängliche Zeit mit Deutungen zu füllen. Es handelt sich somit nicht um ein »neues« Phänomen. Neu ist, dass sich spätestens seit dem 19. Jahrhundert ein Differenzierungsprozess der Selbstthematisierung andeutet. Durch Massenalphabetisierung und die Expansion des tertiären Bildungssektors sind anteilsmäßig so viele Menschen wie nie zuvor imstande, relativ abstrakte Kulturinhalte zu konsumieren. Auf den ersten Blick wäre also zu erwarten gewesen, dass die ehedem nur winzigen Eliten zugängliche gepflegte Semantik der gesamtgesellschaftlichen Selbstbeschreibung breiter zugänglich und inhaltlich noch elaborierter würde. An Zeitdiagnosen lässt sich aber ein gegenläufiger Prozess beobachten.

Die kulturell aufnahmefähigsten Schichten der modernen Gesellschaft bestehen aus Spezialisten, die sich zu Themen außerhalb ihrer Spezialisierung inhaltlich nicht mehr äußern können. Für Aspekte generellen Interesses, wie den gegenwärtigen Stand der Gesellschaft, bleibt als Bewertungsmaßstab das inhaltlich nicht diskriminierende Kriterium der sachlichen Neuheit. Der dazu komplementäre Differenzierungsprozess lässt sich in der Soziologie beobachten. Wenn sie die Gesellschaft in ihrer Gesamtheit zum Thema hat, existiert sie in zwei Varianten: als gesellschaftstheoretischer Spezialdiskurs und als Zeitdiagnose, die Gesellschaft unter denselben argumentativen Bezugspunkten behandelt, wie Massenmedien neue Nachrichten verarbeiten. Zeitdiagnosen sind Beispiele dafür, wie gepflegte Semantiken dem gesellschaftlichen Differenzierungsprozess zum Opfer fallen. Aus wissenssoziologischer Sicht liefern sie gutes Anschauungsmaterial dafür, wie die für die funktional differenzierte Gesellschaft typische »Verlagerung der ernst gemeinten, wichtigen Semantik in die Funktionssysteme und deren Systemorientierungen« (Luhmann, 1980a, p. 55) vonstatten geht. Am Strukturwandel des Intellektuellen lässt sich das auch rollentheoretisch formulieren. Die Ausdifferenzierung einer eigenen Rolle für thematisch anspruchsvolles Kommentar deutete bereits Mitte des 19. Jahrhunderts an, dass gepflegte Diskurse nur noch asymmetrisch geführt werden konnten. Die Reziprozität des Salontisches war dahin, konnte aber aufgrund geteilter bürgerlicher Bildungsinhalte bis zur Mitte des 20. Jahrhunderts zumindest noch simuliert werden – wenn auch oft nur als geteilte Abscheu gegen *yellow press*, politische Repressivität oder Populismus. Die kulturelle Inklusion breiter Bevölkerungsschichten durch spezialisierte Bildung beseitigte die letzten Reste dieser Illusion. Was bleibt ist lediglich das Ideal des institutionell ungebundenen und thematisch allgemein gebildeten Gesellschaftskritikers. Dessen Kommentare bleiben zwar nach wie vor stilistisch und thematisch anspruchsvoller als reine Berichterstattung, müssen aber davon absehen, dass das Publikum zu inhaltlicher Kritik und zur Pflege der Semantik fähig ist.

Eine temporalisierte Zeitauffassung zwingt die moderne Gesellschaft, sich die Gegenwart als Unterscheidung von Vergangenheit und Zukunft vorzustellen. Für gegenwärtige Zukunftsvorstellungen gibt es zum Zeitpunkt ihrer Formulierung aus logischen Gründen keine Qualitätskriterien: man muss schlechterdings abwarten, ob sich die Prognose erfüllt, die Utopie Realität wird. Bei gegenwärtigen Blicken in die Vergangenheit ist dies insofern anders, als Aufzeichnungen zur Verfügung stehen. Selbstverständlich kann man aus heutiger Sicht wissen, dass die gegenwärtige Vergangenheit nicht die vergangene Gegenwart war, aber historische Quellen verhindern vollkommen freie Interpretation und zwingen zu Konsistenzprüfungen. Dies gilt jedoch nur für Bereiche mit einer hohen Sensibilität für Vergangenes, also mit einem jederzeit aktualisierbarem Gedächtnis. Für die Wissenschaft ist dies evident: hier muss man stets imstande sein, neue Beiträge zu bereits verfügbarem Wissen in Beziehung zu setzen. Genau das macht die Selbstreferentialität der Wissenschaft aus. Dazu gibt es in anderen Funktionssystemen funktionale Äquivalente: das Kreditsystem der Wirtschaft, die Noten im Erziehungssystem, Gesetze unter Bedingungen positiven Rechts etc. (Esposito, 2002, p. 303 ff.).

Auf gesamtgesellschaftlicher Ebene gibt es in einer funktional differenzierten Gesellschaft dafür aber kein Äquivalent im Sinne einer bewahrenswerten gepflegten Semantik. Die Gesellschaft kann zum einen Thema wissenschaftlicher Forschung sein. Für diesen Fall gelten dann, wie an Gesellschaftstheorien gezeigt wurde, extrem hohe Ansprüche der historischen Konsistenzprüfung und, damit einhergehend, außerwissenschaftliche Bedeutungslosigkeit. Die Gesellschaft kann aber zum anderen massenmedial behandelt werden, und dass sich diese Art der Thematisierung für eine Qualifikation als Semantik nicht eignet, zeigt der Umstand, dass die Vergangenheit je nach Belieben so interpretiert und zurechtgezimmert werden kann, dass sie zur Gegenwart möglichst in Opposition steht und sozialen Wandel als Bruch mit Nachrichtenwert erscheinen lässt.

Ein gut ausgebildetes, aber eben spezialisiertes Laienpublikum hat keine Möglichkeit den Zeitdiagnostikern selbstbewusst erwidern zu können: alles schon einmal gedacht und zudem historisch falsch! Der Retrospektive Realismus der Zeitdiagnosen verdeutlicht somit nicht nur, dass permanent neuartige gegenwärtige gesellschaftliche Zukünfte ausgerufen werden können, sondern auch, dass die Beschreibung immer neuer Vergangenheiten einem heterogenen Publikum durchaus plausibel erscheinen kann. Vice versa kann auch ein- und dieselbe Darstellung der Vergangenheit, ohne viel Widerspruch hervorzurufen, immer wieder neu datiert werden. Wie man im Vergleich von Riesman und Sennett sieht, verlassen wir anscheinend in regelmäßigen Abständen immer wieder die Welt der protestantischen Arbeitsethik, um uns von neuem der neuen Zeit zu öffnen. Sowohl in den 1950ern als auch sechzig Jahre danach kann man plausiblerweise behaupten, dass Weber, Marx und Stabilität ab nun von gestern seien.

Die Gesellschaft hat keine Möglichkeit, sich an ihre eigene Vergangenheit zu erinnern – das Wissen um Vergangenes ist außerhalb der darauf spezialisierten wissenschaftlichen Disziplinen nicht bewahrenswert bzw. nicht bewahrbar. Der permanenten Konsistenzprüfung in den Funktionssystemen entspricht somit eine soziale Amnesie auf der Ebene der Gesamtgesellschaft, die es erlaubt, in eingängiger Weise ständig neue Versionen der Vergangenheit zu entwerfen, auch wenn Soziologie und Geschichtswissenschaft ihre begründeten Zweifel anmelden. Wir halten es offenbar nicht nur für glaubhaft, gleichzeitig auf dem Weg in viele neue Gesellschaften zu sein, sondern auch viele alte Gesellschaften, von deren Existenz wir davor nicht gewusst haben, zu verlassen. Soziale Amnesie heißt also einen sehr unbekümmerten Umgang mit der gesellschaftlichen Vergangenheit zu pflegen; gerade deshalb kann das Untergehen alter und das Entstehen neuer Gesellschaften so leicht über die Lippen gehen. Für hochgradig differenzierte Zuhörerschaften hängt schlichtweg nicht viel davon ab, ob wir z. B. gerade eben die Industriegesellschaft verlassen haben – schließlich weiß man über diese Zeit, von persönlichen Erinnerung an das unmittelbare Umfeld abgesehen, nicht besonders viel. Gerade einem gebildeten Publikum können zeitdiagnostische Selbstthematisierungen der Gesellschaft darum nicht mehr als Innovationen geteilten historischen Wissens, sondern lediglich als ernster Zeitvertreib oder beredte Selbstdarstellung in geselligen Interaktionen dienen.

Die gesamtgesellschaftliche Amnesie lässt sich auch daran verdeutlichen, dass offenkundige und gut dokumentierte soziale Kataklysmen wie Kriege, Genozide oder Revolutionen, wenn sie denn nicht am persönlichen Leib erfahren wurden, extrem viel aktive Erinnerungsarbeit brauchen, um nicht binnen weniger Jahrzehnte in Vergessenheit zu geraten (Erll, 2005). Das in frühen Hochkulturen durch kanonisierte Bildungsinhalte aktuell gehaltene kulturelle Gedächtnis (Assmann, 1992; Assmann, 2006) hat in der funktional differenzierten Gesellschaft keine Entsprechung, es sei denn in der Form spezialisierter wissenschaftlicher Disziplinen. Deren hauptsächliches Problem ist es, mit einer überbordenden Quellenflut fertig zu werden. Wenn man nicht gewöhnt ist, differenzierungstheoretisch zu denken, kann dieses gleichzeitige Vorhandensein extrem leistungsstarker Erinnerungstechnologien wie Museen, Bibliotheken, Archiven oder Datenbanken und institutionalisiertem sozialen Vergessen nur als Paradox erscheinen (Connerton, 2009, p. 132 ff.).

Die hier vorgebrachten Interpretationen bergen die Gefahr, als Kulturverfallstheorien verstanden zu werden. Eine Differenzierungstheorie bietet dafür freilich keine Grundlage, denn dem Niedergang bürgerlich-humanistischer Allgemeinbildung entspricht nicht nur eine historisch vorbildlose Inklusion breiter Massen in das Bildungssystem, sondern auch das unvergleichbar höhere Auflösungsvermögen und die instrumentelle Anwendbarkeit ausdifferenzierter Expertise. Das Problem ist jedoch, dass die funktional differenzierte Gesellschaft noch keine ihrer Struktur entsprechende Form des Kulturkonsums entwickelt hat. Man hält buchstäblich trotz besseren Wissens an der Idee kanonisierter, bewahrenswerter Kultur fest, weiß aber nicht mehr, welche Bewertungsmaßstäbe dafür infrage kommen könnten. Was das Wahre, Gute und Schöne sein soll, versteht sich nicht von selbst.

In den letzten Jahrzehnten hat man, grob gesagt, zwei Auswege gesucht. Einerseits konsumieren Bildungsschichten noch immer die hergebrachten Kulturinhalte, lesen die großen Romane, hören klassische Musik und schätzen die Alten Meister. Aber das Interpretationsschema ändert sich: Dass das Kunstwerk »nichts von seiner Aktualität verloren« habe, meint gerade nicht mehr eine außerchronologische Pointe, sondern dass man es sich nur noch als Projektionsfläche gegenwärtiger innergesellschaftlicher Konflikte begreiflich machen kann.

Der dazu komplementäre zweite Weg bestand darin, aus der Hochkultur bislang Ausgeschlossenes zum hochkulturellen Bildungsinhalt zu erklären. Obwohl es das Programm der *cultural studies* war, dadurch die als künstlich empfundene Grenze zwischen Hochkultur und Pop einzureißen (Hall, 1992), gelang auf diesem Wege nur die Musealisierung von Ausdrucksformen, die, in einen Ausstellungsraum gepfercht und in Seminaren besprochen, jeden Anschein von Subversion, Spontaneität und Auflehnung verlieren. Außerstande selbst kreativ zu sein und mangels kanonisierter Bewertungsmaßstäbe, entreißen die Bildungsschichten damit die kulturelle Deutungshoheit ungewollt gerade denjenigen, die sie sichtbar machen wollen und verwandeln Expressivität in politisierbare und moralisierbare Aktualität. Die Graffiti, die auf der Straße einfach nur cool waren, werden zu »spannenden Aus- und Umdeutungen migrantischer Identitäten«. Das Verhältnis eines bildungsmäßig spezialisierten und heterogenen Publikums zu Selbstdeutungen der Gesellschaft ist somit nur ein Beispiel für eine weiter reichende Entwicklung, die den Kulturkonsum der funktional differenzierten Gesellschaft auf die, in diesen Fällen zugegebenermaßen aufwendig formulierten, Selektionskriterien der Massenmedien reduziert.

Mit der vorliegenden Arbeit sollte eine wissenssoziologisch fundierte Analyse der modernen Zeitdiagnostik vorgeschlagen werden. Ich habe dafür ein Schema verwendet, das argumentative Grundmuster mit zwei komplementären außertextuellen Faktoren in Beziehung setzt: der Binnendifferenzierung der Soziologie und der Differenzierung von Publika gesamtgesellschaftlicher Selbstthematisierungen. Aus dieser Sicht kann man abschließend von neuem fragen, wieso Zeitdiagnostik in der Soziologie noch immer selten als eigenes Genre auffällt und mit rein fachlichen Beiträgen verwechselt werden kann. Die naheliegende Antwort ist, dass es der Soziologie noch immer an Autonomie gegenüber öffentlicher Deliberation mangelt. Autonome, d. h. auch für gebildete Laien unverständliche Terminologien und Analyseschemata zu verwenden ist in der Soziologie noch immer nicht zwingend und bleibt, ebenso wie politisches Engagement und die Forderung nach einem fließenden Übergang zwischen Intellektuellen- und Expertenrolle, eine Frage der Paradigmenwahl. Der Feminismus denkt darüber anders als die Systemtheorie und beide haben ihren Platz in der akademischen Welt.

Aus einer anderen Perspektive erscheint das Verwechslungspotential zwischen Zeitdiagnosen und Gesellschaftstheorien aber als Nebenfolge der Binnendifferenzierung des Faches. Es ist ein weit verbreitetes Missverständnis, dass der Universalitätsanspruch der Gesellschaftstheorien, den diese ja zweifelsohne vertreten, in Dominanzverhältnissen mündet. Die Lage der heutigen Soziologie zeigt, dass das genaue Gegenteil der Fall ist. Theorien der Gesellschaft sind derart komplex geworden, dass sie fast so etwas wie eine innersoziologische Subdisziplin bilden. So wie man sich für Kriminalsoziologie, quantitative Methoden oder die Soziologie der Erziehung interessieren kann, so ist auch das Interesse an Theorien der Gesellschaft eine Option unter vielen anderen – noch dazu eine Option, die, außer in extrem seltenen Fällen wie Parsons, Habermas, Luhmann oder Bourdieu, nicht gerade karriereförderlich ist. Gesellschaftstheorien sind somit keine *conditio sine qua non* soziologischer Forschung. Sie bilden – auch wenn ihre Vertreter sich in der Rolle gefallen würden – mitnichten die »Spitzen« der Disziplin, die die übrige Forschung anleiten oder dirigieren könnten.

Sich nicht für Teile der Gesellschaft, sondern ihre Gesamtheit zu interessieren, verspricht zudem keine *instant gratification*: die Aneignung dauert relativ lange, man trainiert sich eine Sprache an, die nur mühsam in andere Theoriesprachen übersetzbar ist, Publikationen lassen lange auf sich warten und Drittmittel sind rar gesät. Die Folge ist, dass ein Großteil der modernen soziologischen Forschung davon die Finger lässt und weitestgehend ohne gesellschaftstheoretische Bezüge produktiv arbeiten kann. Da man also unter Bedingungen extremer fachlicher Binnendifferenzierung in der Soziologie nicht mehr gezwungen ist, mit Gesellschaftstheorien zu arbeiten, fallen Unterschiede zu Zeitdiagnosen selbst Spezialisten bisweilen nicht sofort auf. Für ein gesellschaftstheoretisch nicht interessiertes Fachpersonal haben beide Genres ja dasselbe Thema: eine diachrone Deutung der Gesamtgesellschaft, die Gegenwart mit eingeschlossen.

Es handelt sich bei dieser Entwicklung weder um eine Pathologie, noch um eine Sonderentwicklung der Soziologie. Eine im hohen Maße differenzierte Disziplin entwickelt Grundlagentheorien, die, anders als in der jeweiligen Entstehungsphase, nicht mehr mit Forschung per se gleichzusetzen sind. Alltägliche soziologische Forschung muss sich genausowenig mit der Gesamtgesellschaft beschäftigen, wie die Physik in jedem publizierten Artikel voranstellen muss, was das Universum im Inneren zusammenhält – das sind Fragen für eine winzige und bisweilen belächelte Minderheit fachinterner Spezialisten. Die Binnendifferenzierung des Wissenschaftssystems drängt solche umfassenden Fragestellungen an den Rand einer jeden wissenschaftlichen Disziplin. Die Soziologie gleicht in dieser Hinsicht weit mehr dem Modell einer *normal science* als es auf den ersten Blick scheint. Aus dieser Perspektive kann keine Forderung nach Entdifferenzierung formuliert werden. Weder sollten Gesellschaftstheorien breitenwirksamer formuliert werden, noch sollten Zeitdiagnosen die bessere Wissenschaft sein wollen. Worum es geht, ist eine möglichst klare Benennung von Unterschieden, die die jeweiligen genrespezifischen Leistungen und Nebenfolgen zu würdigen imstande ist.

Literaturverzeichnis

Abbott, Andrew: For Humanist Sociology. In **Clawson, Dan et al. (Hrsg.):** Public Sociology: Fifteen Eminent Sociologists Debate Politics and the Profession in the Twenty-first Century. Berkeley (et al.): University of California Press, 2007

Acker, Joan: Comments on Burawoy on Public Sociology. Critical Sociology, 31 (3) 2005, 327–331

Adams, Henry: The Education of Henry Adams. Oxford: Oxford University Press, 1999

Alexander, Jeffrey/Smith, Philip: Social Science and Salvation: Risk Society as Mythological Discourse. Zeitschrift für Soziologie, 25 (4) 1996, 251–262

Amossy, Ruth: Introduction to the Study of Doxa. Poetics Today, 23 2002, 369–394

Anders, Günther: Die Antiquiertheit des Menschen. Über die Zerstörung des Lebens im Zeitalter der dritten industriellen Revolution. München: C.H. Beck, 1980

Anders, Günther: Die atomare Bedrohung. München: C.H. Beck, 1983

Anderson, R. Dean: Glossary of Greek Rhetorical Terms Connected to Methods of Argumentation, Figures and Tropes from Anaximenes to Quintilian. Leuven: Peeters, 1999

Aristoteles: Topik. Dietzingen: Reclam, 2004

Aron, Raymond: Die industrielle Gesellschaft. 18 Vorlesungen. Frankfurt am Main: Fischer-Bücherei, 1964

Assmann, Aleida: Der lange Schatten der Vergangenheit. Erinnerungskultur und Geschichtspolitik. München: C.H. Beck, 2006

Assmann, Jan: Das kulturelle Gedächtnis. Schrift, Erinnerung und politische Identität in frühen Hochkulturen. München: C.H. Beck, 1992

Atkinson, Will: Beck, Individualization and the Death of Class: A Critique. British Journal of Sociology, 58 (3) 2007, 349–366

Aydelotte, William O.: Review of: The Lonely Crowd: A Study of the Changing American Character, by David Riesman et. al. The Journal of Modern History, 25 1953, 181–183

Baecker, Dirk: Studien zur nächsten Gesellschaft. Frankfurt am Main: Suhrkamp, 2007

Bain, Read: Review of: The Lonely Crowd: A Study of the Changing American Character, by David Riesman et al. American Sociological Review, 16 (2) 1951, 269–271

Bamber, D. J.: Review of: The Coming of Post-industrial Society – A Venture in Social Forecasting, by Daniel Bell. The Journal of the Operational Research Society, 31 (1) 1980, 83–84

Bazerman, Charles: Shaping Written Knowledge: The Genre and Activity of the Experimental Article in Science. Madison: The University of Wisconsin Press, 1988

Bazerman, Charles: Rhetoricians on the Rhetoric of Science. Science, Technology & Human Values, 14 (1) 1989, 3–6

Bazerman, Charles: Systems of Genres and the Enactment of Social Intentions. In **Freedman, Aviva/Medway, Peter (Hrsg.):** Genre and the New Rhetoric. London: Taylor & Francis, 1994

Beck, Ulrich: Die Risikogesellschaft: Auf dem Weg in eine andere Moderne. Frankfurt am Main: Suhrkamp, 1986

Beck, Ulrich: Weltrisikogesellschaft: Auf der Suche nach der verlorenen Sicherheit. Frankfurt am Main: Suhrkamp, 2007

Bell, Daniel: The Coming of Post-industrial Society: A Venture in Social Forecasting. New York: Basic Books, 1973

Bell, Daniel: The Cultural Contradictions of Capitalism. New York: Basic Books, 1976

Benda, Julien: The Treason of the Intellectuals. New York: William Morrow, 1928

Bendix, Reindard: Review of: The Coming of Post-Industrial Society: A Venture in Social Forecasting, by Daniel Bell. Contemporary Sociology, 3 (2) 1974, 99–101

Berger, Peter L.: The Social Reality of Religion. London: Faber and Faber, 1969

Berger, Peter L./Luckmann, Thomas: The Social Construction of Reality: A Treatise in the Sociology of Knowledge. Garden City: Doubleday, 1966

Berghorn, Forrest J./Steere, Geoffrey H.: Are American Values Changing? The Problem of Inner- or Other-Direction. American Quarterly, 18 (1) 1966, 52–62

Bergmann, Jörg/Luckmann, Thomas: Reconstructive Genres of Everyday Communication. In **Quasthoff, Uta M. (Hrsg.):** Aspects of Oral Communication. Berlin and New York: Walter de Gruyter, 1995

Bhatia, Vijay K.: Analysing Genre. London (et al.): Longman, 1993

Bhatia, Vijay K.: A Generic View of Academic Discourse. In **Flowerdew, John (Hrsg.):** Academic Discourse. Harlow (et al.): Pearson Education, 2002

Binfield, Kevin: Writings of the Luddites. Baltimore: Johns Hopkins University Press, 2004

Bloor, David: Knowledge and Social Imagery. London: Routledge, 1976

Blumenberg, Hans: Die Genesis der kopernikanischen Welt. Frankfurt am Main: Suhrkamp, 1981

Boltanski, Luc/Chiapello, Eve: Der neue Geist des Kapitalismus. Konstanz: UVK, 2003

Bornscheuer, Lothar: Topik: Zur Struktur der gesellschaftlichen Einbildungskraft. Frankfurt am Main: Suhrkamp, 1976

Bornscheuer, Lothar: Topik. In Reallexikon der deutschen Literaturgeschichte. Band IV. Berlin: Walter de Gruyter, 1981

Boscher, Ralf: Formale oder materiale Topik? Kontroversen und Perspektiven der neueren literaturwissenschaftlichen Topik-Forschung. Diplomarbeit, Universität Konstanz, 1999

Boudon, Raymond: Sociology That Really Matters. European Sociological Review, 18 (3) 2001, 371–378

Bourdieu, Pierre: Fourth Lecture. Universal Corporatism: The Role of Intellectuals in the Modern World. Poetics Today, 12 (4) 1991, 655–669

Bourdieu, Pierre: Über das Fernsehen. Frankfurt am Main: Suhrkamp, 1998

Bourdieu, Pierre et al.: Das Elend der Welt. Studienausgabe. Konstanz: UVK, 2005

Bourdieu, Pierre/Chamboredon, Jean-Claude/Passeron, Jean-Claude: Soziologie als Beruf. Wissenschaftstheoretische Voraussetzungen soziologischer Erkenntnis. Berlin, New York: Walter de Gruyter, 1991

Boyd, William: Review of: Risk Society: Towards a New Modernity, by Ulrich Beck; Risk and Rationality: Philosophical Foundations for Populist Reforms, by Kristin S. Shrader-Frechette. Economic Geography, 69 (4) 1993, 432–436

Boyns, David/Fletcher, Jesse: Reflections on Public Sociology: Public Relations, Disciplinary Identitiy, and the Strong Program in Professional Sociology. The American Sociologist, 36 (3-4) 2005, 5–26

Brewer, Rose M.: Response to Michael Burawoy's Commentary: »The Critical Turn to Public Sociology«. Critical Sociology, 31 (3) 2005, 353–359

Brock, Ditmar: Die Risikogesellschaft und das Risiko soziologischer Zuspitzung. Zeitschrift für Soziologie, 20 (1) 1991, 12–24

Brown, Richard Harvey: Social Science and the Poetics of Public Truth. Sociological Forum, 5 1990, 55–74

Bruyn, Severyn T.: Rhetorical Devices in Sociological Analysis. Sociological Quarterly, 5 (2) 1964, 101–112

Burawoy, Michael: For Public Sociology. American Sociological Review, 70 2005, 4–28

Burawoy, Michael: For Public Sociology. In **Clawson, Dan et al. (Hrsg.):** Public Sociology: Fifteen Eminent Sociologists Debate Politics and the Profession in the Twenty-first Century. Berkeley (et al.): University of California Press, 2007

Burkart, Günter: Individualisierung und Elternschaft. In **Friedrichs, Jürgen (Hrsg.):** Die Individualisierungs-These. Opladen: Leske + Budrich, 1998

Calhoun, Craig/VanAntwerpen, Jonathan: Orthodoxy, Heterodoxy, and Hierarchy: »Mainstream« Sociology and Its Challangers. In **Calhoun, Craig (Hrsg.):** Sociology in America: A History. Chicago: The University of Chicago Press, 2007

Calhoun, Donald W.: Review of: The Lonely Crowd: A Study of the Changing American Character, by David Riesman et. al. Social Forces, 30 (1) 1951, 113–114

Castells, Manuel: The Information Age: Economy, Society and Culture. The Rise of the Network Society. Cambridge (Mass.): Blackwell, 1997

Centers, Richard: An Examination of the Riesman Social Character Typology: A Metropolitan Survey. Sociometry, 25 (3) 1962, 231–240

Centers, Richard/Centers, Louise: Social Character Types and Beliefs about Childrearing. Child Development, 34 (1) 1963, 69–78

Chomsky, Noam: Profit Over People: Neoliberalism and Global Order. New York: Seven Stories Press, 1998

Chong, Sei/Normile, Dennis: How Young Korean Researchers Helped Unearth a Scandal. Science, 311 2006, 22–25

Cicero, Marcus Tullius; Reinhardt, Tobias (Hrsg.): Topica. Oxford: Oxford University Press, 2003

Clawson, Dan et al. (Hrsg.): Public Sociology: Fifteen Eminent Sociologists Debate Politics and the Profession in the Twenty-first Century. Berkeley (et al.): University of California Press, 2007

Cohen, Simona: The Early Renaissance Personification of Time and Changing Concepts of Temporality. Renaissance Studies, 14 (1) 2000, 301–328

Connerton, Paul: How Modernity Forgets. Cambridge (et al.): Cambridge University Press, 2009

Coser, Lewis A.: Men of Ideas: A Sociologist's View. New York: Free Press, 1965

Coser, Lewis A.: The Intellectual as Celebrity. In **Etzioni, Amitai (Hrsg.):** Public Intellectuals: An Endangered Species? Lanham (et al.): Rowman & Littlefield Publishers, 2006

Craig, Leon H.: Review of: The Coming of Post-industrial Society, by Daniel Bell. Canadian Journal of Political Science, 7 (3) 1974, 593–595

Curtius, Ernst R.: Europäische Literatur und lateinisches Mittelalter. Francke: Bern und München, 1984

Dollinger, Bernd: Reflexive Individualisierung als Mythologem pädagogischer Zeitdiagnostik: Skepsisdefizite und Reflexionsaufforderungen. Zeitschrift für Erziehungswissenschaft, 10 (1) 2007, 75–89

Draper, Elaine: Risk, Society, and Social Theory. Contemporary Sociology, 22 (5) 1993, 641–644

Drezner, Daniel W.: Public Intellectuals 2.1. Society, 46 2009, 49–54

Edmondson, Ricca: Rhetoric in Sociology. London (et.al.): Macmillan, 1984

Elliott, Anthony: Beck's Sociology of Risk: A Critical Assessment. Sociology, 36 (2) 2002, 293–315

Enzensberger, Hans Magnus: Einzelheiten I und II. Hamburg: Spiegel Verlag, 2007

Erll, Astrid: Kollektives Gedächtnis und Erinnerungskulturen. Eine Einführung. Stuttgart: J.B. Metzler, 2005

Esposito, Elena: Soziales Vergessen: Formen und Medien des Gedächtnisses der Gesellschaft. Frankfurt am Main: Suhrkamp, 2002

Esser, Hartmut: Besprechung von Ulrich Beck: Risikogesellschaft: Auf dem Weg in eine andere Moderne. Kölner Zeitschrift für Soziologie und Sozialpsychologie, 39 1987, 806–811

Etzioni, Amitai: Review of: The Coming of Post-Industrial Society: A Venture in Social Forecasting, by Daniel Bell. Contemporary Sociology, 3 (2) 1974, 105–107

Etzioni, Amitai: Are Public Intellectuals an Endangered Species? In **Etzioni, Amitai (Hrsg.):** Public Intellectuals: An Endangered Species? Lanham (et al.): Rowman & Littlefield Publishers, 2006

Evans, Michael S.: Defining the Public, Defining Sociology: Hybrid Science-Public Relations and Boundary-Work in Early American Sociology. Public Understanding of Science, 18 (1) 2009, 5–22

Eyerman, Ron: Between Culture and Politics: Intellectuals in Modern Society. Cambridge, UK: Polity Press, 1994

Felt, Ulrike: Die unsichtbaren Sozialwissenschaften: Zur Problematik der Positionierung sozialwissenschaftlichen Wissens im öffentlichen Raum. Österreichische Zeitschrift für Soziologie, Sonderband 5. 2000, 177–212

Fiala, Robert: Postindustrial Society. In **Borgatella, Edgar F./ Montgomery, Rhonda J.V. (Hrsg.):** Encyclopedia of Sociology. Volume 3. New York (et al.): Macmillan, 2000

Folkers, Horst: Verabschiedete Vergangenheit. Ein Beitrag zur unaufhörlichen Selbstdeutung der Moderne. In **Baecker, Dirk et al. (Hrsg.):** Theorie als Passion. Niklas Luhmann zum 60. Geburtstag. Frankfurt am Main: Suhrkamp, 1987

Foucault, Michel: Geschichte der Gouvernementalität 1: Sicherheit, Territorium, Bevölkerung. Frankfurt am Main: Suhrkamp, 2004a

Foucault, Michel: Geschichte der Gouvernementalität 2: Die Geburt der Biopolitik. Frankfurt am Main: Suhrkamp, 2004b

Franzen, Martina: Torwächter der Wissenschaft oder Einfallstor für die Massenmedien? Zur Rolle von Science und Nature an der Schnittstelle zwischen Wissenschaft und medialer Öffentlichkeit. In **Stöckel, Sigrid/Lisner, Wiebke/ Rüve, Gerlind (Hrsg.):** Das Medium Wissenschaftszeitschrift seit dem 19. Jahrhundert. Verwissenschaftlichung der Gesellschaft – Vergesellschaftung von Wissenschaft. Stuttgart: Franz Steiner Verlag, 2009

Franzmann, Andreas: Der Intellektuelle als Protagonist der Öffentlichkeit. Krise und Räsonnement in der Affäre Dreyfus. Frankfurt am Main: Humanities Online, 2004

Freese, Jeremy: Blogs and the Attention Market for Public Intellectuals. Society, 46 2009, 45–48

Friedmann, John: Reading Castells. Zeitdiagnose and Social Theory. Environment and Planning D: Society and Space, 18 2000, 111–120

Fuchs, Peter: Die Erreichbarkeit der Gesellschaft. Zur Konstruktion und Imagination gesellschaftlicher Einheit. Frankfurt am Main: Suhrkamp, 1992

Galison, Peter: Image & Logic: A Material Culture of Microphysics. Chicago and London: University of Chicago Press, 1997

Galison, Peter: Trading Zone: Coordinating Action and Belief. In **Biagoli, Mario (Hrsg.):** The Science Studies Reader. New York: Routledge, 1999

Galtung, Johan/Ruge, Mari Holmboe: The Structure of Foreign News: The Presentation of Congo, Cuba and Cyprus Crises in Four Norwegian Newspapers. Journal of Peace Research, 2 1965, 64–91

Gandhi, Mohandas K.; Parel, Anthony J. (Hrsg.): Hind Swaraj and Other Writings. Cambridge: Cambridge University Press, 1997

Gans, Herbert J.: Best-Sellers by Sociologists: An Exploratory Study. Contemporary Sociology, 26 (2) 1997, 131–135

Garvan, Anthony N. B.: Review of: The Lonely Crowd, by David Riesman. American Quarterly, 3 (2) 1951, 186–188

Gehlen, Arnold: Die Seele im technischen Zeitalter. Sozialpsychologische Probleme in der industriellen Gesellschaft. Reinbeck: Rowohlt, 1957

Geissler, Birgit: »Der flexible Mensch«: eine These auf dem Prüfstand. In **CARITAS-Schweiz (Hrsg.):** Sozialalmanach 2002: Der flexibilisierte Mensch. Luzern: Caritas-Verlag, 2002

Genette, Gérard: La rhétorique restreinte. In Figures III. Paris: Seuil, 1972

Ghamari-Tabrizi, Behrooz: Can Burawoy Make Everybody Happy? Comments on Public Sociology. Critical Sociology, 31 (3) 2005, 362–369

Giddens, Anthony: The Consequences of Modernity. Cambridge: Polity Press, 1990

Gilbert, Nigel/Mulkay, Michael: Opening Pandora's Box. Cambridge: Cambridge University Press, 1984

Glenn, Evelyn Nakano: Whose Public Sociology? The Subaltern Speaks, but Who Is Listening? In **Clawson, Dan et al. (Hrsg.):** Public Sociology: Fifteen Eminent Sociologists Debate Politics and the Profession in the Twenty-first Century. Berkeley (et al.): University of California Press, 2007

Göbel, Andreas: Die Selbstbeschreibungen des politischen Systems. Eine systemtheoretische Perspektive auf die politische Ideengeschichte. In **Hellmann, Kai-Uwe/Fischer, Karsten/Bluhm, Harald (Hrsg.):** Das System der Politik. Niklas Luhmanns politische Theorie. Wiesbaden: Westdeutscher Verlag, 2003

Goffman, Erving: Alienation from Interaction. Human Relations, 10 (1) 1957, 47–60

Goldsen, Joseph M.: Review of: The Lonely Crowd: A Study of the Changing American Character, by David Riesman. The Public Opinion Quarterly, 15 (1) 1951, 158–161

Gouldner, Alvin W.: The Future of Intellectuals and the Rise of the New Class. New York: Seabury, 1979

Gramsci, Antonio; Bochmann, Klaus/Haug, Wolfgang Fritz (Hrsg.): Gefängnishefte. 10 Bände. Hamburg: Argument, 2002

Greenstein, Fred I.: New Light on Changing American Values: A Forgotten Body of Survey Data. Social Forces, 42 (4) 1964, 441–450

Grobstein, Paul: Revisiting Science in Culture: Science as Story Telling and Story Revising. Journal of Research Practice, 1 2005, http://jrp.icaap.org/index.php/jrp/article/view/9/18, letzter Zugriff 12.3.2010

Gross, Alan G.: Rhetoric of Science. Cambridge: Harvard University Press, 1990

Guggenheim, Michael/Nowotny, Helga: Joy in Repetition Makes the Future Disappear: A Critical Assessment of the Present State of STS. In **Joerges, Bernward/Nowotny, Helga (Hrsg.):** Social Studies of Science & Technology: Looking Back, Ahead. Sociology of the Sciences Yearbook, vol. 23. Dodrecht: Kluwer, 2003

Günthner, Susanne: Gattungen in der sozialen Praxis: Die Analyse kommunikativer Gattungen als Textsorten mündlicher Kommunikation. Deutsche Sprache, 3 1995, 193–218

Günthner, Susanne/Knoblauch, Hubert: Forms are the Food of Faith: Gattungen als Muster kommunikativen Handelns. Kölner Zeitschrift für Soziologie und Sozialpsychologie, 46 (4) 1994, 693–723

Günthner, Susanne/Knoblauch, Hubert: Culturally Patterned Speaking Practices: The Analysis of Communicative Genres. Pragmatics, 5 (1) 1995, 1–32

Habermas, Jürgen: Einleitung. In **Habermas, Jürgen (Hrsg.):** Stichworte zur »Geistigen Situation der Zeit«. 1. Band: Nation und Republik. Frankfurt am Main: Suhrkamp, 1979

Habermas, Jürgen: Theorie des kommunikativen Handelns. Band 1: Handlungsrationalität und gesellschaftliche Rationalisierung. Frankfurt am Main: Suhrkamp, 1981a

Habermas, Jürgen: Theorie des kommunikativen Handelns. Band 2: Zur Kritik der funktionalistischen Vernunft. Frankfurt am Main: Suhrkamp, 1981b

Habermas, Jürgen: Taking Aim at the Heart of the Present. In **Hoy, David C. (Hrsg.):** Foucault: A Critical Reader. Oxford: Blackwell, 1986

Habermas, Jürgen: Strukturwandel der Öffentlichkeit. Frankfurt am Main: Suhrkamp, 1990

Habermas, Jürgen: Zeitdiagnosen: Zwölf Essays. 1980-2001. Frankfurt am Main: Suhrkamp, 2003

Habermas, Jürgen/Luhmann, Niklas: Theorie der Gesellschaft oder Sozialtechnologie - Was leistet die Systemforschung? Frankfurt am Main: Suhrkamp, 1971

Hall, Stuart: Cultural Studies and its Theoretical Legacies. In **Grossberg, Lawrence/Wilson, Cary/Treichler, Paula A. (Hrsg.):** Cultural Studies. New York: Routledge Press, 1992

Hardt, Michael/Negri, Antonio: Empire. Harvard University Press, 2000

Harris, Randy A.: Introduction. In **Harris, Randy A. (Hrsg.):** Landmark Essays in Rhetoric of Science: Case Studies. Mahwah: Lawrence Erlbaum and Associates, 1997

Hartley, John: Popular Reality: Journalism, Modernity, Popular Culture. London: Edward Arnold, 1996

Hayes, Sharon: Stalled at the Altar? Conflict, Hierarchy, and Compartmentalization in Burawoy's Public Sociology. In **Clawson, Dan et al. (Hrsg.):** Public Sociology: Fifteen Eminent Sociologists Debate Politics and the Profession in the Twenty-first Century. Berkeley (et al.): University of California Press, 2007

Heberle, Rudolf: A Note on Riesman's The Lonely Crowd. The American Journal of Sociology, 62 (1) 1956, 34–36

Heilbroner, Robert: Economic Problems of a ›Post-Industrial Society‹. In **Potter, David/Sarre, Philip (Hrsg.):** Dimensions of Society. London: University of London Press, 1974

Heins, Volker: Wen der Bumerang trifft. Weltformel Risikogesellschaft - Ulrich Beck hat eine Theorie für alle Fälle. Die Zeit, 16 (12.04.2007) 2007, o. S.

Hillebrandt, Frank: Disziplinargesellschaft. In **Kneer, Georg/Nassehi, Armin/Schroer, Markus (Hrsg.):** Soziologische Gesellschaftsbegriffe: Konzepte moderner Zeitdiagnosen. München: Fink, 1997

Horkheimer, Max/Hersche, Otmar: Verwaltete Welt? Ein Gespräch. Zürich: Die Arche, 1970

Hughes, Jason: Bringing Emotion to Work: Emotional Intelligence, Employee Resistance and the Reinvention of Character. Work, Employment & Society, 19 (3) 2005, 603–625

Illies, Florian: Generation Golf. Eine Inspektion. Frankfurt am Main: Fischer, 2000

Inglehart, Ronald: The Silent Revolution: Changing Values and Politics Among Western Publics. Princeton: Princeton Universty Press, 1977

Jacoby, Russell: The Last Intellectuals: American Culture in the Age of Academe. New York: Basic Books, 1987

Jahoda, Marie/Lazarsfeld, Paul F./Zeisel, Hans: Die Arbeitslosen von Marienthal. Ein soziographischer Versuch über die Wirkungen langandauernder Arbeitslosigkeit. Frankfurt am Main: Suhrkamp, 1975

Janowitz, Morris: Professionalization of Sociology. The American Journal of Sociology, 78 (1) 1972, 105–135

Janowitz, Morris/Olsen, Marvin E.: Review of: The Coming of Post-Industrial Society: A Venture in Social Forecasting, by Daniel Bell. The American Journal of Sociology, 80 (1) 1974, 230–241

Japp, Klaus P.: Das Risiko der Rationalität für technisch-ökologische Systeme. In **Halfmann, Jost/Japp, Klaus P. (Hrsg.):** Riskante Entscheidungen und Katastrophenpotentiale: Elemente einer soziologischen Risikoforschung. Opladen: Westdeutscher Verlag, 1990

Jasper, James M./Young, Michael P.: The Rhetoric of Sociological Facts. Sociological Forum, 22 (3) 2007, 270–299

Joas, Hans: Das Risiko der Gegenwartsdiagnose. Soziologische Revue, 11 1988, 1–6

Joffe, Josef: The Decline of the Public Intellectual and the Rise of the Pundit. In **Weinberger, Jerry/Zinman, M. Richard/Melzer, Arthur M. (Hrsg.):** The Public Intellectual: Between Philosophy and Politics. Lenham: Rowman & Littlefield Publishers, 2003

Kassarjian, Waltraud Marggraf: A Study of Riesman's Theory of Social Character. Sociometry, 25 (3) 1962, 213–230

Katz-Fishman, Walda/Scott, Jerome: Comments on Burawoy: A View From the Bottom-up. Critical Sociology, 31 (3) 2005, 371–374

Kieserling, André: Die Diagnosegesellschaft. Frankfurter Allgemeine Sonntagszeitung, 21.04. 2002, 68

Kieserling, André: Selbstbeschreibung und Fremdbeschreibung: Beiträge zur Soziologie soziologischen Wissens. Frankfurt am Main: Suhrkamp, 2004

Kieserling, André: Selbstbeschreibung von Organisationen: Zur Transformation ihrer Semantik. In **Jäger, Wieland/Schimank, Uwe (Hrsg.):** Organisationsgesellschaft. Facetten und Perspektiven. Wiesbaden: VS Verlag für Sozialwissenschaften, 2005

Kieserling, André: Felder und Klassen: Pierre Bourdieus Theorie der modernen Gesellschaft. Zeitschrift für Soziologie, 37 (1) 2008, 3–24

Kimball, Roger: Tenured Radicals: How Politics Has Corrupted Our Higher Education. New York: Harper Collins, 1990

Klein, Naomi: No Logo: Taking Aim at the Brand Bullies. New York: Picador, 1999

Kleining, Gerhard: Umriss zu einer Methodologie qualitativer Sozialforschung. Kölner Zeitschrift für Soziologie und Sozialpsychologie, 34 (2) 1982, 224–253

Kneer, Georg/Nassehi, Armin/Schroer, Markus: Soziologische Gesellschaftsbegriffe: Konzepte moderner Zeitdiagnosen. München: Fink, 1997

Knoblauch, Hubert/Luckmann, Thomas: Gattungsanalyse. In **Flick, Uwe/Kardorff, Ernst von/Steinke, Ines (Hrsg.):** Qualitative Forschung: Ein Handbuch. Reinbek bei Hamburg: Rowohlt, 2000

Knorr-Cetina, Karin: Die Fabrikation von Erkenntnis. Zur Anthropologie der Naturwissenschaft. Frankfurt am Main: Suhrkamp, 1984

Knorr-Cetina, Karin: Das naturwissenschaftliche Labor als Ort der »Verdichtung« von Gesellschaft. Zeitschrift für Soziologie, 17 1988, 85–101

Kohler, Eike: Mit Absicht rhetorisch: Seelsorge in der Gemeinschaft der Kirche. Göttingen: Vandenhoek & Ruprecht, 2006

Koselleck, Reinhart: Fortschritt. In **Brunner, Otto/Conze, Werner/ Koselleck, Reinhart (Hrsg.):** Geschichtliche Grundbegriffe. Historisches Lexikon zur politisch-sozialen Sprache in Deutschland. Band 2. Stuttgart: Klett-Cotta, 1972

Koselleck, Reinhart: Vergangene Zukunft. Zur Semantik geschichtlicher Zeiten. Frankfurt am Main: Suhrkamp, 1979

Kovalainen, Anne: Book Reviews: The Corrosion of Character: The Personal Consequences of Work in the New Capitalism, by Richard Sennett. Acta Sociologica, 43 2000, 175–177

Krallmann, Dieter/Scheerer, Ralph C./Strahl, Christoph: Werbung als Kommunikative Gattung. Sociologia Internationalis, 35 1997, 195–216

Kreuzbauer, Guenther: Topics in Contemporary Legal Argumentation: Some Remarks on the Topical Nature of Legal Argumentation in the Continental Law Tradition. Informal Logic, 28 (1) 2008, 71–85

Kruse, Volker: Historisch-soziologische Zeitdiagnosen in Westdeutschland nach 1945. Eduard Heimann, Alfred von Martin, Hans Freyer. Frankfurt am Main: Suhrkamp, 1994

Kruse, Volker: »Geschichts- und Sozialphilosophie« oder »Wirklichkeitswissenschaft«? Die deutsche historische Soziologie und die logischen Kategorien René Königs und Max Webers. Frankfurt am Main: Suhrkamp, 1999

Kuchler, Barbara: Was ist in der Soziologie aus der Dialektik geworden? Münster: Westfälisches Dampfboot, 2005

Kuhn, Thomas S.: Die Struktur wissenschaftlicher Revolutionen. Zweite revidierte und um das Postskriptum von 1969 ergänzte Auflage. Frankfurt am Main: Suhrkamp, 1976

Kumar, Krishan: Prophecy and Progress: The Sociology of Industrial and Post-Industrial Society. London: Allen Lane, 1978

Kunze, Donald: Giambattista Vico as a Philosopher of Place: Comments on the Recent Article by Mills. Transactions of the Institute of British Geographers, New Series, 8 (2) 1983, 237–248

Kurzman, Charles / Owens, Lynn: The Sociology of Intellectuals. Annual Review of Sociology, 28 2002, 63–90

Lash, Scott M. / Urry, John: Economies of Signs and Space. London: Sage, 1994

Latour, Bruno: Wir sind nie modern gewesen. Versuch einer symmetrischen Anthropologie. Berlin: Akademie Verlag, 1995

Latour, Bruno: Eine neue Soziologie für eine neue Gesellschaft: Einführung in die Akteur-Netzwerk-Theorie. Frankfurt am Main: Suhrkamp, 2007

Latour, Bruno / Woolgar, Steven: Laboratory Life. Beverly Hills: Sage, 1979

Leana, Carrie: Review of: The Corrosion of Character: The Personal Consequences of Work in the New Capitalism, by Richard Sennett. The Academy of Management Review, 25 (1) 2000, 252–253

Lichtblau, Klaus: Soziologie und Zeitdiagnose. Oder: Die Moderne im Selbstbezug. In **Müller-Doohm, Stefan (Hrsg.):** Jenseits der Utopie: Theoriekritik der Gegenwart. Frankfurt am Main: Suhrkamp, 1991

Lipset, Seymour Martin: A Changing American Character? In **Lipset, Seymour Martin / Löwenthal, Leo (Hrsg.):** Culture and Social Character: The Work of David Riesman Reviewed. Glencoe: Free Press, 1961

Lipset, Seymour Martin: Intellectuals. In **Borgatella, Edgar F. / Montgomery, Rhonda J.V. (Hrsg.):** Encyclopedia of Sociology. Volume 2. New York (et al.): Macmillan, 2000

Lipset, Seymour Martin / Smelser, Neil J.: Sociology: The Progress of a Decade. Englewood Cliffs: Prentice-Hall, 1961

Locke, Simon: The Public Understanding of Science - A Rhetorical Invention. Science, Technology & Human Values, 27 (1) 2002, 87–111

Lohmann, Georg: Zur Rolle von Stimmungen in Zeitdiagnosen. In **Fink-Eitel, Hinrich / Lohmann, Georg (Hrsg.):** Zur Philosophie der Gefühle. Frankfurt am Main: Suhrkamp, 1994

Löwenthal, Leo: An Historical Preface to the Popular Culture Debate. In **Jacobs, Norman (Hrsg.):** Culture for the Millions? Mass Media in Modern Society. Boston: Beacon Press, 1964

Löwith, Karl: Weltgeschichte und Heilsgeschehen. Die theologischen Voraussetzungen der Geschichtsphilosophie. Stuttgart: J.B. Metzler, 2004

Lucke, Doris: Wirklichkeitskonstruktion als Ware: »Der Wertewandel« in der westlichen Welt. Internationale Politik und Gesellschaft, 4 2000, 389–398

Luckmann, Thomas: Grundformen der gesellschaftlichen Vermittlung des Wissens: Kommunikative Gattungen. Kölner Zeitschrift für Soziologie und Sozialpsychologie, Sonderband 27 1986, 191–211

Luhmann, Niklas: Funktionen und Folgen formaler Organisation. Berlin: Duncker & Humblot, 1964

Luhmann, Niklas: The Future Cannot Begin: Temporal Structures in Modern Society. Social Research, 43 (1) 1976, 130–152

Luhmann, Niklas: Gesellschaftsstruktur und Semantik. Studien zur Wissenssoziologie der modernen Gesellschaft. Band 1. Frankfurt am Main: Suhrkamp, 1980a

Luhmann, Niklas: Kap. Temporalisierung von Komplexität: Zur Semantik neuzeitlicher Zeitbegriffe. In Gesellschaftsstruktur und Semantik. Studien zur Wissenssoziologie der modernen Gesellschaft. Band 1. Frankfurt am Main: Suhrkamp, 1980b, 235–300

Luhmann, Niklas: Kap. Interaktion in Oberschichten: Zur Transformation ihrer Semantik im 17. und 18. Jahrhundert. In Gesellschaftsstruktur und Semantik. Studien zur Wissenssoziologie der modernen Gesellschaft. Band 1. Frankfurt am Main: Suhrkamp, 1980c, 72–161

Luhmann, Niklas: Kap. Gesellschaftliche Struktur und semantische Tradition. In Gesellschaftsstruktur und Semantik. Studien zur Wissenssoziologie der modernen Gesellschaft. Band 1. Frankfurt am Main: Suhrkamp, 1980d, 9–71

Luhmann, Niklas: Funktionale Methode und juristische Entscheidung. In Ausdifferenzierung des Rechts. Frankfurt am Main: Suhrkamp, 1981a

Luhmann, Niklas: Gesellschaftsstruktur und Semantik. Studien zur Wissenssoziologie der modernen Gesellschaft. Band 2. Frankfurt am Main: Suhrkamp, 1981b

Luhmann, Niklas: Kap. Wie ist soziale Ordnung möglich? In Gesellschaftsstruktur und Semantik. Studien zur Wissenssoziologie der modernen Gesellschaft. Band 2. Frankfurt am Main: Suhrkamp, 1981c, 195–285

Luhmann, Niklas: Soziale Systeme: Grundriß einer allgemeinen Theorie. Frankfurt am Main: Suhrkamp, 1984

Luhmann, Niklas: Das Problem der Epochenbildung und die Evolutionstheorie. In **Gumbrecht, Hans Ulrich/Link-Heer, Ursula (Hrsg.):** Epochenschwellen und Epochenstrukturen im Diskurs der Literatur- und Sprachhistorie. Frankfurt am Main: Suhrkamp, 1985

Luhmann, Niklas: Rechtssoziologie. Opladen: Westdeutscher Verlag, 1987

Luhmann, Niklas: Kap. Die Beschreibung der Zukunft. In Beobachtungen der Moderne. Opladen: Westdeutscher Verlag, 1992a, 129–147

Luhmann, Niklas: Die Wissenschaft der Gesellschaft. Frankfurt am Main: Suhrkamp, 1992b

Luhmann, Niklas: Gesellschaftsstruktur und Semantik. Studien zur Wissenssoziologie der modernen Gesellschaft. Band 3. Frankfurt am Main: Suhrkamp, 1993

Luhmann, Niklas: Die Realität der Massenmedien. Opladen: Westdeutscher Verlag, 1996

Luhmann, Niklas: Die Gesellschaft der Gesellschaft. Frankfurt am Main: Suhrkamp, 1997

Luhmann, Niklas: Gesellschaftsstruktur und Semantik. Studien zur Wissenssoziologie der modernen Gesellschaft. Band 4. Frankfurt am Main: Suhrkamp, 1999a

Luhmann, Niklas: Zweckbegriff und Systemrationalität: Über die Funktion von Zwecken in Sozialen Systemen. Frankfurt am Main: Suhrkamp, 1999b

Luhmann, Niklas: Kap. Selbstbeschreibungen. In Das Erziehungssystem der Gesellschaft. Frankfurt am Main: Suhrkamp, 2002, 168–204

Luhmann, Niklas: Soziologie des Risikos. Berlin, New York: Walter de Gruyter, 2003

Luhmann, Niklas; Baecker, Dirk (Hrsg.): Einführung in die Systemtheorie. Heidelberg: Carl-Auer-Systeme Verlag, 2004

Luhmann, Niklas; Baecker, Dirk (Hrsg.): Einführung in die Theorie der Gesellschaft. Heidelberg: Carl-Auer-Systeme Verlag, 2005a

Luhmann, Niklas: Funktion und Kausalität. In Soziologische Aufklärung 1: Aufsätze zur Theorie sozialer Systeme. Wiesbaden: Verlag für Sozialwissenschaften, 2005b

Luhmann, Niklas: Funktionale Methode und Systemtheorie. In Soziologische Aufklärung 1: Aufsätze zur Theorie sozialer Systeme. Wiesbaden: Verlag für Sozialwissenschaften, 2005c

Luhmann, Niklas: Geschichte als Prozeß und die Theorie soziokultureller Evolution. In Soziologische Aufklärung 3: Soziales System, Gesellschaft, Organisation. Wiesbaden: Verlag für Sozialwissenschaften, 2005d

Luhmann, Niklas: Selbst- Thematisierung des Gesellschaftssystems. Über die Kategorie der Reflexion aus der Sicht der Systemtheorie. In Soziologische Aufklärung 2: Aufsätze zur Theorie der Gesellschaft. Wiesbaden: Verlag für Sozialwissenschaften, 2005e

Luhmann, Niklas: Weltzeit und Systemgeschichte. Über Beziehungen zwischen Zeithorizonten und sozialen Strukturen gesellschaftlicher Systeme. In Soziologische Aufklärung 2: Aufsätze zur Theorie der Gesellschaft. Wiesbaden: Verlag für Sozialwissenschaften, 2005f

Maasen, Sabine: Wissenssoziologie. Bielefeld: Transcript, 1999

Maasen, Sabine/Weingart, Peter: Metaphors – Messangers of Meaning: A Contribution to an Evolutionary Sociology of Science. Science Communication, 17 (1) 1995, 9–31

Mannheim, Karl: Diagnosis of Our Time: Wartime Essays of a Sociologist. London: Kegan Paul, Trench, Trubner & Co, 1947

Mannheim, Karl; Wolff, Kurt H. (Hrsg.): Kap. Das Problem der Generationen. In Wissenssoziologie: Auswahl aus dem Werk. Neuwied: Luchterhand, 1964, 509–565

Mannheim, Karl: Ideologie und Utopie. Frankfurt am Main: Vittorio Klostermann, 1985

Marshall, Gordon et al.: Social Class in Modern Britain. London: Hutchinson, 1988

Marx, Karl/Engels, Friedrich: Werke. Band 3. Die Deutsche Ideologie. Berlin: Dietz, 1958

Massey, Douglas S.: The Strength of Weak Politics. In **Clawson, Dan et al. (Hrsg.):** Public Sociology: Fifteen Eminent Sociologists Debate Politics and the Profession in the Twenty-first Century. Berkeley (et al.): University of California Press, 2007

Mayer, Lawrence C.: Review of: The Coming of Post-Industrial Society, by Daniel Bell and American Society in the Postindustrial Age: Technocracy, Power, and the End of Ideology, by Benjamin W. Kleinberg. The Journal of Politics, 36 (2) 1974, 492–494

McLaughlin, Neil: How to Become a Forgotten Intellectual: Intellectual Movements and the Rise and Fall of Erich Fromm. Sociological Forum, 13 (2) 1998, 215–246

McLuhan, Marshall: The Gutenberg Galaxy: The Making of Typographic Man. Toronto (et.al.): The University of Toronto Press, 1962

McLuhan, Marshall: Understanding Media: The Extensions of Man. New York: Mentor, 1964

Mead, Margaret: Review of: The Lonely Crowd: A Study of the Changing American Character, by David Riesman. The American Journal of Sociology, 56 (5) 1951, 495–497

Meadows, Donella H. et al.: The Limits to Growth: A Report to the Club of Rome. New York: Universe Books, 1972

Mendelsohn, Harold: »Mix a Little Folly with Your Wisdom« – Horace. Contemporary Sociology, 16 (4) 1987, 554–555

Mertner, Edgar: Topos und Commonplace. In **Dietrich, Gerhard/ Schulze, Fritz W. (Hrsg.):** Strena Anglica: Otto Ritter zum 80. Geburtstag. Halle: Niemeyer, 1956

Messinger, Sheldon L./Clark, Burton R.: Individual Character and Social Constraint: A Critique of David Riesman's Theory of Social Conduct. In Culture and Social Character: The Work of David Riesman Reviewed. Glencoe: Free Press, 1961

Michael, John: Anxious Intellects: Academic Professionals, Public Intellectuals, and Enlightenment Values. Durham and London: Duke University Press, 2000

Mitscherlich, Alexander/Mitscherlich, Margarete: Die Unfähigkeit zu trauern. Grundlagen kollektiven Verhaltens. München: Piper, 1967

Mogey, J. M.: Review of: The Lonely Crowd: A Study of the Changing American Character, by David Riesman et. al. Man, 52 1952, 139

Möllers, Christoph: Vielleicht sähe man klarer, wenn es nicht überall lichterloh brennen würde. Frankfurter Allgemeine Zeitung, 4.6.2007, 38

Münch, Richard: Die »zweite Moderne«: Realität oder Fiktion? Kritische Fragen an die Theorie der »reflexiven« Modernisierung. Kölner Zeitschrift für Soziologie und Sozialpsychologie, 54 (3) 2002, 417–443

Muntigl, Peter/Gruber, Helmut: Introduction: Approaches to Genre. Folia Linguistica, 39 (1) 2005, 1–18

Musil, Robert; Frisé, Adolf (Hrsg.): Der Mann ohne Eigenschaften. Hamburg: Rowohlt, 1956

Myers, Greg: Sociology of Science without Sociology. Review of: A Rhetoric of Science: Inventing Scientific Discourse, by Lawrence J. Prelli. Social Studies of Science, 20 (3) 1990, 559–563

Nassehi, Armin: Risikogesellschaft. In **Kneer, Georg/Nassehi, Armin/ Schroer, Markus (Hrsg.):** Soziologische Gesellschaftsbegriffe: Konzepte moderner Zeitdiagnosen. München: Wilhelm Fink, 2000

Nassehi, Armin: Gesellschaftstheorie und Zeitdiagnose. Soziologie als gesellschaftliche Selbstbeschreibung. In **Bohn, Cornelia/ Willems, Herbert (Hrsg.):** Sinngeneratoren. Fremd- und Selbstthematisierung in soziologisch-historischer Perspektive. Konstanz: UVK, 2001

Nelkin, Dorothy: Selling Science: How the Press Covers Science and Technology. New York: Freeman, 1995

Nichols, Lawrence T. (Hrsg.): Public Sociology: The Contemporary Debate. New Brunswick and New Jersey: Transaction Publishers, 2007

Nielsen, Francois: The Vacant »We«: Remarks on Public Sociology. Social Forces, 82 (4) 2004, 1619–1627

Noro, Arto: Aikalaisdiagnoosi sosiologisen teorian kolmantena lajityyppinä (Original in finnischer Sprache, hier zitiert nach der unveröffentlichten englischen Übersetzung: Zeitdiagnose as the Third Genre of Sociological Theory). Sosiologia, 37 (4) 2000, 321–329

Nowotny, Helga/Scott, Peter/Gibbons, Michael: Re-thinking Science: Knowledge and the Public in an Age of Uncertainty. Cambridge: Polity Press, 2001

Oevermann, Ulrich: Der Intellektuelle – Soziologische Strukturbestimmung des Komplementär von Öffentlichkeit. In **Franzmann, Andreas/Liebermann, Sascha/Tykwer, Jörg (Hrsg.):** Die Macht des Geistes. Soziologische Fallanalysen zum Strukturtyp des Intellektuellen. Frankfurt am Main: Humanities Online, 2003

Ong, Walter J.: Ramus, Method, and the Decay of Dialogue: From the Art of Discourse to the Art of Reason. Chicago: University of Chicago Press, 2004

Orlikowski, Wanda J./Yates, JoAnne: Genre Repertoire: The Structuring of Communicative Practices in Organizations. Administrative Science Quarterly, 39 (4) 1994, 541–574

Osrecki, Fran: Interdisziplinarität als Organisationsphänomen. Eine Fallstudie anhand des sozionischen Forschungsprojektes INKA - Integration kooperationsfähiger Agenten in komplexen Organisationen. Diplomarbeit, Universität Wien, 2006

Parsons, Talcott: The Distribution of Power in American Society: Review of The Power Elite, by C. Wright Mills. World Politics, 10 (1) 1957, 123–143

Parsons, Talcott/White, Winston: The Link Between Character and Society. In **Lipset, Seymour Martin/Löwenthal, Leo (Hrsg.):** Culture and Social Character: The Work of David Riesman Reviewed. Glencoe: Free Press, 1961

Patterson, Orlando: About Public Sociology. In **Clawson, Dan et al. (Hrsg.):** Public Sociology: Fifteen Eminent Sociologists Debate Politics and the Profession in the Twenty-first Century. Berkeley (et.al.): University of California Press, 2007

Perelman, Chaim/Olbrechts-Tyteca, Lucie; Kopperschmidt, Josef (Hrsg.): Die neue Rhetorik: Eine Abhandlung über das Argumentieren. Band 1. Stuttgart-Bad Cannstatt: frommann-holzboog, 2004

Peters, Bernhard: Der Sinn von Öffentlichkeit. Frankfurt am Main: Suhrkamp, 2007

Peterson, Richard A.: Dimensions of Social Character: An Empirical Exploration of the Riesman Typology. Sociometry, 27 (2) 1964, 194–207

Pilcher, Jane: Mannheim's Sociology of Generations: An Undervalued Legacy. British Journal of Sociology, 45 (3) 1994, 481–495

Pinder, Wilhelm: Das Problem der Generation in der Kunstgeschichte Europas. Berlin: Frankfurter Verl.-Anst., 1926

Piven, Frances Fox: From Public Sociology to Politicized Sociologist. In **Clawson, Dan et al. (Hrsg.):** Public Sociology: Fifteen Eminent Sociologists Debate Politics and the Profession in the

Twenty-first Century. Berkeley (et al.): University of California Press, 2007

Posner, Richard A.: Public Intellectuals: A Study of Decline. Cambridge (Mass.) and London: Harvard University Press, 2001

Postman, Neil: Amusing Ourselves to Death: Public Discourse in the Age of Show Business. London: Methuen, 1985

Reese-Schäfer, Walter: Zeitdiagnose als wissenschaftliche Aufgabe. Berliner Journal für Soziologie, 6 1996, 377–390

Reith, Gerda: Uncertain Times: The Notion of ›Risk‹ and the Development of Modernity. Time & Socitey, 13 2004, 383–402

Revers, Matthias: Sociologists in the Press. The American Sociologist, DOI 10.1007/s12108-009-9079-9 (online Veröffentlichung am 23.9.2009) 2009, o. S.

Riesman, David: Faces in The Crowd: Individual Studies in Character and Politics. New Haven: Yale University Press, 1952, With Reuel Denney and Nathan Glazer.

Riesman, David: The Lonely Crowd: A Study of the Changing American Character. Garden City (NY): Doubleday, 1953, With Reuel Denney and Nathan Glazer. Abridged by the authors.

Riesman, David: Die einsame Masse: Eine Untersuchung der Wandlungen des amerikanischen Charakters. Reinbeck: Rowohlt, 1958

Ritzer, George: The McDonaldization of Society: An Investigation into the Changing Character of Contemporary Social Life. Thousand Oaks: Pine Forge Press, 1993

Rödder, Simone: Reassessing the Concept of a Medialization of Science: A Story From the »Book of Life«. Public Understanding of Science, 18 (4) 2009a, 452–463

Rödder, Simone: Wahrhaft sichtbar. Humangenomforscher in der Öffentlichkeit. Baden-Baden: Nomos, 2009b

Rorty, Richard: Objectivity, Relativism, and Truth. Cambridge and New York: Cambridge University Press, 1991

Rosa, Hartmut: Beschleunigung. Die Veränderung der Zeitstrukturen in der Moderne. Frankfurt am Main: Suhrkamp, 2005

Saffran, Bernard: Review of: The Coming of Post-Industrial Society. A Venture in Social Forecasting, by Daniel Bell. Journal of Economic Literature, 12 (2) 1974, 496–498

Sarrazin, Thilo: Deutschland schafft sich ab. Wie wir unser Land aufs Spiel setzen. München: DVA, 2010

Savage, Mike: Class Analysis and Social Transformation. Buckingham: Open University Press, 2000

Scase, Richard: Review of: The Coming of Post-Industrial Society: A Venture in Social Forecasting. The British Journal of Sociology, 25 (4) 1974, 508–509

Schelsky, Helmut: Der Mensch in der wissenschaftlichen Zivilisation. Köln: Westdeutscher Verlag, 1961

Schelsky, Helmut: Auf der Suche nach Wirklichkeit. Gesammelte Aufsätze. Düsseldorf und Köln: Diederichs, 1965

Schiebinger, Londa: Nature's Body: Gender in the Making of Modern Science. Boston: Beacon Press, 1993

Schimank, Uwe: Soziologische Gegenwartsdiagnosen - Zur Einführung. In **Schimank, Uwe/Volkmann, Ute (Hrsg.):** Soziologische Gegenwartsdiagnosen 1: Eine Bestandsaufnahme. Opladen: Leske + Budrich, 2000

Schneider, Wolfgang L.: Grundlagen der soziologischen Theorie. Band 2: Garfinkel – RC – Habermas – Luhmann. Wiesbaden: Westdeutscher Verlag, 2000

Schröder, Jörg: Der flexible Mensch und sein Leib. Dissertation, Philipps-Universität Marburg/Lahn, 2008

Schröder, Jörg: Besinnung in flexiblen Zeiten: Leibliche Perspektiven auf postmoderne Arbeit. Wiesbaden: Verlag für Sozialwissenschaften, 2009

Schulze, Gerhard: Die Erlebnisgesellschaft. Kultursoziologie der Gegenwart. Frankfurt am Main: Campus, 1992

Schumm, Wilhelm: Die Risikoproduktion kapitalistischer Industriegesellschaften: Zur These von der Risikogesellschaft. In **Erd, Rainer/Jacobi, Otto/Schumm, Wilhelm (Hrsg.):** Strukturwandel in der Industriegesellschaft. Frankfurt am Main: Campus, 1986

Schwartz, Pepper: Stage Fright or Death Wish: Sociology in the Mass Media. Contemporary Sociology, 27 (5) 1998, 439–445

Sennett, Richard: The Corrosion of Character: The Personal Consequences of Work in the New Capitalism. New York: Norton, 1998

Shils, Edward: The Intellectuals and the Powers: Some Perspectives for Comparative Analysis. Comparative Studies in Society and History, 1 (1) 1958, 5–22

Shils, Edward: Mass Society and Its Culture. In **Jacobs, Norman (Hrsg.):** Culture for the Millions? Mass Media in Modern Society. Boston: Beacon Press, 1964

Shils, Edward: Tradition, Ecology and Institution in the History of Sociology. Daedalus, 99 (4) 1970, 760–826

Simons, Jon: Popular Culture and Mediated Politics: Intellectuals, Elites and Democracy. In **Corner, John/Pels, Dick (Hrsg.):** Media and the Restyling of Politics. London: Sage, 2003

Slomkowski, Paul: Aristotle's Topics. Leiden and New York: Brill, 1997

Smith-Lovin, Lynn: Do We Need a Public Sociology? It Depends on What You Mean by Sociology. In **Clawson, Dan et al. (Hrsg.):** Public Sociology: Fifteen Eminent Sociologists Debate Politics and the Profession in the Twenty-first Century. Berkeley (et al.): University of California Press, 2007

Spengler, Oswald: Der Untergang des Abendlandes. Band 1: Gestalt und Wirklichkeit. Wien: Braumüller, 1918

Spiegel: Der Geheimtipp. Der Spiegel, 45 1971, 202–207

Sprang, Kurt: Grundlagen der Literatur- und Werberhetorik. Kassel: Edition Reichenberger, 1987

Stacey, Judith: If I Were the Goddess of Sociological Things. In **Clawson, Dan et al. (Hrsg.):** Public Sociology: Fifteen Eminent Sociologists Debate Politics and the Profession in the Twenty-first Century. Berkeley (et al.): University of California Press, 2007

Stäheli, Urs: Sinnzusammenbrüche. Eine dekonstruktive Lektüre von Niklas Luhmanns Systemtheorie. Weilerswist: Velbrück Wissenschaft, 2000

Stichweh, Rudolf: The Multiple Publics of Science: Inclusion and Popularization. Soziale Systeme, 9 2003, 210–220

Stichweh, Rudolf: Inklusion und Exklusion. Studien zur Gesellschaftstheorie. Bielefeld: transcript, 2005

Stinchcombe, Arthur L.: Speaking Truth to the Public, and Indirectly to Power. In **Clawson, Dan et al. (Hrsg.):** Public Sociology: Fifteen Eminent Sociologists Debate Politics and the Profession in the Twenty-first Century. Berkeley (et al.): University of California Press, 2007

Straussman, Jeffrey D.: What Did Tomorrow's Future Look like Yesterday? Comparative Politics, 8 (1) 1975, 166–182

Sunstein, Cass R.: Infotopia: How Many Minds Produce Knowledge. Oxford and New York: Oxford University Press, 2006

Swales, John M.: Genre Analysis: English in Academic and Research Settings. Cambridge (et al.): Cambridge University Press, 1990

Tichi, Cecelia: Electronic Hearth: Creating an American Television Culture. Oxford: Oxford University Press, 1991

Tilton, Timothy A.: The Next Stage of History? A Discussion of: The Coming of Post-Industrial Society: A Venture in Social Forecasting, by Daniel Bell. Social Research, 40 (4) 1973, 728–760

Time: Cover. Social Scientist David Riesman: What is the American character? The Time Magazine, 64 (13) 1954, o.S.

Tittle, Charles R.: The Arrogance of Public Sociology. Social Forces, 82 (4) 2004, 1639–1643

Toynbee, Arnold Joseph: A Study of History. London (et al.): Oxford University Press, 1935

Turner, Jonathan H.: Is Public Sociology Such a Good Idea? The American Sociologist, 36 (3-4) 2005, 27–45

Turner, Stephen/Turner, Jonathan: The Impossible Science: An Institutional Analysis of American Sociology. London: Sage, 1990

Tykwer, Jörg: Einleitung. In **Franzmann, Andreas/Liebermann, Sascha/Tykwer, Jörg (Hrsg.):** Die Macht des Geistes. Soziologische Fallanalysen zum Strukturtyp des Intellektuellen. Frankfurt am Main: Humanities Online, 2003

Van der Pot, Johan: Sinndeutung und Periodisierung der Geschichte. Eine systematische Übersicht der Theorien und Auffassungen. Leiden (et al.): Brill, 1999

Van Reijen, Willem: Die Aushöhlung der abendländischen Kultur. Jürgen Habermas' Opus Magnum. In **Horster, Detlef (Hrsg.):** Habermas zur Einführung. Hamburg: Junius Verlag, 1988

Varman, Rahul: Work: Then and Now. Review of: The Corrosion of Character: The Personal Consequences of Work in the New Capitalism, by Richard Sennett. Economic & Political Weekly, 35 (31) 2000, 2730–2732

Veysey, Laurence: A Postmortem on Daniel Bell's Postindustrialism. American Quarterly, 34 (1) 1982, 49–69

Viehweg, Theodor: Topik und Jurisprudenz. Ein Beitrag zur rechtswissenschaftlichen Grundlagenforschung. München: C.H. Beck, 1953

Wallerstein, Immanuel: The Sociologist and the Public Sphere. In **Clawson, Dan et al. (Hrsg.):** Public Sociology: Fifteen Eminent Sociologists Debate Politics and the Profession in the Twenty-first Century. Berkeley (et al.): University of California Press, 2007

Webb, Janette: Organizations, Self-Identities and the New Economy. Sociology, 38 (4) 2004, 719–738

Weber, Max: Kap. Die protestantische Ethik und der Geist des Kapitalismus. In Gesammelte Werke zur Religionssoziologie. Band 1. Tübingen: Mohr Siebeck, 1920, 17–206

Weber, Max: Wirtschaft und Gesellschaft: Grundriss der Verstehenden Soziologie. J.C.B. Mohr: Tübingen, 1980

Weingart, Peter: Science and the Media. Research Policy, 27 (9) 1998, 869–879

Weingart, Peter: Die Stunde der Wahrheit? Zum Verhältnis der Wissenschaft zu Politik, Wirtschaft und Medien in der Wissensgesellschaft. Weilerswist: Velbrück, 2001

Weingart, Peter: Verlust der Distanz - Verlust des Vertrauens? Kommunikation gesicherten Wissens unter Bedingungen der Medialisierung. In **Voßkamp, Werner (Hrsg.):** Ideale Akademie. Vergangene Zukunft oder konkrete Utopie. Berlin: Akademie Verlag, 2002

Weingart, Peter/Maasen, Sabine: Chaos – The Career of a Metaphor. Configurations, 5 (3) 1997, 463–520

Whitley, Richard: Knowledge Producers and Knowledge Acquirers: Popularisation as a Relation Between Scientific Fields and Their Publics. In **Shinn, Terry/Whitley, Richard (Hrsg.):** Expository Science: Forms and Functions of Popularisation. Sociology of the Sciences Yearbook, vol. 9. Dordrecht: Kluwer, 1985

Wiedemann, Conrad: Topik als Vorschule der Interpretation: Überlegungen zur Funktion von Toposkatalogen. In **Breuer, Dieter/Schanze, Helmut (Hrsg.):** Topik: Beiträge zur interdisziplinären Diskussion. München: Wilhelm Fink, 1981

Williams, Walter: Inner-Directedness and Other-Directedness in New Perspective. The Sociological Quarterly, 5 (3) 1964, 193–220

Wolfe, Alan: Review of: Daniel Bell and the Decline of Intellectual Radicalism: Social Theory and Political Reconciliation in the 1940s, by Howard Brick. The American Journal of Sociology, 92 (5) 1987, 1224–1226

Wrong, Dennis: The Lonely Crowd Revisited. Review of: The Lonely Crowd, by David Riesman. Sociological Forum, 7 (2) 1992, 381–389

Yates, Frances A.: The Art of Memory. Chicago: The University of Chicago Press, 1966

Zinkhan, George M./Shermohamad, Ali: Is Other-Directedness on the Increase? An Empirical Test of Riesman's Theory of Social Character. The Journal of Consumer Research, 13 (1) 1986, 127–130

Zussman, Robert: Still Lonely After All These Years. Review of: The Lonely Crowd: A Study of the Changing American Character, by David Riesman. Sociological Forum, 16 (1) 2001, 157–166

Sozialtheorie

Ullrich Bauer,
Uwe H. Bittlingmayer,
Carsten Keller,
Franz Schultheis (Hg.)
Bourdieu und die Frankfurter Schule
Kritische Gesellschaftstheorie im Zeitalter des Neoliberalismus

März 2012, ca. 350 Seiten, kart., 19,80 €,
ISBN 978-3-8376-1717-7

Wolfgang Bonss, Ludwig Nieder,
Helga Pelizäus-Hoffmeister
Handlungstheorie
Eine Einführung

Oktober 2011, ca. 250 Seiten, kart., ca. 19,80 €,
ISBN 978-3-8376-1708-5

Ulrich Bröckling,
Robert Feustel (Hg.)
Das Politische denken
Zeitgenössische Positionen
(2., unveränderte Auflage 2010)

2010, 340 Seiten, kart., 25,80 €,
ISBN 978-3-8376-1160-1

Leseproben, weitere Informationen und Bestellmöglichkeiten
finden Sie unter www.transcript-verlag.de

Sozialtheorie

ANINA ENGELHARDT,
LAURA KAJETZKE (Hg.)
Handbuch Wissensgesellschaft
Theorien, Themen und Probleme

2010, 378 Seiten, kart., 25,80 €,
ISBN 978-3-8376-1324-7

MAX MILLER
Sozialtheorie
Eine Kritik aktueller
Theorieparadigmen.
Gesammelte Aufsätze

März 2012, ca. 300 Seiten, kart., ca. 27,80 €,
ISBN 978-3-89942-703-5

STEPHAN MOEBIUS,
SOPHIA PRINZ (Hg.)
Das Design der Gesellschaft
Zur Kultursoziologie des Designs

Oktober 2011, ca. 300 Seiten,
kart., ca. 28,80 €,
ISBN 978-3-8376-1483-1

**Leseproben, weitere Informationen und Bestellmöglichkeiten
finden Sie unter www.transcript-verlag.de**

Sozialtheorie

Hannelore Bublitz
Im Beichtstuhl der Medien
Die Produktion des Selbst
im öffentlichen Bekenntnis
2010, 240 Seiten, kart., 25,80 €,
ISBN 978-3-8376-1371-1

Michael Busch, Jan Jeskow, Rüdiger Stutz (Hg.)
Zwischen Prekarisierung und Protest
Die Lebenslagen und
Generationsbilder von
Jugendlichen in Ost und West
2010, 496 Seiten, kart., 29,80 €,
ISBN 978-3-8376-1203-5

Pradeep Chakkarath, Doris Weidemann (Hg.)
Kulturpsychologische Gegenwartsdiagnosen
Bestandsaufnahmen zu
Wissenschaft und Gesellschaft
Oktober 2011, ca. 226 Seiten,
kart., ca. 25,80 €,
ISBN 978-3-8376-1500-5

Bernd Dollinger, Fabian Kessl, Sascha Neumann, Philipp Sandermann (Hg.)
Gesellschaftsbilder Sozialer Arbeit
Eine Bestandsaufnahme
Juli 2011, ca. 230 Seiten,
kart., ca. 26,80 €,
ISBN 978-3-8376-1693-4

Markus Gamper, Linda Reschke (Hg.)
Knoten und Kanten
Soziale Netzwerkanalyse
in Wirtschafts- und
Migrationsforschung
2010, 428 Seiten, kart.,
zahlr. z.T. farbige Abb., 32,80 €,
ISBN 978-3-8376-1311-7

Jürgen Howaldt, Michael Schwarz
»Soziale Innovation« im Fokus
Skizze eines gesellschafts-
theoretisch inspirierten
Forschungskonzepts
2010, 152 Seiten, kart., 18,80 €,
ISBN 978-3-8376-1535-7

Karin Kaudelka, Gerhard Kilger (Hg.)
Die Arbeitswelt von morgen
Wie wollen wir leben
und arbeiten?
2010, 256 Seiten, kart.,
zahlr. Abb., 19,80 €,
ISBN 978-3-8376-1423-7

Mathias Lindenau, Marcel Meier Kressig (Hg.)
Zwischen Sicherheitserwartung und Risikoerfahrung
Vom Umgang mit einem
gesellschaftlichen Paradoxon
in der Sozialen Arbeit
November 2011, ca. 280 Seiten,
kart., ca. 29,80 €,
ISBN 978-3-8376-1762-7

Stephan Lorenz (Hg.)
TafelGesellschaft
Zum neuen Umgang mit
Überfluss und Ausgrenzung
2010, 240 Seiten, kart., 22,80 €,
ISBN 978-3-8376-1504-3

Leseproben, weitere Informationen und Bestellmöglichkeiten
finden Sie unter www.transcript-verlag.de